LOS VIAJES
DEL CAPITÁN COOK
(1768-1779)

LOS VIAJES DEL CAPITÁN COOK (1768-1779)

Selección y edición a cargo de
A. Grenfell Price

Introducción de Percy G. Adams
Traducción: Manuel Crespo

Ediciones del Serbal

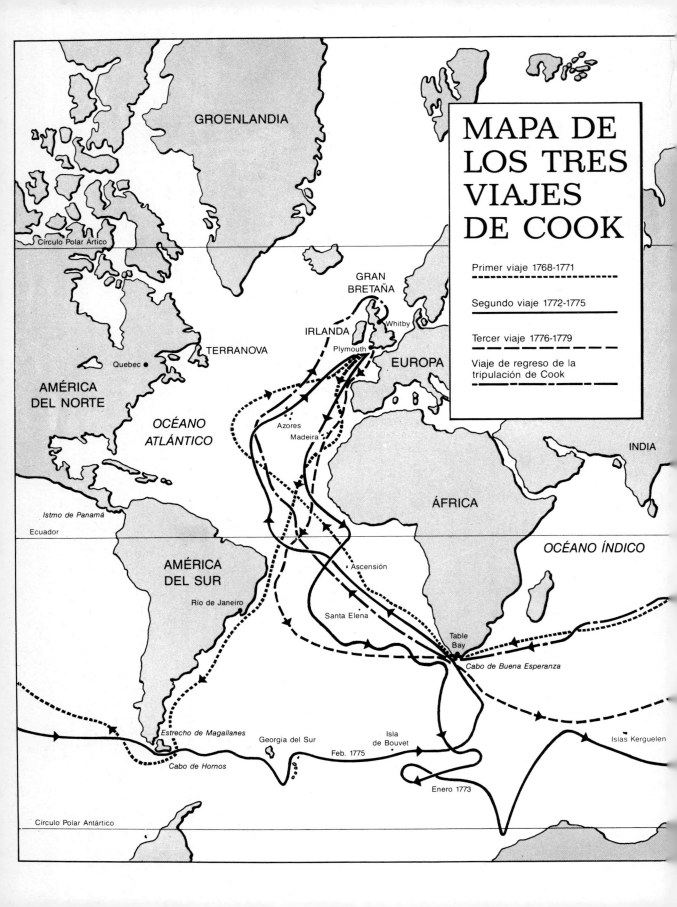

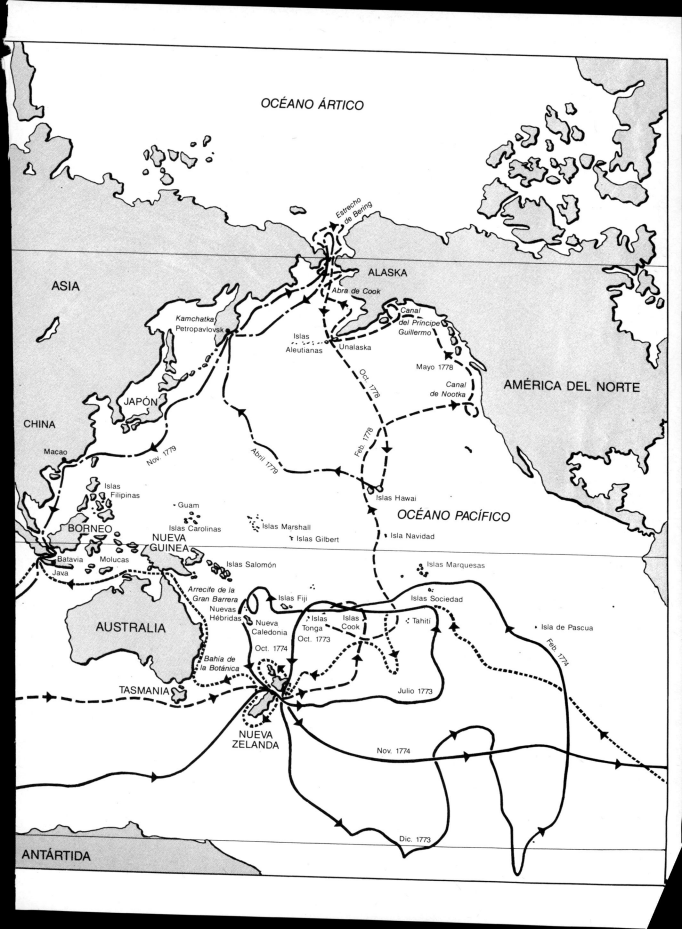

Primera edición 1985
1.ª reimpresión 1988

© 1985 Ediciones del Serbal
Impreso en España
Depósito legal: B. 32 901/88
Compaginación: Marina Vilageliu, MMJ
Impresión: Grafos, S.A.
ISBN: 84-7628-001-7

SUMARIO

INTRODUCCIÓN 9
I PROBLEMAS MARÍTIMOS DEL SIGLO XVIII 18
II LA INFANCIA Y LA CARRERA DE COOK 25

El primer viaje, 1768-71
III PREPARATIVOS E INSTRUCCIONES 36
IV TAHITÍ, 1769 43
V NUEVA ZELANDA, 1769-70 70
VI AUSTRALIA ORIENTAL, 1770 101
VII EL VIAJE CONCLUYE 125

El segundo viaje, 1772-75
VIII A LA BUSCA DEL CONTINENTE AUSTRAL 132
IX EL ANTÁRTICO, 1772-73 149
X EXPLORANDO EL PACÍFICO, 1773 168
XI EL ANTÁRTICO, 1773-74 200
XII ESCUDRIÑANDO EL PACÍFICO, 1774 210
XIII EL ANTÁRTICO Y VUELTA A CASA, 1774-75 236
XIV COOK RECIBE HONORES EN INGLATERRA 248

El tercer viaje, 1776-80
XV PREPARATIVOS E INSTRUCCIONES 254
XVI EL PACÍFICO CENTRAL 262
XVII EL DESCUBRIMIENTO DE HAWAI, 1778 279
XVIII LA COSTA DE NORTEAMÉRICA 305
XIX LA MUERTE DE JAMES COOK 346
XX EL HOMBRE Y SUS HAZAÑAS 375

INTRODUCCIÓN

Hace doscientos años que el capitán James Cook zarpó rumbo al Pacífico en el primero de los tres viajes que le convirtieron en el más grande de los marinos exploradores. El doscientos aniversario de sus diez años de increíbles hazañas se conmemoró en Londres a últimos de julio de 1968, el día y mes en que Cook encaraba el *Endeavour* hacia la desembocadura del Támesis. Tras un discurso pronunciado ante centenares de ilustres invitados por R. A. Skelton, el principal investigador de las cartas náuticas de Cook, la celebración tuvo continuidad en el Museo Británico con una amplia exposición de las piezas más fascinantes, seguramente las más valiosas, jamás organizada en memoria de un inquieto y curioso hijo de la tierra: había mapas y grabados originales, artefactos y grandes colecciones de historia natural, así como manuscritos y primeras ediciones de docenas de diarios y apuntes obra de Cook y los hombres que con él navegaron. A partir de Inglaterra, los homenajes a las proezas de Cook se hicieron, y se hacen, extensivos a Tahití, Nueva Zelanda, Australia, Hawai y la costa noroeste de América del Norte. Uno de los acontecimientos más oportunos cara a este aniversario acaeció en Wellington, ciudad que domina el estrecho que lleva el nombre de Cook y separa las dos islas de Nueva Zelanda, que tan bien conoció. Allí, además, trabaja el más insigne de los estudiosos de Cook, el profesor J.C. Beaglehole, cuya cuidada edición de los tres diarios de Cook —que apareció precisamente en el momento del aniversario— constituye no sólo uno de los monumentos más destacados al personaje *per se* sino también, sin duda alguna, la mejor obra publicada hasta el presente por la Hakluyt Society. Como estos cuatro volúmenes contienen más de 3300 páginas de notas, ensayos y relatos, y probablemente nunca se publicará una edición accesible, ofrecemos esta selección de apuntes de los diarios originales en un volumen ilustrado. Las expediciones fueron tres, y se plantearon con sumo cuidado; para cada una de ellas, el Almirantazgo británico proveyó una serie muy detallada de instrucciones generales, y a cada viaje aumentaba la experiencia y la reputación de James Cook. En el primer viaje (1768-1771), a bordo del *Endeavour,* Cook atraviesa el Estrecho de Le Maire y se dirige a Tahití, donde observa el tránsito de Venus a la par que lo hacían otras dos expediciones en lugares muy distantes, y donde él y sus hombres se enamoran del paraíso de los Mares del Sur descubierto por Samuel Wallis un año antes; desde allí navega hacia Nueva Zelanda para cartografiar la costa y demuestra que hay dos islas, luego se dirige a la costa oriental de Australia y finalmente regresa a casa por Batavia y Suráfrica. En el segundo viaje (1772-1775), con el *Resolution* y el *Adventure,* Cook zarpa en sentido inverso: va primero a Ciudad del Cabo y luego continúa hacia el sur, hacia los hielos de la Antártida, que perlonga, poniendo proa al este en busca del gran continente que en los mapas de la Edad Media figuraba como *Terra Incognita.*

Al no hallar continente austral alguno, vira dos veces hacia el norte en este viaje de circunnavegación, realizando grandes pasadas de reconocimiento entre las islas de la región más cálida del Pacífico Sur, para volver otra vez a latitudes superiores y a nuevas tentativas de hallar el misterioso continente. En el tercer viaje (1776-1780), con el *Resolution* y el *Discovery,* el ahora célebre marino parte como en la segunda circunnavegación, pero sigue la ruta más corta al Pacífico Sur, ya entonces muy bien conocido, para luego encaminarse al norte y descubrir Hawai; a continuación explora la costa noroeste de América del Norte, el mar de Bering y el Océano Ártico, y demuestra la inexistencia del paso del Noroeste hacia la India que tanto habían buscado comerciantes y gobernantes por la costa atlántica, y que muchos cartógrafos, convencidos de su existencia, habían plasmado como una realidad. Pero éste iba a ser el último viaje de Cook: en una segunda visita a Hawai, que pretendía ser un respiro ante los rigores del invierno de Alaska, le abandonó la fortuna y le asesinaron los nativos.

Más que suerte se necesitaba, sin embargo, para moverse entre los gigantescos témpanos de hielo que a tantos buques han aprisionado y aplastado desde entonces, para desafiar los escollos y las costas de centenares de islas grandes y pequeñas que no figuraban en los mapas, para mantener la paz con miles de salvajes, algunos de ellos caníbales, para conservar la salud de sus hombres en una época en que la circunnavegación significaba la muerte de muchos, para llevar unos diarios tan útiles, para dibujar mapas tan precisos y percatarse de la necesidad de ayudar a los científicos que llevaba consigo. Cook tenía talento y experiencia, y ésta era de lo más a propósito, sumamente práctica. Con una instrucción mínima se hace a la mar y a los veintiún años accede al puesto de piloto de un pequeño buque carbonero, aprendiendo entretanto mucho sobre pilotaje, navegación, matemáticas y cartografía. Al estallar la Guerra de los Siete Años renuncia a su carrera para alistarse como marino de la armada británica. Enseguida se gana la admiración de sus superiores y es ascendido, presta sus servicios en tres buques de guerra y acaba como capitán de un navío de sesenta y cuatro cañones, el *Pembroke,* cargo que requería no sólo grandes dotes de mando sino también notable pericia como navegante y piloto. En el transcurso de la lucha por Canadá prepara importantes cartas náuticas y proporciona valiosos informes al general Wolfe. Terminada la guerra, sus anteriores jefes cuidaron de que su talento se aplicara al reconocimiento y cartografía de las recién conquistadas aguas y costas de Terranova y el San Lorenzo, trabajo que durante varios años sólo le dejó libres los cuatro meses de invierno para estar con su esposa e hijos en Inglaterra. En 1768, James Cook, a los cuarenta años, era muy conocido en el Almirantazgo como hombre cuya inteligencia y preparación le destinaban a ser el jefe de una larga expedición por mar cuyo objetivo no iba a ser librar batallas o saquear naves cargadas de tesoros sino obtener información científica.

Una de las primeras muestras del sentido común y la capacidad de Cook fue la elección del buque para el viaje. En vez de un navío grande, fuertemente acorazado, confortable, como en el que había servido en los últimos tiempos, eligió uno de los pequeños carboneros con aparejo en cruz que zarpaba de Whitby, del tipo que tan bien conocía. Fue una elección muy acertada, pues una expedición como la que iba a emprender exigía navegar cerca de la costa para desembarcar a los científicos y cartografiar el litoral. El fondo plano y el poco calado de un carbonero eran idóneos para semejante trabajo. Además, no necesitaba armas de gran calibre ni una gran velocidad ya que el mundo civilizado pronto supo de la pacífica cruzada cookiana en aras del saber: los únicos a temer eran los nativos, mal armados, de las islas del Pacífico, que aún no tenían conocimiento del valor de la ciencia. Ni siquiera el tercer viaje, que se desarrolló durante los cuatro años de guerra entre Gran Bretaña y sus colonias americanas y Francia, se vio amenazado por tales acontecimientos. En esa época, el propio Benjamín Franklin enviaba una carta abierta a todos los buques de guerra americanos encareciéndolos no «piratearan» ni «obstacularizaran» en ningún sentido el retorno a su país del «muy ilustre navegante y descubridor capitán Cook», que tanto había hecho «en beneficio de toda la humanidad». El primer carbonero de Cook cumplió tan perfectamente su función que jamás pensó en otra clase de navío para sus ulteriores viajes de exploración.

Quizá la prueba más palmaria de la genialidad de Cook sean los diarios que redactó; pues aunque cada viaje rendía al mundo numerosos relatos escritos por miembros de la tripulación o por supernumerarios, los más importantes son, claro está, los del propio comandante. Pero no siempre se han podido leer las palabras de Cook tal como él las escribiera. Era costumbre en el siglo XVIII que todo el que participaba en un viaje oficial del Almirantazgo entregara sus apuntes y diarios; el motivo era que el Almirantazgo deseaba publicar primero su versión «oficial». Sin embargo, en todas las circunnavegaciones conocidas, siempre había alguno, y aun algunos, que conseguía escamotear su diario, redactándolo a lo mejor en los márgenes de una Biblia o en un papel tan delgado que se podía esconder en el forro de una chaqueta. Tales subterfugios resultaban beneficiosos porque los editores siempre estaban dispuestos a pagar bien los diarios clandestinos. Así, por ejemplo, apenas hubo atracado el *Endeavour* apareció un editor con un relato anónimo de su viaje. Por la versión «oficial» de ese primer viaje, John Hawkesworth cobró no menos de 6000 libras: una suma muy generosa (su coetáneo Henry Fielding recibió sólo 1000 libras por *Tom Jones*). La misión de Hawkesworth consistió en cotejar el diario de Cook con el de Joseph Banks, que iba como director científico, fundir los dos relatos en uno solo y publicarlo en 1773, en tres volúmenes, junto con los diarios de los circunnavegantes Philip Carteret, Wallis y John Byron. Pero Hawkesworth no era el capitán Cook, pues no sólo recurrió en exceso a Banks sino que a menudo cambió las palabras de Cook e incluso llegó a incorporar comentarios y opiniones propios. No obstante, su edición fue todo un éxito como aventura editorial y es, sin duda alguna, uno de los libros de viajes más importantes. En 1893 aparece el diario personal de Cook, y hasta la edición de 1955 de la Hakluyt Society no se daría a conocer al mundo el manuscrito original, conservado actualmente en la Biblioteca Nacional de la Commonwealth, en Camberra. Por la época en que concluía su segundo viaje de circunnavegación, el explorador era tan famoso que se le permitió elegir a su propio editor, y por eso sus dos últimos diarios —se hallan ambos en el Museo Británico— salieron a la luz básicamente como él hubiera deseado.

El Cook escritor era desmañado y torpe, pero aprendió con rapidez y tuvo buenos maestros. Como no había recibido una enseñanza formal no sabía escribir o puntuar correctamente y a veces escribía una o varias páginas sin ningún signo de puntuación. En el primer viaje intimó con Joseph Banks, rico y joven científico, extraordinariamente culto y educado, cuyo diario patentiza la gran influencia que ejerció en Cook como escritor, sobre todo en los primeros meses que pasaron juntos. El profesor Beaglehole ha demostrado, por ejemplo, que si bien la descripción cookiana de Tahití está en deuda con Banks, la narración sobre Nueva Zelanda es de su completa autoría. En el segundo viaje, el matemático William Wales parece haber ejercido una influencia similar, aunque en un grado mucho menor. Sin embargo, el principal maestro del explorador fue probablemente él mismo; al igual que aprendió navegación y topografía, debió trabajar para mejorar su forma de consignar lo que experimentaba. La mejor prueba a favor de tal opinión es que escribió y reescribió constantemente su segundo diario. El último diario está, naturalmente, incompleto y hubo que complementarlo con los informes de Clerke y King, que le sucedieron a su muerte. A lo largo de todos sus relatos mantiene un tono equilibrado y circunspecto, dando preferencia no sólo a la objetividad sino también a sus propias observaciones. Y leerle, sea en una selección de sus diarios o en cuatro gruesos volúmenes, permite llegar a conclusiones claras e inequívocas acerca de su personalidad y de los resultados de su carrera.

La más evidente es que nadie hizo nunca tanto por modificar y corregir el mapa de la Tierra. A partir de él, los cartógrafos abandonaron la idea de la gran *Terra Incognita* austral y del no menos mítico Paso del Noroeste y, al mismo tiempo, pudieron dibujar la costa oriental de Australia y el arrecife de la Gran Barrera con más precisión si cabe de la que les permitieron Dampier y otros con la costa occidental. A él se debe que en los mapas pudiera aparecer Hawai, el límite del hielo antártico, la costa noroccidental de América del Norte, docenas de islas polinésicas no descubiertas hasta entonces, y Nueva Zelanda como dos islas. Y con las espléndidas documentadas cartas marinas que preparó personalmente, el mapa del Pacífico se convirtió en algo mucho más fidedigno. Por lo demás, ese mismo mapa refleja hasta qué punto los nombres que dio a las islas, cabos, arrecifes y montañas han sobrevivido al paso del tiempo.

Sus diarios evidencian asimismo la gran importancia de Cook en la lucha por conservar la salud de la marinería en los largos viajes. Probaba continuamente nuevas dietas que previnieran el escorbuto: «sauerkraut», cerveza de picea, cerveza concentrada; mantenía limpios tanto a su tripulación como sus alojamientos; y, siempre que se presentaba la oportunidad, se proveía de frutas y verduras frescas. Sin duda alguna, el éxito de su programa sanitario se debió en gran medida a la disciplina que impuso y a su fuerza de carácter, pues a veces había que obligar a la tripulación a comer o beber la ración diaria de los repugnantes brevajes que se había inventado para su alimentación. Sea como fuere, en un siglo en el que los demás circunnavegantes —el almirante Anson, por ejemplo— regresaban por lo general con sólo una pequeña fracción de los que partían inicialmente, James Cook, en los tres largos viajes que realizó, no perdió ni un solo hombre por escorbuto en los buques que mandó personalmente.

Un hecho a destacar que se desprende de la lectura de y acerca del capitán Cook es que, si bien no siempre los nombra en sus diarios, los hombres que con él zarpaban a menudo se enrolaban de nuevo para un segundo o tercer viaje bajo su mando, y muchas veces lo hacían para conseguir en las aventuras navales esa especie de gloria tan grata a un jefe. Charles Clerke, por ejemplo, fue tres veces con Cook, y acabó siendo capitán del *Discovery*. James Burney, guardiamarina y alférez en el segundo viaje, ascendió a teniente de navío a las órdenes de Clerke, y a la postre llegó a ser almirante y uno de los más renombrados coleccionistas y editores de relatos sobre viajes marítimos. George Vancouver, que le acompañó en los dos últimos viajes, llegó a capitán de fragata y continuó las exploraciones de Cook por el noroeste, dejando su nombre en numerosos lugares de la costa de Canadá y Estados Unidos. William Bligh, el más célebre de los hombres de Cook, fue una persona muy competente; en efecto, destacó no sólo como capitán del *Resolution* en el último viaje sino también como cartógrafo, rivalizando en este aspecto con su gran comandante; y aunque más adelante fue víctima de dos de los motines más mentados —uno en la *Bounty*, otro como gobernador de Nueva Gales del Sur— tuvo tanto éxito con el escorbuto como Cook y realizó el viaje más largo de la historia en un buque sin cubierta. Luego estaban Nathaniel Portlock y George Dixon, miembros así mismo de la tercera expedición, quienes volvieron al noroeste como capitanes de navío de un buque que se vería mezclado en la controversia del Canal Nootka. De hecho, en el tercer viaje, veintitrés miembros de la tripulación ya habían navegado antes con Cook. Se puede afirmar sin miedo a exagerar que ningún hombre de mar ha atraído, mantenido o formado jamás mejores marinos.

Los supernumerarios eran menos dados a reengancharse en esos arduos viajes, pero a menudo alcanzaron no menor fama. Sin duda, el más célebre fue Joseph Banks, quien viajó como científico en la primera expedición cuando el geógrafo Alexander Dalrymple se retiró indignado por no haberle sido concedido el mando de la misma. Aunque Banks era un joven con experiencia que ya había efectuado un viaje durante el cual estudió y recolectó plantas de la costa noreste de Norteamérica, probablemente se le eligió para acompañar a Cook porque era rico y se ofreció a correr personalmente con sus propios gastos y los de los ocho componentes de su equipo. Entre ellos figuraban el sueco Daniel Solander, doctor en medicina y distinguido discípulo de Linné; y Sydney Parkinson, dibujante que murió en Batavia, cuya crónica de la circunnavegación se publicó en Londres antes de que aparecieran los tres volúmenes de Hawkesworth. El diario de Banks, editado en dos hermosos volúmenes por el profesor Beaglehole, complementa el primero de Cook y es un gran libro de viajes, una obra casi tan importante como su inmensa colección de plantas polinésicas conservada en la actualidad en el Museo Británico. Era impetuoso y a veces se enfadaba con Cook por no desembarcarle en aguas peligrosas para aumentar su colección, pero soportaba sin rechistar las privaciones y hubo ocasiones en que hizo de simple marinero; era mujeriego y, como todos los hombres de Cook, a excepción de él mismo, sucumbiría a los encantos de las bellas tahitianas; y aunque no quiso participar en el segundo viaje porque le pareció que su alojamiento no reunía las debidas condiciones, conservó la amistad con Cook y su tripulación. Miembro de la Royal Society y socio, junto con Goldsmith, Garrick, Burke y otros, del Johnson's Club, era tan conocido en los medios intelectuales y literarios de Londres que todos, inclusive el Dr Johnson, veían al *Endeavour* como el buque de Banks y creían que la primera expedición había sido organizada en beneficio exclusivo de éste.

Cuando renunció al segundo viaje, su lugar lo ocupó el alemán Reinhold Forster y su hijo Georg. El padre, de temperamento radicalmente distinto al de Banks, era hosco e incapaz de confraternizar con la marinería, que le resultaba vulgar y soez. Pero su colección de plantas y utensilios es un encomiable remate de la de Banks, y el descomunal diario de viaje en dos volúmenes, publicado por el hijo en contra de los deseos del Almirantazgo y antes de que Cook sacara a la luz el suyo, es también un digno suplemento del relato del propio Cook. Menos célebres fueron los ayudantes William Wales y Bayly, el botánico Dr Sparrman y el cirujano Samwell, que redactaron sus respectivos diarios para dejar constancia de los logros científicos en el curso de su navegación con Cook.

El supernumerario que más cautivó la imaginación del siglo XVIII fue el tahitiano Omai, quien llegó en el *Adventure* en 1774 y causó una profunda impresión en la vida londinense hasta que Cook lo devolviera a su país tres años después. En el primer viaje, Cook intenta traer a Inglaterra a un polinesio llamado Tupia; pero el amistoso y simpático Tupia, que tanto ayudó en la traducción de los idiomas de las islas polinésicas, fallece en Batavia. El circunnavegante francés Boungainville, cuyo recorrido por el Pacífico se superpone parcialmente en el tiempo con el primer viaje de Cook, también volvió con un nativo de Tahití llamado Ahutoru; pero aunque Ahutoru gustaba de la ópera y era objeto de adulación sentimental, no conquistó París como Omai hizo con Londres. Fanny Burney quedó sorprendida del donaire de Omai al recibir una espada de manos del rey; y el Dr Johnson «quedó admirado de la elegancia de su comportamiento», pero, no siendo primitivista, atribuía los buenos modales de Omai a la influencia de la distinguida sociedad londinense que frecuentaba. Omai, que aprendió a bailar y era un excelente jugador de ajedrez, fue protagonista directo o indirecto de comedias, poemas y novelas: el poeta Cowper lo presenta en *The Task* como su «amable salvaje», y el pintor escenógrafo Phillippe de Loutherbourg corona en 1785 una brillante carrera con un decorado para una pantomima hablada cuyo título era *Omai, or a Trip around the World*. Si bien, a lo que parece, Cook no valoraba en mucho la inteligencia de Omai, abandona su derrota para devolverle a Tahití y situarle en una posición más preeminente que la que había ocupado con anterioridad. En realidad hubo lágrimas amargas a bordo del *Resolution* y del *Discovery* cuando se separaron de Omai y pusieron rumbo al norte para descubrir Hawai.

Los descubrimientos científicos de algunos de los supernumerarios de Cook, sobre todo de Banks y los Forster, a lo largo de los tres viajes fueron innumerables. Ya antes habían sido enviados científicos europeos cualificados a lejanos océanos y continentes. Los misioneros jesuitas, como el padre Lobo, habían presentado ante la Academia de Ciencias francesa y la Royal Society informes detallados sobre las plantas y las gentes de Canadá y del Lejano Oriente. Sir Hans Sloane, durante mucho tiempo secretario y luego presidente de la Royal Society, no sólo fue amigo de William Dampier, a quien animó a traer dibujos y muestras, sino que él en persona marcha a las Antillas y regresa con una importante colección y con material para un estudio en dos volúmenes de la historia natural de aquellas islas, que publica en 1707. Y Philibert Commerson, otro eminente científico, que se embarca con Bougainville mientras el capitán Cook escoltaba y protegía a Banks. Pero ninguna colección anterior de carácter zoológico y botánico podía competir con la que donaron los científicos cookianos al Museo Británico. Sus plantas, en particular, han dado un vuelco definitivo a la eterna polémica sobre si las islas del Pacífico fueron colonizadas por oriente o por occidente. Por ejemplo, en 1954, y al término de una dilatada carrera, el botánico y biogeógrafo Elmer Drew Merrill se apoyó en los científicos cookianos no sólo para responder a críticos como O.F. Cook o Thor Heyerdahl sino para argüir en contra de que los polinesios procedían de occidente y no de América.

Pero Cook ha sido importante para los investigadores de las ciencias naturales, antropólogos e historiadores en otros sentidos. Su diario, y los de aquellos que en su compañía fueron, aún son objeto de un minucioso análisis por los detalles que contienen acerca de la vida en las sociedades primitivas de Tahití, Nueva Zelanda y Hawai. Cook fue el primero en describir los magníficos y extraordinarios tejidos de Tonga; él y su tripulación fueron los primeros en descubrir el canguro a los ojos de los europeos; ofreció información sobre la estructura política y la religión de los lugares que visitó; y sus observaciones en torno a la sociedad secreta de los arioris, aunque ingenuas desde la perspectiva de la ciencia actual, siguen siendo leídas con interés por los estudiosos del infanticidio religioso y de los ritos de fertilidad.

Otra de sus contribuciones a la ciencia la llevó a cabo probando en un largo viaje el relativamente nuevo cronómetro Harrison, cuya exactitud permitiría en adelante determinar la longitud en el mar. Aunque desde mucho tiempo antes los marinos habían logrado determinar la latitud con una precisión considerable, la longitud presentaba a menudo cientos de millas de error a sólo que se ausentaran de tierra un mes. Gran Bretaña y otras naciones marítimas ofrecían enormes recompensas por un reloj de confianza, y se crearon «comités» para «el cálculo de la longitud del mar». En 1731 se inventa el sextante, Harrison perfecciona su cronómetro poco después, pero recibe la gratificación sólo a raíz de que Cook lo llevara consigo en su segundo viaje de circunnavegación, y demostrara ser mucho mejor que cualquier otro. El precioso reloj fue a parar finalmente a manos de Wales, astrónomo de Cook, que cuenta cómo el 31 de julio de 1775 «llevó el reloj... a Londres en una calesa postal y lo entregó al Rdo. Mr. Mackelyne» del Comité de Longitudes.

Como es lógico, los diarios del propio Cook no registran todos los resultados de sus exploraciones, no mencionan todos los personajes importantes que navegaron con él, ni relatan todas las aventuras e incidentes en los que él y sus hombres participaron. El teniente de navío John Rickman, por ejemplo, no sólo se las arregló para publicar su diario tres años antes que los tres volúmenes oficiales de Cook y King, sino que incluye un largo relato de una aventura que tuvieron él y otros marineros al desembarcar en una isla desconocida del Pacífico Sur. Mejores aún son ciertos pasajes que sólo Joseph Banks podía escribir: cuando escapan por los pelos de la muerte en Tierra de Fuego, a donde desembarcaron para herborizar, y pierden dos negros por congelación, o sus excitantes experiencias en la excursión por el interior de Tahití para recuperar un octante robado. Cook no podía estar en todas partes, no estaba dispuesto a contar todo lo que oía; pero ninguno de la docena larga de diarios publicados por hombres bajo su mando, siendo tan reveladores como son, puede rivalizar en importancia con los volúmenes escritos por el gran comandante. Pues esas sus obras, o una selección cualquiera de ellas, patentizan la historia y el genio de quien las hizo.

Fue un genio para lo grande y pará lo pequeño. Cook planifica y lleva a término un viaje que dura años y le lleva a miles de millas de cualquier base «familiar». Lee los diarios de los circunnavegantes precedentes y evita sus «pequeños» errores, como cuando efectúa la peligrosa travesía por el Estrecho de Le Maire tras haber esperado el momento oportuno, que había calculado cuidadosamente, para izar el ancla, desplegar las velas y deslizarse a toda velocidad a través de él en cuestión de horas, mientras que otros perdieron el rumbo y tardaron días. Sabe mantener una disciplina sosegada durante las duras semanas en alta mar, o inspeccionar fríamente una tripulación que desencalla frenéticamente su maltrecho navío en un arrecife australiano. Consiguió mantener la salud de sus hombres mejor que cualquier otro capitán de navío anterior a él, se enfrentó a pueblos primitivos, amistosos o caníbales, y les obligó a devolver objetos robados. Era un pragmático que conocía y realizaba todas las tareas náuticas, desde tomar una demora hasta levantar una carta náutica; pero era un hombre perspicaz que, obviamente, se daba cuenta del significado de lo que hacía. La verdad es que el Destino fue benévolo con él y con la humanidad, sacándole del anonimato, ofreciéndole una oportunidad, y protegiéndole durante diez peligrosos años. Y quizás el Destino fue bondadoso al dejarle morir en una de las tierras más hermosas que descubriera, pues cualquier otro viaje más hubiera sido impropio del capitán Cook. Quizás ese amado Pacífico haya sido un retiro mayor que el escritorio, o la cama, en el Hospital Naval Británico.

Percy G. Adams

*Knoxville, Tennessee,
Octubre, 1970*

Capítulo I
PROBLEMAS MARÍTIMOS DEL SIGLO XVIII

«El espacio inexplorado desde el Trópico a los 50°
de latitud sur debe ser casi todo tierra.»
ALEXANDER DALRYMPLE, 1767

POCOS HISTORIADORES NEGARÁN QUE LAS EXPLORACIONES oceánicas de Bartolomé Díaz, Cristóbal Colón, Fernando de Magallanes y James Cook están a la altura de las más fructíferas realizadas por europeos; menos aún se darán a comparar los méritos de los marinos que hicieron sus descubrimientos en diferentes regiones y épocas, con distintos barcos, tripulaciones y medios científicos. Todos contribuyeron poderosamente al conocimiento humano de la superficie terrestre; todos desempeñaron un papel fundamental en el desarrollo de los acontecimientos que abrieron cuatro continentes nuevos y desconocidos a los pueblos del Viejo Mundo, pero ningún explorador anterior a Cook podría ofrecer las multifacéticas aportaciones de éste a la resolución de los problemas oceánicos de su época y generación: el siglo XVIII. Incluso admitiendo que entre la travesía de Díaz por el Cabo de Buena Esperanza en 1487 y el descubrimiento por Cook de Australia oriental en 1770 la cultura europea había progresado notablemente en lo que hace a construcción de buques, navegación y cartografía, fue una extraordinaria aportación a la ciencia y a la exploración que un hombre acabara con el antiguo mito de un vasto continente austral; descubriera Australia oriental, además de Hawai y otras islas del Pacífico; delimitara Nueva Zelanda y pronosticara su importancia; confirmara los descubrimientos de Bering en el Ártico; impulsara fuertemente la navegación y la cartografía, y coadyuvara a los trabajos de Lind y otros para salvar la vida de millones de marinos mediante el empleo de antiescorbúticos.

◀ El carácter del protagonista de tales hazañas se manifiesta con cierta amplitud en los extractos de sus sencillos y francos diarios que figuran a continuación. Baste decir aquí que, pese a su humildísimo origen y el ambiente poco favorable, James Cook alcanzó las metas más encumbra-

△ *La goleta* Grenville.

das gracias a la habilidad, al valor, a la determinación, a la resistencia en el trabajo más agotador y a la capacidad de soportar infinitas penalidades. Estas cualidades —en parte heredadas, probablemente de sus antepasados del Yorkshire escocés— le permitieron desarrollar, con poca ayuda y ante dificultades casi insuperables, un extraordinario talento para las matemáticas y la cartografía: esa increíble destreza para levantar mapas de costas ignotas que, según el almirante Wharton, «le facultó para crear, como se puede asegurar que hizo, el arte de la topografía marina moderna». Aunque sus grandes proezas le hicieron famoso en vida, continuó siendo modesto, reservado, sencillo. Al concluir la primera expedición, una de las más fructíferas exploraciones de la historia, escribía humildemente al Almirantazgo británico: «Espero que los descubrimientos que hemos hecho, si bien no grandes, justificarán la duración del viaje».

◖ Para valorar la contribución de Cook a la solución de los problemas marítimos del siglo XVIII, se ha de prestar atención al estado del conocimiento por la época de su primera expedición, 1768-71, en al menos cinco importantes cuestiones: la existencia de un inmenso continente austral; el tamaño y la forma de Australia oriental y Nueva Zelanda; la geografía del remoto Pacífico Norte y el adyacente Ártico; la navegación y la cartografía; y el problema de las enfermedades del mar. El resumen de los diarios originales de Cook que se muestra más adelante ilustra, además, otras muchas contribuciones del capitán Cook y sus colaboradores en campos como la antropología, la botánica y la zoología.

◖ El enigma de un continente austral se remonta a la época clásica, cuando los griegos creyeron que habían de existir tierras australes emergidas para equilibrar las del norte. Ptolomeo (150 d. C.) y algunos geógrafos medievales rellenaron el hemisferio sur con un enorme continente. Hacia el año 1500, exploradores como Magallanes y Colón demostraban que la Tierra era un globo inmenso, con amplia cabida para nuevos continentes, además de las Américas, en el grandioso Pacífico y los océanos australes. Casi simultáneamente, la travesía de Díaz por el Cabo de Buena Esperanza y el descubrimiento por Magallanes del estrecho que lleva su nombre, seguidos en 1578 por el descubrimiento del paso de Cabo de Hornos por Drake, abrían vías marítimas a oriente y occidente del Atlántico hacia los océanos recién descubiertos, y esto, sabiendo de la existencia del Mar de Asia, demostraba la separación del Viejo Mundo de cualquier tierra austral. En años posteriores, los viajes marítimos de españoles, holandeses, ingleses y otros por el Pacífico, en diferentes direcciones y localidades, demostraron que no podía existir ningún gran continente en la región central o septentrional de ese océano; pero dichas expediciones navegaban con los vientos alisios, de este a oeste, y aunque descubrieron muchas islas, que perdían de inmediato por no poder calcular la longitud, dejaron sin explorar los Mares del Sur, en los que, por una errónea interpretación de las crónicas de Marco Polo y de la expedición de Magallanes, algunos geógrafos continuaban localizando un gigantesco continente. Pero, a partir de 1606, los holandeses, al desarrollar el comercio de especias con las Indias orientales, empiezan a aportar pruebas sólidas de la existencia de algunas tierras australes. A principios de 1606, un excelente marino holandés, a la postre almirante William Jansz, que luchó con y contra los ingleses, descubría Australia, y sucesivos exploradores de su misma nacionalidad, navegando al este rumbo a, o hacia el sur desde las Indias orientales, completaban el mapa del continente desde la Gran Barrera Australiana en el sur hasta los descubrimientos de Jansz en el golfo de Carpentaria, al noroeste. No obstante, los holandeses no descubrieron ni exploraron la fértil costa oriental, probablemente porque no lograron trasponer por el oeste el estrecho entre Australia y Nueva Guinea que una expedición española al mando de Torres y Prado cruzaba a fines de 1606, por el este, quizá sin divisar el continente austral.

◁ En 1642-43, Anthony Van Diemen, célebre gobernador holandés de las Indias Orientales, contribuía de forma decisiva al desenlace del problema enviando, a indicación del perspicaz piloto Visscher, a éste y a Abel Tasman a navegar desde Mauricio a favor de los alisios con el objetivo de hallar una ruta comercial hacia Suramérica. Manteniéndose al sur de las derrotas de anteriores viajeros, la expedición surcaba las aguas meridionales de Australia (la «Nueva Holanda» de los holandeses), descubriendo la Tierra de Van Diemen (Tasmania) y la Tierra de Staten (Nueva Zelanda), aunque los exploradores presentaron un informe poco favorable de la primera y no llegaron a desembarcar en la segunda debido a la ferocidad de los maoríes. Con todo, Tasman y Visscher demostraron que Nueva Holanda debía ser un continente o un archipiélago relativamente pequeño y no una ingente masa de tierra extendida por el Pacífico hasta Nueva Zelanda o hacia el sur hasta el Polo.

◁ Por entonces, los holandeses estaban hartos de exploraciones improductivas. En lugar de oro y especias, Nueva Holanda apenas producía algo más que hombres increíblemente primitivos y mujeres feas donde las haya. Más comerciantes que colonizadores, se concentraron en las riquezas de los trópicos dejando el descubrimiento y colonización de las tierras templadas a los cada vez más numerosos marinos ingleses y franceses.

◁ Los móviles de Portugal, España, Holanda, Gran Bretaña y Francia eran, según una escala variable de prioridades, Dios, la Gloria y el Oro. Había llegado el momento de que Francia y Gran Bretaña comprendieran que, con el desarrollo de la navegación, de los barcos y de las rutas oceánicas, preciso era mandar expediciones oficiales para aclarar si los Mares del Sur contenían tierras que pudieran ser de valor para el dominio marítimo, el comercio y la colonización, poniendo, como correspondía a su modo de ser, más énfasis en enaltecer la gloria de la ciencia que en el viejo objetivo español de ensalzar la gloria de Dios. De Brosses en Francia y, en Inglaterra, Campbell, Callander y Dalrymple, de la escuela de «Tierra Firme» proclamaban, con variaciones individuales, la existencia de una inmensa tierra austral con promontorios o costas en Cabo Circuncisión (Isla de Bouvet), al suroeste de África del Sur, Tierra de Davis, al oeste de Chile, Nueva Zelanda y Tierra de Quirós (Nuevas Hébridas), si bien estas dos últimas estaban mucho más al norte, a 10° de latitud sur. Ya existía entre Gran Bretaña, Francia y España una competencia feroz por las Malvinas, consideradas llave del Pacífico Sur y símbolo de la determinación británica de expansionarse por ese océano.

◀ Poco antes de la entrada de Cook en escena, Francia enviaba a un extraordinario explorador, Bougainville, que, surcando el Pacífico aún más al sur que sus predecesores, a excepción de Tasman y quizá Torres, avistaba, a decir verdad antes que Cook, la Gran Barrera Australiana escapando por los pelos del naufragio que más adelante sorprendería al inglés.

◀ Por esa época, en Gran Bretaña, la campaña pro «Tierra Firme», la ambición y el temor a los descubrimientos franceses impulsaron al gobierno a enviar a Byron en 1764, y a Wallis, con Carteret, en 1766 tras la pista del Continente Austral, recibiendo Byron orden de navegar, además, hacia la Nueva Albión de Drake, en el lejano Pacífico nororiental, y de buscar allí un paso hacia el noreste, hacia el Atlántico Norte. Precisamente a raíz del fracaso parcial de estas expediciones, los británicos recabaron los servicios de James Cook, quien, en sus dos primeros viajes, resolvía los principales problemas de las hipotéticas tierras australes, y, en el tercero, daba respuesta a las incógnitas del Pacífico Norte.

◀ Un aspecto menos importante del enigma de las tierras australes era la delineación de las costas orientales de Nueva Holanda y Nueva Zelanda, revistiendo esta última una importancia especial por el hecho de que su costa occidental podía resultar ser el margen de un continente. Nadie pensó en esa época que los vientos alisios, que hacían muy peligrosa la costa neoholandesa de sotavento, también podían dar lugar a un litoral húmedo y fértil. Pocos geógrafos parecían interesados en dilucidar si esta línea costera correspondía a islas o a tierra firme, si doblaba al oeste, hacia las áridas regiones descubiertas por los holandeses, o llenaba por completo el Pacífico como figuraba, esperanzadamente, en el conocido mapa de Tasman de 1644. Nada tiene de extraño que el Almirantazgo británico ordenara a Cook reconocer Nueva Zelanda y el desconocido océano situado al este con la esperanza de hallar un continente, y que, pasando por alto la excelente oportunidad de explorar las costas de Southland, le dejara las manos libres para volver a Inglaterra por la ruta que le pareciera más conveniente. Así, la valerosa decisión, que condujo al descubrimiento de Australia oriental y a la ocupación de un nuevo continente por gentes de habla inglesa, aunque motivada en parte por las circunstancias materiales de la expedición, se debió por entero a la hombría de Cook y sus acompañantes.

◀ El tercer problema geográfico resuelto por Cook fue el de la distribución del mar y la tierra en el extremo septentrional del Pacífico, y la existencia o irrealidad de un paso entre la costa de América del Norte y la Bahía de Hudson, en cuya averiguación perdió la vida. Cook no necesitaba embarcarse en esta aventura. Recién llegado, cubierto de gloria, de su largo y memorable segundo viaje en julio de 1775, se ofrece a dirigir la expedición al Pacífico Norte y zarpa en julio de 1776. Lo cierto es que, si bien la excusa nominal era llevar al polinesio Omai a una isla apropiada, su verdadera misión era alcanzar el objetivo que había llevado a Byron al fracaso. Por aquel tiempo, el descubrimiento de un paso entre el Pacífico Norte y el Atlántico Norte estaba adquiriendo creciente importancia con el desarrollo del comercio del té. Se ofreció una recompensa de 20 000 libras a cualquier comandante de un mercante británico —y el mismo ofre-

cimiento se hizo extensivo a los comandantes de los buques de la armada—
que descubriera un paso por encima de los 53° de latitud norte.

⁋ El profesor Vincent T. Harlow ha demostrado que el Almirantazgo planeaba un asalto en dos frentes. Mientras que Cook buscaba una vía desde el Pacífico al Atlántico, el teniente de navío Richard Pickersgill, que se había formado con Cook en la segunda expedición, capitanearía el bergantín *Lion* en un intento de realizar la travesía en dirección opuesta. Por desgracia, Pickersgill cayó gravemente enfermo mientras costeaba Groenlandia por el Estrecho de Davis, y su sucesor, el teniente de navío Walter Young, no hizo el más mínimo caso a sus instrucciones y regresó en 1777 sin ni siquiera haber acometido la empresa.

⁋ En el Pacífico Norte, Cook descubriría las islas Hawai (Sandwich), que, por extraño que parezca, tenía por su descubrimiento más importante, mucho antes de que se reconociera su gran valor estratégico. Explora a continuación la costa norteamericana a partir de los 45° de latitud norte; demuestra la inexistencia de un paso hacia oriente al sur del Ártico; y confirma la obra de Bering atravesando el estrecho que lleva su nombre, en una región en la que Cook opinaba que su predecesor, otro mártir de la exploración, había determinado la latitud y la longitud mejor de lo que se podía haber esperado. A pesar de la trágica muerte de Cook a manos de los isleños hawaianos el 14 de febrero de 1779, los resultados conseguidos admiten una comparación más que favorable con los de cualquiera de sus antecesores en el Pacífico Norte, y tuvieron una notable repercusión en la exploración y el comercio.

⁋ La cuarta cuestión a tener en cuenta es el conocimiento de la navegación y la cartografía en el siglo XVIII, conocimiento al que Cook hizo asimismo valiosas contribuciones, estudiadas recientemente por Mr R. A. Skelton, de la Hakluyt Society. Con anterioridad a Cook, los marinos podían determinar la latitud con bastante precisión y calcular la distancia de su posición al norte o sur del ecuador. Lamentablemente, el cálculo de la longitud, es decir de las distancias al este y oeste, era mucho más difícil, como lo demuestran las numerosas islas pacíficas que se descubrieron, sólo para ser perdidas de inmediato. En tiempos de Cook, sin embargo, los relojeros andaban experimentando con cronómetros, instrumentos que registrarían con exactitud el tiempo transcurrido durante largos intervalos, fueran cuales fueran las condiciones climáticas, permitiendo así a los hombres de mar fijar la longitud, en tanto que los astrónomos desarrollaban otro método, las distancias lunares, que —y ése era su principal inconveniente— requería muchas horas de laboriosos cálculos, aunque, como demostró Cook en su primer viaje, los resultados podían ser extraordinariamente precisos.

⁋ En el viaje del *Endeavour,* Cook no llevaba cronómetro, pero él y el astrónomo Green realizan frecuentes mediciones de la distancia lunar con la inestimable ayuda de las tablas recién publicadas por el astrónomo real Nevil Maskelyne. «Con esas tablas», escribía Cook en 1773, «los cálculos se abrevian hasta lo inimaginable y quedan al alcance de la inteligencia más corta». En el segundo viaje, Cook y los astrónomos Wales y Bayly continúan realizando observaciones lunares sistemáticas, pero los navíos portaban tres cronómetros experimentales, nada solventes, fabricados por Arnold, y un instrumento muy famoso y satisfactorio construido por Larcum Kendall según un diseño de Harrison. Tan exacto fue este cronómetro que Harrison ganó la importante recompensa ofrecida por el Comité de Longitudes, aunque no sin que el propio Jorge III tuviera que intervenir para que se hiciera justicia al inventor.

◁ Aunque la participación de Cook en la solución del viejo y grave problema del cálculo de la longitud se basa fundamentalmente en los adelantos de los astrónomos y relojeros, sus aportaciones en topografía y cartografía tienen un cariz mucho más individual. Skelton escribe que «los diarios de Cook atestiguan repetidamente su especial talento para prever el curso de un litoral, para captar e interpretar sus rasgos característicos», y que sus cartas marinas «son, por lo general, notablemente correctas en cuanto a trazado y precisas en cuanto a latitud», mientras que, en lo referente a longitud, los errores son pequeños. Cook producía una gran impresión en la marinería con su misteriosa capacidad para «vaticinar la existencia de tierra». Aparecía en cubierta y modificaba el rumbo cuando nadie había percibido el más mínimo peligro.

◁ El almirante Sir W. J. L. Wharton, destacada autoridad en la materia, elogia entusiásticamente la cartografía de Cook, tanto la de Terranova como la de los viajes de exploración, y señala que muchas de sus cartas marinas servían todavía de base a las que utilizaba el Almirantazgo a fines del siglo XIX, a más de cien años de la muerte de Cook. Skelton resume la situación comparando la obra de Cook con la del general Roy al triangular Gran Bretaña. Las cotas de precisión y el método científico que aplicaron ambos personajes a la tierra y al mar dominaron los primeros trabajos del Servicio Oficial de Cartografía y del Departamento de Hidrografía.

◁ Fue, quizá, por su contribución en el control de las enfermedades del mar —no menos importante que la de sus gestas geográficas— por lo que Cook recibió en vida los más altos honores y alcanzó grandísima fama. Probablemente los antiguos navegantes —vikingos y polinesios, por ejemplo— ya padecían enfermedades como el escorbuto, pero mientras que los barcos a vela y la navegación oceánica de altura no alcanzaron un desarrollo considerable, las enfermedades por carencia no merecieron especial atención. Las circunstancias cambiaron cuando las naciones europeas empezaron a explotar las rutas comerciales en torno a África, hacia las Américas, e incluso a través del Pacífico Norte: el número de víctimas en esos largos viajes llegó a ser tan espantoso que tuvo una incidencia nada despreciable en el declinar de pueblos numéricamente débiles, como el portugués. En fecha tan tardía como 1740-44, poco antes de los viajes cookianos, el comodoro Anson perdía, en su viaje de circunnavegación, a causa principalmente de dos brotes de escorbuto, 626 de los 961 hombres que viajaban en sus tres naves. Sin embargo, se conocía el remedio contra el escorbuto desde muchos años atrás, merced a la eficaz utilización de cítricos por Sir Richard Hawkins en 1593 y el capitán de navío James Lancaster en 1605. Lancaster emplea jugo de limón para curar el brote de escorbuto de su buque insignia, el *Dragon,* durante el viaje a las Indias Orientales, pero pierde 105 de los 202 hombres que tripulaban las tres naves menores, que no llevaban limones. En 1617, James Woodall publica en su libro *The Surgeon's Mate* un decidido alegato en favor del jugo de limón como paliativo de dicha enfermedad, y no cabe duda de que, desde muchos años ha, los marinos perspicaces conocían la importancia de los cítricos y de los alimentos frescos.

❡ En 1747, el Dr James Lind, de la Royal Navy, demuestra, con un experimento controlado, que las naranjas y los limones son un antídoto contra el escorbuto. Publica artículos sobre la salud de los hombres de la mar en 1754 y 1757, y en 1758 es nombrado médico del Royal Naval Hospital en Haslar, donde continúa presionando para mejorar la dieta y la higiene en las atestadas naves de Su Majestad, y conseguir un adecuado suministro de agua dulce. Varios fueron los capitanes que siguieron los consejos de Lind o llegaron a conclusiones similares por sí mismos. Cook declara que elaboró el plan sanitario de sus expediciones en base a su larga experiencia personal, a las indicaciones de Sir Hugh Palliser y a las de los capitanes de navío Campbell, Wallis y otros inteligentes oficiales. De seguro que Cook se percató de la necesidad de luchar contra el escorbuto a raíz de su propia experiencia como marinero: ve a Palliser enterrar a veintidós hombres, ve desembarcar a 130 hombres enfermos de los casi 400 que componían la dotación del *Eagle* mientras el navío estuvo al servicio de Gran Bretaña, y al *Pembroke* perder 29 hombres al cruzar el Atlántico.

❡ A este respecto, Cook recibe gran ayuda de Mr Pelham, secretario de los comisarios de avituallamiento, quien había estado experimentando con antiescorbúticos y fue el principal avalista del remedio en que Cook puso toda su confianza: jugo concentrado de malta no fermentada o cerveza, remedio que, según el biógrafo cookiano Arthur Kitson, había sido recomendado al Almirantazgo por un tal Dr McBride.

❡ Utiliza también «sauerkraut», caldo envasado y algo de jugo de limón y naranja. Concede, además, gran importancia a la obtención de provisiones frescas siempre que las circunstancias lo permitieran, al mantenimiento de los barcos en perfecto estado de limpieza, a que los hombres estuvieran limpios, secos y abrigados, y a que sus abarrotados alojamientos y ropas de cama estuvieran bien aireados. Sus diarios ponen de manifiesto la paciente atención a los detalles y al conocimiento de la psicología del mar que entrañó éxito tan extraordinario, éxito que sobrepasa al de sus propios inspiradores debido a la perseverancia y personalidad de Cook.

❡ Éstos son, en líneas generales, los aspectos más significativos de la situación de Cook al emprender su gran empresa en 1768. Los adelantos científicos del siglo XVIII y la ambición británica, estimulada en gran medida por las victorias en la guerra de los Siete Años, finalizada en 1763, crearon el clima que proporcionó los medios que podían llevar la exploración del mar más allá de los límites establecidos. No obstante, que los tiempos trajeran los medios no disminuye ni un ápice la talla del líder que con su carácter, habilidad y sistemática preocupación personal por los detalles, supo preservar, durante largos años y a través de muchos peligros e infortunios, sus naves y tripulaciones para que pudieran llevar a término la exploración allende las fronteras establecidas.

Capítulo II

LA INFANCIA Y LA CARRERA DE COOK

> «Bien dotado para el trabajo realizado, y para mayores empresas de la misma clase.»
> LORD COLVILLE SOBRE COOK, 1762

JAMES COOK TENÍA TREINTA Y NUEVE AÑOS CUANDO LE ENcomiendan la gran misión y, como muchos exploradores oceánicos de aquella época, tanto ingleses como franceses, era el resultado de la competencia marítima entre Gran Bretaña y Francia. Que procediera de cuna humilde dificulta la indagación en algunos aspectos de su infancia y de los comienzos de su carrera, pero los hechos fundamentales están fuera de toda duda. Sus biógrafos también han tropezado con dificultades porque él mismo se envolvió en un manto de honesta reserva, y como su esposa destruyó seguramente su correspondencia íntima, no escrita para ojos extraños, hay que hacer un esfuerzo para ver al esposo y padre tras el científico y marino profesional.

Cook nace en una minúscula cabaña de tapial, de dos habitaciones, en la remota aldea de Marton-cum-Cleveland, el 27 de octubre de 1728, siendo el segundo de siete hermanos. La madre, Grace Pace, era natural de Yorkshire, en tanto que el padre, James Cook, posiblemente de origen escocés, consta como jornalero tanto en el momento del bautismo de su hijo como en el de su propia muerte, si bien, con el tiempo mejora su posición social, desempeñando los oficios de administrador de fincas y maestro de obras. Poco se sabe de la infancia del joven James; se debió criar en unas condiciones que bien pudieran haber contribuido a la extraordinaria resistencia y abnegación que manifestó, cuando fue necesario, en todas sus exploraciones. En su juventud, al igual que su célebre antecesor el pirata científico Dampier, fue mozo de granja, primero con William Walker, cuya esposa le enseñó, al parecer, las primeras letras, y luego en Ayton, Yorkshire, donde recibe de un tal Mr Pullen alguna educación adicional en la pequeña escuela, que aún se mantiene en pie: se afirma que allí demostró «una excepcional facilidad para la ciencia de los números». Cerca de la escuela se levantaba una casita que, por lo visto, había sido construida

La cabaña en que nació Cook. △

por el padre de Cook, quien en 1755 grabó sus iniciales y las de su mujer encima de la puerta. En 1933-34, un australiano, Mr Russell Grimwade, se llevó la edificación a Melburne, erigiendo en su lugar un monumento de piedra labrada procedente de las rocas de Cabo Everard, cercano al lugar de aterrada de Cook en Australia, la Punta Hicks, nombre que ha desaparecido de los mapas. En Great Ayton, en el cementerio, se conserva la lápida que Cook dedicó a la memoria de su madre, muerta en 1765, y a la de algunos de sus hermanos y hermanas.

◀ En Ayton, el padre de Cook ocupa el cargo de capataz o administrador de Airy Holme Farm, propiedad de un tal Mr Skottowe, y Cook participa en los trabajos de la hacienda hasta 1745, momento en que su padre le coloca con Mr Saunderson, tendero del diminuto puerto pesquero de Staithes, donde el muchacho aprende los misterios y el quehacer de una tienda de ultramarinos. Ahí, en un pequeño comercio, en un lugar que ahora está bajo las olas, Cook debió vivir oyendo y viendo de continuo el mar, con los barcos pasando constantemente ante sus ojos. Sea como fuere, al cabo de dieciocho meses expresó su preferencia por la vida de marinero y, en julio de 1746, Saunderson le ayudaba a conseguir un puesto de aprendiz con John y Henry Walker, navieros cuáqueros de Whitby, iniciándose así una feliz relación, pues, incluso en los años de gloria, Cook mantuvo una importante correspondencia con dicha familia.

◀ Whitby era, por aquel entonces, centro de construcción naval y de comercio costero, y, durante varios años, Cook viajó en barcos carboneros, como el *Freelove*, trabajando, cuando estaba en tierra, en aquellos temas de matemáticas que fueron el fundamento de su paradigmática carrera. En la dura escuela del Mar del Norte recibió una preparación especialmente apropiada para la exploración y la cartografía marítimas: unos conocimientos sobre la navegación de cabotaje y el gobierno de buques carboneros que fueron el pilar maestro de su éxito. Trabajó tan a gusto de los Walker que, en 1755, éstos ofrecían a Cook, por entonces segundo de a bordo del *Freelove,* el mando de uno de sus barcos, ofrecimiento que declinó. La verdad es que Gran Bretaña estaba al borde de la guerra de los Siete Años con Francia y España, y, aunque quizá temió le obligaran a prestar servicio en la marina, lo más probable es que, conociendo la imperiosa necesidad de personal cualificado que tenía la armada, viera ante sí el deber para con su país y una oportunidad excelente de progresar en su propia carrera. Cualesquiera que fueran las razones que le indujeran a alistarse, lo hizo de la única forma por entonces factible, como simple marinero, y se le destinó, en junio de 1755, a la cuarta clase del *Eagle,* buque de 60 cañones. A sólo cinco semanas de su alistamiento le nombran ayudante del capitán, empleo que también le preparaba para la exploración por cuanto suponía desempeñar una amplia gama de obligaciones bajo el mando directo del capitán, principal responsable del mareaje del barco. Cook presta servicio a las órdenes del capitán de navío Palliser, que más tarde se convertiría en su patrocinador y amigo, participando en un durísimo combate. Vive asimismo las graves consecuencias del escorbuto, que Palliser atribuía a la falta de ropas de sus hombres. En octubre de 1757, Cook se incorpora al *Pembroke* como capitán y sirve a las órdenes

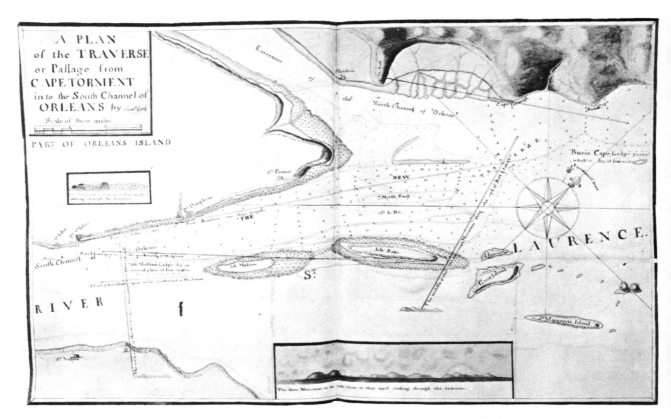

Carta de Cook del canal navegable del río San Lorenzo, aguas abajo de Quebec, 1759. Esta carta fue decisiva para la captura de Quebec por parte de Wolfe.

del almirante Saunders, cuyos barcos y botes permitieron a Wolfe y su ejército remontar el San Lorenzo hasta la célebre victoria y captura del Quebec. En 1759, el almirante Saunders le nombra capitán del *Northumberland,* y en 1761 había demostrado ya una habilidad y una entrega tan fuera de lo habitual que recibe 50 libras por su «incansable laboriosidad como práctico del río San Lorenzo», y el Almirantazgo publica su trabajo. Cuando el *Northumberland* llega a Inglaterra en octubre de 1762, Cook, que había prestado un excelente servicio en Terranova y Nueva Escocia, asume responsabilidades familiares casándose con Elizabeth Batts. Fue una alianza extraña pero feliz. La señora Cook, catorce años más joven que su esposo, disfrutó de su compañía poco más de cuatro años en total, antes de enviudar en 1779. A pesar de proceder de una familia bien acomodada de comerciantes londinenses, fue una buena esposa y demostró gran carácter y fortaleza ante tan particularmente trágica pérdida familiar.

Carta esquemática del puerto de St. Pierre. Cook, 1763. Las islas de St. Pierre y Miquelon fueron devueltas a Francia tras la guerra de los Siete Años, pero no antes de que Cook completara el reconocimiento de las mismas.

◀ En 1763 Cook recibe instrucciones de dirigir las operaciones de reconocimiento en la región de Terranova, donde Palliser, nombrado gobernador en 1764, le asegura el mando de la goleta *Grenville*. Hasta 1767 se ocupa de la elaboración de las cartas marinas de Terranova y El Labrador, que, en opinión de una gran autoridad, el almirante Wharton, eran «admirables», tanto que a fines del siglo XIX aún no habían sido completamente superadas. Cook lleva a cabo este trabajo a pesar de un gravísimo accidente: la explosión de un cuerno de pólvora que le mutila una mano. En agosto de 1766 estudia un eclipse de sol y, cuando se comunican sus observaciones a la Royal Society, se le conceptúa como «un buen matemático, muy conocedor de su oficio». Este mozo de granja, este oscuro ayudante de contramaestre de un carbonero de Whitby, se había ganado un gran prestigio tanto en la Royal Society como entre sus patronos del Almirantazgo. Así escribía su oficial en mando, Lord Colville, en relación con los servicios prestados por Cook como capitán del *Northumberland*: «estaba bien preparado para el trabajo realizado, y para mayores empresas del mismo tipo».

Brújula de Cook.

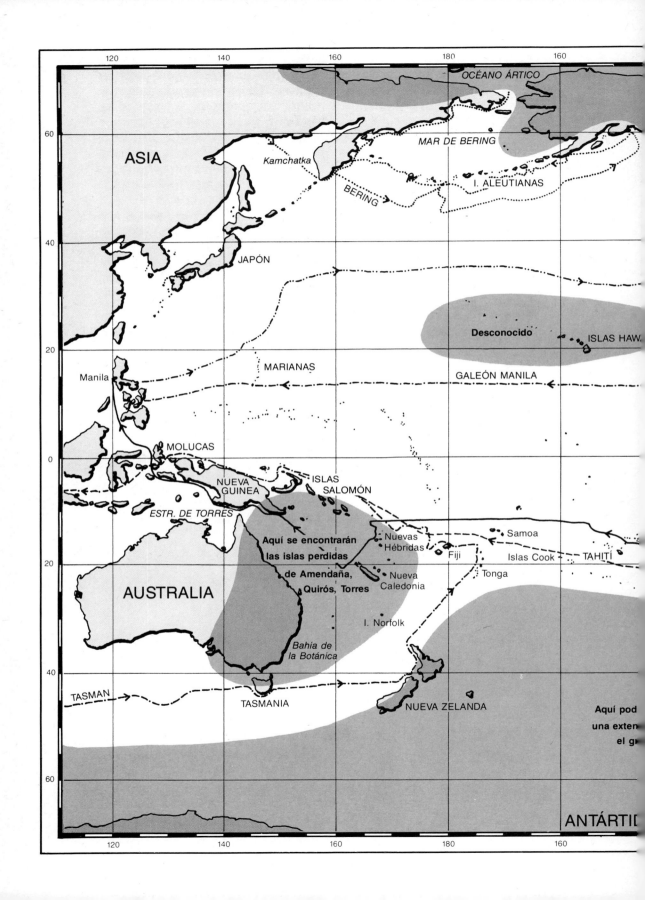

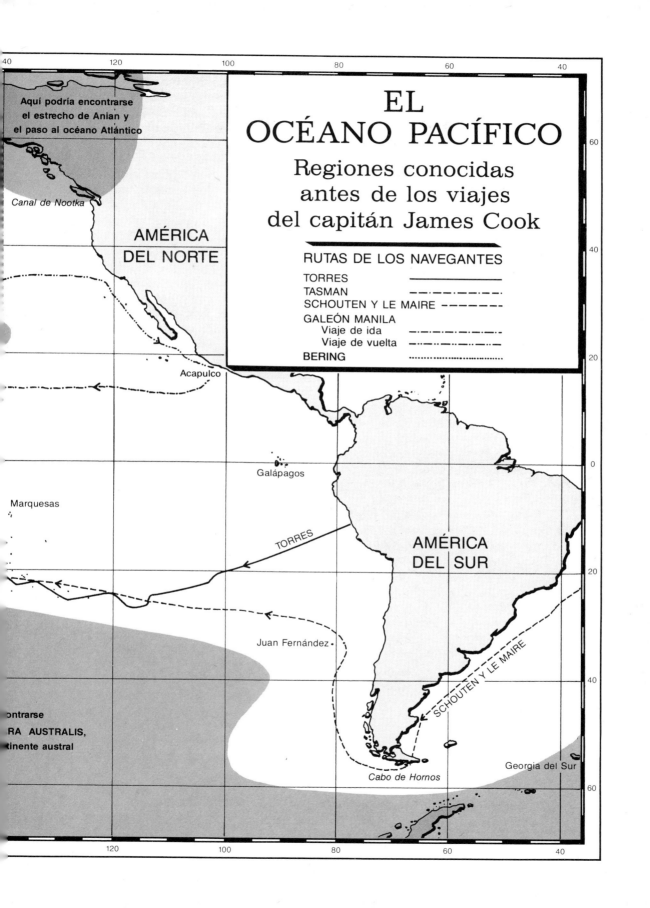

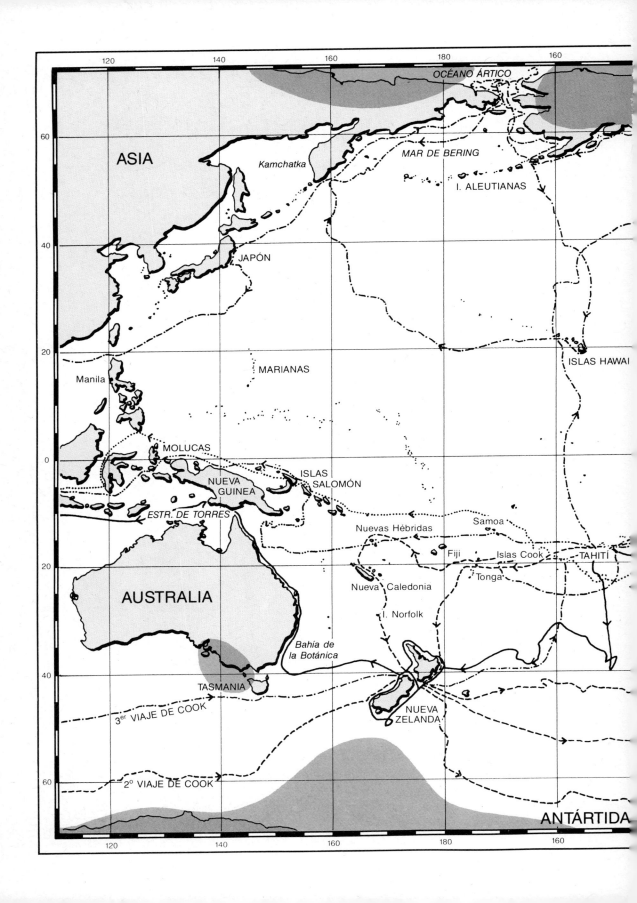

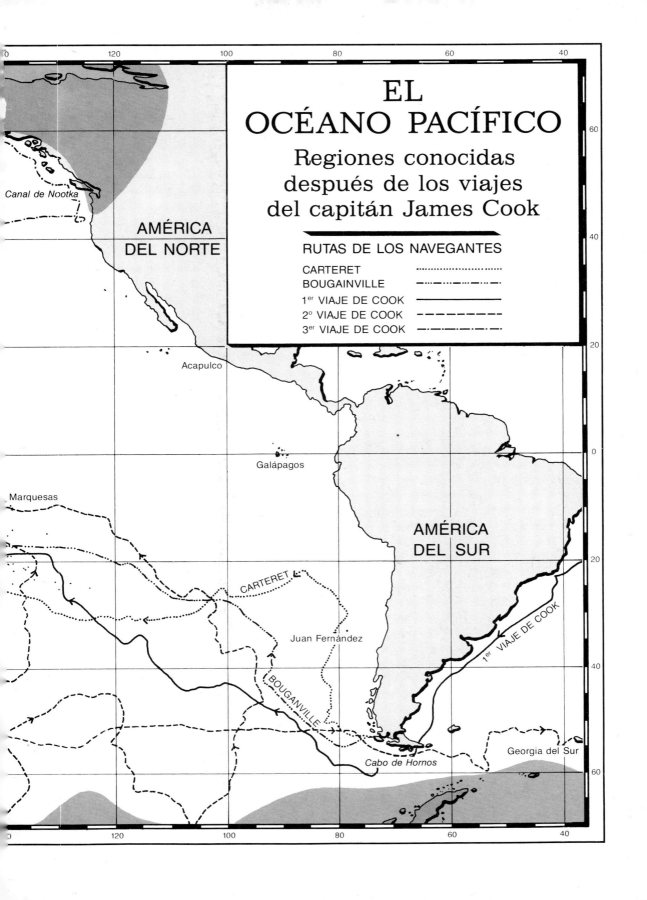

ENDEAVOUR
PRIMER VIAJE
1768-71

Capítulo III

PREPARATIVOS E INSTRUCCIONES

«Pondrá proa al sur con el propósito de descubrir el continente.»

INSTRUCCIONES SECRETAS A COOK, 1768

E<small>N</small> 1768 COOK CAUSÓ UNA IMPRESIÓN MUY FAVORABLE tanto a la Royal Society como al Almirantazgo, en un momento en que Gran Bretaña necesitaba con urgencia marinos-científicos capaces no sólo de dirigir una expedición con más habilidad que hombres como Byron sino también de realizar una doble misión: la pública y declarada de observar el tránsito de Venus el 3 de junio de 1769, y la más importante, pero secreta, de hallar el continente austral, si es que existía. El tránsito predicho por un astrónomo real —Edmund Halley— interesaba al mundo científico como posible vía para el cálculo de la distancia entre la Tierra y el Sol. En 1767, un comité de la Royal Society recomendó que se establecieran estaciones de observación cerca de Cabo Norte, Noruega, en la Bahía de Hudson y en una isla del Pacífico; y el joven rey Jorge III, vivamente interesado por la ciencia, y tan inteligente a la hora de conquistar Australia como necio a la de perder América, ofreció una subvención de 4000 libras y un buque de la armada.

◀ Al principio parecía que el jefe de la expedición iba a ser Alexander Dalrymple, quien había demostrado su talento como marino y científico. Cabeza visible de la escuela de «Tierra Firme» de los geógrafos del Pacífico, Dalrymple había descubierto un ejemplar de una memoria de un tal Dr Arias, de Santiago de Chile, a Felipe III de España, en la que abogaba, en nombre de los franciscanos, por una exploración adicional de carácter religioso y revelaba la existencia del estrecho de Torres entre Nueva Guinea y el continente australiano. Dalrymple preparaba en ese momento un

△ *Aprovisionamiento del* Endeavour.

libro y un folleto sobre la exploración del Pacífico, en los que intentaba demostrar la existencia de un continente austral. Empero, a los ojos del Almirantazgo, tenía el grave inconveniente de no ser oficial de la marina. Además era arrogante, vanidoso, intolerante y resentido, como se puso de manifiesto cuando rechazó la oferta de zarpar en el *Endeavour* como científico jefe a cargo de la observación del tránsito venusiano, así como sus ulteriores acusaciones a Cook, falsas y carentes de todo escrúpulo. Por suerte, el Almirantazgo desestimó la propuesta de que fuera Dalrymple el director de la expedición, y, con no menos fortuna, la elección final recayó en Cook.

¶ En el volumen I de la edición cookiana de la Hakluyt Society, el prestigioso investigador y editor Dr Beaglehole presenta pruebas que indican que Cook fue nominado para mandar la expedición a comienzos de abril de 1768, pero que, a fines de marzo, las autoridades ya habían elegido el barco correspondiente. Sin embargo, es una coincidencia extraordinaria que se seleccionara simultánea, pero independientemente, un comandante preparado en Whitby y un carbonero construido en ese mismo puerto; tal vez esté en lo cierto el biógrafo cookiano Kippis al afirmar que, cuando se decidió comprar una nave, se confió a Palliser la elección, y éste siguió los consejos de Cook.

¶ Cualesquiera que fueran las causas, el Consejo de la Armada adquirió para el Almirantazgo el carbonero whitbiano *Earl of Pembroke,* con algo menos de cuatro años de andadura y 368 toneladas de arqueo. Rebautizado como gabarra *Endeavour* para distinguirlo del *H.M.S. Endeavour*, ya en servicio, el gobierno pagó 2800 libras por la nave y 2294 libras por forrarlo y ponerlo a punto para el viaje.

¶ El *Endeavour* es uno de los barcos más famosos de la historia, pero a diferencia de la *Santa María* de Colón, del *Victoria* de Magallanes o del *Golden Hind* de Drake, conocemos al detalle su estructura y dimensiones. De tipo escandinavo o «gato», era extraordinariamente resistente, alto de proa, escaso calado y, claro está, lento. Como veremos, Cook resume sus ventajas en la introducción al diario de su segundo viaje, para el que se compraron navíos similares: el *Resolution* y el *Adventure*. Baste decir aquí que tenía más espacio del habitual para provisiones, que su construcción le permitía «tocar fondo» sin sufrir tantos desperfectos como muchas otras clases de barcos, y que su tripulación se bastaba para llevarlo a tierra y repararlo. El viaje demostró el acierto y buen criterio de los que hicieron la elección.

¶ En contraste con muchas de las expediciones anteriores, el diseño mejorado y el aparejo del *Endeavour* permitieron a Cook navegar con sólo 94 personas, incluidos los once miembros del equipo científico, lo que supuso una importante y ventajosa rebaja de cuatro toneladas por persona en la capacidad del buque. Al contrario que en expediciones oficiales previas, como la de Dampier, el personal era por lo general bueno, aunque Cook se opuso decididamente, pero sin éxito, a contratar un cocinero manco. El teniente de navío Gore, que acompañó también a Cook en su tercer y último viaje, había circunnavegado la Tierra con Byron y con Wallis, mientras que otros cinco miembros de la tripulación habían acompañado

El Endeavour *en alta mar. Apunte de Sydney Parkinson, (?) 1768.*

a Wallis y, por tanto, estuvieron presentes en el descubrimiento de Isla del rey Jorge III, Tahití. El Dr Beaglehole señala que, entre estos experimentados circunnavegantes, figuraba una cabra que había dado la vuelta al mundo con Wallis, siendo «traspasada a Cook para que el café de los Mares del Sur tuviera incluso su leche». En conjunto, la tripulación del *Endeavour* era muy joven, pocos pasaban de los treinta años. No la escogió Cook, pero cinco habían estado con él en el *Grenville* durante el reconocimiento de Terranova, y fueron varios los que le acompañaron en el segundo y hasta en el tercer viaje.

◀ El personal científico estaba integrado por Charles Green, ayudante del astrónomo real —un científico de primera a quien la Royal Society nombró «observador», lo mismo que a Cook—, y el grupo dirigido por Joseph Banks, joven y acaudalado miembro de la Royal Society que tomó a su servicio al Dr Solander, discípulo de Linné, como naturalista; a H. Spöring, naturalista auxiliar; y a A. Buchan y S. Parkinson como dibujantes. Tanto la Royal Society como Banks facilitaron gran cantidad de material científico; Solander estimó que la expedición le costó a Banks unas 10 000 libras, suma descomunal en aquel tiempo, pero relativamente pequeña en comparación con la fantástica contribución del viaje a la botánica y a otras ramas de las ciencias naturales.

Parte del cabestrante del Endeavour.

Alexander Buchan, autorretrato de fecha desconocida. Buchan fue contratado por Banks como paisajista durante el primer viaje, pero fallecía al poco de llegar a Tahití.

◀ El *Endeavour* llevaba asimismo la mayor parte de las obras disponibles sobre el Pacífico, incluyendo fragmentos de los diarios de Tasman, los apuntes de Wallis y, como regalo del autor a Banks, el folleto inédito de Dalrymple con las pruebas de Arias relativas a la existencia del estrecho de Torres. Según se indicó anteriormente, Cook, con la ayuda de Pelham, de la comisión de avituallamiento, embarcó un surtido suficiente de antiescorbúticos para un experimento de resultados transcendentales para el futuro: la salud y la seguridad de los hombres del mar. Siguiendo el criterio de Wallis, que había regresado a Inglaterra en mayo de 1768 tras descubrir Tahití, se eligió, muy acertadamente, dicha isla para la observación de Venus.

LAS INSTRUCCIONES DE COOK

◀ Las instrucciones de Cook se dividían en dos partes. La primera y oficial hecha pública por el Almirantazgo, previa consulta con la Royal Society, ordenaba a la expedición que bordeara el Cabo de Hornos en dirección a la isla del rey Jorge (Tahití) para observar el tránsito de Venus en junio de 1769. Mas una vez concluida esa tarea, Cook tenía que abrir unas instrucciones complementarias, secretas y lacradas, que le ordenaban averiguar si en el Pacífico existía un gran continente al sur de Tahití y si la Nueva Zelanda de Tasman formaba parte de ese ignoto continente. En otras palabras, Cook tenía que confirmar o refutar los argumentos de Dalrymple y los teóricos de la «Tierra Firme», y, de estar aquéllos en lo cierto, preparar el camino para la supremacía británica en el nuevo continente.

◀ El Diario de Cook deja entrever la naturaleza de tales instrucciones, pero no se conocieron en detalle hasta que la Navy Records Society las descubrió y publicó en 1928. Su importancia es tal que las reproducimos aquí íntegras, tal como las editó la Hakluyt Society a partir de los Archivos de la Armada y del Libro de Cartas de Camberra. Aunque el documento estaba calificado de «secreto», el *London Gazetter* del 18 de agosto de 1768 anunciaba que, una vez observado el tránsito de Venus, la expedición iba «a intentar realizar nuevos descubrimientos en esa vasta y desconocida región en torno a los 40° de latitud».

Secreto   De los Comisionados para desempeñar el cargo de Lord Almirante Mayor de Gran Bretaña & Cª.

Instrucciones complementarias para el teniente James Cook, designado para mandar la gabarra de Su Majestad *Endeavour*.

Considerando que el descubrimiento de países hasta ahora desconocidos, y el conocimiento de regiones lejanas que, si bien ya descubiertas, sólo han sido exploradas en parte, contribuirá en gran medida a la gloria de esta nación como potencia marítima, así como a la grandeza de la corona de Gran Bretaña, y puede impulsar fuertemente el desarrollo del comercio y la navegación; y visto que hay motivos para pensar que puede existir un continente o territorio al sur de la derrota seguida recientemente por el capitán de navío Wallis a bordo de la fragata de Su Majestad el Dolphin (de la que adjunto se le remite una copia), y de las derrotas de todos los navegantes anteriores con análogos propósitos; por la presente, en cumplimiento de la voluntad de Su Majestad, se le exige y ordena se haga a la mar con la barca a su mando en cuanto finalice la observación del tránsito del planeta Venus, y observe las siguientes instrucciones.

Pondrá rumbo al Sur para descubrir el susodicho Continente hasta llegar a los 40° de latitud, a menos que dé con él mucho antes. Pero no habiéndolo descubierto o no hallando signos evidentes de su existencia en ese rumbo, proseguirá la búsqueda hacia occidente, entre la latitud citada y los 35°, hasta descubrirlo o encontrar el flanco oriental del territorio descubierto por Tasman y ahora denominado Nueva Zelanda.

Si descubre el mencionado continente, sea con rumbo sur o con rumbo oeste, según se indicó con anterioridad, se dedicará a explorar diligentemente la mayor extensión de costa posible; a determinar con exactitud su verdadera posición latitudinal y longitudinal, la declinación de la aguja, la demora de los promontorios, la altura, dirección y rumbo de la mareas y corrientes, las profundidades y braceajes del mar, bajíos, escollos, etc.; así como a topografiar y levantar mapas, y a reconocer todas las bahías, radas y puntos de la costa que puedan ser útiles a la navegación.

Observará también la naturaleza del suelo y los productos del mismo; las bestias y aves que lo habitan o frecuentan, qué peces viven en los ríos y costas y con qué abundancia; en el caso de que halle minas, minerales o rocas valiosas, traerá muestras de ellos, lo mismo que de todos los frutos, granos y semillas de árboles que pueda recolectar, entregándolas a nuestra secretaría para que podamos proceder a su oportuno estudio y experimentación.

Reparará además en la cultura, temperamento, disposición y número de los nativos, si los hubiere, y procurará establecer por todos los medios una amistad y alianza con ellos regalándoles todas las fruslerías que se les antojen, invitándoles a comerciar y mostrándoles todo género de amabilidades y consideraciones; cuidando, sin embargo, de no ser sorprendido por ellos, para lo cual se mantendrá siempre en guardia ante cualquier incidente.

De igual manera, con el consentimiento de los nativos, tomará posesión de los lugares accesibles del país en nombre del rey de Gran Bretaña; o, si encuentra que está deshabitado, tomará posesión para Su Majestad estableciendo la marcas e inscripciones oportunas como primeros descubridores y dueños.

Pero si no lograra descubrir el mencionado continente, se encontrará con Nueva Zelanda; fije cuidadosamente la latitud y longitud de ese territorio, y explore tanto la costa como lo permitan las condiciones de la barca, la salud de la tripulación y el estado de sus provisiones; teniendo siempre cuidado en reservar la indispensables para llegar a algún puerto conocido donde poder obtener cantidad suficiente para volver a Inglaterra, ya sea bordeando el Cabo de Buena Esperanza, ya el de Hornos; las circunstancias le indicarán la vía de retorno más aconsejable.

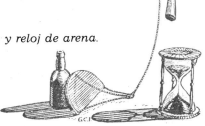

Corredera y reloj de arena.

Establecerá también con exactitud la situación de todas las islas no conocidas hasta el momento por ningún europeo, que pudiera descubrir en el curso del viaje; tomará posesión de ellas para Su Majestad, y hará levantamientos y croquis de todas las que puedan parecer importantes, siempre y cuando no le suponga un trastorno apartarse del objetivo que siempre ha de tener a la vista: el descubrimiento del Continente Austral tan a menudo citado.

Dado que en una empresa de esta naturaleza pueden surgir eventualidades de todo tipo y, por ello, no previstas en las instrucciones, procederá en cada caso, tras consultar con sus oficiales, según juzgue más conveniente para la misión que se le ha encomendado.

Enviará a la Secretaría de la Royal Society, por las vías más adecuadas, los informes de las observaciones realizadas sobre el tránsito de Venus, al tiempo que nos remitirá para información nuestra resúmenes de sus actas y copias de los levantamientos y croquis que haga. Y a su llegada a Inglaterra se presentará inmediatamente a esta Oficina para entregarnos una relación completa de las actas del viaje, cuidando de reclamar, antes de abandonar la nave, los diarios y cuadernos de navegación que hayan podido llevar los oficiales y suboficiales, precintándolos para su inspección, y ordenando a aquéllos y a toda la tripulación no divulgar dónde han estado mientras no reciban la pertinente autorización.

De nuestro puño y letra, a 30 de julio de 1768

Ed. Hawke
Piercy Brett
C. Spencer

Por Orden de Su Señoría
    Ph. Stephens

¶ El Almirantazgo emitió asimismo una orden general a todos los buques para que ayudasen a la expedición.

Delos Comisionados para desempeñar el cargo de
Lord Almirante Mayor de Gran Bretaña & Cª.

Por cuanto hemos ordenado al teniente de navío James Cook conducir la gabarra de su Majestad el Endeavour en una misión especial, por la presente se les exige y ordena no pedirle la presentación de las instrucciones que ha recibido de nos sobre su proceder en la susodicha misión, ni pretender detenerle bajo ningún concepto, sino al contrario, prestarle toda ayuda que hubiera menester para llevar las mencionadas instrucciones a la práctica.
De nuestro puño y letra, a 30 de julio de 1768

E. Hawke
Py. Brett
C. Spencer

A los almirantes, capitanes de navío y comandantes de los navíos y buques de guerra de Su Majestad, a quienes se mostrara esto.
    Por Orden de su Señoría
        Ph. Stephens

Capítulo IV

TAHÍTI, 1769

«Una Arcadia de la que vamos a ser Reyes»
JOSEPH BANKS

El 27 DE MAYO DE 1768, EN EL TÁMESIS, COOK IZABA EL GALLARdete y asumía el mando del *Endeavour*. Zarpa de Plymouth un viernes 26 de agosto, y en septiembre carga provisiones en los almacenes de Madeira: cebollas frescas y vino de Madeira incluidos, que se conservan bien. La expedición llega a Río de Janeiro en noviembre, y allí Cook tiene problemas con un ignorante virrey portugués que se niega a creer en los objetivos exclusivamente científicos de la expedición; quizá no sin motivos, pues Cook levantó un plano del puerto y sus fortificaciones. El virrey trata a los viajeros como piratas; encarcela por un tiempo a algunos miembros de la tripulación en una repugnante mazmorra, e incurre en otras vejaciones que Cook tolera por miedo a un retraso en la obtención de víveres. El 11 de enero de 1769, el *Endeavour* se halla frente a Tierra de Fuego; Cook levanta mapas, mientras los científicos desembarcan y recolectan plantas y flores desconocidas hasta entonces en las colecciones europeas. Pero ni el país ni sus habitantes tenían cosa alguna que ofrecer que no fuera lúgubre y desagradable.

Lunes 16 de enero. Son [nativos] de estatura algo más que mediana, color cobrizo oscuro, con largos y negros cabellos; se pintan el cuerpo con rayas rojas y blancas principalmente; toda su vestimenta consiste en una piel de guanaco o de foca tal como viene del lomo del animal; las mujeres llevan un trozo de piel en sus partes íntimas, pero los hombres no observan tal recato. Sus cabañas son como colmenas abiertas por un lado donde encienden fogatas; están construidas con pequeños palos cubiertos con ramas de árbol, hierba, etc., de manera tal que quedan desguarnecidos del viento, el granizo, la lluvia o la nieve, lo que prueba que estas gentes han de ser de una raza muy resistente. Viven principalmente de mariscos, como el mejillón que recogen en las rocas de la costa, ocupa-

Fuerte Venus, bahía de Matavai, Tahití. △

Enero 1769

ción al parecer propia de las mujeres. Sus armas son arcos y flechas hábilmente fabricados. Algunas flechas llevan puntas de vidrio, otras de afilado pedernal; vimos varias del primer tipo entre otros objetos de procedencia europea como anillos, botones, telas, velas, etc., lo que demuestra, creo yo, que a veces viajan hacia el norte, pues no sabemos de ningún navío que haya estado en esas regiones en muchos años; además, no les sorprendieron en absoluto nuestras armas de fuego, al contrario, parecían conocer su empleo, haciéndonos señas para que disparásemos sobre las focas y pájaros que se cruzaban en el camino. Por lo que vimos, no tienen embarcaciones ni nada parecido para ir por el agua. La población no excede de 50 a 60 individuos entre jóvenes y ancianos, habiendo muchas menos mujeres que hombres. Les gustan muchísimo las cosas rojas y, al parecer, de todo lo que podíamos ofrecerles, lo que más apreciaban eran las cuentas: en esto radica todo su orgullo; pocos, sean hombres o mujeres, van sin un collar o sarta de cuentas confeccionado con pequeñas conchas o huesos. No les agradan los licores fuertes, ni tampoco nuestras provisiones. No pudimos averiguar si tenían algún jefe o cabecilla, o forma de gobierno, ni tienen herramienta o utensilio especializado de ningún género salvo una bolsa o saco para guardar los moluscos; en una palabra, quizá son el pueblo más miserable que existe hoy en día en la Tierra. Habiendo hallado un lugar conveniente con agua y leña en el flanco sur de la bahía, emprendimos el trabajo por la mañana, y Banks partió con un grupo hacia el interior para recolectar plantas y otras cosas.

Fueguinos en su cabaña. Grabado de Bartolozzi de un original de Buchan, 1769.

Cuando el Endeavour *fondeó en Tierra de Fuego, Banks y Solander fueron los primeros en establecer contacto con los tímidos nativos.*

MARTES 17 de enero. Vientos duros del sur, SO y O con lluvia y nieve, y, claro está, con tiempo muy frío; a pesar de ello, nos dedicamos a llevar agua y leña a bordo, y finalizamos el reconocimiento de la bahía. Banks y su gente no regresaron al atardecer como esperaba, lo que me produjo gran inquietud pues no iban preparados para pasar la noche fuera, pero volvieron hacia mediodía en un estado no muy envidiable y, lo que es peor, dos criados negros de Banks habían perecido durante la noche a causa del frío. Cuando desembarcaron, se les fue gran parte del día en cruzar los bosques, adentrándose tanto en la región que no les dio tiempo a regresar esa noche, costándoles muchísimo encontrar un lugar medianamente abrigado donde poder encender un fuego. Habiendo sido confiado a esos dos hombres casi todo el licor destinado a la totalidad de la partida, bebieron en demasía y quedaron tan embrutecidos que no pudieron, o no quisieron, moverse, tumbándose en un lugar donde no existía nada que les resguardara de las inclemencias de la noche. Esto ocurría a un cuarto

Enero 1769

Enero 1769

de milla más o menos de donde acampaba el resto del grupo; pero, a pesar de los reiterados esfuerzos, no lograron moverlos un paso más, y las malas condiciones del terreno hicieron imposible que alguien los transportara, de modo que se vieron obligados a dejarlos, y a la mañana siguiente ambos aparecieron muertos.

CÁLCULO DE LA LONGITUD

¶ Pese a la brevedad de la escala del *Endeavour* en Tierra de Fuego, Cook y Green prestaron un inestimable tributo a la navegación, en particular mediante la determinación de longitudes exactas.

MIÉRCOLES 25 de enero. El aspecto de este cabo y de las islas Hermite está representado en el último apunte y en la carta que he levantado de esta costa desde nuestro primer punto de desembarco hasta Cabo de Hornos, incluyendo el Estrecho de Le Maire y parte del territorio de los Estados. En esa carta no he indicado ninguna tierra ni aparece costa alguna que no haya visto personalmente y, por consiguiente, es muy fiable; se han dejado en blanco las bahías y ensenadas que únicamente vimos desde el barco; no cabe duda de que en esas bahías hay ancladeros, bosques y agua: en alguna de ellas debió entrar, en 1624, la escuadra holandesa comandada por Hermite. Fue el vicealmirante Chapenham de esa escuadra el primero en descubrir que la región de Cabo de Hornos estaba constituida por varias islas, aunque la descripción que dieron es muy sucinta e imprecisa; y la de Schouton y Le Maire aún es peor, por lo que no es de extrañar que los mapas publicados hasta el momento sean incorrectos, tanto en lo que se refiere a la configuración del terreno como a la longitud y latitud de los lugares que representan; sin embargo, ahora puedo afirmar que pocas partes del mundo tienen la longitud mejor calculada que el Estrecho de Le Maire y el Cabo de Hornos, habiéndola determinado mediante varias observaciones del Sol y la Luna realizadas por mí mismo y por Green, el astrónomo.

BORDEANDO EL CABO DE HORNOS

¶ La expedición tuvo la buena fortuna de doblar el Cabo de Hornos con un tiempo anormalmente tranquilo.

LUNES 13 de febrero. Según las observaciones precedentes resulta que ahora estamos a unos 12° al oeste del Estrecho de Magallanes y a 3½° al norte del mismo, habiendo invertido 33 días en doblar el Cabo de Hornos o el territorio de Tierra de Fuego. Hemos alcanzado dicha latitud y longitud sin haber tenido que arriar ni una sola vez nuestras rizadas gavias desde que dejamos el Estrecho de Le Maire, circunstancia nunca antes vivida, probablemente, por barco alguno en estos mares tan temidos por sus violentas galernas; tanto es así que para algunos la travesía del Cabo de Hornos resulta terrible, y hay quien prefiere el Estrecho de Magallanes. Como nunca he estado en ese estrecho, sólo puedo opinar en base a una minuciosa comparación de los distintos diarios de navegación de los que por allí han pasado y los de aquellos que han doblado el Cabo de Hornos, en particular los de los dos últimos viajes del *Dolphin* y el del nuestro, que corresponden a la misma época del año, cuando serían de esperar los mismos vientos dominantes. En su segundo viaje, el *Dolphin* tardó tres meses en cruzar el estrecho, sin contar el tiempo que permaneció en Puerto del Hambre; y estoy firmemente convencido, por los vientos que hemos tenido, de que de venir por ese paso no estaríamos en estos mares, eso sin contar el cansancio de nuestros hombres y los daños que hubiéramos infringido a cables, anclas, velas y jarcias, cuando ninguno de ellos ha sufrido desperfecto alguno en la travesía por el Cabo de Hornos.

Febrero 1769

◀ Cook se dirige acto seguido al noroeste, hacia el primero de sus objetivos —Tahití y el tránsito de Venus— pero siguiendo una derrota más occidental que los navegantes anteriores, y a comienzos de marzo se encuentra a 560 leguas al oeste de Chile, echando por tierra algunas de las ideas preconcebidas de Dalrymple al navegar a través del margen oriental del hipotético continente austral.

MIÉRCOLES 1 de marzo. El resultado de las ya mencionadas observaciones da una longitud de 110° 33' al oeste de Greenwich, que coincide exactamente con la que da la corredera a partir del Cabo de Hornos: esta concordancia de longitudes tras una travesía de 660 leguas es sorprendente y mucho mayor de lo que cabría esperar; pero es un hecho y permite demostrar, confirmando las repetidas mediciones que hemos realizado cuando el tiempo lo permitía, que ninguna corriente ha afectado la nave desde que entramos en estos mares, indicio significativo de que no hemos estado en las cercanías de ninguna tierra de cierta extensión, porque en sus inmediaciones se detectan por lo general corrientes. Es de sobra conocido que, en el Mar del Norte, en el margen oriental del continente, hay corrientes a más de 100 leguas de la costa; incluso en medio del Atlántico, entre África y América, siempre hay corrientes, y no veo razón para que no se formen en este mar, suponiendo que exista, como algunos han imaginado, un continente o territorio no muy al oeste de nuestra posición. Si tal tierra existiese no podría estar lejos, ya que ahora nos hallamos a 560 leguas a poniente de la costa de Chile.

TAHITÍ, ABRIL-JULIO DE 1769

◀ A comienzos de abril el *Endeavour* avista algunas de las islas Tuamotu, pero, aunque habitadas, Cook no echa el ancla sino que continúa hacia el oeste hasta llegar el 11 de abril a Tahití. Su campaña contra el escorbuto ya había cosechado éxitos notables, en parte por las medidas profilácticas y en parte porque poseía la energía y el conocimiento psicológico para garantizar la adopción de tales medidas.

JUEVES 13 de abril. Hasta el momento hemos tenido muy pocos hombres en la lista de enfermos, y sólo por heridas. La tripulación, en general, se mantiene muy saludable gracias, en gran medida, al «sauerkraut», a la sopa envasada y a la malta; de los dos primeros uno se viene sirviendo los días que hay carne y el otro cuando tocan «higos de las pagodas». Se ha preparado infusión de malta no fermentada, que se suministra bajo prescripción médica a todo el que presenta el más mínimo síntoma de es-

48   El primer viaje, 1768-71

H	K	F	Courses	Winds	Remarks on Wednesday 12th Aprl 1769
1					Calm & Cloudy, hot sultry Weather
2	2		SWbSWbW	NW	Light airs next to a Calm with small rain
3	1				
4	1				
5	1				King Georges Island Extending from NWbW to SW Dist
6					from the nearest shore 6 or 7 Leagues
7					
8					
9			Calm		
10					
11					
12					Lightning all round the Compass
1	1	2	NW	Variable	
2	1	4			
3	1	4	WbN	ditto	
4	1	4			
5	1	5	NWbNW		
6	1	6			Extreams of the Island from SSW to WbN
7	1	6			
8	1	5	WNW		
9	1	6			
10	1	6			Several of the Natives of the Island came off to us in their Canoes and
11	Do	Do	WBN	SE	brought with them Cocoa Nuts and a Fruit very much like a
12	2				large Apple but did not eat half so well, for these we gave them
					Beads &cª

Extreams of the Island from South to WbSNd Distᵗ from the nearest land 5 Leagues Lat 05.17.38

Courses	Distˢ saild	Lat in	...
West	18 Miles	17-38	148..58

H	K	F	Course	Winds	Remarks &cª on Thursday 13 Aprl
1	3		Calm N EbS	Variable	Cloudy and squally with Showers of rain
2	2	4			
3	6	4	WbN		The NE Point of Port Royal Bay WbN & Clarks point
4	6	6			S. 29 E. Distance of Shore 2 or 3 Leagues
5	2	2	West	NEbS	
6	4	6			
7	2	6			Sounded not ground at 40 fathm 2 Remarkable Peaks SbW
8	2	6			
9	2	6			
10	6	6	WbS		Sounded 15 fathom Rocky ground with Course brown sand
11	1		WBW West		brown sand & broken shells
12	1	2			Dº 12.18. 22 the 2 Peaks SbW & bS off shore 3 Miles, observed
1	2	2	SNE	SE	the Tide to Set from the NNE
2	2	4			
3					Brought too maintopsail to the Mast

Made sail for the Bay at 6 hoisted out the Pinnace and sent her a head
to lay on the Shoal that is at the entrance of the Bay — at 7 Anchord in
the Bay in 13 fathom with the Best bower — a great Number of the Natives
in their Canoes came off to the Ship bringing with them a few Cocoa Nutts and
other fruits and what they sum'd to set a great Vally upon hoisted out the
Boats and land with a party of Men under Arms. Mr. Banks and the other
Gentlemen in Company — Unbent the Staysd and all the small sails

Vista de la bahía de Matavai ("Port Royal Bay"), Tahití, dibujada por George Pinnock durante el viaje de Wallis, 1767.

◁ Diario de navegación de Cook con el apunte donde consigna haber avistado por primera vez Tahití (isla del Rey Jorge) el 12 de abril de 1769.

Abril 1769

corbuto; de este modo y con los cuidados y atenciones de Munkhouse, el médico, se impide que tal enfermedad ponga su pie en el barco. Al principio los hombres no querían comer el «sauerkraut», hasta que puse en práctica un método que nunca, que yo sepa, ha fallado con los marineros. Consiste en poner cada día una cierta cantidad en la mesa del comedor, autorizando a todos los oficiales sin excepción a consumirlo y dejando a la libre elección de la marinería comer cuanto quisiesen, o no probarlo en absoluto; al cabo de una semana tuve que imponer a bordo un racionamiento, pues el temperamento y el carácter de los marineros son tales que todo lo que no se les dé como cosa corriente, aunque sea por su bien, no lo aceptarán, y no se oirán más que maldiciones contra el que lo inventó; pero en cuanto ven que sus superiores lo aprecian, se convierte en la cosa más maravillosa del mundo, y su inventor en la persona más extraordinaria.

◀ Cook fondea en la Bahía Real de Wallis (Matavai), y los nativos, que sabían de la eficacia de los cañones del *Dolphin* y reconocieron a los oficiales de Cook que ya habían estado con Wallis, les recibieron calurosamente. Eran, sin embargo, «habilísimos y expertos ladrones», y algunas de sus costumbres, aunque tal vez de signo religioso o ritual, causaron gran sorpresa entre los europeos.

Abril 1769

Jueves 13 de abril. Apenas fondeábamos en la mencionada Bahía Real, cuando gran número de nativos se aproximaron al barco en canoa, trayendo consigo cocos y otros artículos que parecían ser de gran valor para ellos. Entre los que se acercaron se hallaba un anciano cuyo nombre es Owhaa, al que los caballeros que estuvieron aquí con el *Dolphin* ya conocían y del que con frecuencia comentaban que era de los que les habían ayudado; le hice subir a bordo (junto con algunos más) y le he agasajado pensando que en algún momento puede sernos de utilidad. Como nuestra escala en este lugar probablemente no va a ser muy breve, me ha parecido de primera necesidad que exista cierto ordenamiento en el comercio con los nativos para que las mercancías que llevamos a bordo a tal fin tengan un valor justo, no dejándolo al capricho particular de cada cual, que no nos llevaría más que a malentendidos y a peleas con los nativos, y despreciarían indefectiblemente dichos artículos a medida que comerciásemos con ellos. Para evitar esto he ordenado el cumplimiento de las siguientes normas, a saber:

Normas que ha de observar toda persona en o perteneciente a la gabarra de su Majestad el Endeavour *para el mejor establecimiento de una contratación regular y uniforme de provisones y demás artículos con los habitantes de la isla Jorge.*
1ª Procurar por todos los medios correctos cultivar la amistad de los nativos y tratarlos con toda la humanidad imaginable.
2ª Se designará una o varias personas para contratar con los nativos todo tipo de provisiones, frutos y productos de la tierra; y ningún oficial o marinero, o persona perteneciente al barco, salvo los que a tal efecto se nombren, comerciará u ofrecerá nada a cambio de ningún género de provisiones, frutos u otros productos de la tierra a menos que tenga autorización mía para hacerlo.
3ª Toda persona que desempeñe en tierra alguna misión, sea la que sea, ha de ocuparse exclusivamente de ella, y si por negligencia perdiera alguna de sus armas o herramientas, o se la robaran, le será descontado de la paga el importe completo de la misma según costumbre de la Armada en tales casos, y recibirá un castigo adicional según merezca el carácter de la falta.
4ª Se aplicará idéntica sanción a toda persona que sea hallada distrayendo, mercadeando u ofreciendo en trueque algo de las bodegas del barco, cualquiera que sea su naturaleza.
5ª En ninguna circunstancia se cambiarán hierros o enseres de ese metal, telas u otros artículos útiles o necesarios por otra cosa que no sean provisiones.

J. C.

En cuanto el barco estuvo convenientemente custodiado, bajé a tierra acompañado de Banks y otros caballeros, con una partida de hombres armados. Llevábamos con nosotros a Owhaa, que nos condujo al lugar donde el *Dolphin* se proveyó de agua, indicándonos por señas, tan bien que pudimos entenderle, que podíamos ocupar ese terreno, pero no se adecuaba a nuestros propósitos. Ningún nativo ha puesto el más mínimo impedimento a nuestro desembarque; al contrario, se nos acercan con todas las muestras imaginables de amistad y sumisión.

Viernes 14 de abril. Esta mañana tuvimos gran número de canoas alrededor del barco; la mayoría venían de occidente, pero no traían nada sal-

Bienvenida a Cook y Banks en Bahía Matavai

Abril 1769

vo unos cuantos cocos y otras cosas. Dos de ellos que parecían ser los jefes han subido a bordo junto con algunos más; era casi imposible mantenerlos fuera del buque pues trepaban como monos, aunque resultaba más difícil impedir que hurtaran todo lo que caía en sus manos, para lo que tienen una extraordinaria habilidad. Regalé un hacha a cada uno, que parecieron apreciar muchísimo. Cuando conseguimos desembarazarnos en parte de estas gentes, cogí dos botes y me dirigí hacia el oeste, viniendo conmigo todos los caballeros; mi propósito era ver si existía un ancladero más cómodo y comprobar cuál era la actitud de los nativos al llevar con nosotros a los dos caciques anteriormente citados. Primero atracamos en la Ensenada de la Gran Canoa (así bautizada por el capitán de navío Wallis); allí se congregó en torno nuestro un gran número de nativos; su talante no podía ser más amistoso, sólo que mostraban una fuerte inclinación a ratearnos en los bolsillos. Fuimos conducidos ante el jefe, a quien, en consideración a su dignidad, pusimos el nombre de Hércules. Tras permanecer un rato con él y ofrecer algunos presentes, seguimos adelante hasta dar con un cacique que llamaré Licurgo; este personaje nos agasajó muy cordialmente con pescado asado, frutos de «giaca», cocos, etc., poniendo todo el tiempo mucho cuidado en advertirnos que vigilásemos los bolsillos, pues había mucha gente apiñada en derredor nuestro. A pesar de la atención que prestamos, al Dr Solander y al Dr Munkhouse les quitaron un catalejo y una tabaquera respectivamente. Enterado Licurgo del hurto, dispersó a la gente en un momento por el método de agarrar lo primero que halló a mano y arrojárselo, y feliz el que pudo escapar de su trayectoria. Parecía muy preocupado por lo sucedido y a modo de compensación nos ofreció todo lo que en su casa había, pero nos negamos a aceptar cosa alguna y por señas les hicimos saber que sólo queríamos que nos devolviesen los objetos robados. Envió de inmediato a buscarlos no tardando en sernos devueltos. Allá donde fuéramos había siempre muchísimos nativos, aunque, por lo que pudimos apreciar, todos ellos parecían muy pacíficos.

Sábado 15 de abril. Algunos de los caciques que conocimos ayer vinieron esta mañana a bordo, trayendo consigo capones, fruto de «giaca», etc., a cambio de los cuales les dimos hachas, hilo y otros artículos de valor para ellos. Al no encontrar un emplazamiento más favorable para nuestros fines que el que ahora ocupamos, opté sin más demora por elegir un punto al NE de la bahía convenientemente situado para observar el tránsito de Venus, a la par que cubierto por los cañones del barco, y levantar allí un pequeño fortín defensivo... Como ya era muy tarde para hacer algo más, se envió una patrulla al mando de un sargento a custodiar la tienda mientras dábamos, con otra partida, una vuelta por los bosques en compañía de casi todos los nativos. Acabábamos de cruzar el río cuando Banks abatió tres patos de un tiro, lo que les sorprendió tanto que muchos dieron consigo en el suelo como si también hubieran recibido un disparo. Creí que esto tendría consecuencias positivas, pero los acontecimientos me demostraron lo contrario: al poco de haber dejado la tienda, los nativos empezaron a congregarse a su alrededor y uno de ellos, más atrevido que el resto, empujó a uno de los centinelas, le arrebató el mosquete de las manos, le dio un empellón y huyó, y con él todos los demás; el oficial ordenó inmediatamente abrir fuego y el individuo que había asido el arma cayó muerto no lejos de la tienda, no sufriendo aquella daño alguno.

Abril 1769

Viernes 28 de abril. Esta mañana se acercaron en canoas, desde diferentes puntos de la isla, muchos nativos. A algunos no los habíamos visto antes, y entre ellos estaba la mujer que el *Dolphin* llamó la reina de la isla. Se acercó en primer lugar a la tienda de Banks en el fortín, donde no fue reconocida hasta que al capitán, que sí la conocía, se le ocurrió ir a tierra; éste la subió a bordo junto con dos hombres y varias mujeres que parecían ser de su familia. Les hice a todos algunos presentes, y a Obarea, tal es el nombre de esta mujer, le regalé varias cosas más, a cambio de las cuales, en cuanto fui a tierra con ella, me ofreció un capón y varios racimos de plátanos, para lo que se hizo llevar desde la canoa hasta el fortín en una especie de procesión, cerrando ella y yo la marcha. Tenía unos cuarenta años y, como otras muchas mujeres, era muy masculina.

Lunes 1 de mayo. Esta tarde instalamos el observatorio y llevamos a tierra, en un primer viaje, el cuadrante y otros instrumentos. El fortín ya está acabado y resulta todo lo defendible que el tiempo, la naturaleza y la situación del terreno, y los materiales de construcción, permiten. Las partes norte y sur constan de un terraplén de 4½ pies de altura por el lado interior, con un foso exterior de 10 pies de ancho y 6 de profundidad; en el lado oeste, que mira a la bahía, hay un terraplén de 4 pies de alto con empalizadas, pero sin foso, pues las obras están al nivel de la marea alta; en el flanco oriental, a la orilla del río, se colocó una doble fila de barriles y, como era el punto más débil, instalamos allí las dos piezas de cuatro libras, estando el conjunto defendido además con seis cañones giratorios y, por lo general, unos 45 hombres, oficiales y caballeros residentes en tierra incluidos, provistos de armas cortas. Ahora me siento seguro frente a cualquier cosa que esas gentes puedan intentar.

Martes 2 de mayo. Esta mañana, hacia las nueve, cuando Green y yo fuimos a instalar el cuadrante, éste había desaparecido. Nunca había salido de su embalaje (una caja de 18 pulgadas cuadradas, aproximadamente) desde que fuera entregado por Bird, el fabricante, y era bastante pesado, así que nos quedamos estupefactos preguntándonos cómo pudo ser extraído, pues el centinela había permanecido toda la noche a 5 yardas de la entrada de la tienda, donde estaba junto con otros instrumentos, no faltando ningún otro salvo éste. Sin embargo, pronto nos llegaron informes de que un nativo lo había robado llevándoselo hacia el este. En el acto se resolvió detener todas las canoas grandes de la bahía y prender a Tootaha y a otros principales hasta que apareciera el cuadrante, pero no creíamos oportuno llevar a la práctica de inmediato la última medida ya que sólo teníamos a Obarea en nuestro poder y retenerla por la fuerza habría puesto en guardia a los demás. Entretanto, Banks (siempre atento a todo lo relacionado con los nativos) y Green fueron a la selva a preguntar a Toobouratomita cómo y adónde había ido a parar el cuadrante; enseguida fui informado de que los tres habían partido hacia oriente en su busca y poco después los seguí con un pequeño destacamento. Al marchar di orden de que si Tootaha se acercaba al barco o al fortín no le detuvieran, pues me

Mayo 1769

pareció que no había participado en el robo del cuadrante y que su recuperación era prácticamente segura. En efecto, a unas 4 millas del fortín encontré a Banks y a Green que regresaban con el cuadrante.

VIERNES 12 de mayo. Cielo cubierto con chubascos. Esta mañana vinieron al fuerte un hombre que no conocíamos y dos muchachas y, como su forma de presentarse fue poco corriente, voy a relatarla. Se hallaba Banks, como de costumbre, comerciando con la gente en la puerta del fuerte, cuando le dijeron que se aproximaban unos forasteros, por lo que se levantó para recibirlos. La comitiva traía consigo una docena de plátanos jóvenes y otras plantas pequeñas que dejaron a unos 20 pies de Banks. Trazaron luego una línea entre ellos y él, y acto seguido el hombre (que parecía ser tan sólo un criado de las dos mujeres) acercó los plátanos uno a uno, junto con algunas otras plantas, y las fue ofreciendo a Banks, pronunciando a cada entrega una breve frase que no entendíamos. Una vez hecho esto, cogió varios trozos de tela y los extendió en el suelo; entonces una de las jovenes se colocó encima y, con todo el candor que uno pueda imaginar, se mostró completamente desnuda desde la cintura hacia abajo, dando una o dos vueltas, no estoy seguro de cuantas, en torno a sí. A continuación salió de la tela y se bajó las ropas, extendieron nuevas telas sobre las primeras y la muchacha ejecutó la misma ceremonia; luego las enrollaron y se las entregaron a Banks, al tiempo que las dos muchachas se acercaban y le abrazaban, con lo que concluyó la ceremonia.

DOMINGO 14 de mayo. Hoy celebramos el servicio religioso en el fuerte, en una de las tiendas; asistieron varios nativos, comportándose con gran decoro en todo momento. El día finalizó con un extraño suceso acontecido a la puerta del fortín, donde un joven de más de seis pies de altura se acostó públicamente con una niña de 10 ó 12 años ante varios familiares y cierto número de nativos. Lo menciono porque parecían realizarlo más por costumbre que por obscenidad, pues estaban presentes varias mujeres, en concreto Obarea y otras de la más alta condición, que, lejos de mostrar la más mínima desaprobación, instruían a la muchacha sobre cómo tenía que desempeñar su papel, ya que, joven como era, no parecía hacerlo de grado.

◀ El 3 de junio observan el tránsito de Venus con un tiempo excelente, aunque, como se indicó en la introducción, los resultados de estas observaciones y de las que se hicieron en otros lugares fueron prácticamente inútiles.

SÁBADO 3 de junio. El día se presentó todo lo propicio que podíamos haber deseado; no se vio una nube en todo el día y el aire se mantuvo absolutamente transparente, de modo que disfrutamos de todas las ventajas requeridas para la observación del paso del planeta Venus por encima del disco solar: vimos con toda claridad una atmósfera o halo polvoriento alrededor de la masa del planeta que distorsionó muchísimo los tiempos de contacto, sobre todo en los dos internos. El Dr Solander realizó observaciones al igual que Green y yo mismo, y las diferencias de uno a otro en cuanto a los tiempos de los contactos fueron mucho mayores de lo que cabría esperar. Mi telescopio y el de Green tenían el mismo aumento, pero el del Dr era mucho más potente. Reinó una calma casi absoluta du-

Vista de la "Colina del árbol solitario" con la bahía Matavai y el campamento de Fort Venus al fondo. Sydney Parkinson, 1769.

rante todo el día, y el termómetro marcó al sol, a mediodía, una temperatura (119) como no habíamos tenido antes.

DOMINGO 4 de junio. Se castigó a Archibald Wolf con dos docenas de latigazos por hurto, por forzar una bodega y robar gran cantidad de clavos, algunos de los cuales aparecieron al registrarle. Esta tarde regresaron invictos los caballeros que marcharon a observar el tránsito de Venus. Los que salieron hacia la Isla de York fueron bien recibidos por los nativos; no les pareció que la isla fuera muy fértil.

◀ Durante las semanas de preparación de las observaciones en el bien llamado «fuerte Venus», la expedición disfruta de los alimentos y placeres de este paraíso con hombres espléndidamente conformados y hermosas mujeres de color café. Banks y otros escriben con entusiasmo de una «Arcadia» habitada por nobles salvajes que materializaban el ideal de Rousseau y otros teóricos contemporáneos. Cook, con su prudencia y sentido de la responsabilidad, ve más allá, si bien le resulta imposible controlar las relaciones sexuales y el consiguiente riesgo de enfermedades venéreas que pronto causarían estragos en las islas del Pacífico. Beaglehole opina que la tripulación de Cook no fue responsable de la introducción de enfermedades, pues veinticuatro marineros y nueve soldados quedaron infectados por las isleñas. La cuestión es con qué. El Dr S. M. Lambert, reconocida autoridad en la materia, que estudió el problema, se declara en contra de la sífilis y a favor del pian, que era una enfermedad endémica del Pacífico y producía síntomas un tanto parecidos a los de la sífilis.

Junio 1769

Junio 1769

Martes 6 de junio. De unos días a esta parte, los nativos nos vienen diciendo que hace 10 ó 15 meses pasaron por la isla dos buques y permanecieron 10 días en una ensenada llamada Ohidea situada al este; que el nombre del comandante era Toottera, al menos ése es el nombre que le dan; y que un nativo llamado Orette, hermano del cacique de Ohidea, se fue con él. Nos comunicaron asimismo que estos barcos trajeron el mal venéreo a la isla donde ahora es tan común como en cualquier parte del mundo y la gente lo padece con tanta despreocupación como si hubiera estado acostumbrada desde antaño. A los pocos días de nuestra llegada, algunos de los nuestros contrajeron el mal, y como no ocurrió nada semejante a nadie del *Dolphin* mientras estuvo aquí, que yo sepa, tengo razones para creer (a pesar de la improbabilidad del hecho) que lo hemos traído con nosotros, lo que me causa no poca inquietud. Hice lo que estuvo en mi mano para evitar su difusión, pero los resultados fueron escasos, pues puedo afirmar sin temor a equivocarme que nadie en el barco me ha ayudado. Me vi obligado a tener buena parte de la tripulación en tierra trabajando todo el día en el fortín y establecí una guardia rigurosa cada noche, pero las mujeres eran tan generosas dispensando favores —o los clavos, camisas, etc. eran tentaciones tan irresistibles— que dicho mal se propagó rapidísimamente entre la tripulación. Pero ahora me siento tranquilo al saber que todos los nativos coinciden en que no lo hemos traído nosotros. Esto, claro está, no es un consuelo para ellos que han de padecerlo; con el tiempo quizás se propague a todas las islas de los Mares del Sur para eterno remordimiento de los que lo trajeron por vez primera. He puesto especial cuidado en averiguar si alguno de los tripulantes tenía la enfermedad un mes antes de llegar aquí, ordenando al oficial médico que examinara a todo hombre mínimamente sospechoso. Me informó que sólo un hombre en el barco tenía una pequeña infección y que su mal era una tibia ulcerada; este hombre no había tenido relación con ninguna mujer de la isla. En varias ocasiones vimos utensilios de hierro y otros artículos que dudábamos procedieran del *Dolphin*: ahora sabemos que eran de esos buques.

❡ La víspera de la partida del *Endeavour*, la acción de dos soldados anticipa el motín de la *Bounty* al huir a las montañas con sus «mujeres»; entretanto, fracasaba una conspiración mucho más grave. Cook captura a sus hombres cogiendo a los caciques locales como rehenes, táctica peligrosa que en último término le llevaría a la muerte en Hawai al intentar detener al rey Taraiopu con el objetivo de conseguir la devolución de un cuter robado.

JULIO DE 1769

«He decidido recoger todo lo que hay en tierra y dejar el lugar lo más pronto posible. Llevar las cosas a bordo, raspar y pintar los costados del buque nos ocupó toda la semana siguiente, sin que aconteciera nada de extraordinario en ese tiempo.

Domingo 9 de julio. Cuando en algún momento de la guardia intermedia, Clement Webb y Saml. Gibson, jóvenes infantes de marina, hallaron el medio de escapar del fuerte (lo que ahora no es nada difícil) y no aparecieron por la mañana, y dado que todos sabían que la tripulación debía embarcarse el domingo por la mañana y que el barco zarparía en uno o dos días, había motivos para pensar que esos dos hombres pensaban quedarse atrás. Quise esperar un día más por ver si regresaban antes de tomar medida alguna para hallarlos.

Julio 1769

Lunes 10 de julio. Al no reintegrarse esta mañana empecé a preguntar por ellos y averigüé, por mediación de algunos nativos, que habían huido a las montañas, que habían tomado esposa y no querían retornar. Nadie quiso darnos referencia cierta de dónde estaban, ante lo cual se tomó la determinación de prender a todos los caciques que pudiéramos, convencidos de que éste era el método más rápido para inducir a los demás nativos a la entrega de los fugados. Prendimos a Obarea, a Toobuoratomita y a otros dos caciques, pero como sabía que Tootaha tendría más autoridad sobre los indígenas que todos los demás juntos, despaché al teniente Hicks en la pinaza, al lugar donde aquél estaba, con el encargo de intentar atraerle a la embarcación y presentarse con él a bordo, lo que Hicks realizó sin el más leve contratiempo.

Martes 11 de julio. El suboficial que envié en busca de los desertores me dijo que los nativos no le dieron informe alguno de su paradero, ni tampoco a los que le acompañaban; al contrario, las dificultades aumentaron y cuando regresaban al atardecer, de improviso, fueron apresados por varios hombres armados que con tal propósito se habían escondido en el bosque. Todo esto ocurría después de haber detenido nosotros a Tootaha: lo hacían a modo de represalia para recuperar a su cacique. Pero este método no contaba con la aprobación de todos; muchos condenaban tales procedimientos y eran partidarios de ponerlos en libertad, en tanto que otros abogaban por retenerles hasta que Tootaha fuese liberado. La disputa llegó tan lejos que pasaron de las palabras a las manos y, en varias ocasiones, los nuestros estuvieron muy cerca de la liberación; a lo último, ganó el grupo partidario de su detención; pero como tenían algunos amigos, no recibieron ningún daño. Poco después traían también prisioneros a Web y a Gibson, los dos desertores, pero al final acordaron enviar a Web para informarnos del paradero de los demás.

»Del interrogatorio de esos dos hombres sobre las razones que les impulsaron a huir, resultó que la única causa de su tentativa de deserción fue que habían trabado conocimiento con dos muchachas y les habían tomado mucho cariño.

Jueves 13 de julio. A medida que se acercaba el momento de abandonar la isla, a diario se presentaban nativos ofreciéndose a partir en nuestra compañía; creyendo que podían sernos útiles para futuros descubrimientos, decidimos llevarnos a uno llamado Tupia, cacique y sacerdote. Este hombre había estado con nosotros la mayor parte del tiempo que permanecimos en la isla, lo que nos brindó la oportunidad de conocerle un tanto; nos dio la impresión de ser una persona muy inteligente, que sabía más sobre la geografía de las islas de aquellos mares, sus productos, y la religión, leyes y costumbres de sus habitantes que cualquiera de los que habíamos conocido: era la persona que mejor convenía a nuestro propósi-

Julio 1769

tos. Por estas razones, y a petición de Banks, le recibí a bordo junto con un chiquillo que le hacía de criado.

◁ El diario de Cook contiene una larga e interesante descripción de Tahití, de sus productos, de las gentes que lo habitan, sus modales, costumbres, religión, viviendas, armas y espléndidas canoas. El breve resumen que sigue a continuación ilustra el gran talento observador y crítico de Cook, aunque, como señala Beaglehole, algunas observaciones antropológicas de Cook quizá sean, realmente, de Banks, pues cada cual tomó cosas del diario del otro.

DESCRIPCIÓN DE LA ISLA DEL REY JORGE

«Los nativos dan a esta isla el nombre de Otaheite. Fue descubierta por el capitán de navío Wallis, al mando del *Dolphin*, el 19 de junio de 1767; para mérito suyo y de sus oficiales, determinaron la longitud de la Bahía Real con medio grado de error, la configuración general de la isla no está mal descrita... El terreno de esta isla, a excepción del que linda inmediatamente con el mar, es muy desigual; forma sierras que ganan altura hacia el interior y allí se alzan montañas con altura suficiente para avistarlas a 20 leguas. Entre las montañas y el mar se extiende una cenefa de tierras bajas que circunda por completo la isla, salvo en contados lugares donde las montañas emergen directamente del agua. Este llano tiene una anchura variable, pero en ningún momento excede de milla y media; el suelo es rico y fértil, está cubierto, en su mayor parte, de frutales y pequeñas plantaciones y lo riegan numerosos riachuelos de excelente agua que nacen en las colinas vecinas. Es en esta llanura donde vive casi toda la población, no en pueblos o aldeas, sino esparcida por todo el contorno de la isla. Las partes altas de muchas sierras y montañas son estériles, y están como quemadas por el sol; sin embargo, son muchas las zonas no carentes de producción agrícola, siendo muchos los valles fértiles y habitados.

»La isla produce «giaca», cocos, plátanos, un fruto parecido a una manzana, batatas, ñames, una fruta denominada *eag melloa*, tenida por muy exquisita, caña de azúcar que los nativos comen cruda, una raíz de la del tipo del satirión a la que llaman *pea*, la raíz de otra planta conocida como *ether*, el *ahu*, fruto encerrado en una vaina, como una judía, que, una vez asado, se come como una castaña; el fruto de un árbol que ellos llaman *wharra*, algo parecido al ananás; el de otro al que dan el nombre de *nano*; las raíces de un helecho y las de una planta llamada *theve*. La tierra produce todo ello casi espontáneamente o, en el peor de los casos, con muy poco trabajo. En el capítulo de alimentación, casi podría afirmarse que estas gentes escapan a la maldición de nuestros primeros padres; no cabe decir que se ganan el pan con el sudor de su frente, la generosa naturaleza les proporciona todo lo necesario y abundantes superfluidades. El litoral marino les ofrece una inmensa variedad de peces, pero no los consiguen sin cierto esfuerzo y perseverancia; el pescado parece ser uno de sus mayores lujos y lo comen crudo o cocinado, gustándoles, a lo visto, tanto de una forma como de otra; estas gentes comen y aprecian no sólo el pescado sino también casi todo lo que procede del mar. Langostas, cangrejos,

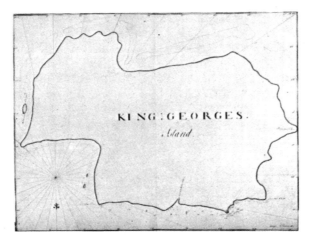

Mapa de Tahití obra de George Pinnock, 1767. Compárese con el mapa de Cook realizado en 1769 (fig. pág. 67). Ambos han sido dibujados con el sur en lo alto de la página.

Julio 1769

moluscos, incluso insectos marinos y lo que comúnmente llamamos ortiga marina contribuyen a su manutención. Como animales domésticos tienen gallinas, cerdos y perros. De ellos aprendimos a comer perro, y raro era de entre nosotros el que no reconociese que el perro del Mar del Sur se parece al cordero inglés: una cosa a su favor es que se alimentan exclusivamente de vegetales; los nuestros, probablemente, no comen ni la mitad de bien. Poco se puede decir de sus gallinas, pero el cerdo es excelente... Por lo que respecta a su persona, los hombres son, en general, altos, fuertes y esbeltos; uno de los más altos que vimos medía seis pies y tres pulgadas y media; las mujeres de la clase alta están, desde todos los puntos de vista, a la altura de la europeas, pero las de la clase inferior son, por lo común, pequeñas debido seguramente a sus tempranos amoríos, a los que son más aficionadas que las de la clase superior. Su color es variable; los de la clase inferior, obligados a permanecer más tiempo al sol y al aire, son de un moreno muy oscuro; los de la superior, que pasan la mayor parte del tiempo en sus viviendas o al abrigo, no son más morenos que los que han nacido o han vivido largo tiempo en las Indias Occidentales; es más, algunas mujeres son casi tan blancas como las europeas. Su cabello es, en la práctica totalidad de los casos, negro, grueso, fuerte; las mujeres lo llevan cortado a la altura de las orejas; los hombres, por su parte, lo llevan de varias formas: los de la clase dominante lo dejan crecer y unas veces se lo recogen en lo alto de la cabeza mientras que otras lo llevan suelto sobre los hombros; muchos de la clase inferior y aquellos que por su profesión —pescadores, etc.— se ven obligados a pasar mucho tiempo en o sobre el agua, lo llevan corto como las mujeres. Se arrancan con los dedos parte de la barba manteniendo la restante limpia y acicalada. Ambos sexos se depilan completamente los sobacos y consideran síntomas de suciedad que no hagamos lo mismo. Todos tienen una hermosa dentadura blanca, nariz corta y chata las más de las veces, y labios gruesos;

Julio 1769

a pesar de lo cual, sus rasgos son hermosos, su porte elegante, y su proceder para con los forasteros y entre sí es, a menudo, amable y cortés y, en lo que pude ver, sin un ápice de falsedad. La pena es que sean ladrones, apandan con todo lo que encuentran con una habilidad que haría sonrojar al más célebre carterista de Europa. Son gente muy pulcra, tanto en lo que hace a su propia persona como por lo que respecta a los alimentos; se limpian siempre las manos y la boca inmediatamente antes y después de las comidas, y se lavan o bañan con agua dulce tres veces al día: por la mañana, a mediodía y por la noche. Lo único desagradable es el aceite con que se untan la cabeza, el *monol* como ellos lo llaman; está hecho de aceite de coco perfumado con hierbas y flores aromáticas; por lo común, el aceite es muy rancio y su portador despide un olor no muy agradable. Otra costumbre asquerosa para los europeos es que comen piojos, de los que normalmente llevan una buena provisión sobre sus cuerpos; sin embargo, este hábito no es general, pues rara vez vi que lo practicaran a excepción de los niños y la gente ordinaria, y estoy convencido de que si tuvieran medios se mantendrían tan desprovistos de piojos como nosotros, cosa bastante difícil a falta de peines y con un clima cálido.

»Hay algunos hombres en la isla con la piel más blanca que la de los europeos, pero de un color mortecino, como el del hocico de un caballo; sus ojos, cejas, cabello y barba también son blancos, tienen el cuerpo más o menos cubierto por una especie de pelusa blanca, algunas zonas de la piel presentan manchas de una tonalidad más pálida que el resto, son cortos de vista y no tienen ni el brío ni la actividad de los demás nativos. No vi más de tres o cuatro en toda la isla y eran ancianos, por lo que concluí que estas diferencias de color y demás eran accidentales y no se transmitían de padres a hijos, pues, en ese caso, habrían sido más numerosos. Los isleños padecen una especie de lepra o sarna que les cubre todo el cuerpo; vi niños y mujeres jóvenes, aunque no muchos, que tenían este mal hasta tal punto extendido que no podían andar; me parece que la enfermedad viene de familia porque he visto que lo sufren tanto las madres como los hijos.

»Hombres y mujeres se pintan el cuerpo: *tattow* lo llaman en su lengua; esto lo hacen embutiendo color negro bajo la piel de manera tal que el resultado es indeleble. Algunos muestran siluetas mal dibujadas de hombres, pájaros y perros; las mujeres exhiben generalmente una simple Z en los nudillos de los dedos de manos y pies; los hombres también la presentan, y unos y otros dejan ver diseños de diversa naturaleza como círculos, medias lunas, etc., marcados en las piernas y en los brazos. En resumen, son tan arbitrarios eligiendo esos diseños que tanto su número como su localización parecen depender por entero del capricho de cada individuo, si bien todos coinciden en tener las nalgas completamente negras y, por encima, muchos muestran una serie de arcos de casi un cuarto de pulgada de ancho, que se van superponiendo hasta las costillas menores; diríase que estos arcos son motivo de gran orgullo pues hombres y mujeres los ostentan con gran satisfacción... Sus vestidos están hechos de telas o esteras de diferentes clases. Ambos sexos visten de forma muy similar: un trozo de tela o estera que da dos o tres vueltas a la cintura y cae hasta más abajo de las rodillas, como una falda. Sobre los hombros llevan otra pieza, a veces dos o tres, de unas dos a dos yardas y media, que les cubre el torso y la espalda; tiene un orificio en el centro por donde pasan la cabeza, y la atan a la cintura con un trozo de tela largo y estrecho; al quedar abierta por los costados, deja los brazos completamente libres. Éste es el vestido cotidiano de cualquier persona, sea cual sea su clase social; y pocos van sin él, a excepción de los niños que van completamente desnudos: los niños hasta los seis o siete años y las niñas hasta los tres o cuatro, edades en que empiezan a cubrir lo que la naturaleza les enseña a ocultar... Después de las comidas y a la hora de más calor echan la siesta, sobre todo las personas de mediana edad; de entre ellas, las de la clase superior se pasan, a lo que parece, la mayor parte del tiempo comiendo y durmiendo. Tienen diversiones, pero pocas; el tiro con arco y la lucha libre son las principales. La primera está limitada casi exclusivamente a los caciques; tiran a ver quién llega más lejos, doblando una rodilla y dejando caer el arco en el instante en que la flecha sale disparada. He visto a uno de ellos disparar una flecha a 274 yardas, y no le parecía gran cosa... Las jóvenes, siempre que se juntan 8 ó 10, bailan una danza muy poco decorosa, el *timorodee*, llevando el compás con gran precisión al tiempo que entonan canciones y realizan gestos sumamente obscenos en cuya práctica se ejercitan desde su más tierna infancia; sin embargo, en cuanto llegan a la madurez por lo general abandonan este rito, pues así que establecen relaciones con los hombres se da por descontado que dejarán de bailar el *timorodee*. Otra diversión o costumbre a mencionar, aunque confieso que no espero se me crea, se basa en un hábito tan inhumano como contrario a los principios más elementales de la naturaleza humana, a saber: más de la mitad de las personas de la clase superior se han lanzado a disfrutar libremente del amor sin la más mínima inquietud o preocupación por las consecuencias; alternan y cohabitan con la mayor libertad, y a los niños que tienen la desgracia de ser engendrados de este modo se les ahoga en el momento del alumbramiento; muchas de estas personas llegan a intimar y viven como marido y mujer durante años, en el curso de los cuales los hijos habidos son eliminados. Distan mucho de ocultar lo que más bien les parece una forma de libertad que tiene un valor para ellos. Se les conoce como los *arreoy*. Celebran reuniones en las que los hombres se entretienen con la lucha libre y otros deportes, mientras las mujeres bailan la obscena danza antes citada, en el curso de la cual dan rienda suelta a sus deseos. Pero creo que mantienen una apariencia de pudor. Nunca fui a una de esas reuniones; el Dr Munkhouse asistió a parte de una de ellas, suficiente para confirmar lo que nos habían contado.

»Ambos sexos conversan sobre los temas más indecentes sin la más mínima emoción y gozan especialmente con este tipo de pláticas. En realidad, se da muy poca importancia a la castidad, sobre todo entre la clase media; si se declara a una mujer culpable de adulterio, el único castigo que recibe es una paliza de su marido. Los hombres ofrecen enseguida muchachas, aunque sean sus propias hijas, a los forasteros, resultándoles muy extraño que no quieran aceptarlas; pero lo hacen meramente por lucro.

Julio 1769

Julio 1769

»Las casas o viviendas de estas gentes están admirablemente adaptadas al continuo calor ambiental; no forman pueblos o aldeas sino que están separadas unas de otras, siempre dentro del bosque y desprovistas de paredes, de modo que el aire refrescado por la sombra de los árboles circula libremente sea cual sea la dirección en que sople. No existe país capaz de albergar paseos tan encantadores como éste; la llanura donde viven los nativos está cubierta por bosquecillos de cocoteros y «giacas» desprovistos de maleza, cruzados en todos los sentidos por senderos que van de casa a casa, lo que es muy de agradecer con un clima en el que el sol tiene una influencia tan fuerte. Las viviendas son rectangulares, la estructura del techado se apoya en tres filas de pilares o postes y está cuidadosamente recubierta con un techo de hojas de palma. Una casa de tamaño medio tiene unos 24 pies de largo por 12 de ancho, 8 a 9 de altura máxima y 3.5 a 4 hasta el alero; el suelo está tapizado con heno en un espesor de varias pulgadas, y sobre él se disponen, aquí y allá, esterillas para sentarse: pocas casas tienen más de un taburete, que usa únicamente el cabeza de familia. En sus viviendas no hay habitaciones ni divisiones, pues se amontonan y duermen todos juntos, aunque en esto observan cierto orden: los casados por un lado y los solteros de cada sexo por otro, manteniendo cierta distancia entre sí... Sus canoas o *proes* son muy estrechas; las más largas tienen 60 a 70 pies de longitud. Constan estas últimas de varias piezas: el fondo, cóncavo, está hecho con grandes troncos ahuecados hasta un grosor de unas 3 pulgadas, pudiendo estar formado por tres o cuatro fragmentos; los costados son tablones de aproximadamente el mismo espesor, dispuestos de forma casi perpendicular y un poco curvados hacia el borde. Las piezas que componen dichas embarcaciones están perfectamente ajustadas, unidas o cosidas mediante un fuerte zurcido, algo así como cuando se reparan escudillas y otras piezas de madera de la antigua China. La anchura máxima, unas 18 a 20 pulgadas, corresponde a la parte de popa; la de proa es casi un tercio más estrecha; la altura, desde el fondo hasta el borde, rara vez excede de 2.5 a 3 pies. Las construyen con la popa muy curvada, adornada generalmente con trabajos de talla; la curvatura de la proa o parte delantera es escasa o nula. Las canoas más pequeñas están construidas con el mismo patrón, a partir de uno, dos o más árboles según el tamaño y uso que se les dé. Para evitar zozobrar cuando están en el agua, todas las que van solas, sean grandes o pequeñas, llevan lo que se conoce como balancines, unas piezas de madera sujetas al borde de la embarcación que sobresalen lateralmente 6, 8 o 10 pies según el tamaño de aquélla. En los extremos se ata, paralelamente al eje de la canoa, un tronco largo, sin más, al que a veces se le da la forma, práctica poco frecuente, de una pequeña embarcación; dicho tronco se apoya en el agua y equilibra la canoa. Las que navegan a vela llevan sólo balancines en el costado de sotavento, a la altura del mástil; sirven para asegurar los obenques y son útiles a la hora de equilibrar la embarcación cuando el viento sopla recio. Los *proes* a vela son de uno o dos palos; las velas están hechas de estera, estrechas en lo alto y cuadradas en la base, parecidas a las de tipo «espalda de cordero», y se emplean generalmente en embarcaciones de guerra. Antes he menciona-

Canoas tahitianas. Grabado según un dibujo de Sydney Parkinson, 1769.

do que las canoas sencillas tienen balancines, pues las dobles —esto es, cuando van dos unidas, cosa muy corriente— no los necesitan. La unión se realiza de la siguiente manera: disponen paralelamente dos canoas, separadas entre sí unos tres o cuatro pies, y las traban por medio de pequeños maderos que colocan de través y amarran a las respectivas bordas; de este modo, una embarcación aguanta a la otra y no corren el peligro de zozobrar. Me parece que es así como navegan todos los grandes *proes,* algunos de los cuales pueden transportar un gran número de hombres mediante una plataforma construida en bambú o en cualquier otra madera ligera, de la longitud del *proe* y bastante más ancha; pero en toda la isla sólo una vez vi una así preparada. En la proa de todos estos *proes* dobles hay una plataforma rectangular de 10 a 12 pies de largo y 6 a 8 de ancho, sostenida a unos 4 pies por encima de las bordas mediante sólidos pilares labrados: durante la batalla, según nos explicaron, los guerreros se sitúan y combaten sobre estos tablados, pues las canoas grandes, por lo que me pude enterar, se destinan en su mayoría, si no todas, a la guerra, y su método de lucha consiste en abordarse y pelear con garrotes, lanzas y piedras. Sólo vi una de tales canoas en el agua, todas las demás habían sido haladas a la playa y parecían estar pudriéndose; en cualquier caso, no había muchas en la isla.

»Por lo general, los caciques y los miembros de la clase alta se trasladan de un lugar a otro de la isla en pequeñas canoas dobles que llevan

Julio 1769

Canoa de guerra tahitiana, por Sydney Parkinson, 1769. Repárese en las gorgueras y en el fau, *así como en el achicador.*

Julio 1769

una diminuta casa portátil. Ésta no sólo les protege del sol durante el día sino que les sirve para dormir durante la noche; viajar de esta forma alrededor de las islas es extremadamente cómodo, pues están metidas en un arrecife: como estas canoas desplazan muy poca agua, siempre se pueden mantener dentro de los arrecifes y, de este modo, nunca corren peligro. Tienen otras canoas, *pahees* las llaman, distintas de las anteriormente descritas, pero de estas sólo vi seis en toda la isla, y nos contaron que no habían sido construidas aquí; las dos más grandes tenían 76 pies de largo y, cuando las utilizaban, las unían. Son estrechas y puntiagudas en ambos extremos y anchas en el centro; el fondo también es agudo, casi en cuña, aunque se comba hacia afuera, curvándose de nuevo hacia adentro inmediatamente por debajo de la borda. Están hechas con varias piezas de madera gruesa unidas entre sí como en las otras canoas y, a diferencia de aquéllas, éstas tienen cuadernas en el interior; la popa se curva mucho, la proa sólo un poco, y ambas están adornadas con la imagen de un hombre tallada en madera, obra del mismo género que las de los habituales tallistas ingleses de barcos, y muy poco inferior en calidad. Cuando se repara en las herramientas con que trabajan, es imposible no admirar el arte de estas gentes: azuelas y pequeñas hachas de piedra dura, escoplos o gubias fabricados con huesos humanos, por lo general con el hueso del antebrazo, que los clavos han reemplazado bastante bien. Con estas toscas herramientas, que para el artesano europeo se romperían al primer golpe, les he visto trabajar a una velocidad sorprendente: para cepillar o pulir una obra, la frotan con una piedra fina o con coral machacado y mezclado con agua, aunque a veces lo hacen raspando con conchas, con las que realizan la mayor parte de los trabajos de ebanistería más delicados.

Julio 1769

»Los *proes* o canoas, grandes y pequeñas, son impulsadas y gobernadas con canaletes; todo y que las grandes no dan la impresión de ser muy manejables, son muy diestros maniobrándolas, y creo que efectúan largos y prolongados viajes en ellas, de otro modo no tendrían el conocimiento de las islas de estos mares que parecen tener. En el mástil de proa de las canoas a vela colocan aretes de plumas... Antes he mencionado que esta isla está dividida en dos distritos o reinos, enzarzados en frecuentes guerras desde hace doce meses, cada uno de los cuales se halla a su vez dividido en distritos más pequeños, los *whennuas*. En cada reino hay un *eare dehi* o jefe, a quien damos el título de rey, y en los *whennuas* están los *eares* o caciques. El poder del rey parece muy limitado; se le puede reverenciar como padre, pero no se le teme ni se le respeta como monarca, y lo mismo cabe decir de los demás caciques, aunque gozan de preeminencia sobre el resto de la población, que les presta una especie de obediencia superficial. Todo el mundo parece disfrutar de una libertad sin límites; cada hombre se presenta como juez exclusivo de sus propias acciones y no conoce más castigo que la muerte, que no se aplica nunca sino es un enemigo público. Hay tres castas de hombres y mujeres: la de los *eares* o caciques, la clase media o de los *manahoona* y, por último, la de los *toutou,* que abarca toda la clase baja y es, con mucho, la más numerosa; estos últimos viven un tanto subordinados a los *eares* quienes, junto con los *manahoona,* poseen la mayor parte de las tierras. La pertenencia a una casta viene de familia; al nacer el heredero, éste toma del padre título y estado, al menos nominalmente, ya que lo más probable es que aquél detente el poder durante la minoría de edad de su hijo o hija.

»Habiendo relatado lo mejor que he podido los modos y costumbres de estas gentes, se esperará que dé alguna noticia de su religión, materia de la que sé tan poco que casi no me atrevo a tocarla, y la hubiera pasado por alto si no fuera mi deber y disposición dejar constancia en este diario de toda la información, por pequeña que sea, que pueda obtener de un pueblo que durante siglos y siglos ha estado prácticamente aislado del resto del mundo. Creen en la existencia de un Dios Supremo, al que llaman Tane, del que nacen varias deidades inferiores o *eatuas* que, según ellos, disponen e intermedian en todos los acontecimientos y a las que ofrendan oblaciones como cerdos, perros, peces, frutas, etc., invocándolas en determinadas ocasiones, como pueden ser momentos de peligro real o aparente, el comienzo de un largo viaje, una enfermedad, etc., pero no conozco el ritual que emplean en tales circunstancias. Los mories, que al principio creíamos sepulturas, son lugares dedicados exclusivamente al culto y a la celebración de ceremonias religiosas. Los manjares se depositan en aras sostenidas por fuertes pilares de 8, 10 ó 12 [pies] de alto; la mesa donde se colocan las ofrendas es, por lo común, de hojas de palma. Es-

Julio 1769

tas aras no siempre están en los mories, lo más corriente es que estén a cierta distancia. Los mories y las tumbas de los muertos son sagrados: las mujeres nunca pueden entrar en los primeros pero sí pueden hacerlo en las segundas. Los manjares depositados en la proximidad de las tumbas son, según he podido colegir, no para el muerto sino como una ofrenda al *eatua* para tal ocasión, de lo contrario destruiría el cuerpo sin excluir el alma, pues creen en una existencia futura de castigos y recompensas, aunque desconozco cuáles son sus ideas al respecto. En algunos lugares, pocos, hemos visto pequeñas casitas construidas aparte para las oblaciones destinadas al *eatua*; tales oblaciones consisten en manjares, trozos de tela, etc.. Soy de la opinión de que ofrecen al *eatua* una tira o trocito de cada pieza de tela antes de usarla, y no sería de extrañar que observaran la misma práctica por lo que hace a los alimentos; pero como estas construcciones no son frecuentes, no debe ser una costumbre muy extendida, quizá sólo la sigan los sacerdotes y las familias particularmente religiosas. He mencionado a los sacerdotes: hay hombres que ejercen esa función. Tupia es uno de ellos, pero, al parecer, no gozan de gran prestigio ni pueden vivir enteramente de su ministerio, lo que me lleva a pensar que estas gentes no son unos fanáticos de su religión. En algunas ocasiones, los sacerdotes desempeñan las veces de médico y sus prescripciones consisten en realizar algún rito religioso ante el enfermo; coronan asimismo al *eare dehi* o rey, para lo cual, por lo que nos han contado, se hace uso de gran formalismo y ceremonia, pero luego, durante el resto del día, cualquiera puede alternar y gastarle las bromas que guste al nuevo rey... Miden el tiempo por la luna, a la que llaman *malama,* computando 30 días de luna a luna; dicen que la luna está *matte,* es decir muerta, para referirse al período de luna nueva en que no la pueden ver; el día está dividido en fracciones menores no inferiores a dos horas. Cuentan por unidades, decenas y veintenas hasta diez veintenas o 200, y así sucesivamente. Para contar se cogen los dedos uno por uno, pasando de una mano a la otra hasta llegar al número de desean expresar; pero si es demasiado grande, en vez de los dedos usan trozos de hojas u otros objetos...

»Aunque la isla está en el trópico de Capricornio, el calor no es sofocante ni sopla constantemente viento del este, sino que está sujeto a variaciones, levantándose a menudo viento fresco del cuadrante SO, muy raramente del NO, durante dos o tres días seguidos. Estos vientos siempre vienen acompañados de mar de fondo del SO o del OSO; lo mismo ocurre cuando hay calma y la atmósfera está cargada de nubes, señales inconfundibles de que mar afuera soplan vientos variables o del oeste, pues el cielo despejado anuncia el sosegado alisio.

»La aparición de vientos del oeste en una zona dominada por los alisios del este es un tanto extraordinaria y ha llevado a otros navegantes a creer que se debían a la proximidad de una gran extensión de tierra, pero para mí que tienen otro origen. Tanto el *Dolphin* como nosotros tuvimos alisios en regiones de este mar situadas no más allá de 20° S sin encontrar, por lo general, vientos del oeste; ahora bien, no es lógico suponer que cuando

Bastón ceremonial tahitiano.

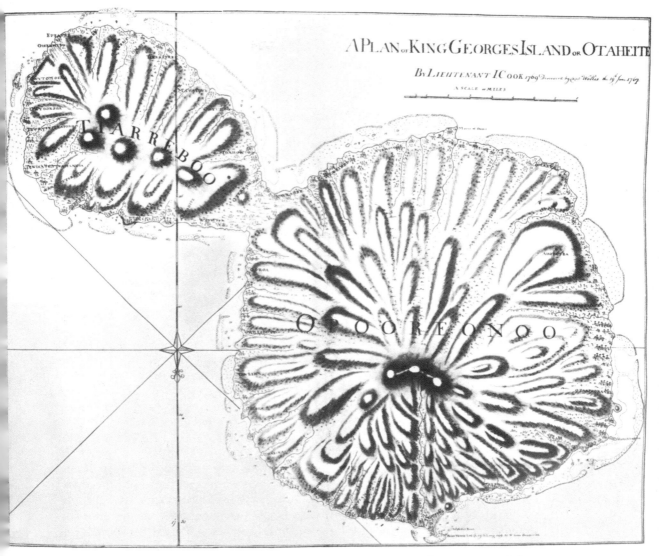

Mapa de Tahití preparado por Cook, 1769. Comparado con el de George Pinnock (fig. pág. 59), da la impresión de que Cook era un experto topógrafo. El sur queda en lo alto de la página.

estos vientos soplan con fuerza ganen terreno y obliguen a los vientos del este a retroceder, provocando así los vientos variables y el mar de fondo del suroeste de los que he hablado: es harto sabido que los alisios soplan débilmente a cierta distancia de sus límites y que por eso son frenados con facilidad por cualquier viento de dirección opuesta. Se sabe además que estos límites fluctúan varios grados tanto de una estación a otra como dentro de una misma estación. Otra razón por la que creo que estos vientos de so no son producidos por la cercanía de una gran masa de tie-

Julio 1769

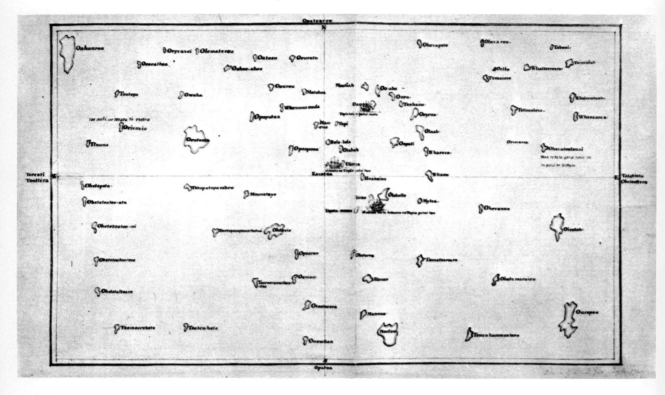

Mapa de las islas Sociedad y otros archipiélagos, dibujado probablemente por Cook a partir de la información facilitada por el raiateano Tupia, 1769. Las islas están dispuestas esquemáticamente en función del tiempo de navegación desde Tahití (en el centro).

Julio 1769

rra es que siempre vienen acompañados de fuerte mar de fondo del mismo cuadrante, y que la resaca es mucho mayor en las playas del flanco so de las islas, situadas precisamente dentro de los límites de los vientos alisios, que en cualquier otro punto de las mismas... Antes he apuntado que estas gentes tienen un amplio conocimiento de las islas que se hallan en estos mares; Tupia y otros nos proporcionaron informes de más de setenta de ellas, pero como los detalles que nos han dado sobre su situación son tan vagos e inciertos, me limitaré a dar una lista de ellas mientras no le haya sacado a Tupia la posición de cada isla con un poco más de exactitud. Nos dijeron que cuatro de las antedichas islas —Huaheine, Ulietea, Otaha y Bolabola— estaban a sólo uno o dos días de navegación a poniente de la isla Jorge, y que allí podríamos procurarnos cerdos, aves de corral y otras provisiones de refresco, artículos de los que nos habíamos abastecido muy someramente en esta última isla; y como la tripulación, debido al constante y arduo servicio que prestara en este lugar y al uso y abuso de mujeres, estaba mucho peor de salud que a la llegada —más de la mitad habían contraído enfermedades venéreas— pensé que no se encontraban en condiciones de aguantar el tiempo frío que esperábamos encontrar más al sur en esta época del año; así que decidí darles un poco de tiempo para que se recuperaran mientras navegábamos hasta las islas antes citadas y las explorábamos.

Julio 1769

◀ Cook decide zarpar hacia el suroeste en pos de su segundo y secreto objetivo, el hipotético continente, aunque no cree, por las razones expuestas, en la existencia de una gran extensión de tierra cerca de Tahití. Sin embargo, como apuntaba más arriba, permanece algún tiempo en aguas tropicales mientras mejoran sus hombres y se lleva consigo a un sacerdote tahitiano llamado Tupia, que probablemente acepta la invitación por haber estado implicado en una conspiración para asesinar a Tootaha, cacique del distrito de Matavai donde fondearon el *Dolphin* y el *Endeavour*.

◀ Por estos motivos, Cook se demora en el trópico y descubre, describe y cartografía el hermoso y fértil grupo de sotavento de las Islas Sociedad antes de lanzarse a la busca del continente.

JUEVES 15 de agosto. La isla más lejana hacia el sur que Tupia había visitado o de la que tenía alguna referencia estaba a sólo dos días de navegación desde Ohetiroa y se la conoce con el nombre de Moutou; cuenta que su padre le dijo en una ocasión que había otras islas más al sur, pero no hemos podido averiguar si conoce o ha oído hablar alguna vez de un continente o de una gran extensión de tierra. Nada justifica que dude de la información de Tupia en torno a estas islas, pues cuando abandonamos Ulietea y nos pusimos rumbo al sur, nos dijo que si nos manteníamos un poco más al este (cosa que el viento no nos permitía) veríamos Mannua, pero que con la dirección que seguíamos avistaríamos Ohetiroa, y así fue. Si encontramos las islas meridionales de las que habla, mejor que mejor; de lo contrario no perderé tiempo en buscarlas, pues ahora estoy del todo decidido a navegar directamente hacia el sur en busca del continente.

◀ A principios de septiembre, el *Endeavour* alcanza los 40° 12' de latitud sur, pero el tiempo borrascoso obliga a Cook a cambiar la derrota y navegar hacia el norte y el oeste en dirección a la Nueva Zelanda de Tasman.

SÁBADO 2 de septiembre. Latd. 39° 15' s Longd. 145° 39' o. Vientos muy duros soplando a ráfagas violentas, granizo y lluvia. A las 4 de la tarde, estando a 40° 22' de latitud y no teniendo la más mínima señal visible de tierra, abríamos la proa al viento, nos poníamos al pairo con el trinquete, arrizábamos la vela mayor y la empañicábamos. Mi intención era haber mantenido la derrota hacia el sur mientras se mantuviera el viento del oeste y fuera moderado, aunque no tuviéramos perspectiva alguna de hallar tierra; prefería hacerlo así a virar hacia el norte por la misma ruta que habíamos seguido, pero como el tiempo era tan tempestuoso, dejé de lado ese proyecto; me pareció más aconsejable poner rumbo al norte, hacia un tiempo más apacible: al menos no recibiríamos daños en velas y jarcias que dificultaran el ulterior desarrollo del viaje.

Capítulo V

NUEVA ZELANDA, 1769-70

«Nunca un primer explorador dibujó con tanta precisión una línea de costa.»

ALMIRANTE WHARTON

Hasta el presente, en su viaje desde el Cabo de Hornos hasta Tahití, el *Endeavour* había surcado aguas de la parte oriental del mítico Continente Austral, demostrando con su barrido al sur de Tahití que la hipotética costa norte del continente no estaba por aquellos parajes. La exploración de Nueva Zelanda determinará si este territorio es o no la costa occidental del susodicho continente. Un muchacho, Nicolás Young, avista tierra el 7 de octubre, y el extremo SO de la Bahía de la Miseria recibe el nombre de «Punta del Joven Nick». Cook se adentra en la bahía que al principio denominó «Bahía del *Endeavour*» y luego «Bahía de la Miseria» porque «no nos proporcionó nada de lo que necesitábamos». La expedición enseguida tropieza con los belicosos maoríes.

Sábado 7 de octubre. Latd. 38° 17's Longd. 177° 54' O. Vientos flojos y tiempo bonancible. A las 2 de la tarde, desde la cabeza de palo avistábamos tierra demorando al O 1/4 N; pusimos proa hacia ella en línea recta y a la puesta del sol la teníamos a la vista.

Lunes 9 de octubre. Fui a tierra en compañía de Banks, Dr Solander y de una partida de hombres, llevando con nosotros la pinaza y la yola. Desembarcamos enfrente mismo del barco, en la orilla oriental del río ya mencionado, pero al divisar en la orilla contraria a algunos nativos con quienes deseaba conversar y a la vista de que no podíamos vadear la corriente, dispuse que la yola nos pasara al otro lado y que la pinaza permaneciera en la embocadura. Pero, mientras, los indios se habían marchado; no obstante, fuimos hasta sus cabañas, sitas a unas 200 ó 300 yardas del agua, dejando cuatro muchachos al cuidado de la yola. Apenas nos habíamos alejado de ellos cuando del bosque de la otra orilla del río salieron cuatro hombres, y la habrían cercado de seguro si la gente de la pinaza no los descubriera y le dieran voces para que se dejara llevar por la

△ *Canoa maorí, Cabo Brett.*

corriente, cosa que hicieron perseguidos de cerca por los indios. El timonel de la pinaza, que estaba a cargo de las embarcaciones, viendo esto les largó dos mosquetazos por encima de la cabeza; al primero se detuvieron, mirando en derredor, mas del segundo no hicieron caso alguno, con lo que se disparó un tercero, matando a uno de ellos en el momento preciso en que iba a tirar su lanza contra la barca. Ante tal suceso, los otros tres se quedaron quietos un minuto o dos, aparentemente perplejos, preguntándose sin duda qué era lo que así había matado a su camarada, pero en cuanto se rehicieron lleváronse a rastras el cuerpo muerto durante un corto trecho y lo abandonaron después.

Octubre 1769

❦ Cook y Banks quedan profundamente apenados ante los incidentes, más graves aún, del día siguiente.

MARTES 10 de octubre. Por la tarde, di una vuelta por la cabecera de la bahía, a remo, pero no encontré sitio para desembarcar a causa de la fuerte resaca que barría por doquier la costa; viendo dos barcas o canoas que venían del lado de mar, remé hacia una de ellas con ánimo de detener a sus ocupantes, y tanto nos acercamos sin que se percataran de nuestra presencia, que Tupia les gritó que se aproximaran, que nos les haríamos ningún daño, pero en lugar de eso intentaron escapar, ante lo cual ordené disparar un mosquete por encima de sus cabezas, creyendo que esto les haría rendirse o saltar de la embarcación; pero me equivoqué, pues inmediatamente cogieron sus armas y todo lo que en la canoa tenían y empezaron a atacarnos, lo que nos obligó a abrir fuego sobre ellos: dos o tres murieron, uno cayó herido, y tres saltaron por la borda. Recogimos a estos últimos y los trajimos a bordo, donde se les vistió y fueron tratados con todas las consideraciones imaginables. Para sorpresa de todos, enseguida se mostraron tan alegres y contentos como si estuvieran entre sus propios amigos; los tres eran jóvenes, el mayor no tendría más de 20 años y el más joven 10 ó 12.

»Sé que la mayoría de las personas humanitarias, que no han tenido experiencias de esta naturaleza, condenarán mi conducta al abrir fuego sobre los ocupantes de la canoa; tampoco creo que las razones que tuviera para detenerla me justifiquen lo más mínimo. De haber sabido que iban a ofrecer un tanto así de resistencia no me habría acercado, pero tal como reaccionaron, no podía quedarme quieto y exponer mi persona y la de los que conmigo estaban a recibir un golpe en la cabeza.

MIÉRCOLES 11 de octubre. Por la tarde, pues tenía intención de zarpar de mañana, desembarcamos a los tres jóvenes, diríase que muy a pesar suyo, aunque desconozco si ello se debía a un deseo de quedarse con nosotros o al temor de caer en manos de sus enemigos; sin embargo, esto último no parecía tener mucho fundamento pues les vimos cruzar el río en un catamarán e irse tranquilamente con los demás nativos.

»A las 6 de la mañana levábamos anclas y abandonábamos la bahía, que he bautizado con el nombre de Bahía de la Miseria porque no nos proporcionó nada de lo que deseábamos.

❦ Desde la Bahía de la Miseria, Cook navega hacia el sur y da nombre a la Bahía de Hawke, así llamada en honor del ministro de Marina; pero, al no hallar un buen fondeadero y parecerle pobre la región, dobla al nor-

72 El primer viaje, 1768-71

Noviembre 1769

te y empieza a circunnavegar la isla norte en sentido contrario a las agujas del reloj. Pasan por la Bahía de la Abundancia y la Bahía de Mercurio, donde observan el tránsito de dicho planeta y donde Cook queda vivamente impresionado por las *pahas* o aldeas fortificadas de los maoríes.

SÁBADO 11 de noviembre. Un poco más arriba de la desembocadura del río [el Mercurio], en la orilla este, existe un promontorio o península que se proyecta en el río, en la cual se levantan los restos de un pueblo fortificado. Su situación es tal que el mejor ingeniero de Europa no podría haber escogido un lugar más idóneo para que un grupo reducido de hombres se defendiera de otro mayor; es inexpugnable por naturaleza, cualidad que se ve reforzada por la técnica. Sólo es accesible por el lado de tierra; allí se ha abierto un foso en cuyo flanco interior se alza un terraplén; desde la cima de dicho terraplén hasta el fondo del foso hay un desnivel de casi 22 pies, siendo la profundidad del foso por el lado de tierra de 14 pies y la anchura, proporcionada a la profundidad. El conjunto produce la impresión de haber sido construido con muy buen criterio. En lo alto del terraplén y en el flanco exterior del foso habían colocado sendas filas de estacas; estas últimas estaban profundamente clavadas en el suelo, inclinadas, con el extremo superior mirando al foso. Todo estaba quemado, así que no sería de extrañar que el lugar hubiera sido tomado y destruido por algún enemigo.

❡ Las relaciones con los maoríes eran variables. A veces necesitaban mosquetes e incluso cañones para mantenerlos a raya; en otras ocasiones eran de lo más amigable: como, por ejemplo, en el río Támesis, donde la magnificencia de los árboles impresiona grandemente a Cook.

MARTES 21 de noviembre. Ya en tierra, como íbamos diciendo, no nos habríamos adentrado más de cien yardas en el bosque cuando tropezamos con un árbol que medía 19 pies y 8 pulgadas de circunferencia a 6 pies del suelo y, como llevaba un cuadrante conmigo, establecí su longitud desde la raíz hasta la primera rama en 89 pies; era tan recto como una flecha y muy poco cónico en relación a su longitud; así, pues, calculé que tendría unos 356 pies cúbicos de madera limpio de ramas. Vi muchos más de la misma clase, algunos más altos que el que habíamos medido y todos de gran corpulencia; había más variedades de árboles, muy gruesos, todos ellos absolutamente desconocidos para nosotros. Cogimos unas cuantas muestras, y a las 3 nos embarcábamos para regresar a bordo con el inicio del menguante, no sin antes haber bautizado este río con el nombre de Támesis, habida cuenta que presentaba cierta semejanza con su homónimo en Inglaterra. De vuelta, río abajo, los habitantes de la aldea donde habíamos desembarcado a la ida, viendo que regresábamos por otro canal, tomaron sus canoas y salieron a nuestro encuentro, comerciando del modo más amistoso que imaginarse pueda hasta que agotaron las pocas fruslerías que tenían.

❡ Tras pasar por el Golfo de Hauraki y lo que en el futuro sería Auckland, el *Endeavour* entra en la Bahía de las Islas donde, entonces como ahora, la población maorí era muy numerosa.

Canalete de canoa, Nueva Zelanda.

Nueva Zelanda, 1769-70

Noviembre 1769

Lunes 27 de noviembre. Por la tarde, en el flanco SO de la bahía vimos varias aldeas, tanto en las islas como en tierra firme, de las que vinieron algunas canoas grandes repletas de gente; pero, al igual que los que se habían acercado antes, no querían traficar amistosamente sino engañarnos a la menor oportunidad. Los ocupantes de estas canoas tenían muy buen aspecto: todos eran altos, bien formados, con el pelo (negro) peinado hacia arriba, recogido en la coronilla y adornado con plumas blancas. En cada canoa iban dos o tres caciques cuyos vestidos eran bastante superiores a lo que hasta ahora llevábamos visto; la tela con que estaban hechos era de la mejor calidad, revestida por el lado de afuera con pieles de perro dispuestas de forma tal que resultaban bastante agradables a la mirada. Pocos tenían la cara tatuada como los que conocimos más al sur, pero varios mostraban la espalda marcada al estilo de los que habitan en las islas tropicales. Durante todo este tiempo, es decir desde ayer por la mañana hasta esta tarde, calculamos que tuvimos no menos de 400 ó 500 nativos al costado o a bordo del barco, y en ningún momento nos aproximamos a menos de 6 u 8 leguas de la costa, buena prueba de que esta parte del país debe estar muy habitada.

◀ En sus tratos con los miembros de la tripulación y los nativos, Cook es escrupulosamente justo.

Jueves 30 de noviembre. Por la tarde sopló viento del oeste y tuvimos algunos aguaceros torrenciales. Apenas echada el ancla ya teníamos entre 300 y 400 nativos reunidos con sus canoas en torno al barco; varios fueron admitidos a bordo: a uno de los caciques le regalé un trozo de velarte y repartí unos cuantos clavos y otros artículos de trueque entre los demás. Muchos habían salido al encuentro del barco cuando estábamos en el mar, parecían conocer el uso de las armas de fuego, y en el escaso comercio que mantuvimos con ellos se comportaron tolerablemente bien. No obstante, no transcurrió mucho tiempo sin que algunos intentaran llevarse la boya, y no desistían ni a mosquetazos; al final, uno de ellos cayó ligeramente herido y entonces se retiraron a corta distancia del barco... Envié al capitán con dos botes a sondar la rada, pero antes ordené que Mathw. Cox, Henry Stevens y Manl. Paroyra fueran castigados con una docena de latigazos cada uno por abandonar la guardia de tierra la noche pasada y arrancar patatas de una de las plantaciones; al primero de los tres le envié al calabozo porque insistió en que no veía mal alguno en lo que había hecho. Durante toda la mañana hubo abundancia de nativos en torno al barco y unos cuantos subieron a bordo; traficamos con ellos a cambio de algunas fruslerías, mostrándose muy razonables y amistosos.

◀ A comienzos de diciembre se produce un incidente que ilustra los constantes peligros que entrañaba navegar por una costa desconocida.

Miércoles 6 de diciembre. Por la tarde se levantó viento flojo del NNO con el que continuamos saliendo de la bahía, pero poco o nada avanzamos. Al atardecer amainó el viento y a las 10 reinaba la calma; por entonces, la marea o la corriente arrastraba el barco hacia una de las islas y a pun-

Bahía Tolaga, Nueva Zelanda, con los marineros transportando barriles de agua. ▷
Dibujado al parecer por Cook a partir de un original de Hermann Spöring, 1769.

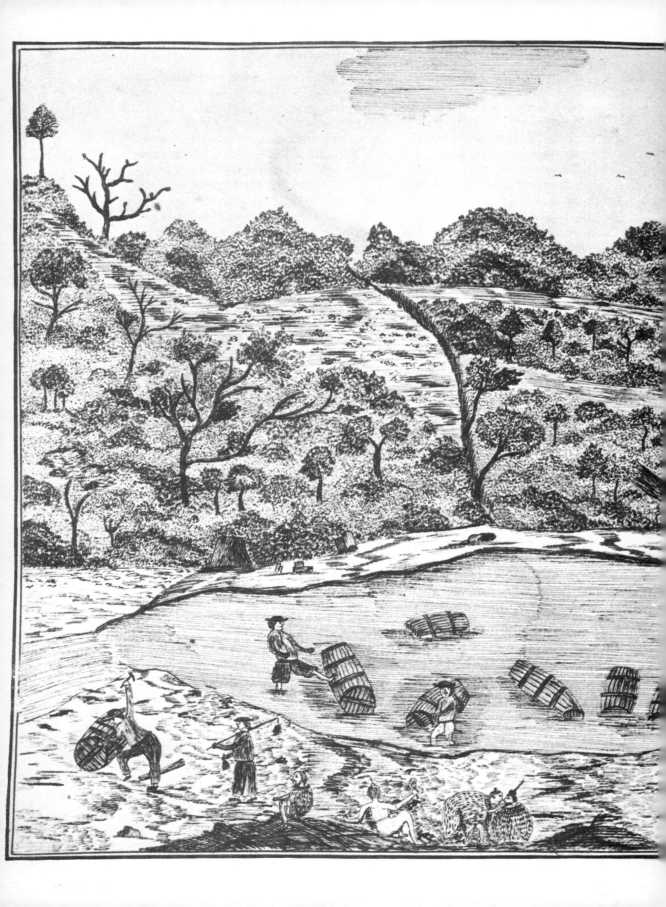

to estuvimos de tocar fondo, pero con la ayuda del bote y de un ligero viento del sur, salimos del trance; al cabo de una hora, cuando nos creíamos fuera de todo peligro, el barco chocaba con un peñasco sumergido, saliendo ileso, sin recibir daño perceptible alguno: un momento antes, el encargado de la cadena tenía 17 brazas de agua, inmediatamente después señalaba 5 brazas y acto seguido aumentaba a 20.

Diciembre 1769

¶ A poco de mediar diciembre y con muy mal tiempo, Cook pasa por el Cabo Norte, al que da nombre, y avista la Isla de los Tres Reyes y el Cabo María Van Diemen, descubiertos por Tasman. Quedaba demostrada la verosimilitud de las conjeturas de los holandeses, según las cuales, en razón del fuerte mar de fondo del noroeste, debía existir un paso en el Pacífico por Nueva Zelanda y el suroeste. Continuando hacia el sur, Cook llega a la vista del Monte Egmont: el paisaje le sobrecoge profundamente.

SÁBADO 13 de enero. A las 5 de la madrugada, demorando al NE, divisábamos durante breves minutos, por encima de las nubes, la cumbre de una puntiaguda montaña; tiene una altura prodigiosa y la cima está cubierta de nieve perpetua. Su posición es 39° 16' latitud S y 185° 15' longitud O. Le he dado el nombre de Monte Egmont en honor del conde de Egmont. Esta montaña parece tener una base bastante extensa, elevándose con gradual aquiescencia hasta el pico, y lo que la hace más conspicua es el estar cerca del mar y en medio de una región llana, lo que le da un aspecto imponente, estando como está revestida de bosques y vegetación.

LUNES 15 de enero. La tierra que veíamos con demora S 63° oeste, la tenemos ahora al N 59° oeste, a 7 u 8 leguas de distancia, y parece una isla; entre este territorio o isla y el Cabo Egmont se abre una amplia y profunda bahía o ensenada cuya orilla SO tenemos cerca; aquí el terreno alcanza una altura considerable con colinas y valles, y la costa parece formar varias bahías. Me propongo ir con el barco a una de ellas para carenarlo (está muy sucio) y reparar algunos desperfectos, y de paso reponer nuestras existencias de madera, agua, etc. Con esta idea seguimos navegando toda la noche, entrando y saliendo, con 80 a 63 brazas de agua. Al clarear estábamos en una ensenada que se abre al SO.

¶ En este momento el *Endeavour* se adentra en la gran boca occidental del Estrecho de Cook, entre la isla norte y la isla sur; estrecho cuya existencia Tasman había sospechado pero que no logró atravesar en 1642. Navegando por él, Cook descubre que el brazo de mar se angostaba hasta convertirse en un fiordo de la isla sur, y allí decide quedarse, en lo que llegará a convertirse en el querido Canal de la Reina Carlota, ensenada que proporciona madera, agua dulce y cordiales nativos.

¶ El almirante Wharton ha señalado que, por entonces, Cook había efectuado con una admirable mezcla de «audacia y prudencia» un espléndido reconocimiento de una costa muy arriesgada y borrascosa, a la par que mediciones «extraordinariamente precisas» de latitud y longitud.

◁ *Maorí con la cara tatuada, por Sydney Parkinson, 1770.*

Canoa de guerra de Nueva Zelanda «en actitud de desafío frente al barco», por Sydney Parkinson, 1769-70. ▷

Enero 1770

❦ En el Canal de la Reina Carlota, los maoríes, relativamente escasos, cambian de actitud: de tirar piedras y ser claramente hostiles pasan a una tibia cordialidad. No obstante, los blancos quedan horrorizados al descubrir que son acérrimos caníbales.

MIÉRCOLES 17 de enero. Poco después de bajar a tierra tropezamos con dos o tres nativos que no mucho antes debían estar regalándose con carne humana, pues obtuve de uno de ellos el hueso de un antebrazo de hombre o mujer completamente fresco, y la carne, que según nos contaron se habían comido, había sido arrancada poco ha. Nos dieron a entender que días antes habían matado y comido a los tripulantes de una embarcación enemiga o forastera, pues creo que toman a todos los forasteros como enemigos; por lo que pudimos averiguar, la mujer que vimos flotando en el agua iba en esa barca y se ahogó en la refriega. Ninguno de nosotros alberga la más mínima duda de que estas gentes son caníbales. El hallazgo de este hueso, con parte de los tendones frescos, es la prueba más concluyente que hemos encontrado hasta el momento. Para convencernos plenamente de la verdad de lo que nos contaban, le dijimos a uno de ellos que aquél no era hueso de hombre sino de perro; entonces, furioso, lo agarró y nos explicó de nuevo qué era el tal hueso, y para demostrarnos que se habían comido la carne, asió el propio brazo con los dientes e hizo el ademán de comérselo. Por la mañana estuvimos carenando, fregando y embreando el costado de estribor del barco. Mientras trabajábamos se acercaron algunos nativos, al parecer con el único objeto de observarnos; entre ellos había una mujer con varios cortes en los brazos, muslos y piernas: era una forma de luto por su marido a quien, según nos explicaron señalando el lugar donde ocurrió el suceso, un poco al este, recién lo habían matado y comido sus enemigos. Banks consiguió de uno de ellos un hueso de antebrazo en el mismo estado prácticamente que el antes citado, y para que viéramos que se habían comido la carne, mordían y roían el hueso y lo chupaban de forma tal que dejaba bien sentado que la carne les resultaba un bocado exquisito.

❦ A últimos de mes, Cook sube a una de las montañas de los alrededores y regresa convencido de que ha descubierto un estrecho que se abre hacia el este.

VIERNES 26 de enero. Por la mañana, acompañado de Banks y Dr Solander, hice una excursión por una de las bahías sitas en el margen oriental de la ensenada. Tras desembarcar ascendimos a una montaña muy alta desde la que tuvimos una visión completa del paso por mí descubierto y del territorio de la orilla opuesta, distante unas cuatro leguas de nosotros, pero como el horizonte estaba calinoso, no pudimos ver más al SE. Sin embargo, lo visto me bastó para convencerme de que tenía todas las posibilidades del mundo de ir a parar al Mar Oriental, pues la distancia hasta ese mar desde donde estamos no puede sobrepasar las 20 leguas. Así, decidí hacerme a la mar con el barco para explorar este paso.

❦ El 31 de enero, Cook toma posesión formal del Canal de la Reina Carlota y las tierras adyacentes y obtiene más informes de los maoríes que le reafirman en la opinión de que Nueva Zelanda estaba integrada por islas y no formaba parte de ningún continente.

Enero 1770

MIÉRCOLES 31 de enero. A continuación, con el auxilio de Tupia, expliqué a los ancianos y a varios más que íbamos a levantar una fita en la isla para indicar a cualquier barco que pudiera llegar a este lugar que nosotros habíamos estado aquí antes; no sólo dieron su libre consentimiento a que se erigiera, sino que prometieron no derribarla nunca. Luego regalé a cada uno de los presentes alguna que otra cosa; a los ancianos diles monedas de plata de tres peniques, de 1763, y clavijas con la flecha del rey grabada profundamente, cosas que es muy probable conservarían, así lo creí, durante mucho tiempo.

»Preparado de este modo el camino para el levantamiento del poste, subímoslo a la parte más alta de la isla y lo fijamos de firme en el suelo, izando acto seguido la bandera de la Unión Jack. Dignifiqué esta ensenada con el nombre de Canal de la Reina Carlota y tomé posesión formal de ella y de las tierras circundantes en nombre y para usufruto de Su Majestad; a continuación bebimos una botella de vino a la salud de Su Majestad la Reina y le regalamos la botella vacía al anciano (que nos había acompañado hasta la montaña), con lo que quedó la mar de satisfecho. Mientras se erigía el poste, preguntamos al anciano acerca del estrecho o paso hacia el Mar Oriental y nos explicó con gran claridad y certeza que existía un paso.

»Como yo tenía algunos atisbos de que la tierra situada al SO del estrecho (donde estamos ahora) era una isla y no parte de un continente, interrogamos al anciano sobre tal cuestión, respondiéndonos que había dos *wannuaes*, es decir dos territorios o islas que se podían circunnavegar en pocos días, incluso en cuatro.

◀ Dejando el Canal de la Reina Carlota, el *Endeavour* se abre paso hacia el este por aguas del Estrecho de Cook, donde las corrientes estuvieron a punto de hundirlo.

MIÉRCOLES 7 de febrero. Por la tarde se levantó viento flojito del N 1/4 O con el que abandonábamos el canal y arrumbábamos hacia el este para ganar el estrecho antes de que se produjera el reflujo de la marea. A las 7, las dos pequeñas islas situadas a la altura del Cabo Kaomerco o punta SE del Canal de la Reina Carlota demoraban al este, a 4 millas. Teníamos a esa hora calma casi absoluta y el reflujo de la marea, que iba en aumento, nos arrastraba con tal rapidez que en brevísimo tiempo nos llevó hacia una de las islas, donde escapamos por pelos de estrellarnos contra los peñascos al anclar el barco en un fondeadero de 75 brazas de agua con 150 de cable; y ni así nos abríamos salvado de no ser porque la marea, que al principio tenía tendencia S 1/4 E, al encontrar la isla cambiaba de dirección hacia el SE llevándonos más allá de la antedicha punta. Una vez anclado el barco, quedó a unos dos cables de las rocas, y la velocidad de la corriente, que corría al SE, era como mínimo de 4 ó 5 nudos o millas por hora.

◀ Cuando Cook llega al océano abierto, algunos oficiales apuntan la posibilidad de que la costa de la isla norte entre el Estrecho de Cook y el Cabo Turnagain podría estar conectada con un continente que se extendiera hacia el este. Ante esto, Cook pone rumbo al Cabo Turnagain para zanjar la cuestión.

El primer viaje, 1768-71

Febrero 1770

JUEVES 8 de febrero. Desde este cabo seguimos la costa hacia el SO 1/4 S hasta las ocho, momento en que el viento cesó. Una hora después se levantó viento fresco por el SO y pusimos el barco con el viento de popa. La razón que me impulsó a ello se debía a la idea que había asaltado a algunos oficiales de que *Aehei no mouwe* no era una isla; basaban su opinión en la sospecha de que la tierra pudiera prolongarse hacia el SE, pues entre el Cabo Turnagain y el Cabo Pallisser quedaba un espacio de unas 12 a 15 leguas que no había sido explorado. Por mi parte, había visto tanto de este mar la primera vez que descubrí el estrecho, aparte de otros muchos testimonios coincidentes de su condición de isla, que tal conjetura jamás se me pasó por la cabeza. Pero, decidido a disipar toda duda que pudiera surgir ante tan importante punto, aproveché el oportuno cambio de viento para navegar hacia el este y, con esta intención, pusimos rumbo NE 1/4 E toda la noche.

VIERNES 9 de febrero. Proseguimos a lo largo de la costa en dirección NE hasta las 11 de la mañana; cuando despejó el tiempo vimos el Cabo Turnagain, demora N 1/4 E 1/4 E, a 7 leguas. Llamé a los oficiales a cubierta y les pregunté si ahora se convencían de que este territorio era una isla, a lo que respondieron afirmativamente.

◆ A continuación Cook da la vuelta y circunnavega la isla sur de Nueva Zelanda en sentido de las agujas del reloj. En cuatro ocasiones, el mal tiempo le hace perder la tierra de vista, pero completa este periplo en siete semanas; sin embargo, esta parte del viaje carecerá de los frecuentes desembarcos y pintorescos relatos que rindieron los cuatro meses dedicados a dar la vuelta a la isla norte. El 8 de marzo por fin puede poner rumbo al suroeste: quedaba perfectamente aclarado que Nueva Zelanda es un grupo de islas y no una parte de un gran continente austral. Ahora se permite escribir:

SÁBADO 10 de marzo. A la puesta del sol avistábamos la punta más meridional de este territorio, que después bauticé con el nombre de Cabo Sur, situado a 47° 19' de latitud S y 192° 12' de longitud O, desde Greenwich: demora N 38° E, distancia 4 leguas; y la tierra más occidental a la vista, una pequeña isla sita a la altura de la punta sur de la isla principal, demoraba al N 2° E. Empiezo a creer que ésta es la tierra más meridional y que deberíamos poder rodearla por el oeste, pues siempre hemos tenido fuerte mar de fondo del SO desde que recibimos el último vendaval de ese cuadrante, lo que me hace pensar que no existe tierra en esa dirección.

◆ Cook maniobra hacia el norte siguiendo la accidentada y recortada costa suroccidental con el telón de fondo de los Alpes australes, y remonta el arbustivo litoral de Tasman hasta la Bahía del Almirantazgo y el Cabo Adiós, donde cambia Nueva Zelanda por la costa oriental de Australia.

VIERNES 23 de marzo. Habiendo recorrido hasta el presente la práctica

Mapa de Nueva Zelanda por Cook, 1770. Cook cartografió la costa de Nueva Zelanda, tenida hasta entonces por parte integrante del Gran Continente Austral, en cinco meses y medio. Hay un error de longitud, en tanto que la península de Banks figura como isla y la isla Stewart, como península.

Nueva Zelanda, 1769-70

Marzo 1770

totalidad de la costa NO de *Tovy poe namu,* ha llegado el momento de describir el semblante que el país nos ha ofrecido en diferentes ocasiones. El 11 del corriente, cuando estábamos frente a la parte sur de la isla, comentaba que el territorio que veíamos era áspero y montañoso, y no hay razón para no creer en una cadena de montañas continua prolongándose a lo largo de casi toda la isla. Entre la tierra que vimos ese día, la más occidental, y la más oriental, avistada el día 13, hay unas 6 a 8 leguas de costa inexplorada, pero las montañas del interior eran bastante visibles. La región que circunda el Cabo Oeste es relativamente baja y se eleva de forma gradual hacia las montañas, presentándose muy forestada; desde la Punta Cinco Dedos hacia abajo, hasta la latitud 44° 20', hay una cadena de colinas no muy altas que emergen directamente del mar y están cubiertas de bosques. Justo detrás de las colinas se alza una cadena de montañas de una altura prodigiosa, que no parecen hechas sino de roca desnuda, salpicadas en muchos sitios con grandes neveros que, quizá, lleven aquí desde la creación. Ninguna otra región de la tierra ofrece un aspecto más escabroso y yermo desde el mar pues, hasta donde alcanza la vista, no se ve otra cosa que las cumbres de estas rocosas montañas, dando la impresión de estar tan apretadas entre sí que no ha lugar para valles. Desde los 44° 20' hasta los 42° 8', las montañas se sitúan bastante tierra adentro. La región que se extiende entre éstas y el mar es una zona de colinas y valles boscosos de dimensiones variables, tanto en altura como en profundidad, y tiene aspecto de ser fértil; muchos valles son bajos, llanos y amplios, y parecen estar totalmente cubiertos de bosques, pero es muy probable que gran parte del territorio esté ocupado por lagos, lagunas, etc., como es común en tales lugares. Desde la última latitud apuntada hasta el Cabo Adiós (así llamado después), el país no ofrece ninguna característica destacable: colinas boscosas que se elevan directamente del mar. Mientras anduvimos por esta parte de la costa, el tiempo fue brumoso, tanto que pudimos ver muy poco de tierra, aunque a veces divisábamos las cumbres de las montañas por encima de la niebla y las nubes, lo que patentiza a las claras que las zonas interiores son altas y montañosas, dándome pie a creer que forman una cadena continua de montañas de un extremo a otro de la isla.

❦ Cook había cumplido las instrucciones y podía regresar a Inglaterra por la ruta que mejor le pareciera. Era su deseo volver por el Cabo de Hornos para confirmar o refutar la existencia de un continente al sur de la derrota de ida, pero el *Endeavour* no está en condiciones para semejante viaje por altas latitudes. La ruta del Cabo de Buena Esperanza presenta desventajas similares y ninguna posibilidad de exploración, de modo que decide embonar en las Indias orientales, navegando por la ignota costa oriental de Nueva Holanda y las tierras descubiertas por Quirós. Sus oficiales están plenamente de acuerdo con esta lúcida y transcendental decisión.

Sábado 31 de marzo. A mi regreso a bordo por la tarde, el agua y demás abastos ya habían sido embarcados y todo estaba listo para hacernos a la mar, y por estar decidido a abandonar esta región definitivamente y dirigirse mis pensamientos hacia el retorno a casa por una ruta que fuera del máximo provecho para el servicio que tengo encomendado, consulté con lo oficiales sobre cuál sería la mejor forma de llevarlo a término. Volver por el Cabo de Hornos era lo que más deseaba porque, por esta ruta, podríamos confirmar la existencia o inexistencia de un continente austral, que todavía quedan dudas al respecto. Pero para averiguarlo hemos de mantenernos a altas latitudes en lo más crudo del invierno, con el inconveniente de que el barco no está suficientemente preparado desde ningún punto de vista para tamaña empresa. Por la misma razón, la idea de proseguir en línea recta hacia el Cabo de Buena Esperanza se dejó de lado; en ningún momento cabía esperar descubrimiento alguno en esa dirección. Por consiguiente, se decidió regresar vía las Indias orientales por la siguiente ruta: dejar esta costa para dirigirnos al oeste hasta dar con la costa oriental de Nueva Holanda, seguir dicha costa hacia el norte, o en cualquier otra dirección que podamos tomar, hasta llegar a su extremo meridional; y si esto fuera impracticable, intentar llegar a las tierras o islas descubiertas por Quirós.

Marzo 1770

NUEVA ZELANDA Y LOS MAORÍES

❡ El 31 de marzo, un día antes de abandonar Nueva Zelanda, Cook prepara un interesantísimo informe sobre las islas y sus pintorescos habitantes caníbales. El siguiente resumen muestra una vez más que no es un simple explorador, sino un fundador de imperios que ponderaba las posibilidades de una futura colonización británica.

SÁBADO 31 de marzo. Antes de abandonar definitivamente estas tierras, daré una breve descripción general del país, de sus habitantes, de su modo de ser, sus costumbres, etc., en la cual es de ley señalar que muchas cosas se basan únicamente en conjeturas; nuestra estadía fue demasiado breve como para permitirnos profundizar en su idiosincracia y, por consiguiente, sólo pudimos sacar conclusiones de lo que vimos en diferentes circunstancias.

»Parte de la costa oriental de este país fue descubierta por Abel Tasman en 1642, y por él fue bautizada con el nombre de Nueva Zelanda; sin embargo, nunca llegó a desembarcar, desalentado posiblemente por el hecho de que los nativos mataron a 3 ó 4 de sus hombres en el primer y único lugar en que fondearon. Este territorio, que se creía formaba parte del imaginario continente austral, está constituido por dos grandes islas separadas entre sí por un estrecho o paso de 4 ó 5 leguas de ancho. Están situadas entre los 34° y 48° de latitud S, y entre los 181° y 194° de longitud al oeste del meridiano de Greenwich. Pocas son las regiones del globo con una posición tan bien determinada como la de estas islas, refrendada por varios cientos de observaciones del Sol y la Luna y una del tránsito de Mercurio efectuada por Green, comisionado por la Royal Society para observar el tránsito de Venus.

»Según señalé anteriormente, los nativos llaman *Aehei no mouwe* a la más septentrional de las dos islas y *Tovy poe nammu* a la más meridional; estamos seguros de que el primer nombre engloba la totalidad de la isla norte, pero no lo estamos tanto de si el último se aplica a toda la isla sur

Marzo 1770

o sólo a un sector de la misma. Ésta, según informes de los nativos del Canal de la Reina Carlota, debiera constar de dos islas, una de las cuales, al menos, teníamos que haber circunnavegado en pocos días, pero este punto no se vio confirmado por nuestras propias observaciones. Me inclino a pensar que no conocían más de este territorio de lo que alcanzaban con la vista. El mapa que he confeccionado refleja muy bien la forma y extensión de estas islas, la posición de las bahías y radas que en ellas existen, y las islas menores situadas a su alrededor...

»Además, en el mapa se hace referencia al ambiente o aspecto del país. En cuanto a *Tovy poe nammu,* es en general muy montañosa y, a todos los efectos, estéril. Los aborígenes del Canal de la Reina Carlota, los que salieron a nuestro encuentro desde la base de la montaña nevada y el fuego que divisamos al so del Cabo Saunders fueron todos los habitantes o signos de vida que vimos en la isla. Pero gran parte del litoral de *Aehei no mouwe,* a excepción del flanco suroccidental, está muy poblado, y aunque es una región accidentada y abrupta, muchas son las colinas y montañas cubiertas de vegetación. En los llanos y valles, el suelo parece rico y fértil, y cuando tuvimos oportunidad de examinarlo, vimos que en buena medida era así y que no estaba muy embarazado por la selva. Todos a bordo son de la opinión de que los frutos, cereales y plantas de Europa medrarían bien aquí. En definitiva, viérase este país colonizado por un pueblo industrioso y muy pronto satisfaría no sólo las necesidades vitales sino muchos lujos. Los ríos y bahías abundan en una gran variedad de peces exquisitos, muchos de los cuales no se conocen en Inglaterra, y no digamos de las langostas, aceptadas unánimemente como las mejores que se habían comido jamás, de las ostras y de otros muchos mariscos, todos excelentes en su género. Sin embargo, las aves acuáticas y marinas no son muy abundantes; entre las conocidas en Europa hay patos, cormoranes, alcatraces y gaviotas, de todas las cuales comimos pareciéndonos sumamente buenas. En realidad, pocas serán las cosas que nos sienten mal y puedan ser comestibles. Las aves terrestres tampoco son muy abundantes; creo que ninguna, salvo las codornices, es conocida en Europa, y éstas son idénticas a las que tenemos en Inglaterra. El país carece, a buen seguro, de todo tipo de cuadrúpedo salvaje o doméstico, aparte de perros y ratas; los primeros están domesticados y viven con las personas, que los crían con el único propósito de comérselos, y las ratas son tan escasas que ni yo ni otros muchos en el barco vimos una jamás. Aunque hemos visto en la costa algunas focas y, en una ocasión, un león marino, soy del parecer de que además de ser muy escasos raramente o nunca se aproximan a la playa, pues si lo hicieran, por descontado que los nativos habrían ideado algún método para cazarlos y sin duda alguna conservarían las pieles para vestirse, como hacen con las de los perros y las aves, las únicas que vimos entre ellos. Pero a veces deben de hacerse con ballenas por los muchos patoo-patoos construidos con huesos de un tal aparentemente pez y un ornamento que llevan en el pecho (al que conceden gran valor), que supusimos estaba hecho con dientes de ballena, y sin embargo no conocemos el método o instrumento que emplean para matar dichos animales.

Batidor de madera, Nueva Zelanda. l. 39 cm.   *Batidor de ballena, Nueva Zelanda.* l. 32,5 cm.   *Batidor de basalto, Nueva Zelanda.* l. 40 cm.

Marzo 1770

»En los bosques hay muchas maderas excelentes, aptas para todo tipo de aplicación, salvo para mástiles de barcos, y quizá con un examen más detenido se encontrara alguna apropiada a tal fin. Por doquier crece espontáneamente una especie de hierba con hojas muy anchas, a modo de bandera, de la naturaleza del cáñamo, con la que se podrían hacer excelentes cordajes, velas, etc. La hay de dos clases, una más fina que la otra; con ellas los nativos fabrican telas, sogas, hilo, redes, etc. No cabe duda de que hay mineral de hierro, sobre todo en la Bahía de Mercurio, donde hallamos gran cantidad de arenas ferruginosas, pero no dimos con ningún otro mineral ni vimos que los nativos tuvieran otro tipo de metal... Si se llegara a pensar alguna vez en la colonización de este territorio, el mejor enclave para fijar la primera colonia sería el Río Támesis o la Bahía de las Islas, pues cualquiera de estos dos lugares dispondría de las ventajas de un buen puerto y, a través del primero, de una comunicación fácil, con lo que los asentamientos podrían propagarse hacia el interior del país, ya que sería relativamente sencillo y barato construir pequeñas

88 *El primer viaje, 1768-71*

Lanzadardos tipo látigo (y detalle) trabajado en madera. Se clavaba ligeramente el extremo del dardo en tierra, inclinado en la dirección del disparo. Se hacía pasar a su alrededor una cuerda corta atada al bastón y rematada en un nudo, de modo que éste lo sujetara. El lanzador se ponía delante y arrojaba el dardo mediante una brusca sacudida por encima del hombro, Nueva Zelanda. l. 149,5 cm.

Marzo 1770 embarcaciones en el río para navegar por él... Hasta donde puedo juzgar del temperamento de estas gentes, no me parece vaya a presentar dificultades a los forasteros para el establecimiento de una colonia en este país. Dan la impresión de estar demasiado divididos entre ellos mismos como para llegar a constituir una fuerza de oposición; merced a ello, y con un trato benévolo y amable, los colonizadores podrían establecer sólidos asentamientos.

»Los nativos de este territorio son fuertes, huesudos, bien formados, enérgicos, de una estatura un poco por encima de la habitual, sobre todo los hombres; todos son de un color moreno muy oscuro, con el pelo negro, la barba negra y rala, los dientes blancos, y cuando no se desfiguran el ros-

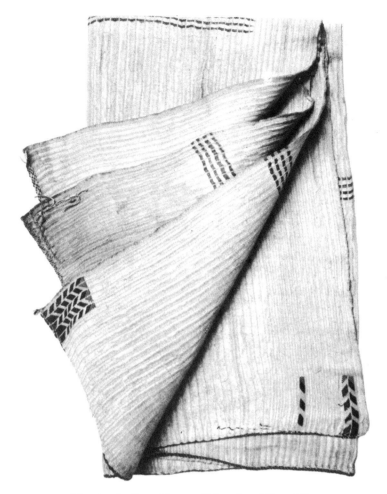

Manto de lino, Nueva Zelanda, 159 x 135 cm.

tro con tatuajes, sus rasgos son, por lo general, muy agradables. Los hombres llevan el pelo largo, peinado hacia atrás y recogido en la nuca; algunas mujeres, sobre todo las ancianas, lo llevan largo y suelto sobre los hombros, otras lo llevan corto. Los peines son de hueso o madera, empleándolos a veces como adornos que colocan verticalmente en la cabeza. Parecen disfrutar de un buen estado de salud y muchos viven hasta una edad muy avanzada. Buen número de ancianos y algunas personas de mediana edad tienen la cara marcada o tatuada de negro; también hemos visto algunos, pocos, con las nalgas, muslos y otras partes del cuerpo marcadas, pero esto es menos frecuente.

»Cierto día, en Tolaga, obtuve clara evidencia de que las mujeres nunca se presentan desnudas, al menos ante desconocidos. Aconteció que algunos de nosotros desembarcamos en una pequeña isla donde unas mujeres desnudas, metidas en el agua, cogían langostas y mariscos. En cuan-

Marzo 1770

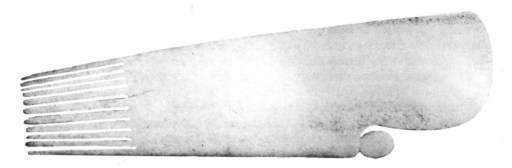

Peineta de ballena, Nueva Zelanda. l. 33 cm.

Marzo 1770

to nos vieron, algunas se ocultaron entre las rocas y las demás permanecieron en el agua mientras se hacían una especie de mandil con algas marinas, y aun entonces, cuando salieron a nuestro encuentro, mostraban signos manifiestos de pudor; las que no hallaron método alguno para velar su desnudez, no se dejaron ver en ningún momento. Todas las mujeres tienen la voz muy dulce, y por eso solo cabría distinguirlas de los hombres. La confección de vestidos así como todas las demás tareas domésticas corre, así me lo parece, enteramente a su cargo, y los trabajos más pesados como la construcción de embarcaciones y vivienda, el cultivo de la tierra, la pesca y otras, es responsabilidad de los hombres. Ambos, hombres y mujeres, llevan adornos en las orejas y en torno al cuello. Los hacen con piedras, huesos, conchas y otros materiales, habiéndolos de diversas formas; hay quien lleva uñas y dientes humanos y, si no recuerdo mal, nos dijeron que pertenecían a amigos difuntos. Los hombres, cuando se acicalan, colócanse generalmente dos o tres largas plumas blancas en el pelo; en el Canal de la Reina Carlota, muchos, tanto hombres como mujeres, se tocan con cofias de plumas negras...

»Siempre que nos visitaba un grupo que nunca había visto u oído cosa alguna de nosotros, antes de hacerlo en las mayores canoas de que disponían, a veces con cabida para 60, 80 ó 100 personas, traían consigo el mejor vestido, que se ponían en cuanto se acercaban al barco. En cada canoa iba, por lo común, un anciano, a veces dos o tres; éstos solían dirigir al resto; vestían mejor y solían portar una alabarda o hacha de guerra en las manos, o algún objeto similar que les distinguía. Así que llegaban a tiro de piedra del barco se detenían y gritaban *haromai hareuta a patoo age*, es decir, ven aquí, venid a la playa y os mataremos con nuestros patoo-patoos, al tiempo que los blandían ante nosotros. A veces iniciaban una danza de guerra; otras comerciaban y conversaban, y respondían a las preguntas que les hacía con toda la tranquilidad del mundo para luego emprender de nuevo la danza de guerra agitando canaletes, patoo-patoos y demás en medio de extrañas contorsiones; y así que se ponían a tono, nos atacaban con piedras y dardos, obligándonos, quieras o no, a abrir fuego sobre ellos. Nunca hacían caso de los mosquetazos a menos que sintieran su efecto, pero comprendían rápidamente su significado porque arro-

Nueva Zelanda, 1769-70 91

jaban piedras desde donde aquéllos no les podían alcanzar. Una vez convencidos de que nuestras armas eran muy superiores a las suyas y de que no queríamos sacar partido de esa superioridad, dándoles un poco de tiempo para reflexionar sobre ello, siempre acababan siendo muy buenos amigos, y jamás se dio el caso de que intentaran sorprender o acorralar a alguno de los nuestros mientras estuvo en tierra, y no es que no tuvieran oportunidad de hacerlo en uno u otro momento.

Marzo 1770

»Es una pena tener que decir que por todas partes nos hablaron de que se comen a los enemigos caídos en la batalla, cosa que hacen de seguro: hartas ocasiones hemos tenido para convencernos de ello. Tupia, que siente gran aversión por esta costumbre, discutía a menudo con ellos por esta razón, pero siempre la defendían tenazmente y jamás admitieron que fuera algo malo. Entra dentro de lo razonable suponer que los que practican esta costumbre rara vez, quizá nunca, den cuartel al vencido, y de ser así deben de luchar como fieras hasta el último momento. Pruebas concluyentes a favor de este supuesto nos las dieron los habitantes del Canal de la Reina Carlota, quienes contaban que a pocos días de nuestra llegada habían dado muerte y comido a todos los tripulantes de una embarcación; a buen seguro que la tripulación de la canoa, o como mínimo parte de ella, viéndose acosada y sobrepasada en número se habría entregado si tal cosa tuvieran por costumbre entre ellos. Conservaban las cabezas de estos desgraciados como trofeos y trajeron cuatro o cinco para ense-

Colgante de jade con dos dientes humanos, Nueva Zelanda. 1 9 cm.

Medallón de ballena con cordón de fibra vegetal y fiador de hueso, Nueva Zelanda. l. *14,5 cm.*

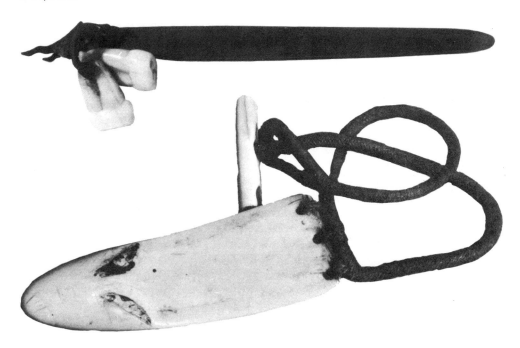

Canoa de guerra de Nueva Zelanda, por Sydney Parkinson, 1789-70.

Marzo 1770

ñárnoslas; Banks compró una, o mejor dicho les obligó a vendérsela, pues se deshicieron de ella con la mayor renuencia y en adelante no nos dejaron ver ni una más, ofreciéramos lo que ofreciéramos...

»Mostraban gran inventiva y habilidad en la construcción y montaje de embarcaciones o canoas: son largas y estrechas, muy parecidas a las balleneras de Nueva Inglaterra. Me parece que construyen canoas grandes sólo con fines bélicos; tales canoas pueden embarcar de 40 a 80 ó 100 hombres con armas y demás pertrechos. Daré las dimensiones de una que medí personalmente en una playa de Tolaga: eslora 68.5 pies, manga 5 pies y puntal 3.5 pies. El fondo, muy agudo, como una cuña, está formado por tres piezas ahuecadas hasta un espesor de 1.5 a 2 pulgadas, unidas a la perfección mediante un fuerte enchapado; cada banda consta de un único tablón de 63 pies de largo, 10 a 12 pulgadas de ancho y alrededor de una pulgada y cuarto de grueso, convenientemente ajustado y amarrado al fondo; como refuerzo, la embarcación lleva varias bancadas dispues-

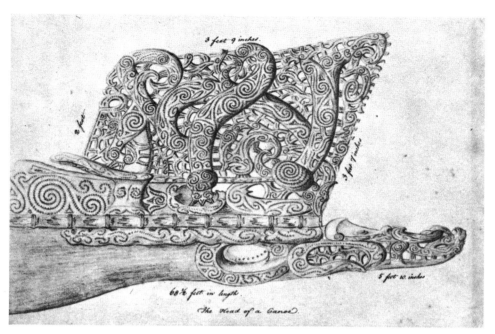

Mascarón de proa de una canoa dibujado por Hermann Spöring, secretario de Joseph Banks durante el primer viaje, 1770. Nueva Zelanda.

Canalete de madera pintado y labrado, Nueva Zelanda. l. 179 cm. ▷

tas de través y sujetas a las bordas. El ornamento de proa, de unos 4.5 pies de alto, se proyecta a 5 ó 6 pies del cuerpo de la canoa; el de popa tiene 14 pies de alto, unos 2 de ancho y casi 1.5 pulgadas de grueso, y está fijado a la misma igual que la jamba de popa de un barco de quilla. Los adornos de popa y proa, lo mismo que las dos tablas laterales, están labradas y, en mi opinión, el dibujo y la ejecución no estaban nada mal. Todas las canoas siguen este mismo patrón; pocas son las que tienen menos de 20 pies de largo: hemos visto que algunas de las pequeñas llevan balancines, pero esto no es frecuente... Las herramientas con que construyen las canoas, viviendas, etc. son azuelas y hachas de piedra negra y dura y otros materiales; tienen formones de esos mismos materiales, pero lo más corriente es que estén hechos con huesos humanos. Para realizar trabajos menudos y obras de talla creo que emplean sobre todo pequeñas lascas de jaspe desprendidas de un bloque grande que para tal fin tienen. En cuanto se desafila una de esas lascas, la tiran y cogen otra. Para roturar o remover el suelo tienen layas (si se me permite llamarlas así) de madera, consistentes en una gruesa estaca con un madero atado transversalmente cerca del extremo inferior, para poner el pie y hacerla entrar en el suelo. Valoran en mucho las hachas cuando son buenas y están en perfecto estado, y nunca querían deshacerse de ellas por mucho que les ofreciéramos. Cierto día ofrecí por una de ellas un hacha de las mejores que tenía en el barco y varias cosas más, pero no hubo forma de que el propietario se

Marzo 1770

Herramienta de madera, utilizada posiblemente como plantador, Nueva Zelanda. l. 51,5 cm.

Flauta de madera con ligaduras de fibra vegetal, Nueva Zelanda. l. 51,5 cm.

Marzo 1770 aviniera a desprenderse de ella, de lo que deduje que las buenas debían ser raras... No hubo forma de saber con exactitud cómo inhuman a los muertos; generalmente nos decían que los ponían bajo tierra, pero en tal caso ha de ser en algún lugar secreto o accidental pues nunca vimos la más mínima señal de una sepultura en todo el país. El duelo por un amigo o pariente fallecido consiste en cortarse y escarificarse el cuerpo, brazos y pecho sobre todo, de tal forma que las heridas dejan marcas indelebles: me parece que tiene un significado como exteriorización de la proximidad parental con el difunto.

»Por lo que hace a la religión, yo diría que estos pueblos se preocupan muy poco al respecto. Creen, sin embargo, que el suyo es un dios supremo al que llaman Tane, y que existe así mismo cierto número de deidades inferiores; pero si adoran o invocan a una u otra es algo que no sabemos de cierto. No es descabellado suponer que lo hagan, aunque jamás descubrí la más mínima actitud o cosa tendente a demostrarlo.

»Tienen las mismas ideas sobre la creación del mundo, de la humanidad, etc. que los habitantes de las islas del Mar del Sur; en realidad, muchas de sus creencias y costumbres son idénticas, pero nada demuestra tan taxativamente que todos proceden de un mismo tronco como el hecho de que sus lenguas difieran en poquísimas palabras... Sólo hay alguna que otra pequeña diferencia entre el idioma hablado por los *Aehei no mouwe* y los de *Tovy poe nammu*, pero para mí esta diferencia es únicamente de pronunciación y no va más allá que las existentes entre una región de Inglaterra y otra.

»Se entiende por islas del Mar del Sur aquellas en las que hicimos escala, pero yo doy esa denominación a todas, porque siempre se nos dijo que todos los isleños hablan, sin excepción, la misma lengua, lo que es prueba suficiente de que ellos y los neozelandeses han tenido un origen o ascendencia común, aunque el dónde y el cuándo quizá nunca se llegue a descubrir. De seguro que no es ni el sur ni el este, pues me cuesta aceptar que pudieran llegar un día procedentes de América.

◀ Aunque en su rápido reconocimiento Cook comete el error de creer que la península de Banks es una isla y la isla de Stewart una península,

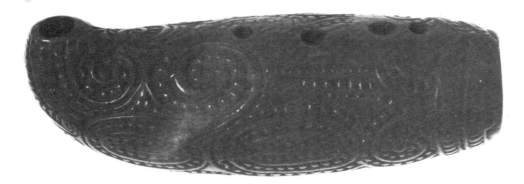

Silbato de madera, Nueva Zelanda. l. 8 cm.

completa un mapa muy detallado. En él, las islas adoptan una «forma concreta y definitiva». Se puede decir que Cook «encontró una Nueva Zelanda que era una línea en el mapa y dejó un archipiélago». En esta región al menos, acaba con el mito del continente austral, que desecha como sigue.

Marzo 1770

SÁBADO 31 de marzo. En cuanto al continente austral, no creo que exista tal cosa, a menos a alta latitud, pero como la opinión contraria ha estado en boga durante muchos años y quizá lo esté todavía, preciso es que diga algo en mi defensa aparte de lo que de por sí denote la derrota de este barco por aquellos mares; pues de eso sólo se desprende claramente la existencia de una gran extensión de agua prolongándose hasta el trópico, en la que ni nosotros ni nadie anterior a nos, que podamos certificar a ciencia cierta, estuvo jamás. En nuestra derrota hacia el norte, una vez doblado el Cabo de Hornos, cuando alcanzamos los 40° de latitud estábamos a 110° de longitud; y a nuestro retorno hacia el sur tras dejar Ulitea, a esa misma latitud estábamos a 145° de longitud: la diferencia de longitud es de 35°. A los 30° de latitud, la diferencia entre las dos derrotas es de 21°, y sigue disminuyendo hasta los 20°; una ojeada a la carta marina ilustrará todo esto mucho mejor. Habría, pues, espacio suficiente para dar cabida a la punta norte de un continente austral que se extendiera incluso a una latitud bastante baja. ¿Qué fundamento tenemos para tal suposición? Ninguno que yo sepa, pero el continente tiene que estar ahí o no ha lugar. Los geógrafos han situado los descubrimientos de Quirós en esa longitud y nos han dicho que aquél encontró huellas de un continente, parte del cual trazaron de hecho en sus mapas; ¿con qué autoridad? no lo sé. Quirós, a 25° o 26° de latitud, descubrió dos islas que, supongo, deben hallarse entre las longitudes 130° y 140° O. Dalrymple las sitúa a 146° O y dice que Quirós vio hacia el sur enormes masas de nubes y un horizonte muy opaco, junto con otras señales características de la presencia de un continente; otros relatos del viaje no dicen una palabra al respecto, pero, suponiendo que sea verdad, esos indicios no son característicos de la presencia de un continente: he tenido pruebas de ello en el curso de este viaje y no creo que Quirós los viera, puesto que, si así fuera, a buen seguro

Cuenco de calabaza decorado, Nueva Zelanda, l. 33 cm.

Marzo 1770 que, en vez de tirar al norte, habría navegado hacia el sur para convencerse ya que, según parece, en olfato para los descubrimientos nadie le ganaba; además, ése era el objetivo fundamental de su viaje. Si Quirós estuvo a 26° de latitud y 146° de longitud O, doy por hecho que el continente austral no puede extenderse más al norte de la latitud antes señalada. El viaje que parece haber avanzado más en el sentido longitudinal a que me refiero, a saber, entre 130° y 150° O, es el efectuado en 1722 por el almirante holandés Roggewin quien, dejando atrás Juan Fernández, marchó a la búsqueda de la isla de Davis y, no hallándola, navegó 12° más al oeste descubriendo a 28.5° de latitud la isla de Pascua. Dalrymple, entre otros, la sitúa a 27° S y 106° 30' O; cree que dicha isla y la de Davis son una misma cosa, lo que, por las circunstancias del viaje, me parece imposible. Por otro lado, Pingre, en su memoria sobre el tránsito de Venus, presenta un resumen del viaje de Roggewin y un mapa de los Mares del Sur en el que sitúa la isla de Pascua a 28.5° de latitud S y 123° de longitud O. Las razones para hacerlo así aparecen explicitadas en la susodicha memoria; además, localiza la derrota de Roggewin por estos mares de muy distinta manera que cualquier otro autor por mí consultado, pues una vez deja la isla de Pascua hácele singlar hacia el SO hasta la altura de 34° S y luego hacia el ONO. Si realmente Roggewin siguió esta ruta, no es probable que exista tierra firme al norte de la latitud 35° S. No obstante, Dalrymple y algunos geógrafos discrepan de Pingre en la localización de la trayectoria de Roggewin: desde la isla de Pascua le marcan rumbo NO y luego le suponen una derrota muy parecida a la de Le Maire. Ahora bien, me resulta inconcebible que un hombre que por petición propia fue enviado a descubrir el continente austral siguiera la misma ruta que otros habían seguido antes que él con el mismo objetivo en perspectiva, porque de ese modo podía estar moralmente seguro de no encontrar lo que andaba buscando y, como es lógico, tenía que fracasar, como así fue. Sea como

Nueva Zelanda, 1769-70

Retrato de un maorí neozelandés, por Sydney Parkinson, 1770.

Marzo 1770

fuere, es un punto que no aclaran los relatos publicados del viaje, los cuales no sólo no prestan la debida atención a las longitudes sino que ni tan siquiera mencionan la latitud de varias islas por ellos descubiertas. Así pues, me parece del todo imposible marcar el rumbo de Roggewin con un mínimo de precisión.

»Volviendo a nuestro viaje, al que se le ha de perdonar que haga a un lado la mayoría, si no todos, de los argumentos y pruebas adelantados por diferentes autores para demostrar que ha de existir un continente austral, me referiré a la región situada al norte de los 40° s, pues lo que pueda haber al sur de dicha latitud me es desconocido. La verdad es que, en mi opinión, no vislumbramos ninguna señal visible de tierra ni en nuestra trayectoria hacia el norte, ni hacia el sur, ni hacia el oeste hasta pocos días antes de llegar a la costa oriental de Nueva Zelanda. Cierto es que a menudo hemos visto grandes bandadas de pájaros, pero en todos los casos se hallaban muy lejos de tierra; también vimos con fecuencia trozos de algas marinas, pero cómo saber a qué distancia han podido ser arrastradas. Fuentes de la máxima autoridad me informaron de la existencia de una especie de judía conocida como ojo de buey, que se sabe crece únicamente en las Indias occidentales y cada año aparece arrojada en las costas de Irlanda, siendo que estos dos lugares distan entre sí no menos de 1100 a 1200 leguas. Eran tantas las cosas que encontrábamos flotando en las aguas de los Mares del Sur que nos costaba resignarnos a no tener

Azuela ceremonial con filo de jade y mango tallado, Nueva Zelanda. l. 46 cm.

Medallón de jade con ojos de concha de aurismaris, cordón de fibra vegetal y fiador ▷ *de hueso. Regalo del capitán Cook al rey Jorge III. Nueva Zelanda. l. 7 cm.*

Marzo 1770

nunca tierra al alcance de la vista, razón por la cual siempre andábamos al acecho de cualquier cosa que ofreciera la más mínima pista acerca del objeto de nuestra búsqueda, pero la experiencia nos demostró que podíamos hallarnos tan lejos de aquél como siempre.

»He expresado mi opinión libremente y sin prejuicio, sin ánimo de arredrar cualquier intento futuro que se haga por descubrir el continente austral; al contrario, en la medida en que este viaje patentiza que resta sólo un minúsculo espacio al norte de los 40° donde poder ubicar el gran objetivo, me parecía una lástima que esto, que ha sido el sueño de muchos siglos y naciones, no quedara ahora esclarecido para siempre, lo que se podría conseguir fácilmente en un viaje sin demasiadas dificultades, peligros o temor a fracasar, pues el navegante sabría dónde ir y qué buscar. Pero, si después de todo no descubriera ningún continente, podría dirigir sus pensamientos al descubrimiento de esa multitud de islas que, según nos han informado, están en las regiones tropicales al sur del Ecuador; y esto lo sabemos de muy buena fuente, como antes he indicado. Siempre tendrá esa posibilidad, pues a no ser que vaya a buscar las tierras australes a gran latitud, no se verá obligado, como nos vimos nosotros, a ir más al oeste de los 140 o 145° o en la latitud 40° y, por consiguiente, siempre le cabrá ir a la isla Jorge, donde tendrá la seguridad de hallar provisiones de refresco para restablecer a su gente antes de lanzarse al descubrimiento de las islas. Pero si se juzgara oportuno enviar un buque con tal comisión en vida de Tupia, y éste fuera en él, la expedición contaría con una ventaja extraordinaria frente a cualquier otro barco que con anterioridad haya realizado descubrimientos en estos mares; por medio de Tupia, en el supuesto de que no le acompañara personalmente, siempre encontraría gente que le orientara de una isla a otra y estaría seguro de recibir una acogida amistosa y provisiones de refresco en cualquier isla donde arribara. Esto permitiría al navegante perfeccionar y completar sus descubrimientos; en el peor de los casos, dispondría de tiempo para hacerlo, pues no se vería obligado a dejar esos mares a toda prisa ante el temor de quedar falto de provisiones.

«Haka» neozelandés.

Capítulo VI

AUSTRALIA ORIENTAL, 1770

«*Perlongó hacia el norte realizando la navegación más peligrosa que barco alguno haya efectuado jamás.*»

Cook

SEGURAMENTE COOK PUSO PROA A AUSTRALIA CON DOS grandes problemas geográficos en mente. Primero, ¿qué distancia separa Nueva Holanda —las tierras costeadas por Tasman, Van Nuyts y otros— de Nueva Zelanda? Segundo, ¿eran esos territorios un gran continente del que formaba parte la Tierra de Van Diemen, Nueva Guinea y el Espíritu Santo de Quirós, o eran simplemente grupos de islas? Para responder a esta preguntas, que habían confundido a Europa por más de un siglo, Cook se hace a la vela en el *Endeavour* el 1 de abril de 1770 a fin de explorar la costa oriental de Australia.

LA COSTA ORIENTAL AUSTRALIANA

◀ El diario de Cook demuestra que se propuso reemprender la obra de Tasman en el punto en que el navegante holandés abandonó la Tierra de Van Diemen. El 16 de abril sondea durante toda la noche por si acaso se acercaba a tierra a la latitud 39° 40', lo que significa que el *Endeavour* andaba en las proximidades de la ignota región del Estrecho de Bass. En ese momento, una fuerte tempestad del sur empuja al explorador hacia el norte impidiéndole, lamentablemente, determinar si la Tierra de Van Diemen estaba unida a Nueva Zelanda, cuestión sobre la que tenía serias dudas, pues escribe lo siguiente:

△ *Encallamiento en el arrecife* Endeavour.

Abril 1770

Jueves 19 de abril. Por la tarde sopló viento duro de SSO con cielo cubierto, chubascos y mar gruesa del sur. A las 6 acortábamos las gavias y a la 1, puestos a la capa, sondeábamos, pero no tocábamos fondo con 130 brazas de cable. A las 5 largábamos las gavias con todos los rizos y a las 6 divisamos tierra extendiéndose de NE a O, a 5 ó 6 leguas, con 80 brazas de agua y fondo de arena fina. Seguimos navegando rumbo al oeste con viento del SSO hasta las 8, momento en el que poníamos las vergas de los juanetes de través, aumentábamos todas las velas y navegábamos, siguiendo la costa NE, hacia la tierra más oriental que a la vista teníamos, entrando por entonces a 37° 58' de latitud S y 210° 39' de longitud O. La punta más meridional de la tierra que avistábamos, demorada al O 1/4 S respecto a nosotros, yo diría que está situada a 38° 0' de latitud S y 211° 07' de longitud O. Le he dado el nombre de Punta Hicks porque fue el teniente de navío Hicks quien primero descubrió esta tierra.

»Al sur de la susodicha punta no vimos tierra alguna, aunque estaba muy claro por ese cuarto. Según nuestra longitud, comparada con la de Tasman, la Tierra de Van Diemen debiera haber demorado exactamente a nuestro sur; y por la presta calma de la mar una vez amainado el viento, razón tuviera para así creerlo. Pero como no la divisáramos y dado que esta costa se extiende de NE a SO, e incluso bastante más al oeste, tengo mis dudas sobre si se trata de una única tierra o no. Como siempre, quienquiera que compare este diario con el de Tasman podrá ser tan buen juez como yo, pero es preciso señalar que no fijo la situación de Van Diemen por las cartas marinas impresas sino a partir del resumen del *Diario* de Tasman publicado por Dirk Rembrantse.

◖ Según el profesor G. A. Wood, Punta Hicks fue rebautizada por Stokes, en 1843, con el nombre de Cabo Everard.

◖ Partiendo de Punta Hicks, Cook navega hacia el norte desde el 20 de abril hasta el 29 del mismo mes, pues considera que la Bahía de Bateman y la de Jervis son fondeaderos insuficientemente abrigados. Sin embargo, el 29 de abril echa el ancla en la Bahía de la Botánica, donde una permanencia de una semana lleva a la elección de este sitio como enclave de prueba para una primera colonia británica. Ello se debió en parte, cosa bastante extraña, a que Cook —cuánto más observador minucioso y acertado, por regla general— sobrevaloró las posibilidades del puerto y de las tierras circundantes.

◖ El 6 de mayo, domingo, Cook escribía que la bahía era «capaz, segura y cómoda». Sin embargo, en 1783, el gobernador Phillip se encontraba con un puerto expuesto a los vientos del este y los disgustados colonos buscaban en vano la «hermosa pradera»; así pues, se abandonó la Bahía de la Botánica por Sydney. En su *Discovery of Australia*, el profesor G. A. Wood subraya el curiosísimo hecho de que Banks, cuyo consejo fue el principal desencadenante del envío de presidiarios, quedara mucho menos impresionado que Cook ante la citada bahía.

◖ El relato cookiano sobre los aborígenes australianos es menos entusiasta y más veraz que la descripción del país circundante.

◖ En 1779, en su declaración ante el comité de la Cámara de los Comunes para la elección del emplazamiento de una colonia británica en el Pacífico, Banks, al expresar su opinión de que los nativos eran «pocos y cobardes», daba el espaldarazo a lo que ya era un informe excesivamente optimista. Cabe la sospecha de que fuera ésta la razón principal de que se eligiera la Bahía de la Botánica en vez de Nueva Zelanda, ya que, por mucho que el gobierno británico deseara librarse de sus presidiarios, tenía que sentir cierta aprensión en despacharlos como plato fuerte de los banquetes maoríes. Al principio Cook da al puerto el nombre de Bahía de la Pastinaca con motivo de la captura de varios peces enormes. Sin embargo, cuando Banks y Solander le confirman la abundancia de plantas que iban a revolucionar la botánica, modifica su diario original poniendo primero Bahía «del Botánico» y luego «de la Botánica».

Abril 1770

SÁBADO 28 de abril. Al clarear el día, descubrimos una bahía que daba la impresión de estar aceptablemente bien protegida de todo viento y decidí penetrar en ella con el barco. A tal fin, envié al capitán en la pinaza a sondear la embocadura; entre tanto, nosotros dábamos vueltas con el barco recibiendo el viento de lleno. A mediodía, la embocadura demoraba al NNO a 1 milla de distancia.

DOMINGO 29 de abril. En ambas puntas de la bahía pudimos ver, según entrábamos, unos cuantos nativos y algunas cabañas; en la orilla sur, a la altura del barco, vimos asimismo hombres, mujeres y niños. Hacia este lugar me dirigí con los botes acompañado de Banks, el Dr Solander y Tupia, en la esperanza de hablar con ellos. Al acercarnos a la playa huyeron todos, salvo dos hombres que parecían resueltos a impedir nuestro desembarco. Así que lo vi, ordené a los botes que dejaran de remar para hablarles; vano propósito, ni nosotros ni Tupia pudimos entender una palabra de lo que dijeron. A continuación les arrojamos algunos abalorios, clavos y cosas por el estilo que, por lo que parecía, fueron bien recibidos, tanto es así que creí que nos hacían señales para que bajáramos a tierra. Nos equivocamos de lleno, pues en cuanto pusimos el bote en movimiento, se volvieron de nuevo contra nosotros, ante lo que descargué un mosquetazo entre los dos sin otra intención que hacerles retroceder más allá de donde tenían los haces de dardos. Uno de ellos cogió una piedra y nos la tiró, lo que me obligó a descargar un segundo mosquete cargado de perdigón menudo; y aunque alguno le alcanzó, no tuvo más efecto que hacerlo coger un escudo o rodela para defenderse. Inmediatamente después desembarcábamos; apenas pusimos el pie en tierra nos lanzaron dos dardos; esto me hizo abrir fuego por tercera vez, tras lo cual pusieron pies en polvorosa, aunque no con tanta presteza como para que no hubiéramos podido capturar alguno. Banks, siendo de la opinión de que los dardos estaban envenenados, hízome avanzar con prudencia hacia el bosque. Allí encontramos algunas chozas pequeñas construidas con corteza de árbol; en una había cuatro o cinco chiquillos a los que les dimos varias sartas de cuentas y otras chucherías. Nos llevamos un buen número de dardos que andaban esparcidos por las cabañas. Había tres canoas tumbadas en la playa, las peores que creo haber visto jamás, tenían unos 12 ó 14 pies de largo, estaban hechas con un trozo de corteza de árbol unido o cerrado por ambos extremos, con una parte central abierta mediante palos a modo de bancadas.

Desembarco en la Bahía de la Botánica
Abril de 1770

MAYO DE 1770

Martes 1 de mayo. La noche pasada, el marinero Torby Sutherland dejó este mundo y de mañana enterramos su cuerpo en la playa, en el lugar de aguada, lo que me llevó a bautizar la punta sur de esta bahía con su nombre. Un grupo desembarcó esta mañana frente a unas chozas no muy distantes del lugar de aguada, donde a diario se ven nativos, y allí dejamos diversos artículos como telas, espejos, peines, cuentas, clavos, etc. Después hicimos una excursión por la zona, que nos pareció muy variada, con bosques, prados y pantanos. En los bosques no hay maleza de ningún género y los árboles guardan tal distancia entre sí que la región toda, o como mínimo una buena parte, podría ser cultivada sin tener que talar un solo árbol. Por doquier, a excepción de los pantanos, vimos un suelo de arena blanca que producía un pasto bueno y abundante; éste forma pequeños manojos de tal tamaño que se pueden coger con una mano, y muy apretados entre sí, de manera que la superficie del suelo entre los árboles queda recubierta. El Dr Solander vio de pasada un animal pequeño, algo así como un conejo, y encontramos excrementos de otro que debe comer hierba y que, en nuestra opinión, no puede ser menor que un ciervo; también encontramos huellas de un perro o algún animal por el estilo.

Viernes 4 de mayo. De mañana, como el viento no nos permitía tender velas, despaché varias partidas de hombres a tierra para intentar establecer algún contacto con los indígenas. Uno de los guardiamarinas dio con un hombre y una mujer muy ancianos, y un par de niños; estaban cerca del agua, donde varias personas más, con canoas, hacían acopio de mariscos; y hallándose solo, diole miedo permanecer con los dos ancianos, no fuera que le descubrieran los de las canoas. Les regaló un pájaro que había cazado, pero no lo tocaron, no dijeron esta boca es mía, parecían muy asustados; iban en cueros vivos, ni siquiera la mujer llevaba prenda alguna para cubrir su desnudez. El Dr Munkhouse y otro hombre, hallándose en el bosque no lejos del aguadero, dio con seis nativos que, al principio, parecían estar esperando su llegada, pero al adelantarse hacia ellos le arrojaron un dardo desde un árbol que no le alcanzó por un pelo; en cuanto al tipo que lanzara el dardo descendió del árbol, huyó y con él todos los demás. Éstos fueron todos los encuentros que tuvimos en el curso del día.

Domingo 6 de mayo. Al atardecer, la yola regresó de pescar habiendo capturado dos pastinacas que pesaban casi 600 libras. La gran cantidad de plantas desconocidas que Banks y el Dr Solander recolectaron en este lugar me indujo a darle el nombre de Bahía de la Botánica. Está situada a 34° 0' de latitud S y 208° 37' de longitud O; es espaciosa, segura y confortable... Fondeamos cerca de la orilla sur, a una milla aproximadamente de la embocadura, por la comodidad de zarpar con viento del sur y de conseguir agua dulce, pero después encontré una magnífica corriente de agua en la orilla norte, en una excelente cala arenosa donde sería fácil varar el barco y conseguir leña por doquier. Aunque hay madera en abundancia, existe poca variedad. Los árboles más grandes lo son tanto o más que nuestros robles de Inglaterra a los que se parecen mucho y producen una goma rojiza; la madera es muy dura y oscura, como la del Lignum Vitae.

El capitán Cook (junto a Joseph Banks, sombrero en mano) en la histórica jornada de abril de 1770 toma posesión de Nueva Gales del Sur para la corona británica en la bahía de la Botánica. Dieciocho años después, el territorio se convirtió en colonia británica.

Mayo 1770

Hay otro árbol que crece alto y recto, al modo de los pinos, y su madera es dura y pesada: recuerda la de los robles que viven en América. Son éstos los dos únicos árboles madereros que encontré. Alrededor del puerto hay algunas, pocas, especies de arbustos, varias palmeras y manglares. El país, hasta donde alcanzamos a ver, es bajo, llano y boscoso; yo diría que el suelo es, por lo general, arenoso; en el bosque hay gran variedad de pájaros muy hermosos como cacatúas y loros entre otros, y cuervos idénticos a los que tenemos en Inglaterra.

»Los nativos no parecen ser muy numerosos ni forman grandes aglomeraciones, más bien viven dispersos en pequeños grupos a lo largo de la orilla del agua; los que yo vi eran casi tan altos como los europeos, de un color moreno muy oscuro, pero no negro; no tenían el pelo rizado y lanoso sino negro y lacio como muchos de nosotros. Jamás vimos vestido o adorno de ningún género sobre su persona, tampoco en o alrededor de sus chozas, por lo que concluí que nunca los llevaban. Algunos vi con la cara y el cuerpo coloreado con una especie de pintura o pigmento blanco. Ya he señalado que el marisco es su principal sustento, pero también capturan otras clases de pescado que, según pudimos advertir al desembarcar por primera vez, asan al fuego; unas las pescan con fisga, otras con anzuelo y sedal; hemos visto que sacaban peces con las fisgas, anzuelos y sedales hallados en sus chozas. Creo que no comen las pastinacas porque nunca vi el más mínimo resto de este pescado cerca de las chozas o de las fogatas. Poco pudimos aprender sobre sus costumbres al no conseguir establecer relación con ellos: ni siquiera tocaban las cosas que les dejábamos en las chozas para que se las llevaran. Durante nuestra permanencia en este puerto hice que se desplegara a diario la bandera inglesa en tierra y que se grabara, en uno de los árboles próximos al lugar de la aguada, una inscripción con el nombre del barco, la fecha, etc. Una vez visto todo lo que este lugar podía ofrecer, al clarear el día levábamos anclas con una ligera brisa del NO y nos hacíamos a la mar.

Mayo 1770

EL NAUFRAGIO

◀ Habiendo zarpado de la Bahía de la Botánica el 7 de mayo de 1770, Cook arrumba hacia el norte, a lo largo de la costa oriental australiana, sin tropezar con ninguna dificultad seria durante unas cinco semanas, si se exceptúa la agresión a su secretario, Orton, por parte de unos desconocidos, siendo los guardiamarinas Magra y Saunders los principales sospechosos. Magra, o Matra, pasaría más adelante a un primer plano al proponer al gobierno británico la colonización de Australia oriental con «republicanos» americanos acompañados de sus esclavos.

◀ Volviendo al *Endeavour*, Cook bautiza la desembocadura de la rada de Sydney con el nombre de Port Jackson, en honor de un secretario del Almirantazgo, pero no se adentra lo suficiente para descubrir el puerto en sí, verdaderamente magnífico. Pasa también por alto el espléndido foco de colonización de Newcastle, en la desembocadura del río Hunter, y aunque bautiza la bahía Moreton, omite el río Brisbane. A continuación desemboca en la bahía Bustard, cruza el Trópico de Capricornio y penetra, ignorante del peligro que le amenaza, en las temibles aguas sitas entre el Arrecife de la Gran Barrera y la costa de Queensland. En la noche del 11 de junio, mientras navega muy lentamente hacia el norte a la luz de la luna y con agua profunda, según la sonda, el *Endeavour* choca y queda encallado en un arrecife de coral donde permanece, a millas de la costa y en situación desesperada, 23 horas, tiempo durante el cual Cook, y todos los que se hallan a bordo, demostraron un valor y una sangre fría increíbles.

MIÉRCOLES 23 de mayo. La noche pasada, a media guardia, acontecióle una extraordinaria aventura a Orton, mi secretario; habiendo estado bebiendo por la noche, algún bellaco o bellacos del barco, aprovechando su estado de embriaguez, le cortaron todas las ropas por la espalda y, no satisfechos con esto, fueron poco después a su camarote y le rebanaron un trozo de cada oreja mientras yacía dormido en la cama. La persona de quien sospecho es Magra, uno de los guardiamarinas, aunque no se me

Mayo 1770

alcanza por qué. Sin embargo, según pude enterarme, con ocasión de tales borracheras, Magra ya le había cortado la ropa una o dos veces, y se le había oído decir (eso me contaron) que de no ser por la ley le mataría; con semejantes antecedentes empiezo a pensar que Magra no es del todo inocente.

LUNES 11 de junio. Viento del ESE con el que arrumbábamos a lo largo de la costa N 1/4 O, a 3 ó 4 leguas de distancia, teniendo entre 14 y 10 brazas de fondo; avistamos dos islas por el lado de mar situadas a 16° 0' de latitud S, a unas 6 ó 7 leguas de tierra firme. Hacia las 6, la tierra más septentrional que podíamos otear demoraba al N 1/4 O 1/2 O y las dos islas bajas y boscosas que alguien tomó por rocas emergiendo del agua demoraban al N 1/2 O. En este momento acortábamos velas y orzábamos mar afuera a ceñir viento del ENE y NE 1/4 E. Teniendo a nuestro favor una brisa suave y una noche de luna clara, era mi intención forzar mar adentro durante toda la noche, tanto para evitar los peligros que teníamos enfrente como, y esto muy especialmente, para ver si existía alguna isla en alta mar, pues ahora andábamos por la latitud de las descubiertas por Quirós, que algunos geógrafos, por razones que desconozco, han creído oportuno unir a esta tierra. Al desempeñarnos de la costa desde las 6 hasta casi las 9, nuestra profundidad aumentó de 14 a 21 brazas; de repente, en un abrir y cerrar de ojos, disminuyó a 12, luego a 10 y finalmente a 8. Ordené que todos ocuparan sus puestos para virar por avante y fondear, pero en esta ocasión la fortuna me la iba a jugar ya que, al dar de nuevo con aguas profundas, creí que podría mantener el rumbo sin peligro. No habían dado las diez cuando teníamos entre 20 y 21 brazas, y así nos matuvimos hasta pocos minutos antes de las 11; a esa hora descendimos a 17 y, antes de que el sondeador pudiera echar otra vez la sonda, el barco chocaba y quedaba encallado. Cargamos inmediatamente todo el velamen, echamos los botes al agua, sondeamos alrededor del barco y descubrimos que había ido a dar contra el borde suroriental de un arrecife coralino; teníamos en torno al barco 3 y 4 brazas de agua e incluso en sitios con no muchos pies, mientras que, a la distancia de más o menos una eslora, por la banda de estribor (el barco yacía con la proa al NE), teníamos 8, 10 y hasta 12 brazas. En cuanto tuvimos la chalupa botada, recogimos las vergas y el mastelero, echamos el ancla de codera por la amura de estribor y embarcamos en el bote la cadena y el ancla de fundición con ánimo de lanzarla por el mismo costado; pero en el braceaje que realicé la segunda vez vi que el agua más profunda quedaba a popa; así que eché la susodicha ancla por la aleta de estribor y halé de ella con gran fuerza, pero sin ningún resultado positivo pues el barco estaba firmemente encallado. A la vista de ello, decidimos aligerarlo lo más rápido posible; sólo nos quedaba una vía de escape: ser llevados a tierra por la pleamar. No sólo desalojamos el agua sino que arrojamos por la borda cañones, lastre de hierro y piedra, duelas y aros, tinajas de aceite, provisiones en mal estado, etc.; muchos de estos últimos artículos estorbaban el acceso a los más pesados. Durante todo este tiempo, el barco hizo poca o ninguna agua. A las 11 de la mañana, considerando que teníamos aguas llenas, intentábamos desencallar sin el menor éxito, faltándonos un pie o más para ponernos

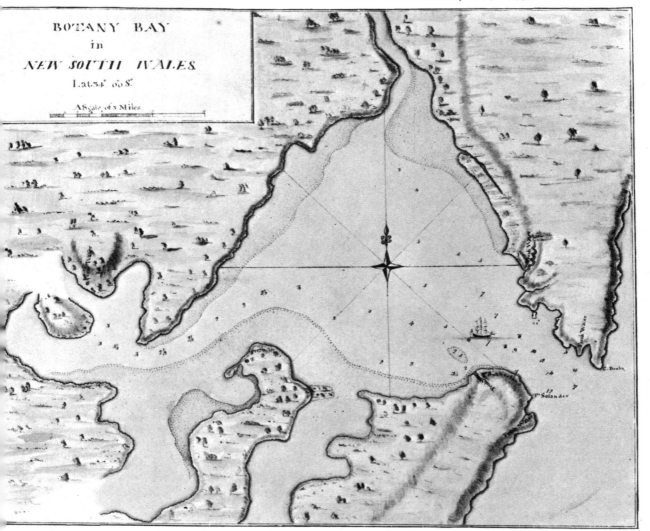

Carta de la bahía de la Botánica, debida probablemente a Cook, 1770.

a flote. De momento habíamos arrojado por la borda 40 ó 50 toneladas de peso, pero, como no fuera suficiente, continuamos aligerándolo por todos los medios que se nos ocurrían. Al descender la marea empezamos a hacer agua, tanta como dos bombas podían desalojar. A mediodía, el barco yacía escorado a estribor con tres o cuatro vías de agua. Latitud observada: 15° 45' s.

Martes 12 de junio. Por fortuna, durante esas veinticuatro horas tuvimos poco viento, buen tiempo y mar en calma, lo cual nos dio ocasión por la tarde de echar las dos anclas de leva: una por la amura de estribor y la otra a popa. Pusimos cuadernal, motón y aparejo en las cadenas, trajimos amantes a popa y los tesamos. Por entonces eran las cinco de la tarde, la marea empezaba a subir y la vía de agua se agrandaba obligándonos

Junio 1770

Junio 1770

a poner una tercera bomba en marcha; aún habríamos puesto una cuarta pero no pudimos hacerla funcionar. A las 9 el barco se adrizaba y la vía de agua aventajaba en mucho a las bombas. Era una situación alarmante, casi me atrevería a decir que terrible y amenazaba con destruirnos de inmediato en cuanto el barco se pusiera a flote. No obstante, decidí arriesgarlo todo y reflotarlo, pasara lo que pasase, lo que fue puesto en práctica y de conformidad aplicando al cabestrante y al molinete todas las manos que se pudieron escatimar a las bombas; a eso de las diez y veinte, el barco flotaba y lo halábamos hacia aguas profundas, teniendo en ese momento 3 pies y 9 pulgadas de agua en la bodega. Esto hizo que enviara la chalupa a izar el ancla de codera: recuperamos el ancla pero se perdió la cadena entre las rocas. Acto seguido aplicábamos todas nuestras fuerzas a la bombas, pues la vía de agua iba en aumento. Al rato nos percatamos de un error que, en un primer momento, provocó el pánico entre todos los que trabajaban a bordo. El que estaba al tanto del pozo venía midiendo la altura del agua por encima del forro interior, pero fue reemplazado por otro que, desconocedor de cómo había sondeado el anterior, tomaba la altura del agua desde el forro exterior, y la diferencia de 16 a 18 pulgadas produjo la impresión de que la vía ganaba terreno a las bombas por instantes. En tanto no se aclaró el malentendido, éste operó sobre todos y cada uno de los hombres como un hechizo: redoblaron sus esfuerzos a tal punto que antes de las 8 de la mañana habían sacado ventaja considerable a la vía. Por entonces izábamos el ancla primera de leva, pero fue imposible recuperar la pequeña por lo que hubo que cortar la cadena. Pusimos en pie el mastelero de proa y la verga de trinquete, atoamos al SE, y a las 11 nos hacíamos a la vela y poníamos rumbo a tierra con una brisa ligera del ESE. Unos cuantos hombres se ocuparon de rellenar una arrastradera con estopa, lana y otros materiales para cegar la vía del barco; otros se aplicaron a las bombas, que seguían aventajando a la vía... El saliente rocoso o encalladero en el que habíamos estado se halla a 15° 45' de latitud S y a unas 6 ó 7 leguas de tierra firme... A mediodía estábamos a casi 3 leguas de la costa y a 15° 37' de latitud S. La tierra más septentrional a la vista demoraba al N 3° O y las islas antes citadas se extendían de S 30° E a S 40° E; en esta posición teníamos 12 brazas de agua y varios bancos de arena a nuestro alrededor. La vía menguaba, pero por miedo a que se abriera de nuevo pusimos la vela previamente rellena para cegarla. La forma de hacerlo es como sigue: cogemos estopa y lana (la estopa sola no serviría), desmenuzamos la mezcla y la metemos a puñados en la vela, cubriéndola con excrementos de oveja y otras inmundicias. A este propósito, el excremento de caballo es el mejor. La vela así preparada se pasa por debajo de la carena del barco mediante cables; si la vía de agua no está localizada, hay que arrastrarla de un extremo a otro de la carena hasta dar con el lugar donde se ha producido. Con la vela bajo el barco, se produce un arrastre de estopa y demás materiales de relleno: en parte marchan con el agua a través de la vía y en parte tapan el agujero. Monkhouse, uno de mis guardiamarinas, estuvo una vez en un buque mercante en el que saltó una vía de agua que embarcaba 48 pulgadas de agua por hora, y gracias a este sistema realizó la travesía de Virginia a

Londres con sólo la tripulación de rigor; dejé, pues, la operación en sus manos y la realizó a mi más entera satisfacción.

Junio 1770

◀ Cook lleva el barco a Puerto Cook, en el río Endeavour, cerca de la actual Cooktown, donde un minucioso examen evidencia cuán cerca habían estado de irse a pique.

Viernes 22 de junio. Vientos del SE, cielo despejado. A las 4 de la tarde, habiendo desembarcado la mayor parte del carbón, soltábamos las estachas y atoábamos el barco un poco más al fondo del puerto, hacia un lugar de la costa que yo había elegido para fondear y reparar la vía de agua. La altura del agua en la proa era de 7 pies y 9 pulgadas, 13 pies y 6 pulgadas a popa. A las 8, con marea alta, halábamos de la proa hacia tierra pero mantuvimos la popa a flote por miedo a rozarla; sin embargo, era preciso colocar todo el barco lo más cerca posible del fondo. A las 2 de la madrugada, la marea retrocedió, lo que nos brindó la oportunidad de examinar la vía de agua; vimos que estaba en las cabezas de varenga, un poco por delante de la meseta de la amura de estribor. Allí las rocas habían abierto una limpia brecha a través de cuatro tablones que afectaba incluso a los genoles, y machucaron otros tres. Esos tablones estaban dañados a un punto tal que me atrevería a calificar de verdaderamente increíble: apenas se veía una astilla, pero todo estaba cortado como si lo hubieran hecho las manos de un hombre con una herramienta roma. Por suerte para nosotros, por ese lado los genoles estaban muy juntos; de no ser por ello, habría sido imposible salvar el barco, e incluso así, realmente era extraordinario que no hubiera hecho más agua de la que hizo: un gran trozo de coral tapaba el enorme agujero y pequeñas piedras, arena y otros materiales que habían ido a parar entre los genoles, impedían que el agua entrara en grandes cantidades.

◀ Subrayemos un detalle del relato anterior: un gran trozo de coral tapaba una de las vías del *Endeavour*. La historia tiene tanto de casualidad como de causalidad y, de no ser por ese trozo de coral, quizá nunca se hubiera llevado a cabo la colonización británica de Australia.

◀ El *Endeavour* permanece en el río Cook hasta el 4 de agosto. La escala se ve jalonada de acontecimientos: por un lado, el excitante descubrimiento y caza de canguros; por otro, la llegada de aborígenes que, como únicamente buscan carne de tortuga, se molestan cuando se les deniega: sin duda se creían amos tanto del país como de las tortugas.

Sábado 14 de julio. Viento flojo del SE y tiempo brumoso. Por la tarde cargamos agua, embarcamos todo el pan y parte de las provisiones del contramaestre. Al atardecer despaché de nuevo a los tortugueros. Dediqué la mañana a cargar lastre y airear las velas de respeto. Gore, en una excursión por el país, cazó uno de esos animales [canguro] que pesaba 28 libras escasas limpio de entrañas. La cabeza, cuello y hombros de este animal eran muy pequeños en relación con las demás partes; la cola era casi tan larga como el cuerpo, gruesa en la rabadilla y ahusada hacia el extremo; las patas delanteras tenían 8 pulgadas de largo y las traseras 22; avanza dando brincos o saltos de 7 a 8 pies apoyándose exclusivamente en las patas traseras, pues en esto no hace uso alguno de las anteriores que dan la impresión de estar diseñadas sólo para escarbar en el suelo. La piel es-

Julio 1770

tá cubierta de pelo corto de un color gris o ratón oscuro. A excepción de la cabeza y las orejas, que a mí me recuerdan las de una liebre, no guarda parecido con ningún animal europeo que yo haya visto; dicen que se parece mucho al jerbo, salvo en el tamaño por ser el del jerbo no mayor que el de una rata doméstica.

Jueves 19 de julio. Vientos flojos del SE, tiempo claro. Nos dedicamos a poner todo a punto para hacernos a la mar. Por la mañana recibimos la visita de 10 u 11 aborígenes, la mayoría procedentes de la otra orilla del río, donde vimos seis o siete más, casi todos mujeres que iban completamente desnudas, como los hombres. Los que subieron a bordo querían llevarse algunas de nuestras tortugas y se tomaron la libertad de arrastrar dos al portalón para echarlas por el costado; al verse disuadidos al respecto, manifestaron cierto enojo haciendo ademán de arrojar por la borda todo lo que tenían al alcance de la mano. A esa hora no teníamos nada de comer preparado y, como creyera que se contentarían con cualquier cosa que no fuera tortuga, les ofrecí un poco de pan para comer, pero lo rechazaron con desprecio. Poco después bajaron a tierra; lo mismo hicimos Mr Banks, yo y cinco o seis hombres más. Así que pusieron el pie en tierra, uno de ellos cogió un puñado de hierba seca, lo encendió en una fogata que teníamos en la playa y, antes de que reparásemos en sus intenciones, describía un gran círculo a nuestro alrededor prendiendo fuego a la hierba que encontraba a su paso; al instante todo quedó envuelto en llamas. Por fortuna, en ese momento poca cosa teníamos en tierra aparte de la fragua y una cerda con sus cochinillos, uno de los cuales murió abrasado. Acto seguido se encaminaron a un lugar donde algunos de los nuestros se estaban lavando y donde habíamos puesto a secar todas nuestras redes y gran cantidad de ropa blanca; allí, con la mayor de las porfías, prendieron también fuego a la hierba, cosa que no pudimos impedir ni yo ni otros que estábamos presentes. Así pues, para ahuyentarlos no me quedó más remedio que descargar un mosquetazo de perdigón menudo sobre uno de los cabecillas.

◀ A lo largo de toda la escala, Cook toma las máximas precauciones contra el escorbuto. Veamos en sus propias palabras qué provisiones consigue en el río Endeavour.

Sábado 4 de agosto. Las provisiones de refresco que hemos encontrado aquí son básicamente tortugas, pero como teníamos que ir a buscarlas a unas cinco leguas mar afuera y el tiempo era muy ventajoso, no acabábamos nunca de proveernos de este artículo; no obstante, con esto y con el pescado que capturamos en la jábega no había motivo para quejarse dado el país en que nos hallábamos. Cuantos refrescos obteníamos eran repartidos; hice que se distribuyeran por igual entre toda la tripulación: el último subalterno del barco recibía la misma ración que yo o que cualquier otro de a bordo, y este sistema debería ser seguido por todo el que tuviera el mando de un barco en viajes como éste. En varios sitios, sobre las playas y montículos arenosos próximos al mar, descubrimos perejil y judías que crecen como si fueran vides rastreras; el primero era muy bueno hervido y las segundas no eran de desdeñar, siendo ambos, en principio, muy beneficiosos para los enfermos. Pero la mejor verdura con que topamos fue la *tarra* o yemas de coco, que en las Antillas recibe el nombre de repollo del Caribe; crece en lugares muy pantanosos y, cocida, resulta tan buena o mejor que la espinaca; las raíces, por no poderlas trasplantar y cultivar convenientemente, no eran muy buenas, podíamos haber prescindido de ellas; tuvimos la posibilidad de conseguirlas a manos llenas, pero, aun habiendo buen camino para ir a por ellas, la recolección de raíces y ramas exigía demasiado tiempo y demasiados brazos; las pocas arecas que por aquí se encuentran eran, de común, pequeñas y proporcionaban tan poco repollo que no merecía la pena molestarse. Lo mismo ocurría con la mayor parte de los frutos y demás productos que hallábamos en los bosques. Además del animal antes mencionado, al que los aborígenes llaman *kangooroo* o *kanguru,* hay lobos, oposumes, un animal parecido a una rata y serpientes, venenosas y de otras clases. No existen animales domésticos, salvo perros, y de éstos sólo vimos uno, que a menudo se acercaba a nuestras tiendas buscando huesos y otros despojos. Los canguros son muy abundantes, pues rara era la vez que al adentrarnos en el país no viéramos alguno.

Agosto 1770

❧ Cook zarpa con un barco que hace agua: «menos de una pulgada por hora, con las velas desgastadas y las bombas» en mal estado. Al norte, cerrándole el paso, había bancos y bajíos que le proporcionaban «no pocos quebraderos de cabeza». El 7 de agosto, martes, veíanse de nuevo en peligro de muerte, y Cook escribía:

MARTES 7 de agosto. Después de haber examinado con sumo cuidado nuestra situación desde la cabeza de palo, vi que estábamos rodeados de bajíos por todas partes, sin otro paso hacia alta mar que los ventosos canales abiertos entre aquéllos, tan peligrosos que no sabía qué hacer, qué rumbo tomar cuando el tiempo nos permitiera izar velas; pues desandar hacia el SE el camino por donde habíamos venido, como me sugería el capitán sería una tarea interminable dado que, ahora, los vientos soplan recio y de continuo por ese cuadrante, sin apenas un momento de calma; pero si no encontramos una salida hacia el norte, no tendremos más remedio que retroceder.

❧ Al cabo de ocho angustiosas jornadas en esas aguas de pesadilla, Cook decide salir a mar abierto.

LUNES 13 de agosto. Tras una detenida consideración de lo que había visto con mis ojos y del informe del capitán, quien era de la opinión de que el paso hacia sotavento era peligroso, estaba absolutamente convencido de que buscando la protección de tierra firme estaríamos en peligro continuo, eso sin contar con el riesgo de quedar encerrados en el arrecife y tener que retroceder para buscar una vía de salida; un incidente como éste, o cualquier otro que al barco pudiera acontecerle, supondría la pérdida irremisible de toda posibilidad de tránsito hacia las Indias orientales durante esta estación, y eso podría convertirse en la ruina de nuestro viaje, pues, en el presente, tenemos provisiones para poco más de tres meses y andamos escasos de muchos artículos. Estas razones eran compartidas por todos los oficiales, de ahí que decidiera levar anclas por la mañana e intentara alejarnos lo más posible de la costa mientras no pudiéramos abordarla con menos peligro. A tal propósito, nos hicimos a la vela en un

Agosto 1770

día claro y pusimos rumbo al NE por el extremo NO de la isla de los Lagartos, dejando la isla de las Águilas a barlovento y algunas otras islas y bajíos a sotavento, con la pinaza sondeando a proa: en este canal teníamos 9 a 14 brazas. A mediodía, el extremo NO de la isla de los Lagartos demoraba al ESE, a una milla de distancia; latitud observada: 14° 38'; profundidad del agua: 14 brazas. Por entonces llevábamos la pinaza a remolque, sabiendo que no existía peligro alguno hasta que saliéramos al arrecife sin islas.

MARTES 14 de agosto. Viento duro y constante del SE. A las dos exactamente nos situábamos a barlovento de uno de los canales del arrecife exterior que yo había avistado desde la isla; tomamos por avante e hicimos una breve excursión hacia el SO mientras el capitán, en la pinaza, reconocía el canal. Enseguida nos hizo señas para que avanzáramos; así lo hicimos y al poco rato franqueábamos el canal sin novedad: apenas habíamos dejado atrás los rompientes ya no tocábamos fondo con 150 brazas de cable, encontrándonos con un mar bastante crecido que entraba por el SE, señal inconfundible de que a nuestro alrededor, en esa dirección, no había ni tierra ni bajíos. Nos quedamos muy tranquilos al vernos libres del peligro de esos dichosos bajíos en los que llevábamos enmarañados desde más o menos el 26 de mayo; en ese tiempo recorrimos 360 leguas con un hombre día y noche pegado a la cadena para escandallar mientras el barco navegaba; no me extrañaría que nunca antes se hubiera dado tal circunstancia en un barco, pero en nuestro caso fue del todo necesario. Con gran pesar vime obligado a abandonar esta inexplorada costa hasta su extremo norte, que, en mi opinión, no debemos tener lejos, pues estoy firmemente convencido de que no está unida a Nueva Guinea; no obstante, confío todavía en dejar este punto resuelto y estoy decidido a tocar tierra de nuevo en cuanto pueda hacerlo con seguridad: supongo que las razones antes señaladas se juzgarán suficientes para mi momentáneo abandono.

¶ En las dos últimas frases, Cook alude a uno de los más importantes problemas geográficos que esperaba solucionar en la costa oriental de Nueva Holanda: la cuestión de si este territorio estaba unido o no a Nueva Guinea. Banks, como hemos visto, llevaba a bordo del *Endeavour* un ejemplar del opúsculo de Dalrymple con un mapa en el que figuraba la ruta de Torres entre Australia y Nueva Guinea en 1606; y, aunque Cook ya había demostrado que todas las especulaciones de Dalrymple sobre un continente austral eran disparatadas y carentes de fundamento, el gran explorador era lo bastante liberal para admitir que los puntos de vista de su oponente podían, en este punto, ser correctos. Ya no dudaba de que Nueva Holanda no estaba unida al Espíritu Santo de Quirós que, por entonces, se encontraba a unas 1200 millas al este; así escribía:

«Olvidé mencionar en el momento oportuno que, no sólo en estas islas sino también en varios lugares de la costa en y alrededor del río Endeavour, encontramos bambúes, cocos, semillas y piedra pómez, que, por lo que pudimos observar, no eran originarios de esta región. Entra dentro de lo razonable suponer sean productos de alguna región sita a oriente, transportados hasta aquí por los alisios del este. Las islas descubiertas

Agosto 1770

por Quirós, bautizadas por él con el nombre de Australia del Espíritu Santo, se hallan en este paralelo, pero cuán al este es difícil precisarlo. Muchas cartas las sitúan bastante al oeste de este país; nosotros estamos moralmente seguros de que Quirós nunca estuvo en parte alguna de esta costa. El relato publicado del viaje, en el que confiamos mientras no exista una voz más autorizada, sitúa sus descubrimientos a unos 22° al este de la costa de Nueva Holanda.»

◀ Aunque sobre el *Endeavour* no se cernía, de momento, la amenaza de peligrosos arrecifes, el oleaje intensificaba las vías de agua por encima de la capacidad de una única bomba; pero no tardaría en avistar nuevos arrecifes a sotavento que le expondrían a peligros de los que Bougainville, en ese mismo lugar, escapara por pelos.

JUEVES 16 de agosto. A la una de la tarde o un poco antes oteábamos tierra alta desde la cabeza de palo, con demora OSO, y a los dos divisábamos más tierra al NO de la anterior; ésta formaba a modo de montículos, como si fueran islas, pero, en nuestra opinión, no era más que la continuación de tierra firme. Una hora después alcanzábamos a ver unos rompientes sitos entre nosotros y la tierra; prolongábanse hacia el sur más allá de nuestra vista, aun cuando nos pareció que, a nuestra altura, por el norte, tenían fin; sin embargo, resultó ser una simple brecha, pues enseguida vimos que el arrecife o los rompientes se continuaban indefinidamente hacia el norte, ante lo cual decidimos ceñirnos al viento que, por entonces, soplaba del ESE. Sin darnos casi tiempo a orientar las velas, el viento roló al E 1/4 N dando de lleno contra el arrecife y, como es lógico, dificultando nuestro paso por él, cuya punta más septentrional divisábamos a la puesta del sol, demorando al N 1/4 E respecto a nosotros y a 2-3 leguas de distancia. A pesar de ser ésta la mejor bordada para salvarlo, mantuvimos rumbo norte con toda la vela que pudimos dar hasta medianoche, momento en que, por temor a ir demasiado lejos, viramos y pusimos rumbo al sur, habiendo recorrido 6 leguas al N y al N 1/4 E desde la puesta del sol. No habíamos navegado más de 2 millas hacia el SSE cuando se nos echó encima una calma chicha; sondeamos en varias ocasiones, tanto entonces como a lo largo de la noche, pero no tocamos fondo con 140 brazas de cable. Poco después de las 4, el fragor del oleaje era plenamente audible y, al romper el día, los inmensos y espumeantes rompientes eran una realidad demasiado obvia para no verla a una milla de nosotros, una realidad hacia la que las olas arrastraban el barco con espantosa celeridad. En ese momento no teníamos ni el más mínimo soplo de viento y la profundidad del agua era insondable, de modo que no restaba posibilidad alguna de anclar: en esta penosa situación sólo cabía confiar en la Providencia y en la pequeña ayuda que nuestros botes pudieran proporcionarnos. La pinaza estaba en reparación y no la podíamos botar de inmediato; así pues, bajamos la yola al agua y sacamos la chalupa por la borda, enviándolas a proa para remolcar, lo que, con la ayuda de nuestros remos de popa, encararía el barco hacia el norte: ésta parecía ser la única forma de arrancarlo del arrecife o, como mínimo, de conseguir un respiro. A to-

Aborigen australiano en canoa.

Agosto 1770

do esto, eran las seis y estábamos a no más de 80 a 100 yardas de los rompientes; las mismas aguas que barrían los costados del barco alcanzaban, casi al unísono, una altura extraordinaria en el rompiente, de modo que entre nosotros y la destrucción quedaba sólo un pequeño y siniestro seno, la anchura de una ola, y ni siquiera en ese momento tocábamos fondo con 120 brazas. Por entonces ya teníamos la pinaza reparada, de modo que la echamos al agua y la pusimos a proa a remolcar. La verdad es que apenas teníamos esperanza alguna de salvar el barco y poco dábamos por nuestras vidas, pues íbamos a estrellarnos a 10 leguas de la costa y no había botes suficientes para transportarnos a todos; y, a pesar de todo, en esta situación verdaderamente terrible, ni un solo hombre abandonó su puesto y reinó la misma calma que si no hubiera existido ninguna amenaza. Todos los peligros que habíamos sorteado eran pocos en comparación con el de ser lanzados contra este arrecife, donde el barco se habría hecho pedazos en un abrir y cerrar de ojos. Arrecifes de esta índole no se conocen en Europa: es una pared de coral que emerge casi perpendicular del insondable océano, siempre rebasada por la pleamar en 7 u 8 pies y seca en algunos lugares donde la marea baja. Ante tan súbita resistencia, las grandes olas del vasto océano forman espantosos rompientes altos como montañas, sobre todo en casos como el nuestro en que los alisios dominantes soplaban frontalmente. En esta crítica coyuntura, cuando todos nuestros esfuerzos parecían irrisorios, levantóse una brizna de viento, pero tan insignificante que en cualquier otro momento de calma no lo hubiéramos notado; con su ayuda y con la de nuestros botes pudimos observar cómo el barco se alejaba al sesgo del arrecife, pero en menos de 10 minutos teníamos una calma tan chicha como antes y veíamos nuestros temores renovarse por cuanto aún no estábamos a más de 200 yardas del escollo. Poco después, la amable brisa volvía a visitarnos y nos acompañaba más o menos lo mismo que en la ocasión precedente. En ese momento, a eso de un cuarto de milla de nosotros, avistamos una pequeña abertura en el arrecife que hice examinar por uno de los pilotos; su anchura no era mucho mayor que la eslora del barco, pero dentro el agua estaba tranquila. Decidimos empujar el barco hacia ese lugar, si ello era viable; no había ninguna otra posibilidad de salvarlo: seguíamos estando en las mismísimas fauces de la muerte y era harto dudoso si podríamos alcanzar dicha abertura. Enseguida pusimos manos a la obra pero, para sorpresa nuestra, descubrimos que la bajamar salía por ella a borbotones como chorro de molino, de modo que era imposible entrar. Sin embargo, sacamos toda la ventaja posible de esta circunstancia y fuimos arrastrados a un cuarto de milla de los rompientes, demasiado poco para permitirnos un respiro. Pese a que, con la ayuda del reflujo y de nuestros botes, a mediodía habíamos logrado distanciarnos una milla y media o dos, difícilmente podíamos albergar esperanzas de vernos a salvo a menos que se levantara viento, ya que a esa hora el arrecife nos abrazaba y el barco, a despecho de nuestros esfuerzos, huía de alta mar hacia la ensenada. Habíamos tenido el reflujo a nuestro favor, pero teníamos motivos para suponer que la creciente, que por entonces empezaba a notarse, vendría en contra. La única posibilidad era otra abertura que vimos a cosa de una milla de nosotros por el oeste, y hacia allí envié al teniente Hicks en el bote pequeño para examinarla. Latitud observada: 12° 37' S; tierra firme a la vista a unas 10 leguas.

Agosto 1770

VIERNES 17 de agosto. Mientras Hicks reconocía la abertura, luchábamos a brazo partido con la creciente, unas veces avanzando un poco, otras retrocediendo. A las 2 teníamos de vuelta a Hicks con un informe favorable de la abertura, por lo que se resolvió de inmediato intentar arranchar el barco a través de ella; angosta y peligrosa como era, parecía ser el único medio de salvar el barco y nuestras propias vidas. Al poco rato se levantó una brisa ligera del ENE con la que, merced a nuestros botes y a la marea creciente, abocamos enseguida la abertura, atravesándola en brevísimo tiempo gracias a una fuerte revesa que impidió fuéramos a dar contra cualquiera de los costados, aunque el canal no tenía más de un cuarto de milla de ancho. Por si acaso, pusimos dos botes a proa para que nos dirigieran; la profundidad del agua en el canal osciló entre 30 y 7 brazas, con sondeos muy desiguales y mal fondo para ancorar hasta hallarnos bastante adentro del arrecife, donde anclamos en un fondo de coral y conchas con 19 brazas de agua, felices una vez más de encontrar aquellos bajíos que, al cabo de dos días, satisfacían todos nuestros anhelos al permitirnos zafar el peligro. Son vicisitudes que acompañan a este tipo de misiones y que siempre acompañarán a toda navegación por aguas desconocidas. Si no fuera por la íntima satisfacción que proporciona el ser el primer descubridor, aunque sólo sea de bajíos y arenas, esta misión sería insoportable, sobre todo en lugares tan distantes como éstos, desabastecidos de provisiones y de casi todo lo necesario. Difícilmente perdonará el mundo a un hombre que deje una costa sin explorar una vez la ha descubierto; si los peligros son el pretexto, será tachado de cobarde y falto de perseverancia, y se propagará por todo el mundo su incompetencia como explorador; si, en el otro extremo, afronta con valentía todos los peligros y obstáculos que encuentra en su camino, y no tiene la suerte de salir airoso, entonces se le tachará de temerario e inepto. De lo primero, en buena justicia, no se me puede acusar, y si soy lo bastante afortunado para salvar todos los peligros que puedan salir a mi encuentro, lo segundo nunca será sacado a colación.

»He de confesar que entre estas islas y bajíos he arriesgado más de lo que pudiera ser tenido por prudente hacer con un solo barco y todo lo demás; pero de no haberlo hecho, no habríamos podido ofrecer un informe ni la mitad de bueno que éste; de no haberlos visto sobre la marcha, no habríamos sido capaces de decir si eran tierra firme o islas; y en cuanto a sus productos, ahora estaríamos en la más absoluta ignorancia, pues lo uno es inseparable de lo otro.

»He tomado la firme resolución de mantenernos a la vista de tierra firme en nuestra derrota hacia el norte, sean cuales sean las consecuencias; verdad es que no nos conviene ir por fuera del arrecife pues podríamos ser arrastrados tan lejos de la costa que no seríamos capaces de establecer si Nueva Guinea forma parte o no de esta tierra. Decidido estoy a echar luz sobre este incierto punto, si ello es posible, en esta mi primera visita a dicha costa.

Agosto 1770

◁ Cuán angustiado debió sentirse Cook para proclamar tan a las claras el carácter excepcional de los peligros y dificultades.

◁ De nuevo en el interior del Arrecife de la Gran Barrera, Cook continúa navegando hacia el norte y el 21 de agosto, martes, descubre la punta nororiental de Australia, el Cabo York, junto con las islas que orillan la entrada del Estrecho de Torres.

Martes 21 de agosto. La punta de la tierra firme que constituye uno de los flancos del paso antes mencionado es al mismo tiempo el cabo norte de este territorio; las he bautizado con el nombre de Cabo York en honor de Su difunta Alteza Real el Duque de York. Está situada en la longitud 218° 24' O; la latitud del punto más septentrional a la vista es 10° 37' S, y la del más al este 10° 41' S. La tierra en y al sur de este último es, hasta donde alcanza la vista, bastante baja, muy llana, y parece árida al sur del cabo.

◁ Doblando el cabo hacia el oeste, Cook descubre y atraviesa el Estrecho del Endeavour entre la Isla del Príncipe de Gales y tierra firme; presintiendo que abocaba en la región de los descubrimientos holandeses, desembarca en la Isla Posesión y, el 22 de agosto de 1770, toma posesión de Australia oriental en nombre de la corona británica.

Miércoles 22 de agosto. A las 4 fondeábamos a una milla y media o dos de la embocadura, con 6 brazas y media de agua y fondo despejado, a una milla de las islas que nos flanquean. La tierra firme se prolonga hacia el SO; el punto más lejano de la misma que podemos avistar demora respecto a nosotros al S 48° O, en tanto que el más suroccidental de las islas sitas en el flanco NO del paso, lo hace al S 76° O. Entre estos dos puntos no divisábamos tierra, de modo que abrigábamos grandes esperanzas de haber descubierto por fin un paso hacia los Mares de la India, pero a fin de estar mejor informados desembarqué con un grupo de hombres, acompañado de Mr Banks y el Dr Solander, en una isla situada en el extremo SE del paso. Antes y después de fondear vimos algunas personas armadas de la misma forma que todas las que hemos visto hasta ahora, a excepción de un hombre que llevaba arco y flechas, los primeros que vemos en toda esta costa. A juzgar por las apariencias, esperábamos que se opusieran a nuestro desembarco, pero al aproximarnos a la playa huyeron y nos dejaron en apacible posesión de cuanto en la isla pudiera servir a nuestros propósitos. Una vez desembarcados, subí a la colina más alta —que no lo era demasiado, si bien tenía no menos de dos o tres veces la altura de la cabeza de palo del barco— pero no vi tierra alguna entre el SO y el OSO, de modo que tengo por seguro que se trata de un paso. Pude ver claramente que las tierras situadas al NO de dicho paso están integradas por diversas islas de dimensiones variables, tanto en altura como en perímetro, eslabonadas una tras otra hacia el norte y el oeste hasta donde alcancé a ver, que no debía ser menos de 12 a 14 leguas. Estoy convencido de que nos hallamos ante un paso y me propongo cruzarlo con el barco. Así pues, aunque no exista más tierra en esta costa oriental de Nueva Holanda, aunque no pueda hacer nuevos descubrimientos en la costa occidental —ese honor corresponde a los navegantes holandeses—, estoy seguro de que la costa oriental desde la latitud 38° S hasta este lugar nunca fue vista o visitada por ningún europeo antes que nosotros; y si bien declaré varios lugares de la misma dominio de Su Majestad, desplegué una vez más los colores ingleses y, en nombre de Su Majestad el Rey Jorge III, tomé posesión, con el nombre de Nueva Gales del Sur, de toda la costa oriental desde la latitud antes citada hasta este punto, junto con todas las bahías, ensenadas, ríos e islas situadas en ella, tras lo cual lanzamos tres descargas de arma corta que fueron contestadas por otras tantas desde el barco.

Agosto 1770

◖ El 23 de agosto, el mar de fondo del suroeste y otros indicios convencen a Cook de haber demostrado que Nueva Holanda y Nueva Guinea están separadas por agua, y que hacia el oeste se extiende el mar abierto.

JUEVES 23 de agosto. Hallándonos cerca de la isla y con poco viento, Banks y yo desembarcamos en ella. Nos encontramos con una roca en parte pelada, frecuentada por aves tales como alcatraces —de los que cazamos algunos— y ello me dio ocasión de bautizarla con el nombre de Isla de los Alcatraces. Poco después regresé al barco. Mientras, el viento había rolado al SO y, aunque era casi imperceptible, venía acompañado de mar de fondo del mismo cuadrante; esto, junto con otras circunstancias concurrentes, no me dejó lugar a dudas de que estábamos al oeste de Carpentaria, en el extremo septentrional de Nueva Holanda, y que teníamos mar abierto hacia poniente, lo que me proporcionó no poca satisfacción, no sólo porque los peligros y fatigas iban tocando a su fin, sino por poder demostrar que Nueva Holanda y Nueva Guinea son dos islas o territorios separados, cosa que hasta el presente había sido puesta en tela de juicio por los geógrafos.

◖ Antes de abandonar Australia nororiental, Cook redacta un informe sobre este país, que, en su diario original y en el ejemplar «Mitchell» despachado desde Batavia, aparece con el nombre de «Nueva Gales», pero más adelante lo llama «Nueva Gales del Sur». Examina con gran perspicacia las posibilidades que ofrece la introducción de animales y plantas alimenticias exóticas; y pasarían muchos años antes de que los antropólogos comprendieran con tanta claridad como Cook que los aborígenes poseían muchas cualidades buenas y que estaban muy bien adaptados al medio.

JUEVES 23 de agosto. En diferentes ocasiones a lo largo de este diario, me he referido al aspecto o apariencia de la superficie de este país, a la naturaleza de su suelo, a sus productos, etc. Por lo que hace a lo primero, parece que al sur de los 33° o 34° la tierra es por lo general baja y llana, con muy pocas colinas o montañas; más al norte, algunos lugares admitirían quizás el calificativo de montuosos, pero apenas hay alguno que pueda ser tenido por montañoso, pues colinas y montañas, en conjunto, ocupan sólo una pequeña fracción de la superficie en comparación con la de los valles y llanos cortados o divididos por aquéllas. Está medianamente bien regada, incluso durante las estaciones secas, con pequeños arroyos y fuentes, pero sin grandes ríos, a no ser que se formen en la época húmeda, momento en que tengo la impresión de que los valles y tierras bajas próximos al mar quedan en su mayoría bajo las aguas; entonces, los pequeños arroyos pueden convertirse en grandes ríos, cosa que sólo ocurre en el tró-

Agosto 1770

pico. El único sitio donde no encontramos agua dulce fue en el Canal de la Sed —exceptúese una o dos pequeñas charcas que Gore descubrió en los bosques—, lo que sin duda se debe a que hay numerosos riachuelos salados y manglares en la región.

»Las tierras bajas, tanto por el lado del mar como hacia el interior, hasta donde pudimos llegar, presentan un suelo arenoso, suelto, desmenuzable; no obstante, son moderadamente fértiles y las cubren árboles, arbustos, altos herbazales, etc. Los cerros y montañas están salpicados de bosques y praderas. Hay colinas tapizadas por completo de árboles espléndidos, otras sólo en parte, y los pocos que crecen son pequeños. Los sitios con praderas o sabanas son rocosos y áridos, en particular hacia el norte, donde la vegetación apenas se parece a la de más al sur; incluso los bosques dan árboles la mitad de altos y corpulentos.

»Los bosques no presentan una gran diversidad. Sólo hay dos o tres clases de árboles propiamente dichos, siendo el mayor el eucalipto, que crece por todo el país; la madera de este árbol es demasiado dura y pesada para la mayoría de las aplicaciones usuales. Respecto al árbol que se parece a nuestros pinos, no lo vi en parte alguna tan desarrollado como en la Bahía de la Botánica; su madera, según he señalado antes, es de características parecidas a las del roble americano. En resumen, la mayoría de los árboles grandes de este país son de calidad dura y pesada, y no tienen muchas aplicaciones. Hay palmeras de varias clases, mangles y diversos arbustos y árboles pequeños que me son del todo desconocidos, además de una gran variedad de hierbas hasta ahora ignoradas; pero describirlas es algo que se me escapa por completo, aunque no se pierde nada ya que no sólo las plantas sino todo lo que pueda ser de interés para los sabios será descrito con toda exactitud por Banks y el Dr Solander. En cuanto a productos comestibles para el hombre, raros son los que la tierra produce espontáneamente, y los nativos no conocen la agricultura. En los bosques se dan ciertas variedades de frutos silvestres —en su mayoría desconocidos para nosotros— que, maduros, no los comería una damisela; en particular uno que llamábamos manzana, de tamaño aproximado al de la silvestre, oscuro y pulposo cuando maduro, de sabor a ciruela damascena, con hueso o almendra duro, y que crece en árboles o arbustos.

»En las zonas septentrionales del país —las inmediaciones del río Endeavour, por ejemplo— y probablemente en otros muchos lugares, las tierras inundadas o pantanosas producen *taara* o *cocos,* que, si se cultivan en condiciones adecuadas, dan raíces buenísimas, de lo contrario resultan casi incomibles; los brotes, sin embargo, proporcionan una verdura muy buena.

»Los animales terrestres son escasos y, por lo que sabemos, se limitan a unas pocas especies; todo lo que vimos ya lo he reseñado más arriba. La más abundante es el canguro, o kanguru como lo llaman los nativos; vimos muchos en el río Endeavour, pero cazamos únicamente tres, que resultaron muy sabrosos. También hay murciélagos, lagartos, serpientes, escorpiones, ciempiés, etc., aunque en menor cuantía. El único animal doméstico que conocen es el perro, y de éstos sólo vimos uno, que no habríamos visto si no nos hubiera hecho frecuentes visitas mientras estuvimos en el río Endeavour; así pues, deben ser muy escasos, probablemente se los comen más deprisa que los crían.

Agosto 1770

»Entre las aves terrestres hay avutardas, águilas, halcones, cuervos como los que tenemos en Inglaterra, cacatúas de dos clases —una blanca y otra oscura—, hermosísimos pájaros del tipo del loro, palomas, tórtolas, codornices y varias clases de pájaros más pequeños. Entre las marinas y acuáticas figuran garzas reales, alcatraces, golondrinas de mar, gaviotas, zarapitos, patos, pelícanos, etc.; y cuando Mr Banks y Mr Gore se adentraron en el país hacia la cabecera del río Endeavour, vieron y oyeron durante la noche gran número de gansos. El mar está medianamente bien provisto de peces de varias clases, como tiburones, mielgas, serranos, mujoles, palometas rojas, caballas, chopas, «chaquetas de cuero»[1], «rayas látigo»[2], etc., todos ellos excelentes en su género. Entre los mariscos hay ostras de 3 ó 4 tipos, a saber: de roca, de manglar —que son pequeñas—, perlíferas y ostras de fango, siendo estas últimas las más grandes y mejores; berberechos y almejas de varias clases; muchas de las que viven en los arrecifes son de un tamaño increíble; langostas, cangrejos, mejillones y todo un surtido de variedades. Además, en y entre los bajíos y arrecifes se encuentran las más hermosas tortugas verdes del mundo, y en los estuarios salobres y ríos hay caimanes.

»Los nativos de este país son de estatura media, de cuerpo esbelto y miembros delgados; la piel es de color hollín de leña o chocolate oscuro; el cabello, por lo general negro, en unos casos es lacio y en otros rizado, pero todos lo tienen corto; la barba, asimismo negra, la llevan también cortada o chamuscada por las puntas. Sus facciones distan mucho de ser desagradables y la voz es dulce y bien entonada. Hombres y mujeres van desnudos, sin ningún género de vestido; ni siquiera las mujeres ocultan mínimamente sus intimidades. Aunque ninguno de nosotros se acercó en demasía a una de sus mujeres, excepto un caballero, nos sentíamos tan satisfechos como si hubiéramos convivido con ellas. Sin embargo, tuvimos varias entrevistas con los hombres mientras estuvimos en el río Endeavour, pero, fuera por celos o por indiferencia, nunca trajeron al barco una sola mujer; siempre las dejaban en la orilla opuesta del río, donde tuvimos frecuentes oportunidades de observarlas a través de nuestros catalejos. Llevaban, a modo de adorno, collares de conchas, pulseras o aretes fabricados por lo común con pelo trenzado, como si fueran anillos de cuerda, que ciñen a la parte superior del brazo; y algunas tienen cinturones hechos de la misma forma. Los hombres llevan un hueso de unas 3 ó 4 pulgadas de largo y un dedo de grueso, atravesándoles de parte a parte el tabique nasal: verga de cebadera lo llamaban los marineros; también se perforan las orejas para colgar pendientes, pero nunca vimos que nadie los llevara; en cuanto a otros ornamentos, no son comunes a todos, pues

---
1. Peces de la familia de los Carángidos, pertenecientes a los gen. *Oligophites* y *Scombreroides*. El nombre de «chaquetas de cuero» alude a la presencia de grandes escamas que forman una quilla o coraza protectora dura. [N. del t.]
2. Rayas de la familia de los Daliátidos, provistas de una cola muy larga y delgada con aguijones venenosos. Se incluyen en esta familia, entre otras, las pastinacas. [N. del t.]

Agosto 1770

vimos tantos con ellos como sin ellos. Algunos de los que encontramos en Isla Posesión lucían petos que supimos hechos con nácar de ostras perlíferas. Muchos tenían el cuerpo y la cara pintados con una especie de pasta o pigmento blanco; se lo aplican de diferentes formas, a gusto de cada cual. Sus armas ofensivas son dardos; los hay que sólo tienen punta en un extremo, otros van provistos de púas hechas con maderas, aguijones de raya, dientes de tiburón y otros materiales firmemente encolados con goma. Los arrojan con una sola mano para lo cual se sirven de un trozo de madera de unos 3 pies de largo, del grosor de una hoja de chafarote, con un pequeño gancho en un extremo para sujetar el cabo del dardo, mientras que en el otro fijan un fino pedazo de hueso de unas 3 ó 4 pulgadas de largo; yo diría que esto sirve para mantener el dardo firme y hacerlo salir de la mano en la dirección deseada. Con la ayuda de esos bastones de lanzamiento, así los llamábamos, hacen blanco a una distancia de 40 a 50 yardas, con igual o casi igual precisión que nosotros con un mosquete, y mucha más que con una bala. Al principio tomamos dichos bastones por espadas de madera, y puede que en algunas ocasiones los utilicen a guisa de tales, como cuando se les agotan todos los dardos; sea como fuere, nunca viajan sin éstos y el correspondiente bastón, no por miedo a sus enemigos sino para cazar, del modo que veremos más adelante. Sus armas defensivas son escudos de madera, pero sólo una vez, en la Bahía de la Botánica, les vimos usarlos. No tengo la impresión de que sean agresivos; al contrario, yo diría que son una raza tímida e inofensiva, nada proclive a la crueldad, por lo que uno de los nuestros pudo colegir de su comportamiento en el río Endeavour. No son muy numerosos, viven en pequeños grupos desperdigados por la costa, las orillas de los lagos, ríos, estuarios, etc. Al parecer no tienen habitación fija, pues buscando alimento se desplazan de un lugar a otro como bestias salvajes, y creo que su manutención depende por completo del buen éxito que tengan en el momento presente. Capturan peces mediante fisgas de madera con 2, 3 ó 4 dientes dispuestos de manera muy ingeniosa; también les hemos visto cazar peces y pájaros con los dardos. Con éstos matan asimismo otros animales; tienen, además, arpones para abatir tortugas, pero me parece que, de éstas, pocas consiguen, salvo en la estación en que acuden a tierra. Resumiendo, estas gentes viven de la pesca y la caza, en especial de la primera, puesto que nunca vimos una pulgada de suelo cultivado en todo el país; no obstante, conocen el uso de la taara y a veces la comen. Que sepamos, no comen nada crudo, todo lo asan o hierven lentamente en pequeñas fogatas.

»Las viviendas son casuchas humildes y pequeñas, no mucho mayores que un horno, construidas con palos, corteza, hierba y otros materiales; rara vez las utilizan si no es durante las estaciones húmedas, pues cuando el tiempo es seco, nos consta que a menudo duermen en cualquier sitio al aire libre. Hemos visto muchos de esos «dormitorios», donde sólo hay algunas ramas o trozos de corteza levantados a un pie escaso del suelo por lado de barlovento. Sus canoas son todo lo sórdidas que imaginarse pueda, en particular cuanto más hacia el sur, donde todas las que vimos estaban hechas con un pedazo de corteza de unos 12 a 14 pies de largo, unido o atado en un extremo según he descrito anteriormente. Estas canoas no tienen capacidad para más de dos personas y, por lo general, siempre va una sola; pero, todo y ser malas, desempeñan a la perfección las tareas que les tienen encomendadas, mejor incluso que si fueran más grandes, pues como tienen poco calado pueden recorrer en ellas los bancos de fango y coger mariscos y otros productos del mar sin salir de la canoa. Las pocas que vimos más al norte consistían en un troco ahuecado de unos 14 pies de largo; muy estrechas y provistas de balancines, tenían cabida para 4 personas. Durante todo el tiempo que permanecimos en el río Endeavour únicamente vimos una canoa, y tenemos razones más que suficientes para pensar que los pocos que vivían en este lugar no tenían más; ésta les servía para cruzar el río, para ir de pesca, etc. Visitan los bajíos y escollos una y otra vez a lo largo del día para recolectar mariscos o cualquier otra cosa que pueda servirles de alimento, y todos llevan una pequeña bolsa para guardar lo que cogen; dicha bolsa está hecha con red.

Agosto 1770

»Que sepamos, no tienen el más mínimo conocimiento del hierro ni de ningún otro metal: las herramientas tienen que ser de piedra, hueso o de conchas; las primeras son muy malas, si se me permite juzgar por una de las azuelas que he visto.

»Por malas y miserables que sean sus canoas, en ciertas épocas del año viajan en ellas hasta las islas más lejanas que a lo largo de la costa existen, pues nunca desembarcamos en una sin ver señales de gente que había estado allí anteriormente. Nos sorprendió encontrar viviendas y otros enseres en la Isla de los Lagartos, a 5 leguas de la tierra firme más próxima: distancia que no hubiéramos imaginado pudieran llegar a recorrer con sus canoas.

»La costa de este país, al menos la que queda al norte de los 25° de latitud, abunda en gran número de hermosas bahías y radas al abrigo de todos los vientos. Pero, el territorio en sí, por lo que sabemos, no produce cosa alguna que pueda convertirse en artículo de comercio que invite a los europeos a establecer una colonia aquí. Sin embargo, este flanco oriental dista de ser el país árido y miserable que Dampier y otros encontraron en la vertiente occidental. Pensemos por un momento que tenemos delante un país en un estado de naturaleza pura: la industria humana no ha tenido contacto de ningún género con él, y sin embargo hallamos cuanto la naturaleza ofrece en un estado floreciente. A no dudar, en esta extensa región crecería todo tipo de grano, fruto, tubérculo, etc., una vez introducido, plantado y cultivado por mano industriosa, y en cualquier época del año hay forraje para más ganado del que nunca se pudiera llegar a introducir en el país.

»Cuando se piensa en la proximidad de este territorio con Nueva Guinea, Nueva Bretaña y varias islas más, productoras de cocos y otros muchos frutos aptos para el consumo humano, resulta extraño que no hayan sido trasplantados aquí tiempo ha; por lo que diríase que los nativos de este país no comercian con sus vecinos neoguineanos: muy probablemente son pueblos distintos y hablan diferentes lenguas: De lo que llevo dicho sobre los nativos de Nueva Holanda, quizás alguien saque la conclusión de que son la gente más miserable de la Tierra; en realidad son mucho

Agosto 1770

más felices que nosotros los europeos; ignorantes por completo de las comodidades necesarias —no digamos de las superfluas, tan codiciadas en Europa—, son felices no conociendo el uso que de ellas se hace. Viven tranquilos, y esa tranquilidad no se ve perturbada por la desigualdad de condiciones: la tierra y el mar les proveen espontáneamente de todo lo necesario para la vida; no codician casas suntuosas, ni servidumbre, ni cosas por el estilo; viven en un clima agradable y cálido; disfrutan de una atmósfera saludable; de modo que poca necesidad tienen de vestido, de lo que parecen ser muy conscientes, pues muchos de aquellos a quienes regalé ropas las abandonaron descuidadamente por la playa y los bosques como cosa que no les servía para nada. En pocas palabras, diríase que no concedían ningún valor a nada de lo que les regalábamos.

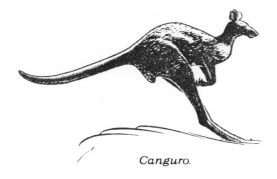

Canguro.

Capítulo VII

EL VIAJE CONCLUYE

«*Ningún descubridor midió jamás sus pretensiones con más moderación.*»
J. C. BEAGLEHOLE

DESDE EL ESTRECHO DE ENDEAVOUR, COOK NAVEGA AL NO rumbo a la costa sur de Nueva Guinea; el 26 de agosto de nuevo está a punto de naufragar. Adquiere algunas provisiones de refresco en la isla de Savu, cerca de Timor, llegando el 10 de octubre a Batavia, Java. El 30 de septiembre recoge todos los diarios y cuadernos de navegación —los que pudo encontrar— redactados por los oficiales y marineros, y aconseja a la tripulación que no diga dónde han estado. El 24 de octubre, envía el ejemplar «Mitchell» de su propio diario a Londres, pero la versión de Camberra recoge todos los acontecimientos hasta el término del viaje.

¶ En Batavia, los holandeses le prestan todo género de ayuda, ciertamente muy necesaria, ya que las averías del *Endeavour* eran aún más serias de lo que Cook y los carpinteros habían sospechado.

VIERNES 9 de noviembre. Por la tarde, dimos la quilla por el costado de babor para carenar, y descubrimos que el fondo está mucho peor de lo que imaginábamos. La falsa quilla había desaparecido por completo hasta 20 pies del codaste; la quilla principal presentaba daños de consideración en muchos puntos, casi todo el forro estaba arrancado; varios eran los tablones seriamente averiados, sobre todo bajo la mediacaña próxima a la quilla, donde dos y medio, de casi 6 pies de largo, estaban a 1/8 de pulgada de romperse, y ahí los gusanos habían carcomido por entero las costillas. Así las cosas, todo el que veía el fondo en ese estado se maravillaba de que nos hubiéramos mantenido a flote; y, sin embargo, en estas condiciones habíamos navegado durante varios centenares de leguas, en una singladura peligrosa como no la hay en ninguna otra parte del mundo, tan felices como ignorantes del continuo peligro que nos acechaba.

»Al atardecer enderezábamos el barco con el tiempo justo para remendar algunos de los puntos más críticos a fin de impedir que el agua entrara en cantidades tan grandes como al presente. Por la mañana volvimos a dar la quilla; carpinteros y calafates (que no eran pocos) se aplicaron de firme al fondo, mientras que cierto número de esclavos achicaba agua

Partida de isla Boobly, estrecho de Torres. △

Noviembre 1770

de la bodega. A nuestra gente, aunque comparecía, rara vez la convocábamos; la verdad es que estábamos tan debilitados a causa de las enfermedades que no podíamos contar con más de 20 marineros y oficiales aptos para el servicio; siendo tan pocos, ¿habríamos sido capaces de dar la quilla para carenar con nuestras solas fuerzas, como en algún momento creí?

◀ La carena retuvo a Cook en Batavia hasta el 27 de diciembre y, durante esta escala, la disentería y la malaria mataron a varios tripulantes dejando a otros gravemente enfermos. Ni Banks ni Solander se libraron de la enfermedad, pero se compraron una malaya para cada uno y con ellas se fueron a una casa de campo «en la esperanza de que, siquiera aquí, se impusieran las bondades del sexo, lo que a fe que así sucedió». El 15 de octubre, lunes, Cook escribe en su diario: «Olvidé mencionar que, a nuestra llegada aquí, no tenía a nadie en la lista de enfermos; el teniente de navío Hicks, Green y Tupia eran los únicos que sufrían alguna dolencia ocasionada por la larga permanencia en el mar». Pero a pesar de los maravillosos resultados de los antiescorbúticos y de otras medidas sanitarias, en vísperas de su partida se veía obligado a escribir:

MIÉRCOLES 26 de diciembre. Por la tarde, Mr Banks, yo y todos los caballeros subíamos a bordo. A las 6 de la mañana levábamos anclas y nos hacíamos a la vela con una brisa ligera del SO. El «indiaman» *Elgin* saludó con tres vítores y 13 salvas; poco después la guarnición hizo lo propio con 14; en uno y otro caso devolvimos el homenaje. Al poco rato, el viento marero rolaba al N 1/4 O, obligándonos a fondear en la ensenada sin ningún barco a la vista. El número de enfermos a bordo, en este momento, asciende a 40 o más, y el resto de la tripulación está muy débil; todos han estado enfermos menos el constructor de velas, un viejo de 70 u 80 años que, cosa realmente extraordinaria, se pasa el día, por lo general, más o menos borracho. Pero, a pesar de esta epidemia, hemos perdido sólo siete hombres en total: el médico, tres marineros, el asistente de Green, Tupia y su criado; estos dos últimos cayeron víctimas de este insalubre clima antes de alcanzar la meta de sus anhelos. En realidad, la muerte de Tupia no puede ser achacada por completo al insano aire de Batavia; la prolongada carencia de la dieta vegetal que había llevado durante toda su vida desató en él todos los desórdenes que presiden la vida en el mar. Era un hombre inteligente, discreto, perspicaz, pero orgulloso y obstinado, lo que a menudo hacía que su presencia a bordo resultara incómoda para él mismo y para los que le rodeaban, y en gran medida propició su fallecimiento... Batavia es, sin duda alguna, un lugar que no debe ser muy del gusto de los europeos, pero si la necesidad obliga, bien harán en procurarse una estada todo lo breve posible; de lo contrario, no tardarán en sentir los efectos de su malsana atmósfera, que, estoy firmemente convencido, es la perdición de más europeos que cualquier otro lugar del globo de extensión equivalente: tal al menos es mi opinión a este respecto, los hechos la justifican. Llegamos allí con una tripulación todo lo sana que hacernos a la mar exigiría, y tras una escala de tres meses escasos nos vimos convertidos en un barco hospital; sin embargo, salvando la pérdida de 7 hombres, todos los capitanes holandeses con quienes tuve oportunidad de conversar coincidían en que habíamos sido muy afortunados, y se maravillaban de que no hubiéramos perdido la mitad de los hombres en ese período.

Diciembre 1770

❧ Verdad es que el *Endeavour* era «un barco hospital» y de regreso a Inglaterra vía el Cabo de Buena Esperanza perdía 23 hombres más, en su mayoría antes de experimentar el «efecto mágico» instantáneo del alisio del SE. Entre ellos figuraban: Charles Green, el astrónomo; Sydney Parkinson, pintor de historia natural de Banks; el guardiamarina Monkhouse; y John Satterly, el carpintero, muy querido por todos.

JUEVES 31 de enero. En el transcurso de estas 24 horas hemos tenido cuatro fallecimientos por disentería: triste evidencia de la calamitosa situación que estamos atravesando, sin apenas hombres suficientes para atender las velas y cuidar de los enfermos, tan graves en la mayoría de los casos que no albergamos la más mínima esperanza en cuanto a su recuperación.

❧ No obstante, según se indicó anteriormente, las circunstancias mejoraron con los alisios y, tras cargar provisiones de refresco en Ciudad del Cabo, el *Endeavour* fondeaba en los Downs el 13 de julio de 1771, sábado: el viaje había durado casi tres años.

❧ Los resultados de este histórico viaje se pueden resumir mejor citando una carta del propio Cook a Philip Stephens, secretario del Almirantazgo, escrita el 23 de octubre de 1770.

«Sir.-

»Ruego informe a los Ilustrísimos Comisarios del Almirantazgo que zarpé de Río de Janeiro el 8 de diciembre de 1768 y que, el 16 de enero siguiente llegué a Bahía del Éxito, en el Estrecho de Le Maire, donde nos reaprovisionamos de leña y agua; el 21 del mismo mes, salíamos del Estrecho de Le Maire y arribábamos a la Isla Jorge el 13 de abril. En nuestra travesía hasta dicha isla seguí una derrota más hacia el oeste que cualquiera de los barcos precedentes; sin embargo, esto no nos deportó ningún descubrimiento hasta entrar en el trópico, donde encontramos varias islas. De los nativos de la Isla Jorge recibimos una acogida todo lo amistosa que podía haber deseado, y cuidé de situarnos de manera tal que dificultásemos el control de la totalidad de la isla caso de que se volvieran contra nosotros. Días antes del 3 de junio, despaché al teniente de navío Gore a la de York, junto con otros oficiales (Green les proporcionó los instrumentos), para observar el tránsito de Venus de modo que tuviéramos la máxima probabilidad de éxito si el día amanecía nublado; pero en esto fuimos tan afortunados que, en todos los lugares, las observaciones se realizaron en las circunstancias más favorables. El 13 de julio tenía todo dispuesto para abandonar ese lugar, tras lo cual, y antes de arrumbar hacia el sur, dediqué casi un mes a la exploración de varias islas sitas más a occidente. El 14 de agosto descubrimos un islote a 22° 17' de latitud S y 150° 47' de longitud O. Dejándolo atrás puse rumbo al sur, inclinándonos un poco hacia el este hasta alcanzar los 40° 12' de latitud S, sin avistar la más mínima señal de tierra. Después puse proa hacia el oeste, entre 30 y 40° de latitud, hasta el 6 de octubre, día en que descubrimos la costa oriental de Nueva Zelanda, que hallé estaba integrada por dos islas que se extendían desde los 34° a los 48° de latitud sur, las cuales circunnavegué. En fecha

1 de abril de 1770 abandonaba Nueva Zelanda y ponía rumbo al oeste hasta dar con la costa oriental de Nueva Holanda, a 30° de latitud s. Perlongué este país hacia el norte, adentrándonos en cuantos lugares creí interesantes, hasta llegar a 15° 45' de latitud s, donde, en la noche del 10 de junio, encallamos en un arrecife rocoso y quedamos atrapados durante 23 horas, recibiendo daños de mucha consideración. Fue un golpe fatal para el resto del viaje, pues nos vimos obligados a buscar abrigo en el primer puerto que encontramos, deteniéndonos allí hasta el 4 de agosto, a reparar las averías sufridas; así y todo, zarpábamos con un barco que hacía agua y seguíamos costeando hacia el norte, a través de las aguas más peligrosas que quizá barco alguno haya surcado jamás, hasta el 22 del mismo mes, día en que descubríamos un paso hacia el Océano Índico entre el extremo septentrional de Nueva Holanda y Nueva Guinea, cosa que hacíamos el 29; pero como nos era absolutamente necesario dar la quilla del barco para carenar las vías de agua antes de continuar el regreso, no hice ninguna escala allí, sino que abandoné dicha costa, en fecha 30 de diciembre, para dirigirme a Batavia, a donde arribábamos el 10 del mes siguiente; poco después obteníamos licencia del gobernador y del consejo para carenar a toda prisa y, nada más atracar en el muelle, sacábamos todos nuestros pertrechos a tierra.

»Le mando adjunto un ejemplar de mi diario, en el que figuran los autos de todo el viaje, junto con tantas cartas marinas como he tenido tiempo de transcribir, que juzgo serán suficientes, de momento, para ilustrar dicho diario. En él he consignado con toda franqueza y sin lustre alguno, de la mejor manera que he sido capaz, todas las descripciones que creí necesarias. Si bien los descubrimientos realizados en el curso de esta navegación no son importantes, congratuláreme si merecieran la atención de Sus Señorías; y a pesar de no haber podido descubrir el tan cacareado continente austral (quizá inexistente), objetivo que he tenido muy en cuenta, estoy seguro de que no puede atribuírseme responsabilidad alguna por ese fracaso. Los planos que levanté de los lugares donde estuve fueron hechos con todo el cuidado y exactitud que el tiempo y las circunstancias permitieron. Así, pues, estoy convencido de que pocas partes del mundo tienen la latitud y la longitud mejor determinadas que ésas. A este respecto, recibí gran ayuda de Green, quien en ningún momento a lo largo de la travesía descuidó las observaciones para fijar la longitud. Y los muchos y valiosos hallazgos de Mr Banks y el Dr Solander en historia natural, y otras cosas de provecho para el mundo civilizado, todo ello no puede dejar de contribuir muchísimo al éxito de nuestro viaje. En justicia a los oficiales y a la tripulación toda, he de señalar que han arrostrado las fatigas y los peligros de la navegación con ese buen humor y ese ánimo que siempre ha honrado a los marinos británicos; y tengo la satisfacción de decir que no he perdido un solo hombre por enfermedad en todo el viaje. De no haber tenido tan mala suerte al costear, mucho más se hubiera hecho en la última parte de la travesía; pero aun así, presumo que este viaje resultará tan cumplido como cualquiera de los realizados anteriormente por los Mares del Sur con el mismo objeto. Confío en que las reparaciones que el barco necesita no sean tan importantes que nos retengan

demasiado tiempo. Puede usted estar seguro de que no me demoraré más de lo necesario ni aquí ni en ningún otro sitio, sino que me dirigiré lo antes posible a casa. Es un honor ser, con el mayor de los respetos,
    Sir,
    Su más obediente y humilde servidor
        (Firmado) JAMES COOK.»

RESULTADOS DE LA EXPEDICIÓN 1771

◀ Tal es la modestia de Cook al declarar que «los descubrimientos realizados en el curso de esta navegación no son importantes». En realidad, al igual que otros resultados de la expedición, aquéllos fueron de excepcional importancia. Lo cierto es que el objetivo fundamental del viaje, el que se hizo público, no fue alcanzado, pues, aunque las observaciones del tránsito de Venus desde Tahití se llevaron a cabo con éxito, en inmejorables condiciones atmosféricas, una imprevista distorsión óptica malogró todas las mediciones hechas en el Pacífico, en el Cabo Norte y en la Bahía de Hudson, no pudiéndose efectuar ningún cálculo de la distancia entre la Tierra y el Sol. No obstante, a este fracaso científico cabría oponer que, en el ámbito de la historia natural, Banks y Solander hicieron «muchos y valiosos hallazgos», y volvieron «cargados con el mayor tesoro de historia natural que dos personas trajeran jamás a ningún país». No menos importante es que Cook pudiera afirmar que gracias a sus medidas contra el escorbuto «no había perdido un solo hombre por enfermedad en todo el viaje». Muertes, muchas tuvo por causa de la disentería y las fiebres contraídas en Batavia, pero, por más que dichas muertes nublaron los logros médicos de su primera expedición, como mínimo mostró al mundo cómo se podían mantener barcos en alta mar durante largos períodos sin los devastadores estragos producidos por enfermedades como el escorbuto.

◀ Lejos de ser, los del viaje, descubrimientos «no importantes», contribuyeron de manera decisiva a la historia del mundo. Navegando al sur y suroeste de las rutas de los viajeros que le precedieron, Cook pone de manifiesto la inverosimilitud de la existencia de un gran continente en el Pacífico Sur. Por otro lado, evidencia y representa en espléndidas cartas que Nueva Zelanda está formada por dos grandes islas, fértiles y seductoras, que ofrecían atrayentes perspectivas de colonización. Pero, lo más importante de todo, demuestra que el territorio holandés de Nueva Holanda, si bien estaba separado del Espíritu Santo de Quirós y de Nueva Guinea por el olvidado, tiempo ha, Estrecho de Torres, era un país de dimensiones continentales, con un extensísimo litoral no interrumpido en ningún punto desde la Punta Hicks hasta el Cabo York. Además, sus diarios testimonian que esas costas batidas por los alisios no se parecían a las estériles o desérticas regiones que tan mala impresión habían dejado en los holandeses. Al ejecutar con esmero las instrucciones secretas recibidas respecto a Nueva Zelanda y, con más gloria si cabe, al descubrir y explorar la parte oriental de Australia mientras busca una ruta de regreso, Cook iba allanando el terreno para la ocupación del Pacífico suroccidental por gentes de habla inglesa.

RESOLUTION
SEGUNDO VIAJE
1772-75

Capítulo VIII

A LA BUSCA DEL CONTINENTE AUSTRAL

«Prosiguiendo sus descubrimientos... todo lo cerca que pueda del polo, hasta circunnavegar el globo.»
INSTRUCCIONES A COOK, SEGUNDO VIAJE, 1772

EN SU ASPECTO POSITIVO, LA PRIMERA EXPEDICIÓN DE COOK rindió el descubrimiento de la larga y fértil costa oriental del continente australiano y demostró que la Nueva Zelanda de Tasman era un grupo de prometedoras islas tan grande como el de las Británicas. Pero en el negativo, los logros de Cook no fueron tan categóricos. Había probado que no existía ningún gran continente en la región de la hipotética Tierra de Davis, a la altura de la costa de Chile, ni más al sur de los 40° 22', en la longitud que corresponde, aproximadamente, a Tahití. Todo ello era muy importante, pero aún quedaban en la oscuridad áreas inmensas que podían contener grandes masas de tierra.

Por otra parte, la competencia internacional al respecto no disminuía. Durante la primera expedición de Cook, en 1770, Gran Bretaña estuvo a punto de entrar en guerra con Francia y España por las islas Malvinas, que, según se ha señalado, en aquel tiempo constituían la llave de una importantísima puerta hacia el Pacífico. En 1769-70, un francés, Jean François de Surville, zarpa de Pondicherry vía las Indias orientales y las Salomón, hasta Nueva Zelanda, donde poco faltó para que se encontrara con Cook. Navega acto seguido hacia El Callao, en la costa suramericana, y allí se ahoga, de modo que su iniciativa no llega a recompensar a sus patrocinadores: una asociación privada que ambicionaba un continente en el Pacífico. En 1772, otro francés, Marion du Fresne, parte del Cabo de Buena Esperanza rumbo al sur, hasta los 46° 45' de latitud, descubre las pequeñas islas del Príncipe Eduardo —que creyó formaban parte de un

△ *Popa del* Resolution.

continente— y, en mayo del mismo año, era asesinado y devorado por los maoríes de la Bahía de las Islas. En 1771, un tercer francés, Kerguelen-Trémarec, consigue el apoyo de su gobierno para la búsqueda de un continente que dio por resultado sus visitas a la desolada Tierra de Kerguelen en 1772 y 1773.

◀ Las expediciones inglesas y francesas pusieron nerviosos a los españoles, y, en 1770, Don Manuel de Amat, virrey del Perú, despacha dos barcos que, claro está, no consiguen hallar continente alguno en la región de la Tierra de Davis, pero hicieron un informe sobre la isla de Pascua, que, sin embargo, parecía ofrecer menos posibilidades de colonización que Tahití, adonde España envió tres expediciones en 1772-75. Los esfuerzos misionales de franciscanos inusitadamente timoratos fracasaron por completo, y España no hizo más tentativas de establecer asentamientos en Tahití. Como ha demostrado Beaglehole, los españoles no creían que Tahití pudiera ser importante para Perú, ni que llegara a ser de utilidad para otras naciones «en razón de su alejamiento de toda base».

◀ En el aspecto académico, el viaje del *Endeavour* no logró desbaratar la creencia de Alexander Dalrymple en un vasto continente austral. Aunque derrotado hasta cierto punto en el flanco occidental o australasiático del Pacífico, Dalrymple se lanza de nuevo a la carga afirmando que su continente tiene que estar más al este. Cuando Hawkesworth publica el relato oficial, nada satisfactorio, del viaje del *Endeavour*, después de que Cook emprendiera su segunda expedición, Dalrymple ataca sañudamente a éste con la acusación, a todas luces falsa, de que debía de tener constancia de los misteriosos mapas de Dieppe —sacados a la luz por Banks—, porque esos mapas, al parecer portugueses en su origen, señalaban una «coste des herbaiges» próxima a la cookiana Bahía de la Botánica, y una «coste dangereuse» en la región donde el *Endeavour* chocara con el arrecife-barrera.

◀ Los eruditos no se ponen de acuerdo en lo referente a tales mapas. El profesor sir Ernest Scott sostenía que, para dibujar el perfil general con semejante precisión, era necesario que a lo menos un barco portugués hubiera bordeado la costa occidental de Australia. El profesor G. A. Wood, por su parte, veía en ellos una intuición genial de la suerte de las de Ptolomeo y Mercator. Una autoridad más reciente, T. D. Mutch, ha subrayado que el autor del mapa dieppiano de 1555 escribió en él que la hipotética tierra austral era un mero producto de la fantasía porque aún no había sido descubierta. Cualquiera que haya sido el origen de esos extraños documentos, no justifican bajo ninguna circunstancia los desaforados e infundados ataques del envidioso, falso y quimérico Dalrymple contra un gran explorador que extrajo sus topónimos de acontecimientos contemporáneos y perfectamente documentados.

◀ La competencia internacional y la teoría académica que hicieron aconsejable una nueva exploración se vieron reforzados por el gran interés público suscitado por el viaje del *Endeavour*. Si bien Cook cumple al pie de

Fragmento del mapa mundial de Harley que muestra parte del hipotético Continente Austral proyectándose del norte al sureste de Asia. C. *1540-50.* ▷

la letra las instrucciones del Almirantazgo y recoge en Batavia los diarios particulares de sus hombres, salió a la luz mucha información. A toda prisa se publica un breve diario anónimo, posiblemente de James Magra, con prólogo del 28 de septiembre de 1771, a dos meses escasos del regreso del *Endeavour*; Cook escribe a John Walker, de Whitby, en 1770 y 1771, cartas en las que describe parte del viaje. Por desgracia, lord Sandwich y otros, entre ellos el propio Cook, eran de la opinión de que el diario autógrafo de éste, con su terminología y precisiones náuticas, sus abreviaturas, su caótica ortografía y puntuación, no era apto para ser publicado; ahora nos damos cuenta de que el conocimiento y la visión de Cook, junto con su talante y la jerga de marino, hacen de sus diarios los mejores testimonios de sus hazañas. Sin embargo, en vista de la opinión dominante, los papeles de Banks y Cook fueron entregados a un tal Dr Hawkesworth, con una remuneración verdaderamente cuantiosa para aquellos tiempos. Da la impresión de que Hawkesworth, en su libro, concedió más importancia a los diarios del «caballero Joseph Banks» que a los del iletrado marino que mandaba la expedición, y no sólo estropeó los relatos originales con un estilo rimbombante sino que añadió comentarios propios, breves pero a veces inexactos. Los tomos de Hawkesworth no aparecen hasta 1773, aunque Cook no tuvo conocimiento de ellos hasta llegar a Santa Helena en 1775, durante el viaje de regreso, acarreándole de inmediato disgustos con la gente principal de la isla, dolida por el relato hawkesworthiano de su anterior visita. El propio Hawkesworth no llegaría a disfrutar los beneficios económicos de la obra. Fuertemente criticado por extravagancias como el incluir sus heterodoxos sentimientos religiosos en la obra de Cook, moría en noviembre de 1773, tal vez por propia voluntad. Hasta ciento veinte años después, en 1893, el almirante Wharton no publica una edición satisfactoria del diario de Cook recurriendo a la versión «Mitchell», y el mundo tendría que esperar hasta 1955 para la publicación del ológrafo cookiano por la Hakluyt Society.

◀ Cook era partidario de un segundo viaje para resolver el misterio del Continente Austral. No existen dudas en cuanto a la elección del jefe: los Ilustrísimos Comisarios del Almirantazgo aprueban por unanimidad el total de las actas del primer viaje; y buena parte de la historia trasciende al público, haciéndole embarazosamente famoso. El rey en persona se interesa por Cook. Le recibe en agosto de 1771, acepta un ejemplar de su diario y le asciende a comandante: reconocimiento largamente demorado. En septiembre de 1771, Cook puede comunicar a Walker que lo más probable es que dirija otra expedición, esta vez de dos barcos. A finales de año, el Almirantazgo adquiere, por razones de seguridad, dos carboneros de Whitby iguales al *Endeavour*, y, tras rebautizarlos como *Drake* y *Raleigh*, se les cambian los nombres por los de *Resolution* y *Adventure* para que los españoles no se molesten por el recuerdo de los dos famosos lobos de mar isabelinos.

◀ Beaglehole ha descrito magníficamente los progresos de Cook en lo que hace a conocimientos y carácter, como resultado de sus exploraciones y éxitos. Con anterioridad a 1768, tan sólo había mandado tripulaciones pequeñas, ocupándose en lo fundamental de levantamientos costeros, y cuando toma el mando del *Endeavour* es un hombre de educación relativamente escasa y experiencia un tanto limitada.

◁ Ahora, sin embargo, la suerte le ha brindado algunos años de estrecho contacto con Banks, Solander y otros hombres de visión y saber, y, por su parte, poseía talento para asimilar conocimientos científicos y de todo género con la misma facilidad con que aprendió matemáticas. Según señala Beaglehole, dirige su primera expedición como «un buen marino, como hidrógrafo de primera y experto matemático y regresa convertido en un gran comandante, en un gran descubridor, en un hombre fuertemente reafirmado en las posibilidades del pensamiento humano».

◁ También Banks se muestra partidario de un segundo viaje, y estaba tan deseoso de participar en él que gastó en equipo la entonces cuantiosa suma de 5000 libras. Por desgracia, los acontecimientos que se sucedieron parecen indicar que los grandes éxitos científicos del primer viaje se le habían subido a su juvenil cabeza, cosa nada inverosímil a la vista de que los diversos informes sobre los hallazgos del viaje citan únicamente al «señor científico» e ignoran por completo al desafortunado Cook. Sin embargo, fuera cual fuera la causa, Banks, influido por lord Sandwich, olvidando que el principal objetivo del viaje era la exploración, intenta reestructurar el pequeño *Resolution* como una especie de laboratorio y conservatorio flotante para una creciente comitiva de científicos y músicos. Cook domina la tensa situación creada con una extraordinaria demostración de silencio y tacto, pero cuando un piloto de Trinity House demuestra que semejante fantasía banksiana resulta peligrosamente ingobernable incluso en aguas del estuario del Támesis, Sir Hugh Palliser, interventor de la Armada, devuelve el *Resolution* a sus primitivas dimensiones de 462 toneladas, bastante mayores que las del *Endeavour*. Banks se puso furioso; ahora se sabe que además de intentar convencer a Sandwich para que lo sustituyera por un barco más grande, una fragata o un «indiaman» —aunque un barco de este tipo nunca habría podido arrostrar con éxito los peligros superados por el *Endeavour* entre los arrecifes barrera— incluso llegó a insinuar que el Almirantazgo debería poner a otro comandante en lugar de Cook. Al mantenerse firme el consejo de la Armada, Banks se retira y marcha con su equipo de científicos a Islandia. Por fortuna, aunque Banks nunca perdonó a Palliser, no se produjo ningún altercado grave entre él y Cook.

◁ Quizá la consecuencia más lamentable de la retirada de los científicos fue que el Almirantazgo nombra como naturalista a John Reinhold Forster, un prusiano nacionalizado inglés, quejumbroso y antipático, a quien acompaña su hijo en calidad de ayudante. La remuneración establecida por el Parlamento, 4000 libras, era una fortuna en comparación con el salario que percibe Cook. El dibujante de Banks, Zoffany, fue sustituido por William Hodges, quien, aunque proclive a vestir a los polinesios con trajes clásicos, era un dibujante competente.

Carte des Terres Australes, *de Philippe Bauche. Edición de 1754 en la que Nueva* ▷
Zelanda aparece unida al continente Antártico.

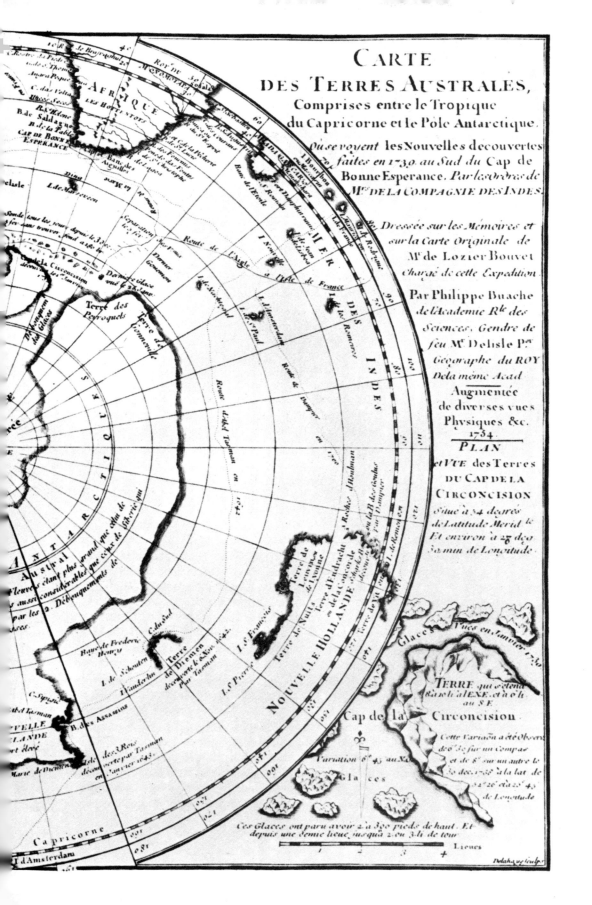

El segundo viaje, 1772-75

❧ Muy importante fue que entre los expedicionarios figuraran dos astrónomos, Wales y Bayly, a quienes se confió uno de los objetivos primordiales de la expedición: el perfeccionamiento de los métodos de medición de la longitud. Aunque Cook y Green obtuvieron resultados extraordinariamente satisfactorios en el *Endeavour* mediante observaciones lunares, resultaba difícil garantizar una buena precisión cuando las condiciones meteorológicas eran malas y se balanceaba la cubierta. Como es lógico, todas las esperanzas estaban puestas en el cronómetro, con tal que los relojeros fueran capaces de construir un reloj que pudiera dar la hora del meridiano de referencia, cualesquiera fueran las condiciones de temperatura y humedad. En esta ocasión, Cook llevaba cuatro cronómetros —tres fabricados por Arnold y uno de Larcum Kendall—, todos ellos basados en los principios de John Harrison, quien había construido cuatro relojes en un período de cincuenta años y había ganado parte de las 20 000 libras ofrecidas por el Parlamento británico en 1714.

❧ Las dotaciones del *Resolution* y el *Adventure* estaban integradas por hombres escogidos, entre ellos muchos de los que habían navegado en el *Endeavour.* El *Adventure* estuvo al mando del teniente de navío Tobias Furneaux, que había circunnavegado el globo con Wallis. El teniente de navío Cooper, del *Resolution,* era un excelente oficial, en tanto que Clerke, Pickersgill y Edgecumbe fueron ascendidos por recomendación del propio Cook. El comandante tomó todas las medidas antiescorbúticas del viaje anterior, cuyos notables resultados quedaron empañados por el hecho de que el *Endeavour* perdiera tantos tripulantes por causa de enfermedades de tierra. En este viaje, ninguna Batavia iba a empañar los brillantes resultados de Cook.

❧ El Dr Beaglehole ha señalado que la gran reputación de Cook ante los experimentados ojos del Almirantazgo le permitió planear y presentar al consejo las instrucciones del segundo viaje, que concibió admirablemente. Proponía aprovechar los vientos de poniente de las altas latitudes australes para circunnavegar el Antártico en dos veranos, navegando hacia oriente desde África, como hizo Tasman, y utilizando la querida base del Canal de la Reina Carlota, Nueva Zelanda, como punto de reaprovisionamiento entre inviernos. Además, como aún se podían descubrir tierras australes de gran extensión en torno a los 140° de longitud o, preveía, durante los meses de invierno, barrer el Pacífico hacia el norte empleando Tahití como una segunda base. La biblioteca Mitchell, en Sydney, conserva el memorando y el mapa de la ruta propuesta, que Cook presentara a Lord Sandwich, ministro de Marina, el 6 de febrero de 1772. El memorando reza como sigue:

Si se repara en los descubrimientos que se han hecho en el océano austral, y en las derrotas de los barcos que tales han realizado, diríase que no puede haber ningún territorio de gran extensión al norte de los 40° de latitud, salvo a la altura del meridiano 140° o; cualquiera otra región del océano austral sita al norte de dicho paralelo ya ha sido explorada en uno u otro momento. Por consiguiente, para hacer nuevos descubrimientos, el navegante ha de atravesar o circunnavegar el globo siguiendo un paralelo más alto que los seguidos hasta el presente, y eso será mejor hacerlo poniendo rumbo al este en razón de los vientos del oeste que imperan en todas las altas latitudes. Hay que prestar especial atención a las estaciones más templadas, pues el invierno no es en absoluto favorable para hacer descubrimientos en tales latitudes. Por este motivo, se propone humildemente que los barcos no zarpen del Cabo de Buena Esperanza antes de finales de septiembre o comienzos de octubre, momento en que, teniendo todo el verano por delante, podrán navegar hacia el sur sin peligro y abrirse paso hasta Nueva Zelanda entre los paralelos de 45° y 60°, o a una latitud todo lo alta que el tiempo y demás circunstancias permitan. De no ser descubierta tierra alguna en esta travesía, los barcos se verán obligados a hacer escala en Nueva Zelanda para reaprovisionarse de agua.

»Partiendo de Nueva Zelanda, se mantendrá el mismo rumbo hasta Cabo de Hornos, pero antes de que esto pueda ser llevado a término, se verán sorprendidos por el invierno y tendrán que buscar abrigo en latitudes más acogedoras. A tal fin, Otaheite resultará probablemente muy adecuada; en ella y en sus alrededores podrán pasar los meses de invierno, tras lo cual arrumbarán al sur y continuarán hasta el Cabo de Hornos, en cuya vecindad podrán reaprovisionarse de agua, siguiendo después hasta el Cabo de Buena Esperanza.

»La línea amarilla del mapa señala el rumbo que yo impondría a los barcos de no aparecer ninguna tierra, pues si se descubriera alguna, el rumbo sería modificado conforme a la dirección de la misma; aunque debería mantenerse la derrota general, de lo contrario, algunas zonas del océano austral quedarán sin explorar.

◀ Veremos cómo Cook sigue resueltamente, y con éxito, su plan, salvo en la circunnavegación del Antártico, que le llevaría tres inviernos —1772-73, 1773-74 y 1774-75—, mientras que en los dos veranos intermedios, los de 1773 y 1774, realizaba dos importantísimos barridos por el Pacífico Sur.

◀ El resumen impreso en los diarios cookianos del segundo viaje fue editado por el canónigo Douglas; éste, a diferencia de Hawkesworth, contó con el beneplácito de Cook. Sin embargo, es interesante señalar que, si bien la edición de Douglas se abre con una rvisión histórica de la exploración de los Mares del Sur, el ológrafo de Cook encontrado en el Museo Británico comienza con un pormenorizado relato de la actuación de Joseph Banks, quien, como indica Cook, habría votado para que la expedición «fuera olvidada» si no hubiera sido por la lealtad y perseverancia de Lord Sandwich y Hugh Palliser. Como el presente texto sigue al pie de la letra, en la medida de lo posible, los diarios originales de Cook, abriremos este capítulo con las poco embarazosas opiniones de aquél acerca de Banks, opiniones que fueron omitidas en la edición douglasiana del diario.

28 DE NOVIEMBRE DE 1771 AL 2 DE ENERO DE 1773

NOVIEMBRE, 28. Recibí un despacho oficial con la orden de hacerme cargo de la corbeta *Drake* —por el momento en la dársena de Deptford—, con un arqueo de 462 toneladas, una dotación de 110 hombres (oficiales incluidos) y doce cañones; a la par, el capitán de navío Tobias Furneaux fue nombra-

Noviembre 1771

do para el mando de la *Raleigh* —sita en Woolwich— de 336 toneladas, con 80 hombres y diez cañones. Ambas corbetas habían sido construidas en Whitby por Fisburn —el mismo que construyó el *Endeavour*—, la primera hace catorce meses y la segunda unos dieciocho; y precisamente fueron adquiridas por la Armada al capitán William Hammond, de Hull, para enviarlas a explorar el Mar del Sur bajo mi dirección. El Almirantazgo dio orden de que fueran acondicionadas de la mejor manera posible; el conde de Sandwich, al presente ministro de Marina, se ocupó en persona de pertrecharlas, muy bien secundado por Palliser y Sir Jnd. Williams, el uno interventor y el otro inspector de la Armada. La Junta de abastos también se mostró atentísima al procurarnos lo mejor de lo mejor en todo tipo de provisiones. En resumen, parecía como si todos los departamentos estuvieran compitiendo entre sí por el pertrechado de las dos corbetas: se prescindía de toda norma u orden fija de la Armada; cualquier cambio, cualquier artículo útil o necesario contaba con el visto bueno en cuanto era solicitado.

»A los dos días de recibido el comunicado oficial, icé el gallardete, asumí el mando de la corbeta correspondiente y comencé a dar entrada a los marineros. Se escogió la fragata *Vestal*, en ese momento fuera de servicio, para acogerles mientras la corbeta no saliera de la dársena.

»El Almirantazgo cambió los nombres de las corbetas por los de *Resolution* y *Adventure*, y se ordenó a los oficiales que, de conformidad con ello, sacaran nuevos nombramientos y certificados.

»Banks y el Dr Solander, que me acompañaron en mi último viaje, querían embarcarse conmigo en éste a fin de proseguir sus descubrimientos sobre botánica, historia natural y otras ciencias útiles. A tal propósito, Banks tenía intención de hacerse acompañar de varios dibujantes y demás personal. Asimismo, el Comité de Longitudes tomó la resolución de enviar un astrónomo en cada corbeta para hacer observaciones astronómicas y probar los relojes de Arnold y el cronómetro de Kendall que iban a llevar consigo. El Parlamento votó cuatro mil libras para proseguir los descubrimientos en el Polo Sur, suma que le fue ofrecida al Dr Lynd de Edimburgo como señuelo para animarle a embarcarse con nosotros; pero qué descubrimiento quería el Parlamento que realizara y por qué se mostró tan generoso en su voto, son puntos que desconozco. Zoffany, el famoso retratista, era uno de los que tenían que acompañar a Banks. Todos esos caballeros, a excepción de un astrónomo, iban a embarcarse en el *Resolution* y disponían de alojamientos amplios e independientes; cuando se compró la corbeta, no se contó con tres de estos señores, a saber: el astrónomo, el Dr Lynd y Zoffany. La incorporación de estas personas alteraba por completo el plan de alojamiento, haciendo difícil encontrar habitación a todos de modo que quedara espacio para los oficiales y la tripulación, y para el arrumaje de las provisiones y pertrechos necesarios. A este fin, el Consejo de la Armada determinó, contra el parecer de algunos de sus miembros (en particular el interventor), modificar el plan origi-

Mascarón de proa del Resolution.

nal de dejar el barco en su primitivo estado para levantar el acastillaje casi un pie, colocar una cubierta suplementaria encima —desde el alcázar hasta el castillo de proa (en ese momento tenía un combés bajo)—, y construir una cámara redonda o canapé para mi acomodo, de manera que la cabina principal quedaría para uso exclusivo de Banks. Así decidido, se acometieron las obras con toda la prontitud posible, dándolas por terminadas el 6 de febrero siguiente, día en que llevábamos el barco del dique seco al de mareas y empezábamos a lastrarlo, a pertrecharlo, a guarnir los palos, etc., habiendo completado, por aquel entonces, nuestra dotación... Banks ofreció una fiesta a bordo al conde de Sandwich, al embajador francés, conde de Guines, y a otras personalidades. Fueron cumplimentados a la llegada y a la partida con todos los honores debidos a su alta posición. El conde de Sandwich seguía tan de cerca el atalaje de estas dos corbetas que ya nos había honrado varias veces con su presencia a bordo para ser testigo ocular del estado y condición de las mismas: actitud muy loable aunque rara en un ministro de Marina.

Noviembre 1771

»En la noche del día 7, Sandford, uno de los guardiamarinas, se cayó de la falúa, que en ese momento estaba junto a la cabria de Woolwich, y desgraciadamente se ahogó; era un hombre joven, de carácter afable, muy apreciado por los oficiales. Al día siguiente, algunos chismosos fueron a sir Geoege Saville con el cuento de que James Strong, uno de los marineros, le había arrojado por la borda; a consecuencia de ello quedó detenido, pero la vista de los cargos no aportó prueba alguna y enseguida fue puesto en libertad. Sin embargo, encontró el medio de burlar al oficial encargado de traerle a bordo, y no le vimos más.

»Habiendo recibido órdenes de dirigirse a Plymouth, el capitán Furneaux, de conformidad con lo mandado, se hizo a la vela, al tiempo que al *Resolution* se le ordenaba ir a los Downs bajo la dirección del primer teniente, por tener yo permiso para ausentarme hasta su llegada a tal plaza. Zarparon el 10 por la mañana con una brisa ligera del norte, que al poco rato cambió al este obligándole a navegar río abajo, por donde avanzó tan poco que el 14 aún no había alcanzado el Nore: durante esa corta travesía, había mostrado tan estrecho margen de estabilidad que se juzgó peligroso continuar más allá. Así me lo manifestó Cooper, el primer teniente, con todo lujo de detalles, y así lo expuse ante el Almirantazgo; a la vista de que era absolutamente necesario hacer algo para eliminar el mal que nos aquejaba, propuse derribar la toldilla, acortar los palos y cambiar los cañones de seis por otros de cuatro libras; el Consejo de la Armada, a quien se consultó de inmediato sobre este asunto, acordó no sólo derribar la toldilla sino eliminar asimismo la cubierta suplementaria, abajarle el combés y devolver en lo posible el barco a su estado original. Al punto se despacharon órdenes para que entrara de arribada a Sheerness, donde fondeaba el 18; los oficiales de ese astillero recibieron orden de rebajarlo conforme al plan enviado por el Consejo de la Armada, coincidente con lo que ellos proponían. Mientras estos problemas recababan la atención del Almirantazgo y del Consejo de la Armada, otros, de carácter muy distinto, despertaban la inquietud de Banks y sus amigos. Como a este caballero no parecía gustarle la reforma del barco a su estado original, usó toda su

Noviembre 1771

influencia para que lo declararan totalmente inadecuado para el servicio que iba a realizar y lo sustituyeran por un barco de 40 cañones o un «indiaman» armado; cualquiera de ellos no ofrecía más que inconvenientes cara a realizar exploraciones en regiones remotas. No mencionaré los argumentos esgrimidos por Banks y sus amigos, pues en muchos casos eran totalmente absurdos y los aducían personas que no eran quiénes para opinar sobre el tema, a excepción de uno o dos oficiales de la marina que, en esta ocasión, sacrificaron su sentido crítico en aras de la amistad, o de cualquier otro motivo. Sea como sea, el clamor fue tan grande que se creyó que el asunto sería llevado a los Comunes. Empero, el Almirantazgo y el Consejo de la Armada se mantuvieron en su idea de eliminar toda obra superflua, reafirmándose en la opinión de que, una vez hecho esto, el barco respondería mejor, en todos los sentidos, que cualquier otro. Así, ordenó la presentación inmediata en el barco para pasar revista a esos trabajos y sugerir todo aquello que pudiera contribuir a eliminar el mal que trastornaba parte del servicio; fui el primero en llegar, pues no cabiéndome la más mínima duda de que saldría adelante, la verdad es que estaba muy intranquilo dado que era el barco de mi elección y creía, y sigo creyendo, que es el más idóneo de cuantos conozco para el servicio que le ha sido encomendado. El 20 partí hacia Sheerness y llegué esa misma tarde; observé que se trabajaba con celeridad, la toldilla y la cubierta suplementaria ya habían sido eliminadas, y Huntt, el constructor, aguardaba sólo a consultarme sobre una pequeña modificación en el plan establecido por el Consejo de la Armada, que, a su juicio, convenía hacer en el combés; modificación que, en su momento, el Consejo aprobó. Al día siguiente propuse al Consejo, por carta, acortar los palos machos en dos pies, cosa que aprobaron y que, en efecto, se hizo. El domingo 24 se presentaron Banks y el Dr Solander para echar un vistazo a la corbeta, que por entonces ya estaba cambiada, y regresaron a la ciudad por la tarde; poco después, Banks hizo saber su decisión de no participar en este viaje, alegando que la corbeta no era lo bastante espaciosa ni cómoda para sus fines, ni en modo alguno adecuada para el viaje. Éstas fueron las principales razones aducidas por Banks para renunciar a un viaje en cuya preparación había invertido casi cinco mil libras; probablemente tenía otras que se guardó bien de declarar: al menos quienes vieron la corbeta y los aposentos adjudicados a él y a su gente no podían pensar de otro modo. Sea como fuese, aparte de Banks y su comitiva, también el Dr Lynd renunció al viaje; se desembarcaron sus equipajes y demás avíos, remitiéndolos a Londres, tras lo cual no se volvió a oír ninguna otra queja por falta de espacio.

»Palliser, interventor de la Armada, nos hizo una visita el día 30 a fin de revisar los diversos cambios realizados o en curso de realización; este caballero se había ocupado de acondicionar perfectamente el barco, pese a todo lo esgrimido en su contra, no sólo para navegar sino también para la misión que le había sido asignada; en realidad, si de buen principio se

El Resolution, *barco de Cook durante el segundo y tercer viaje. Dibujado por John Weber.* ▷

A la busca del continente austral 145

Noviembre 1771

hubiera seguido su consejo, ahorráranse muchos gastos y engorrosas molestias tanto la corona como Banks y todos los de una manera u otra implicados...

◖ La puesta en marcha de la expedición, con la exploración como principal objetivo, no obstante la mala pasada del influyente Banks, es, a todas luces, un triunfo personal de Cook que se había ganado el apoyo incondicional y la profunda admiración del rey Jorge III, de Lord Sandwich y de Palliser. La fuerte presión que estos dos últimos pudieran haber ejercido, y ejercieron, se hace ver en sus visitas a los barcos, en las condiciones salariales sin precedentes hechas a la tripulación y en el liberal aprovisionamiento de antiescorbúticos e instrumentos científicos. En junio de 1772, Cook podía escribir:

«Como está todo prácticamente a punto y quedaban algunos asuntos pendientes en Londres, partí por la tarde con ese destino, enterándome, a mi llegada, de que John Reinhold Foster y su hijo, George Foster, iban a embarcar conmigo; estos caballeros, especialistas en historia natural y botánica, pero sobre todo en lo primero, habían deseado desde el principio participar en el viaje, de ahí que, en cuanto oyeron que Banks renunciaba, se presentaron como posibles sustitutos. El conde de Sandwich apoyó sus planes, que fueron aprobados por Su Majestad, siéndoles asignado un sueldo muy generoso. Se enviaron a bordo sus equipajes y todo lo preciso, y yo, habiendo concluido los asuntos en la ciudad, me despedí de mi familia el 21 por la mañana, domingo, y salí en compañía de Wales, el astrónomo, para Sheerness, adonde llegábamos por la tarde; al día siguiente abandonábamos el puerto... En la tarde de ayer, entre Star y Plymouth, nos cruzamos con el yate *Augusta* —con Lord Sandwich a bordo—, la fragata *Glory* y la corbeta *Hazard*. Su Señoría regresaba de visitar el astillero de Plymouth, donde había permanecido algunos días más de lo previsto con ocasión de mi llegada; nada más incorporarnos a este pequeño escuadrón, saludábamos a Su Señoría con 17 salvas; poco después, él y Palliser subieron a bordo. Al hacernos esta visita, era su intención que les informara personalmente del verdadero estado de la corbeta y de sus cualidades, información que presto pude darles, y tan favorable que no encontrara yo falta alguna que alegar en contra. Lejos de ser poco estable, me encontré con un barco duro de tumbar, más fácil de singlar y maniobrar de lo que cabría esperar en un barco tan cargado y de obra tan pesada. El hecho de que pudiera darles esta información con una seguridad que no admitía confutación alguna, debió dejarles, sin duda, muy satisfechos. Si la expedición se ha visto aprestada en tan poco tiempo, es por la perseverancia de estos dos caballeros: de haberse dejado llevar por el clamor general y no atenerse firmemente a su propio y mejor fundado juicio acerca del viaje, lo más probable es que éste no llegara nunca a realizarse. Tras una visita de algo más de una hora, se despidieron, y dimos a Su Señoría tres vivas al partir...

»En Plymouth recibí las instrucciones, cuyos puntos principales ya había visto antes de salir de Lonres; la verdad es que se me consultó a la hora de redactarlas y no se incluyó nada que no se me alcanzara o no diera por bueno.

A la busca del continente austral

»Cómo se avituallaron los barcos, es algo que se desprende claramente de la lista de provisiones que hay a bordo en este momento, haciendo caso omiso de aquellas con que se han provisto los oficiales para sí.

Noviembre 1771

Artículo	Resolution	Adventure
Galleta	59531 } libras	39990 } libras
Harina	17437	12767
Buey salado	7637 trozos de 4 lib.	4300 } piezas
Cerdo ídem	14214 trozos de 2 lib.	8820
Cerveza	19 ton.	30 pipas
Vino	642 } galones	400 } galones
Alcohol	1397	300
Guisantes	358 } «bushels»	216 «bushels»
Trigo	188	820 } galones
Harina de avena	300 galones	460
Mantequilla	1963 }	1000 }
Queso	797 } libras	1200 } libras
Azúcar	1959	1441
Aceite de oliva	210 } galones	237 } galones
Vinagre	259	320
Sebo	1900 } libras	1267 } libras
Pasas	3102	2776
Sal	101 } «bushels»	51 } «bushels»
*Malta	80	60
		T. Cwt Q 1b
*«Sauerkraut»	19337	5 5 0 4
*Repollo, salazón	4773	1 16 1 0
*Caldo, conserva	3000 } libras	200 }
*Salep	70	47 } libras
*Mostaza	400	300
*Mermelada de zanahorias	30 galones	22 galones
Agua	45 ton.	40 ton.
Buey curado	1384 libras	298 trozos de 4 lib.
Zumo de cerveza concentrado	19 medios barriles	12 medios barr.

* Los artículos marcados con asterisco son antiescorbúticos y han de ser distribuidos de vez en cuando.

»Aparte de las provisiones citadas, llevamos barriles con cabida para unos 4000 galones de vino de Madeira, que nos proponemos adquirir en esa isla. De modo que, en total, incluyendo lo que oficiales y caballeros han traído para su uso personal, tenemos provisiones para dos años lar-

Noviembre 1771

gos con ración entera de muchos artículos, y en algunos casos sobrada; esto sin contar los susodichos antiescorbúticos. Llevamos, además, el aparato destilador de Irving, mediante el cual podemos obtener, en cualquier momento, una pequeña cantidad de agua dulce a partir de la del mar, caso de andar escasos de ese artículo...

»El Comité de Longitudes, por su parte, no escatimó esfuerzos a la hora de equipar a los astrónomos con los mejores instrumentos para hacer observaciones celestes y náuticas; y como la principal razón de que estos caballeros tomen parte en el viaje es determinar la bondad del cronómetro de Kendall y la de los tres de Arnold, se dedicaron durante nuestra escala en Plymouth a realizar las observaciones necesarias en la Isla Drake; a las siete de la tarde del viernes anterior a nuestra partida, poníamos los relojes en marcha —en presencia del capitán de navío Furneaux, el primer teniente de cada una de las corbetas, los dos astrónomos, Arnold y yo—, y los subíamos a bordo: el de Kendall y uno de los de Arnold en el *Resolution,* los otros dos en el *Adventure;* el comandante, el primer teniente y el astrónomo de cada uno de los barcos disponían de llaves de las cajas de los relojes, y siempre tenían que estar presentes al darles cuerda y compararlos entre sí.

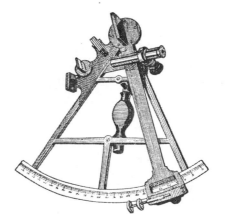

Cuadrante de Cook.

Capítulo IX

EL ANTÁRTICO, 1772-73

«Ningún barco se adentró jamás tan al sur, ni corrió tantos peligros entre los campos de hielo e islas flotantes.»
J. C. BEAGLEHOLE ACERCA DE COOK

COOK ZARPA DE PLYMOUTH EL 13 DE JULIO DE 1772, SE DETIEne en Madeira y Porto Praya para aprovisionarse, y llega a Ciudad del Cabo el 30 de octubre de 1772 sin ningún incidente digno de mención. Los diversos apuntes del diario denotan las rigurosas precauciones que toma para conservar la salud.

SÁBADO 8 de agosto. Temp. 78; Lat. 27° 7' N; Long. S observ. y estim: 19° 33' O; con el cronómetro de Kendall: 20° 3 1/4'. Tiempo brumoso con vientos flojos. Preparamos 3 pipas de cerveza a partir de zumo concentrado, en la proporción de diez partes de agua a una de zumo. Ya señalé en la lista de provisiones que disponíamos de 19 medios barriles de zumo de cerveza o malta: de éstos, sólo había cuatro de cerveza fermentada, el resto lo eran de infusión de malta no fermentada, aromatizada con lúpulo antes de concentrarla. Pelham, secretario de los comisarios de avituallamiento, hace años que sostiene (y yo pienso hacer la prueba) que si el zumo de malta —sea fermentado y transformado en cerveza, sea sin fermentar— se concentra por evaporación, se conserva en buen estado durante bastante tiempo, y que, mezclándolo con agua, puede proporcionar cerveza en cualquier momento. El propio Pelham hizo algunos experimentos el invierno pasado, tan prometedores que los comisarios ordenaron la preparación de la cantidad antes indicada para su embarque en las corbetas a título de ensayo... Por la mañana limpiábamos y ahumábamos los entrepuentes de las corbetas.

JUEVES 20 de agosto. Lat. 9° 17' N. Long. S. observ. y estim: 18° 55' O. Vientos flojos, tiempo caluroso y sombrío; sereno hasta las cuatro de la mañana, hora en que se levantó una turbonada. A mediodía llovía a cántaros. Por la tarde tuvimos la desgracia de perder a Henry Smock, uno de los

Agosto 1772

ayudantes del carpintero; se hallaba trabajando en el costado, ajustando uno de los portillos, desde donde suponemos que cayó al mar, pues no se le vio hasta el momento de hundirse bajo la popa, cuando toda ayuda era demasiado tardía.

Jueves 27 de agosto. Hablamos con el *Adventure* y el capitán Furneaux nos informó de que uno de sus oficiales jóvenes había muerto. En ese momento no tenía ningún enfermo a bordo.

Viernes 28 de agosto. Temp. 77. Lat. 3° 44' N. Long. s observ. y estim.: 11° 29' O; con el cronómetro de Kendall: 10° 21 1/4'. Con el alambique obtuvimos 14 galones de agua dulce mientras se cocían los guisantes en la caldera, a saber, desde las siete y media de la mañana hasta mediodía. Vimos dos rabihorcados y algunas aves del sol.

Miércoles 9 de septiembre. Vientos flojos y tiempo agradable. Por la tarde, una vez supimos que estábamos al sur de la línea ecuatorial, cumplimos con la vieja costumbre del chapuzón, y los hombres lo pasaron no poco bien con el licor que repartieron los oficiales en tal ocasión.

Lunes 14 de septiembre. El capitán de navío Furneaux almorzó hoy conmigo; ha muerto otro de sus guardiamarinas. La tripulación, sin embargo, está en perfecto estado de salud. De momento, no tengo ningún enfermo a bordo.

Sábado 30 de octubre. Temp. 61. Vientos del NNO. Lat. 33° 53' S. Vientos duros con aguaceros durante la noche. A las 2 de la tarde avistábamos el Cabo de Buena Esperanza; Monte Table, que domina la Ciudad del Cabo, demora al ESE, a 12 ó 13 leguas de nosotros... Al presente, no tenenos ningún hombre en la lista de enfermos. La tripulación, en general, ha gozado de buena salud desde que abandonamos Inglaterra... Durante esta escala, a las tripulaciones de ambos barcos se les sirvió a diario pan recién cocido y buey o cordero fresco, así como cuanta verdura fueron capaces de comer; también se les permitió bajar a tierra, en grupos de 10 a 12, para que se refrescaran.

»Wales y Bayly, los dos astrónomos, permanecieron en tierra todo el tiempo realizando las observaciones astronómicas necesarias para cerciorarse de la marcha de los cronómetros, entre otros objetivos. El cronómetro de Kendall ha respondido mucho mejor de lo que se esperaba, pero no puede decirse lo mismo de los de Arnold... Empero, uno de los de Arnold, que se halla a bordo del *Adventure,* ha mantenido la hora con tal exactitud que no hay razón para quejarse. Forster se encontró con un caballero sueco, un tal Sparman, que entendía un tanto de botánica e historia natural y deseaba embarcarse con nosotros; Forster, juzgando que podía ser de gran ayuda en el transcurso del viaje, me importunó lo indecible para que lo tomara a bordo, a lo que finalmente accedí.

¶ Tras cargar provisiones en El Cabo y recibir nuevas de las expediciones francesas que habían estado explorando el sur, Cook zarpa hacia el suroeste, a últimos de noviembre, en busca del Cabo Circuncisión, que se creía formaba parte de un continente, pero que en realidad era una pequeña y desnuda isla descubierta por el explorador francés Bouvet.

Martes 24 de noviembre. Lat. 35° 25' S. Long. 17° 44' al E. de Greenwich. Viento frescachón y tiempo nuboso con fuerte mar de fondo del sur. Por la tarde se entregó a cada hombre una chaqueta Fearnought y unos pantalones: una merced del Almirantazgo. Muchos albatros en torno al barco; capturamos algunos con anzuelo y sedal, que no se desecharon ni siquiera en un momento en que a todo el mundo se le servía cordero fresco.

Noviembre 1772

SÁBADO 12 de diciembre. Lat. 52° 56' S. Long. estim.: 20° 50' al E de Greenwich. Vientos duros, tiempo brumoso con aguanieve y nieve. Por la tarde pusimos rumbo al SO con viento del oeste y del ONO que, por la noche, saltó al norte; por entonces la temperatura era de un grado por debajo del punto de congelación. Por la noche aguántabamos viento con poca vela y de mañana la aumentábamos todo lo que podíamos, poniendo proa al SO con viento del NO. Nos cruzamos con seis islas de hielo en estas 24 horas, algunas en un radio de unas dos millas, con unos 200 pies de altura; por la orilla de barlovento, el mar rompía violentamente. Desde la cubierta vimos algunos pingüinos.

LUNES 14 de diciembre. Temp. por la noche 29. Lat. 54° 55' S. Long. estim.: 22° 13' al E de Greenwich; con el cronómetro 22° 1'. A las seis y media de la mañana nos deteníamos ante un inmenso campo de hielo cuyo fin no alcanzábamos a ver. Más allá, hacia el SO¼ S, creíamos avistar montañas, pero no hubo medio de confirmarlo. Arrumbamos al SSE, SE y SE 1/4 S siguiendo la dirección del hielo y manteniéndonos cerca de su borde, donde vimos muchos pingüinos, ballenas y muchas aves propias del hielo, pequeños albatros de cabeza gris y «pintados»[1]. A las 8 pairábamos al socaire de un promontorio de hielo y envié a por el capitán Furneaux; establecimos un punto de cita para el caso de que nos separáramos, convinimos varias cuestiones relativas a la mejor protección de los tripulantes y, tras desayunar, él regresó a su corbeta y nosotros nos hicimos a la vela a lo largo del hielo, pero antes de izar el bote cogimos algunos trozos que nos proporcionaron agua dulce. A mediodía pudimos hacer una buena observación para el cálculo de la latitud y la longitud mediante el cronómetro.

MIÉRCOLES 16 de diciembre. Lat. 55° 8' S. Long. estim.: 22° 45' al E de Greenwich. Niebla muy espesa y nieve, así que nada pudimos hacer salvo dar cortas bordadas primero en un sentido y luego en otro. El termómetro se mantiene sistemáticamente en el punto de congelación, a veces por debajo; jarcias y velas cubiertas de carámbanos. Numerosas ballenas jugando en torno al barco.

VIERNES 18 de diciembre. Temp. 31. Lat. 54° 57' S. Long. estim. 24° 6' al E de Greenwich. El viento refrescó y trajo consigo nieve y aguanieve que se helaba en las jarcias y velas en cuanto caía. Como rolaba progresivamente al NE, no podíamos zafarnos del campo de hielo y, a la par, nos llevaba entre islas que la faena era nuestra para esquivarlas. De los dos males, creo que éste es el menor. Arriesgado como es navegar entre rocas flotantes, con niebla espesa y en aguas desconocidas, resulta preferible a quedar atrapado en un campo de hielo bajo las mismas circunstancias. Lo más de temer de estos hielos es quedar atorado; aparte de los daños que el barco pudiera recibir, podría verse retenido por algún tiempo. He oído

---

1. Se trata probablemente, según aclara en otro punto del diario, de petreles. [N. del t.]

Diciembre 1772

de un barco en Groenlandia que permaneció nueve semanas atorado en este tipo de hielos, y hoy por hoy los que tenemos enfrente no ofrecen mejor pinta de la que deben tener los de Groenlandia. Al contrario, el termómetro Fahrenheit se mantiene en general por debajo del punto de congelación y, sin embargo, puede decirse que estamos a mediados de verano. Llevamos recorridas 30 leguas a lo largo de hielo firme, que se prolonga nítidamente a oriente y poniente con la sola interrupción de las diversas bahías que forma, y que nosotros exploramos sin hallar una abierta al sur. Me parece razonable suponer que estos hielos están unidos a tierra o que la hay al otro lado; la semblanza que de ella tuvimos el día que tropezamos con este banco refuerza esa posibilidad; pero nada parecido a tierra avistamos ni durante la noche pasada ni esta mañana, aunque el tiempo estuvo más despejado que en los últimos días. Ahora me propongo, tras situarnos algunas millas más al norte, navegar 30 ó 40 leguas hacia el este para luego tirar de nuevo hacia el sur, pues aquí no hay nada que hacer.

DOMINGO 20 de diciembre. Temp. 34. Lat. 54° 0' S. Long. estim. 28° 14' al E. Por la tarde tuvimos tiempo muy brumoso hasta las seis de la mañana. Por entonces el viento del NNE refrescó, trayendo consigo niebla, aguanieve y nieve. Temperatura de 31° a 34°. Las islas de hielo, como siempre: variables en sus dimensiones tanto en altura como en perímetro. Pusimos a todos los sastres a trabajar para alargar las mangas de las chaquetas de los marineros y confeccionar gorras que les protegieran de los rigores del tiempo, habiendo ordenado que se destinara a tal fin cierta cantidad de bayeta roja. Además, comenzamos a preparar infusión de malta no fermentada, distribuyéndola entre todos los hombres con síntomas de escorbuto; uno de ellos está realmente muy afectado por el escorbuto, a pesar de que ha estado tomando jarabe desde hace días, sin experimentar mejoría alguna. Sin embargo, dos hombres del *Adventure* que ya venían muy afectados por el escorbuto desde El Cabo, se han curado gracias a este remedio. La noche pasada vi cerca del barco otro de esos grandes pájaros pardos o albatros que avistamos cerca del campo de hielo: diríase que la variedad común de albatros no gusta de aguas heladas, pues sólo hemos visto uno en todo el tiempo transcurrido desde que andamos entre islas de hielo.

VIERNES 25 de diciembre. Temp. 31 a 35 1/2. Lat. 57° 50' S Long. estim. 29° 32' al E de Greenwich. Long. s. C.G.H. 11° 9'. Vientos flojos, cielo con claros y nubes. Temp. de 31 a 35. A las 2 de la tarde, hallándonos cerca de una isla de hielo de unos 100 pies de altura y cuatro cables de circunferencia, envié al capitán en el chinchorro a ver si corría algo de agua dulce por ella; no tardó en regresar con la noticia de que no había ni una gota, ni la más mínima señal de deshielo. Desde las 8 hasta las 12 navegamos entre masas o campos de hielo suelto que se prolongaban longitudinalmente en dirección NO-SE hasta donde la vista nos alcanzaba, con una anchura de casi 1/4 de milla, al tiempo que teníamos varias islas de similar composición a la vista. A mediodía, como viera que la tripulación prefería celebrar el día de Navidad a su manera, paireé las corbetas protegiendo bien el velamen, no fuese a sorprenderme un vendaval con la tripulación bebida. Pero esta precaución fue innecesaria pues el viento se man-

Diciembre 1772

tuvo flojo; y por lo que toca al tiempo, de no ser por la duración del día, a fe que podían estar celebrando la Navidad a 58° de la latitud N, tan frío y cortante era el aire.

SÁBADO 26 de diciembre. Temp. 35 a 31. Lat. 58° 31' S. Long. estim. 27° 37' al E de Greenwich. Vientos duros; claros y nubes hasta casi mediodía, momento en que despejó y realizamos una observación muy buena. En el transcurso de estos días nos hemos cruzado con varios campos de hielo roto y suelto localizados en la dirección NO-SE. El hielo estaba tan cerrado que difícilmente permitiría el paso a través de él. Los bloques tenían unas 4 a 8 pulgadas de grueso, su tamaño era variable y formaba montones de a 3 ó 4; parecían haberse formado en aguas abiertas, y eso llevó a que algunos a bordo pensasen que procedían de un río. En algunos de esos campos, el hielo tenía la apariencia de una roca de coral, de un panal, y estaba tan carcomido y mostraba tal variedad de figuras que no existe animal en la Tierra que no se encuentre allí representado con mayor o menor fidelidad. Suponemos que estos campos sueltos se han desprendido de aquel más grande que hace poco dejábamos atrás y que ahora, si es posible, me propongo cruzar para comprobar si está unido o no a tierra. Hoy vimos algunos albatros blancos con las puntas de las alas negras, fardelas de frente blanca, petreles azulados, etc., y otra variedad de petrel muy parecida a los «pintados»; de éstos, así como fardelas de frente blanca, no hemos visto ninguno fuera del hielo.

❡ A principios de enero, Cook alcanza la longitud de Cabo Circuncisión, y, al no encontrar la Isla de Bouvet, piensa que éste se había dejado engañar por la visión de las «montañas de hielo».

DEL 3 DE ENERO AL 11 DE MAYO DE 1773

DOMINGO 3 de enero. Lat. 50° 18' S. Long. estim. 11° 9' al E de Greenwich. Nos hallamos ahora a casi 1 1/2° ó 2° de longitud al oeste del meridiano de Cabo Circuncisión y, a la puesta del sol, a 4° 45' de latitud al sur de éste. El tiempo ha estado tan despejado que se podría haber visto tierra, incluso de una altura media, a 15 leguas; por consiguiente, no puede existir tierra entre nosotros y los 48° de latitud. En resumen, soy de la opinión de que lo que Bouvet tomó por tierra y bautizó como Cabo Circuncisión no eran sino montañas de hielo rodeadas de gélidos bancos flotantes. Nosotros mismos, sin duda, nos engañamos con dichas montañas el día que dimos por vez primera con el campo de hielo. Muchos opinaban que el hielo que flanqueábamos estaba unido a tierra por el sur, lo que era realmente una suposición muy probable; pero ahora esa posibilidad ha menguado muchísimo, si es que no hay que desecharla, pues la distancia entre el margen septentrional de esos hielos y nuestra derrota hacia el oeste, al sur de aquéllos, en ningún momento ha sobrepasado las 100 leguas, y en algunos lugares no pasó de 60; por tanto, es evidente que si existe tierra no puede tener gran extensión en sentido norte-sur. Sin embargo, estoy tan firmemente convencido de que no existe ninguna que no voy a ir en su busca; he decidido abrirme paso hacia el este en los 60° de latitud o más arriba. Sólo me pesa haber perdido tanto tiempo en pos de esas

Enero 1773

quiméricas tierras, tiempo que se nos antojará valiosísimo a medida que avance la estación. Es opinión general que el hielo se forma cerca de la tierra; si así fuera tendría que haberla en la vecindad de este barco, es decir, al sur o al oeste. Me parece más probable que se halle al oeste y que el hielo sea arrastrado por el mar y los vientos dominantes de poniente. Pero no me siento inclinado a ir en esa dirección en su busca; prefiero con mucho poner rumbo al este hacia las tierras que, según se dice, han descubierto recientemente los franceses en los 48 1/2° de latitud S y 57° o 58° de longitud O.

LUNES 4 de enero. Lat. 58° 55' S. Long. estim. 14° 43' al E de Greenwich. Vientos muy duros durante las horas tempranas y centrales del día, acompañados de niebla espesa, aguanieve y nieve. Las jarcias están completamente heladas y el aire es demasiado frío. No obstante, la tripulación lo soporta bastante bien; todos llevan chaquetas y pantalones Fearnought y una gran gorra de lona y bayeta; esto y una copa suplementaria de brandy todas las mañanas les permite afrontar el frío sin vacilaciones.

DOMINGO 10 de enero. Lat. 61° 58' S. Long. estim. correg. 36° 7' E Reloj 35° 48'. Vientos flojos; a primeras horas claros y nubes, luego niebla con chubascos y nieve. Por la tarde izamos los botes tras cargarlos con trozos de hielo, de los que teníamos las cubiertas llenas. Con esta razonable provisión de agua dulce a bordo, no titubeé ni un momento en arrumbar más al sur: puse proa al SE 1/4 S; una vez deshecho el hielo tuve la certeza de que dispondría de agua siempre que la hubiere menester.

JUEVES 14 de enero. Lat. 63° 57' S. Long. estim. 39° 38 1/2' al E. de Greenwich. Reloj 38° 35 1/2'. Viento muy flojo con tiempo bastante despejado y sereno. Hemos tenido cinco días seguidos tolerablemente buenos, que nos han sido provechosos en muchos aspectos; con suficiente agua dulce a bordo —o hielo, que es lo mismo—, los hombres tuvieron oportunidad de lavar y secar su ropa interior y demás prendas, lo que no era parvo anhelo... Estamos seguros de poder localizar la posición de un barco en el mar con un error de un grado y medio a menos de medio grado. Tal es la precisión que los astrónomos de este siglo han dado a la náutica con las valiosas tablas editadas en las Efemérides Astronómicas bajo la dirección del Comité de Longitudes y las tablas para corregir los efectos de la refracción y paralelaje en la distancia aparente de la Luna o de una estrella. Con dichas tablas, los cálculos se simplifican extraordinariamente y quedan al alcance de cualquiera. A este respecto, toda llamada a la atención de los oficiales será poca; ahora no tienen excusa alguna para no estar al corriente de esta útil y necesaria componente de sus obligaciones. Buena parte del mérito se debe asimismo a los constructores de instrumentos de medida por la perfección y exactitud con que los fabrican; pues, sin buenos instrumentos, las tablas perderían parte de su utilidad.

¶ El 17 de enero cruzan el Círculo Antártico, siendo, como señala Cook, «el primer y único barco que cruzara jamás esa línea». Las dotaciones de ambas corbetas gozan de buena salud a pesar del frío y las privaciones,

Carta del itinerario del segundo viaje, al parecer debida a Cook, c. 1775. ▷

Enero 1773

en tanto que el hielo les proporciona, como mínimo, ese agua dulce tan fundamental para el empleo de los antiescorbúticos cookianos.

Domingo 17 de enero. Temp. 34. Lat. 66° 36 1/2' s. Long. 39° 35' al e de Greenwich. Por la mañana, tiempo brumoso con chubascos de nieve; sólo hemos visto una isla de hielo en las últimas 24 horas, de modo que empezamos a pensar que hemos salido a mar abierta. A eso de las once y cuarto cruzábamos el Círculo Antártico, pues a mediodía fijábamos nuestra posición a cuatro millas y media al sur de aquél: éramos, sin duda alguna, el primer y único barco que cruzara jamás esa línea. Por entonces vimos varias bandadas de «pintados» blancos y pardos, a los que hemos dado el nombre de petreles antárticos porque parecen ser nativos de esa región; se ven también muchas más fardelas de frente blanca que antes, y algunos, pocos, albatros de cabeza gris; los petreles azulados, nuestros inseparables compañeros, no nos han abandonado, pero los «pintados» comunes han desaparecido por completo, así como otras muchas variedades frecuentes en latitudes más altas.

Lunes 18 de enero. El hielo era tan espeso y compacto que no pudimos seguir adelante; era obligado virar por avante y salir de allí. Desde la cabeza de palo no vi hacia el sur nada que no fuera hielo. De e a oso, sin la más mínima interrupción, este inmenso campo presentaba diferentes formas de hielo: elevadas colinas o islas; trozos más pequeños apretujados unos contra otros (lo que en Groenlandia llaman propiamente campo de hielo). Un fragmento de este tipo, tan vasto que no alcancé a ver su final, se extendía al se de nosotros; tenía no menos de 16 a 18 pies de altura y daba la impresión de ser muy uniforme. No me pareció consecuente con la seguridad de las corbetas, ni prudente por mi parte, persistir en continuar hacia el sur, pues el verano ya andaba mediado y bordear estos hielos nos habría exigido cierto tiempo, eso en el caso de que tal travesía fuera practicable, lo cual dudo. Los vientos se mantuvieron del e y del e 1/4 s, y arreciaron a muy duros, trayendo consigo mar gruesa, tiempo brumoso, aguanieve y nieve, lo que nos obligó a arrizar gavias.

Martes 2 de febrero. Lat. 48° 36' s. Long. 59° 35' al e. Reloj 59° 33'. Cielo cubierto y brumoso. Viento duro del no con el que ponemos rumbo al ne 1/4 n hasta las 4 de la tarde. A esa hora estábamos a 48° 30' de latitud s y casi en el meridiano de la Isla Mauricio: aquí esperábamos encontrar las tierras que se decía habían descubierto los franceses, pero al no avistarlas pusimos rumbo al este e hicimos señales al *Adventure* para que se mantuviera a 4 millas, a la altura de nuestro través de estribor. Así avanzamos hasta las seis y media, momento en que el *Adventure* hizo la señal de querer hablar conmigo. Amainamos velas y nos pusimos al pairo a la espera de que llegara; el capitán Furneaux nos informó de que acababan de avistar una gran alga marina, flotante o de las que crecen en las rocas, y varias aves (colimbos) a su alrededor. Esto era, desde luego, un buen indicio de la existencia de tierra en las cercanías, pero no podíamos precisar si estaba al este o al oeste.

Sábado 6 de febrero. Temp. 43 3/4. Lat. 48° 6' s. Long. estim. 58° 22' al e. Reloj 58° 32'. Por la tarde tuvimos vientos duros y tiempo claro; a las 6, la declinación magnética era de 30° 26' o. Mantuvimos el rumbo en direc-

Febrero 1773

ción norte y NE hasta las 4 de la mañana. A esa hora, el viento saltó al norte; cambiamos de bordada y pusimos proa al oeste, con viento duro acompañado de lluvia. A las 10, el viento saltó de nuevo al ONO; hice a un lado toda idea de seguir orzando por más tiempo y arrumbé hacia el este, un poco al sur, a toda vela. La verdad es que no existía nada que me animara a proseguir más al oeste, pues teníamos constantemente fuerte mar de fondo de ese cuadrante, lo que hacía muy improbable que existiera una gran masa de tierra en esa dirección.

DOMINGO 7 de febrero. A las 4 hice señas al *Adventure* para que se mantuviera a 4 millas, a la altura de nuestro través de estribos. Con tiempo claro y agradable, subí a cubierta toda la ropa de cama para que se aireara, cosa absolutamente necesaria.

❧ Cook navega ahora hacia el este y, durante el mes de febrero, recorre las aguas meridionales del océano Índico, pero pasa a mitad de camino entre las islas Kerguelen y Crozet, que los franceses habían avistado. El 9 de febrero, el *Resolution* pierde de vista al *Adventure* en medio de la niebla. El contacto no sería restablecido, y los dos barcos seguirían diferentes derrotas hasta Nueva Zelanda.

MIÉRCOLES 10 de febrero. Transcurridos dos de los tres días establecidos para buscarnos mutuamente, no me parece muy conveniente esperar más tiempo, y menos aún volver a la estación señalada, sabiendo que el *Adventure* ha tenido que dirigirse a sotavento igual que nosotros. Así pues, me hice a la vela rumbo al SE con viento duro del O 1/4 acompañado de mar gruesa; muchos albatros de cabeza gris, petreles azulados y pardelas en torno al barco, pero sólo se avistaron dos o tres colimbos y ningún pingüino.

SÁBADO 13 de febrero. El concurso de tantas aves nos hizo concebir cierta esperanza de hallar tierra; entre los oficiales había diversidad de opiniones al respecto. Unos decían que la encontraríamos al este, otros que al norte, pero lo extraordinario es que nadie creía que se encontrase al sur, lo que sirvió para convencerme de que no tenían el más mínimo deseo de avanzar en esa dirección. No obstante, decidí proseguir hacia el sur todo lo que buenamente pudiera sin aflojar demasiado hacia el este, si bien he de confesar que tenía pocas esperanzas de dar con tierra, pues el fuerte mar de fondo que por un tiempo nos vino del oeste, ahora rolaba al SSE, de modo que no era probable que hubiera tierra alguna cerca entre esos dos puntos; y menos que existiera tierra de cierta envergadura al norte, puesto que no estamos a más de 160 leguas al sur de la singladura de Tasman, y este espacio confío que lo explorará el capitán Furneaux, a quien imagino situado al norte de mi posición.

MIÉRCOLES 24 de febrero. Lat. 61° 21' S. Long. estim. 95° 15' E. A mediodía estábamos a unas 6 ó 7 millas al este de donde vimos por última vez al *Adventure*; teníamos una visibilidad de 3 a 4 leguas a nuestro derredor. Por entonces, el viento había arreciado a tal punto que nos obligó a acortar gavias, y el mar empezaba a levantarse por el mismo cuadrante. Seguíamos viendo pingüinos y colimbos que nos hacían presumir que la tierra no estaba lejos.

»En estas condiciones, rodeados por doquier de inmensos bloques de hie-

Febrero 1773

lo tan peligrosos como rocas, era natural que ansiáramos la luz del día; pero lejos de aminorar el peligro, servía sólo para aumentar nuestras aprensiones al poner a la vista montañas de hielo que en la noche habrían pasado inadvertidas. Estos obstáculos, la negrura de las noches y lo avanzado de la estación me disuadieron de llevar a término la decisión que había tomado de cruzar una vez más el Círculo Antártico. Así, pues, a las 4 de la tarde tomábamos por avante y poníamos rumbo al norte con los dos papahigos desplegados, las gavias dobles arrizadas y con un tiempo tormentoso tan persistente que, junto con mar muy embravecido del este, causó grandes estragos entre las islas de hielo. Esto no era precisamente una ventaja para nosotros: lo único que hacía era incrementar el número de bloques a esquivar, pues los fragmentos que se desprenden de las islas grandes son, si cabe, aún más peligrosos. A aquéllas, por lo general, se las ve a tal distancia que da tiempo a zafarse de ellas; pero a los otros con tiempo brumoso o noche cerrada no hay manera de verlos hasta que están bajo la proa. A pesar de la magnitud de estos peligros, se nos han hecho tan familiares que las aprensiones que suscitan nunca duran demasiado tiempo y las compensa, en cierta medida, el extraño y romántico aspecto de muchas de estas islas —fuertemente realzado por el embate de las olas y la espuma que levantan al dar contra ellas— salpicadas, las más de las veces, de cavidades y cavernas. En una palabra, el conjunto ofrece una imagen que sólo el lápiz de un inspirado pintor puede describir, dejando la mente saturada de admiración y horror: admiración ante la belleza del cuadro y espanto por el peligro que le acompaña, pues si un barco colisionara con uno de estos grandes bloques quedaría hecho añicos en un instante.

Domingo 28 de febrero. Temp. 36 1/2. Lat. 59° 58' s. Long. estim. 104° 44' e. Por la tarde, la borrasca se nos vino encima y el viento saltó al sso y so 1/4 s. Tiempo brumoso con persistente aguanieve hasta las 8 de la tarde; entonces escampó y quedó un tiempo sereno y agradable. De mañana, a la luz del día, logramos cruzar las vergas de juanete y largábamos cuanta vela podíamos, con viento duro y pocas islas de hielo estorbándonos el paso: la última tempestad destruyó seguramente un gran número de ellas. Al viento, que es del e, siguió mar tendida del s al so, de modo que no cabía esperar tierra entre esos dos puntos extremos. Llevábamos a bordo una cerda preñada que ayer por la mañana parió nueve lechones; murieron todos de frío antes de las 4 de la tarde, a pesar de los cuidados que les brindamos, y ese mismo frío es el responsable de que todo el mundo a bordo tenga las manos y los pies llagados por los sabañones: pormenores que permiten hacerse una idea del tiempo estival que disfrutamos aquí.

Martes 16 de marzo. Temp. 32 a 35 1/2. Lat. 58° 52' s. Long. estim. 143° 27' e. El tiempo se mantuvo igual hasta el atardecer; luego despejó y quedó un cielo sereno. El viento saltó al se; sin embargo, tuvimos mar de fondo tendida del oso, lo cual nos confirmaba que no dejábamos tierra en esa dirección.

❦ Cook navega ahora hacia el oeste, rumbo al sur de Australia, manteniéndose en altas latitudes, y, aunque desea zanjar la cuestión de si la Tierra de Van Diemen (Tasmania) es o no una isla, decide que la tripulación ha de recuperar fuerzas urgentemente en el sur de Nueva Zelanda, y va a buscar Bahía Oscura, en parte para refrescar lo antes posible y en parte para ver de encontrar un puerto en condiciones en esta región. Por fortuna, los acontecimientos se desarrollaron a su favor, pues la abundancia de aves silvestres, focas y pescado, a la par que la cerveza de picea, fortalecieron la salud general.

Marzo 1773

MIÉRCOLES 17 de marzo. Temp. 33 a 35 1/2. Lat. 58° 40' S. Long. estim. 147° 43' E. Pusimos proa al este, inclinándonos un poco al sur, hasta las 5 de la mañana; a esa hora nos hallábamos a 50° 7' de latitud S y 146° 53' de longitud E. Luego navegamos al NE, y a mediodía pusimos rumbo al norte, decantándonos al este, con la intención de llegar cuanto antes a Nueva Holanda o Nueva Zelanda; el único motivo para desear hacer esto es informarme personalmente de si la Tierra de Van Diemen forma parte o no de ese continente. Si el lector de este diario quiere conocer las razones que me han llevado a tomar la resolución que acabo de citar, pídole tan sólo piense que, tras cuatro meses agotadores en estas altas latitudes, es natural que anhele disfrutar de un breve reposo en algún puerto donde pueda procurarme provisiones de refresco para mis hombres, que ya les empiezan a ser necesarias; a este respecto, toda atención será poca, pues el viaje está todavía en mantillas.

VIERNES 26 de marzo. Con la intención de arribar a Bahía Oscura o a cualquier otro puerto de la región meridional de Nueva Zelanda, pusimos rumbo a tierra largando velas todo lo que pudimos... entrábamos en Bahía Oscura hacia mediodía, hallando en su embocadura 44 brazas de agua y fondo arenoso; la punta oeste demora al SSE, y la norte, al norte. Fuerte mar de fondo del SO. Aunque la profundidad del agua disminuyó a 40 brazas, después no tocábamos fondo con 60; pero habíamos ido demasiado lejos para volvernos atrás, así que, a pesar de todo, continuamos adelante sin dudar; la incógnita era si encontraríamos agarradero, pues en esta bahía todos éramos extraños: en mi último viaje no hice más que descubrirla.

SÁBADO 27 de marzo. Tras adentrarnos unas dos leguas en la bahía sin hallar fondeadero y habiendo sobrepasado las islas sitas en ella, me puse al pairo, hice bajar dos botes y envié uno de ellos, con un oficial, a doblar una punta que teníamos a babor; una vez nos hizo señales de que había fondeadero, le seguimos con el barco y anclamos con 50 brazas de agua —tan cerca de la costa que la alcanzábamos con una guindaleza—, después de haber permanecido 117 días en el mar: durante ese tiempo hemos navegado [3660] leguas sin avistar una sola vez tierra. Sin embargo, no puedo dejar de creer que ha de existir alguna cerca del meridiano de Mauricio, hacia los 49° ó 50° de latitud; pues aunque fui tan desventurado que no la hallé, los numerosos pingüinos y colimbos que allí vimos bien que lo indicaban. Pero prefiero postergar todo comentario al respecto hasta reunirme con el *Adventure*, que no puede estar lejos si es que no ha llegado ya al Canal de la Reina Carlota, a menos que haya tropezado con algo que lo retrase. Se me preguntará por qué no me dirigí directamente a ese

Pájaro bobo.

Marzo 1773

lugar siendo como es el punto de cita. Descubrir un buen puerto en la zona meridional de este país y recoger información sobre sus productos eran objetivos del máximo interés; no importa en absoluto si el *Adventure* se reúne con nosotros ahora o de aquí a un mes o dos.

»Ya se ha hecho mención del zumo dulce de malta no fermentada que se suministra a los escorbúticos; además, a uno de los hombres se le suministró únicamente mermelada de zanahorias: comprobamos que ambos ejercen el efecto deseado, a tal punto que sólo tenemos un hombre a bordo que pueda decirse que padece esa enfermedad y dos o tres más en la lista de enfermos con dolencias leves.

»Mi primera preocupación una vez tuvimos el barco amarrado fue enviar un bote con varios hombres a pescar; en el ínterin, algunos caballeros se dirigieron en la chalupa a un islote, a corta distancia del barco, en el que había muchas focas, cazando una que nos proporcionó carne fresca.

DOMINGO 28 de marzo. Por la tarde halábamos la corbeta hasta una pequeña ensenada y la amarrábamos por la popa y la proa a los árboles; cuán próxima tendríamos la orilla que podíamos alcanzarla con una pasarela o guindola que la naturaleza había preparado para nosotros con un gran árbol creciendo en sentido horizontal sobre el agua, tan largo que su extremo llegaba a nuestra borda. La leña estaba tan a mano que las vergas se enredaban en las ramas de los árboles; a unas cien yardas de popa corría una magnífica corriente de agua dulce; el pescado abundaba por doquier, y las costas y bosques no estaban desprovistos de aves. Así pues, esperábamos disfrutar cómodamente de lo que, en nuestras condiciones, podría calificarse de artículos suntuarios. Las pocas cabras y ovejas que llevábamos, a buen seguro no se las prometían tan felices pues no existía pasto ni hierba para comer: todo era áspero y duro. Sin embargo, cuál no sería nuestra sorpresa al ver que no comían —pues no habían probado ni hierba ni heno durante las muchas semanas transcurridas en alta mar— ni parecían interesarse por las hojas de los arbustos y hierbas más tiernas: al examinarlas vimos que habían perdido los dientes y que muchas presentaban todos los síntomas del consabido escorbuto. De cuatro ovejas y dos carneros que me traje desde El Cabo con la intención de desembarcarlos aquí o en cualquier otro sitio, sólo he podido salvar uno de cada, y aun ésos no creo lleguen a recuperarse de puro enfermos que están.

JUEVES 1 de abril. Poco viento, tiempo regular. Comenzamos a cortar leña; pusimos las barricas vacías en tierra para llenarlas de agua y arreglar las averiadas; montamos la fragua para componer la obra de hierro, y el maestro velero se puso a trabajar en las velas que, sin excepción, necesitaban un repaso a fondo. También se puso en marcha la elaboración de cerveza con las hojas y ramas de un árbol parecido a la «picea negra» (*Picea mariana*) de América, de zumo concentrado de malta no fermentada y melazas; aunque ya he hablado del zumo de malta no fermentada, quizá no esté de más informar al lector de que he hecho varias pruebas desde que dejamos el Cabo de Buena Esperanza, y he hallado que, en un clima frío, responde mucho mejor de lo esperado.

DOMINGO 11 de abril. Llovió durante toda la tarde, pero amaneció despe-

En Puerto Pickersgill
Nueva Zelanda

Joyero de madera, Nueva Zelanda. l. 66 cm.

Achicador de agua tallado en madera, Nueva Zelanda. l 50 cm.

Mapa de Nueva Zelanda, de Antonio Zatta (Venecia, 1778). En el mismo aparece el ▷ recorrido del Endeavour *en 1769 y 1770.*

Abril 1773 — jado y sereno, lo que nos brindó la oportunidad de secar la ropa interior, cosa muy ansiada por no haber tenido tiempo suficientemente bueno para hacerlo desde que entramos en esta bahía. Forster y su gente aprovecharon el día para herborizar. A las 10 nos visitó un grupo de nativos. Viendo que se acercaban al barco con mucha precaución, salí a su encuentro en mi bote, que abandoné para pasar a su canoa, pese a lo cual no pude convencerles de que se aproximaran al costado del barco, no quedándome al final más remedio que dejarles hacer su capricho; desembarcaron, por último, en una pequeña ensenada muy próxima a nosotros, sentándose en la orilla, frente al barco, lo bastante cerca como para podernos hablar. Hice que sonaran las gaitas y el pífano, y que se tocara el tambor; este último les causó gran admiración, pero no hubo forma de animarles a subir a bordo, si bien entablaron conversación, en un ambiente de gran familiaridad, con todos los oficiales y marineros que se acercaron hasta

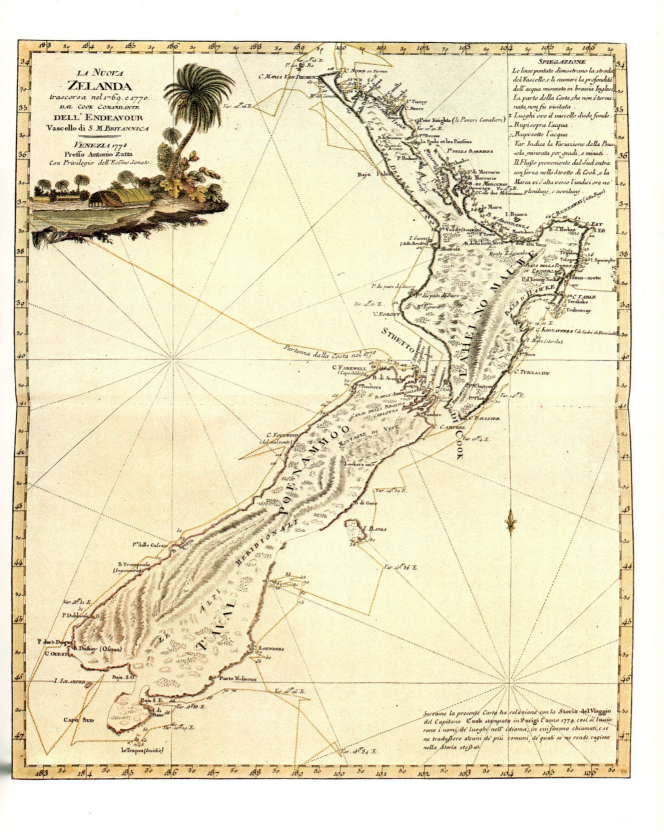

Abril 1773

ellos, siendo mucho más atentos con unos que con otros. Tenemos razones para creer que son más respetuosos con aquellos que consideran mujeres. Hubo un hombre, en particular, por quien una muchacha mostró un extraordinario afecto hasta que descubrió su sexo; a partir de entonces, su presencia se le hizo insoportable. Lo que no sé es si ello se debió a que anteriormente le había confundido con una mujer o a que el hombre se tomó con ella ciertas libertades que la ofendieron.

¶ Cook estaba encantado con Bahía Oscura: un puerto natural seguro en una región con medios de refresco, cuyos habitantes son un reducido grupo de maoríes nada hostiles. Tras quince días de recuperación, zarpa hacia el norte en dirección al Canal de la Reina Carlota, donde, como esperaba, había fondeado el *Adventure*.

MARTES 11 de mayo. Como no hay puerto en Nueva Zelanda, me he abastecido de las necesarias provisiones de refresco en la fecunda Bahía Oscura; y, si bien queda muy distante de las rutas comerciales del mundo, una breve descripción de la misma, así como de la región circundante, tal vez sea no sólo del agrado del lector curioso sino útil a los navegantes del futuro, pues nada podemos decir del uso que los tiempos por venir darán a los descubrimientos del presente. La embocadura norte de esta bahía se halla situada en el flanco norte de Cabo Oeste, a los 45° de latitud S; la forma dicho cabo al sur y la Punta Cinco Dedos al norte. Esta punta llama la atención por las rocas puntiagudas que tiene enfrente; además, el aspecto que ofrece resulta aún más singular por la poca similitud que guarda con las tierras adyacentes: es una península estrecha tendida de norte a sur, de altura media y cubierta de bosques. Navegar por esta bahía no presenta dificultades, pues no sé de ningún peligro que no esté a la vista. Lo que hay que vigilar más es la profundidad del agua, que es demasiado grande para fondear, salvo en las calas o ensenadas y cerca de las orillas y, aun así, son muchos los lugares en los que no se puede anclar; no obstante, hay ancladeros de sobra, todos cómodos y seguros por igual... Los habitantes de esta bahía son de la misma raza que los que viven en otras regiones del país, hablan el mismo idioma y observan aproximadamente las mismas costumbres; en realidad, por sus costumbres y por una disposición más generosa a dar que a recibir, están más cerca de los otaheitianos que del resto de los habitantes del país. Qué pudo inducir a tres o cuatro familias a marchar tan lejos de la sociedad integrada por sus semejantes no es fácil de imaginar. El haber hallado habitantes en este lugar, hace probable que existan en muchas de las bahías y puertos naturales de la región meridional de esta isla. Los numerosos vestigios humanos que vimos en diferentes puntos de la bahía denotan que llevan una existencia errante, que nunca permanecen mucho tiempo en un mismo sitio; y, a juzgar por las apariencias y circunstancias, pese a ser pocos, las familias no viven en paz entre sí, pues si lo hicieran, formarían alguna sociedad: cosa no sólo inherente al hombre, sino observable incluso entre las criaturas irracionales.

»Si los habitantes de la Bahía Oscura sienten en algún momento los efectos del frío, lo que no deben sentir nunca son los del hambre, pues en cualquier rincón de la bahía abunda el pescado; el «pez carbón» (así lo llamamos) es aquí harto frecuente, de mayor tamaño y mejor sabor que cualquiera de los que llevo probados. Tampoco andan faltos de langostas y otros mariscos; hay, además, focas en abundancia —que viven en las rocas e islotes situados cerca de mar abierto—, cuya carne nos pareció excelente, sin nada que envidiar al más exquisito filete de buey, y su asado sólo un poco inferior al de cerdo. Entre las aves silvestres hay patos, cormoranes moñudos, cormoranes grandes, ostreros o «urracas de mar», gallinas de agua y de bosque. Estas últimas se parecen un tanto a nuestras codornices, viven en las márgenes de los bosques y se alimentan en las playas; saben igual que una gallina común, siendo muy sabrosas en fricasé o en empanada; en otras regiones de Nueva Zelanda son tan raras que ésta es la primera vez que las veo. Hay también albatros, alcatraces, gaviotas, pingüinos y otras aves acuáticas. Entre las terrestres figuran accipíteres, loros, palomas y otras aves propias de este país. Aquí el formión [o «lino de Nueva Zelanda», *Phormium tenax*] es tan corriente como en cualquier otro lugar de Nueva Zelanda, y los nativos le dan idéntico uso; en general, los productos de la tierra son más o menos los mismos con la diferencia de que no existe tanta variedad. Ya se ha señalado que hemos visto un cuadrúpedo; ojalá hubiéramos podido dar una mejor descripción de él, pues es más que probable que se trate de una especie nueva; no obstante, ahora estamos seguros de que este país no está tan desprovisto de esta clase de animales como se creyó en otro tiempo. En esta región, el animal más dañino es una pequeña mosca de arena, tan sumamente abundante y molesta que supera todo lo que hasta el presente me he encontrado; dondequiera que piquen, producen una hinchazón y un picor tan insoportable que es imposible no rascarse y, a lo último, acaban formándose úlceras como pequeñas pústulas. La lluvia casi continua puede ser otro inconveniente a sumar a esta bahía; quizá se dé sólo en ciertas estaciones del año, aunque las características del país —muy alto y próximo a las montañas— hacen pensar que está sujeto a fuertes precipitaciones durante todo el año. Sin embargo, a pesar de que nuestros hombres andaban de continuo expuestos a la lluvia, no experimentaron ningún efecto adverso a consecuencia de ello; al contrario, enfermos y achacosos como estaban cuando llegamos, recuperaban fuerzas día a día, y toda la tripulación estaba fuerte y vigorosa.

Mayo 1773

»Ya he hablado de la elaboración de cerveza, que al principio hicimos con una decocción de hojas de picea mezcladas con jugo concentrado de malta no fermentada y melazas; pero hallando que la decocción de picea sola producía una cerveza astringente, la mezclamos con igual cantidad de té, que elimina en parte la astringencia de aquélla y da una cerveza muy sabrosa y por todos apreciada a bordo.

La Astelia nervosa *fue una de los centenares de plantas recolectadas por Banks y Daniel Solander durante el viaje del* Endeavour. ▷

El lino de Nueva Zelanda o formión (Phormium tenax)*, descubierto por Banks y Solander, se convirtió en una importante provisión de cordaje para la Armada.* ▷▷

Capítulo X

EXPLORANDO EL PACÍFICO, 1773

«*Al atardecer regresamos a bordo complacidos del comportamiento amigable de los nativos, que parecían pelearse por hacer todo lo que creían podía ser de nuestro agrado.*»
COOK EN LAS ISLAS TONGA. 1773

TAL COMO ESPERABA, COOK ENCUENTRA EL *ADVENTURE* EN EL punto de cita, el Canal de la Reina Carlota, donde había aguardado durante casi seis semanas mientras él se exponía a los peligros del Antártico con un solo barco. Como explorador y capitán, Furneaux ofrece una imagen un tanto deslucida al lado de Cook. Habiendo visitado Tasmania a raíz de la separación de los barcos, Furneaux da a Cook información que lleva a éste a la conclusión, algo temeraria, de que Tasmania forma parte del continente australiano. Más grave aún fue que la dejadez de Furneaux a la hora de hacer cumplir las impopulares medidas cookianas contra el escorbuto expusiera a la tripulación del *Adventure* a la enfermedad, convirtiéndola en un obstáculo para la expedición. Cook hace cuanto puede para salvar la situación; va a tierra, busca plantas antiescorbúticas e impone su empleo en ambos barcos, y añade —lo que en él es todo un comentario insólitamente sarcástico— que, en su corbeta, las órdenes se cumplen sin rechistar.

MAYO 12. Habiendo dejado Bahía Oscura, como ya he señalado, puse rumbo al Canal de la Reina Carlota a lo largo de la costa, con vientos flojos del SE y sur, y tiempo hermoso.

MARTES 18 de mayo. Al clarear nos hallábamos a la longitud de punta Jackson, en la entrada del Canal de la Reina Carlota; poco después descubríamos al *Adventure* en el Abra del Barco; el poco viento que teníamos nos sacaba del canal, de modo que tuvimos que maniobrar, y al hacerlo descubrimos una roca que no habíamos visto en el último viaje... Poco antes de que fondeáramos, el capitán Furneaux subió a bordo y me informó de que había arribado aquí el 7 de abril, habiendo hecho escala primero en la Tierra de Van Diemen.

△ *Isla de los Mares del Sur.*

MIÉRCOLES 19 de mayo. En alguna parte de este diario he hecho alusión al deseo que tenía de visitar la Tierra de Van Diemen para informarme personalmente de si formaba parte o no de Nueva Holanda, pero como el capitán Furneaux ha resuelto en buena medida este punto, renuncio a todo pensamiento de ir allá. Como me sería imposible permanecer inactivo en el puerto durante todo el invierno, propuse al capitán Furneaux que dedicáramos ese tiempo a explorar las desconocidas regiones marinas situadas al norte y al este, informándole al mismo tiempo de la derrota que me proponía seguir y del tiempo que pensaba invertir en esta travesía. Aprobó de buena gana la propuesta y, de conformidad con ello, le rogué preparara la corbeta para hacernos a la mar lo antes posible, pues durante todo este tiempo había estado desaparejada. Conocedor de que en este canal se podía encontrar apio, coclearia y otras verduras que, al hervirlas con trigo o guisantes y sopa envasada, constituían una dieta muy nutritiva y sana, en extremo beneficiosa para curar y prevenir el escorbuto, al amanecer fui a buscar algunas, regresando a la hora del desayuno con una gran carga. Habiéndome asegurado de que había suficiente cantidad, di orden de que se hirviera con harina de avena o trigo y sopa envasada; y se sirviera cada mañana a las tripulaciones de ambas corbetas como desayuno; y con guisantes para la cena diaria, y cuidé de que esta orden fuera cumplida puntualmente, al menos en mi barco... Ya he procedido al examen minucioso del diario del capitán Furneaux: bueno será que mencione, antes de proseguir con nuestras actuaciones en este lugar, los comentarios generales que se me ocurrieron a raíz de su lectura. Lo que me movió a abandonar las altas latitudes a últimos de enero y poner rumbo hacia el norte fue la búsqueda de las tierras que, según dicen, los franceses han descubierto en fecha reciente. ¿Qué pienso ahora de esas tierras? No puedo suponer, como alguno ha hecho, que todo es un invento; no, de no haber tenido tal información, los diversos indicios de tierra que advertimos en los alrededores me habrían inducido a pensar que existía tierra; los pequeños colimbos que vimos allí, que el capitán Furneaux llama pollos zambullidores, no los hemos encontrado en ningún otro sitio salvo en la costa de Nueva Zelanda: por consiguiente, han de ser considerados como indicadores de la vecindad de tierra, haciendo caso omiso de los pingüinos y focas, que aparecen en cualquier sitio. Ahora bien, la verdad es que sólo puede ser una isla, y de muy pequeña extensión, a menos que esté situada al oeste de los 57° de longitud; allí, como muestra muy a las claras la carta marina, existe espacio para un territorio bastante grande. Si los franceses realmente la han descubierto, no vacilarán en hacerlo público, y entonces este punto quedará zanjado. No va conmigo dedicar mucho tiempo a la búsqueda de una isla de cuya existencia no estoy seguro —es el descubrimiento del continente austral el objetivo que tengo entre ceja y ceja—; además, en aquel momento tan probable era que diera con ella al este o al sur como en cualquier otra dirección. Dejaré por ahora este tema y seguiré al capitán Furneaux hasta la Tierra de Van Diemen: travesía en la que no parece haber tropezado con nada notable... Cuando pusieron rumbo a Nueva Zelanda estaban a 39° 20' de latitud; en ese momento, desde la cabeza de palo, avistaban tierra, con demora NNO,

Mayo 1773

170 *El segundo viaje, 1772-75*

Gorguera constituida por un soporte de fibra tejida con plumas, dientes de tiburón y pelo de perro, islas Sociedad. a. 61 cm.

◁ *Atavío del doliente mayor, hecho en tejido de corteza, con un colgante de plumas en la parte posterior y borlas asimismo de plumas a cada lado. La máscara está hecha de piezas de nácar. El mandil de la cintura presenta una decoración a base de fragmentos de nuez de coco pulidos. El vestido se lo regalaron a Cook en el curso del segundo viaje y él mismo lo cedió al British Museum. Islas Sociedad. a. 214 cm.*

a una distancia estimada de 12 leguas, hallándose a 17 ó 18 leguas de Punta Hicks —el punto más meridional de nuestro descubrimiento— y a la misma distancia o algo más del extremo norte de las islas Furneaux. Por tanto, es muy probable que todo ello sea un territorio continuo y que la Tierra de Van Diemen forme parte de Nueva Holanda; la similitud de los suelos, productos, habitantes, etc. incrementa la probabilidad. La dirección de la costa desde la más meridional de las islas Marías hacia abajo, hasta la tierra más septentrional, es casi norte y cae en el meridiano 148° 06′ E. El capitán Fourneaux no tuvo trato con los nativos —no creo que llegara a verlos—, aunque divisó muchas fogatas y algunas chozas; aquí, al igual que en Nueva Gales del Sur, impera la costumbre de quemar el campo. En general, por lo que puedo colegir, el informe que presenté en mi ante-

Mayo
1773

Mayo 1773

rior viaje sobre las regiones meridionales de este último país dará una idea muy aproximada de la Tierra de Van Diemen, que por ahora me parece suficiente. Volveré, pues, a nuestras actuaciones en el Canal de la Reina Carlota.

◀ En dicho canal, las relaciones con los maoríes siguen siendo, en conjunto, amistosas, y se hacen esfuerzos para introducir animales y plantas útiles.

Jueves 20 de mayo. Por la mañana, en tanto buscaba un lugar para dejarlos en tierra definitivamente, desembarqué en el aguadero, no lejos de la tienda del *Adventure*, una oveja y un carnero (los dos únicos supervivientes entre los que traje conmigo desde el Cabo de Buena Esperanza). A la par visité los diferentes huertos que el capitán Furneaux y sus oficiales habían sembrado con hortalizas, tubérculos, etc.; todo crecía con rapidez, y si los nativos los aprovecharan o se hicieran cargo de su cuidado podrían serles de gran utilidad.

Viernes 21 de mayo. Con un grupo de hombres, me dediqué a cavar el suelo en la Isla Larga y plantamos varios tipos de hortalizas; regresamos por la tarde al barco con bastante apio y coclearia. En tierra, varios hombres se ocuparon de cortar leña y cargar agua.

Sábado 22 de mayo. Unos se ocupaban de la provisión de leña y agua; el teniente de navío Pickersgill, con la escampavía, de recoger apio y coclearia; Mr Forster y su gente, de herborizar; y yo, con el capitán Furneaux, salí a cazar en la pinaza.

Domingo 23 de mayo. Durante la pasada noche, la oveja y el carnero, que con tantos cuidados y dificultades había traído hasta aquí, murieron; suponemos que se envenenaron al comer alguna planta tóxica. Así, pues, todas mis ilusiones de introducir en este país una raza de ovejas se han ido por tierra en un abrir y cerrar de ojos. Hacia mediodía me visitaron, por vez primera, algunos nativos; se quedaron y comieron con nosotros, y no fue poco lo que devoraron. Al atardecer les despedíamos cargados de presentes.

Martes 1 de junio. Esta mañana fui a la orilla oriental del canal en compañía del capitán Furneaux y de Mr Forster. Dejé en tierra dos cabras, macho y hembra; esta última era vieja, pero había parido dos hermosos cabritos poco antes de arribar a la Bahía Oscura, que murieron de frío, como ya he comentado; el macho tenía algo más de doce meses de edad. El capitán Furneaux había desembarcado un verraco y una marrana preñada en la Ensenada de los Caníbales, de modo que motivos tenemos para esperar que este país se pueble de cabras y cerdos con el tiempo. El riesgo de que los nativos acaben con ellos no es grande, pues les tienen mucho miedo; además, como no saben en absoluto dónde los hemos dejado, se asilvestrarán tanto antes de que los descubran que no permitirán que nadie se acerque.

Miércoles 2 de junio. Las cabras, sin duda, tirarán a las montañas, y los cerdos a los bosques, donde hay abundante alimento para unos y otros.

Jueves 3 de junio. Ayer por la mañana vino un hombre con su hijo, un muchacho de unos diez años, y me lo presentó; yo creí, pues era cosa corriente, que venía a vendérmelo, pero al final resultó que lo que quería era que le regalara una camisa, lo cual hice. El muchacho estaba tan contento con su nuevo vestido que fue por todo el barco presentándose a todo el que se cruzaba en su camino; esta familiaridad del niño molestó al viejo Will, el chivo, que le embistió, arrastrándole por cubierta, y habría repetido el golpe de no ser por algunos hombres que acudieron en auxilio del muchacho. Pero al chiquillo el accidente le pareció irreparable: la camisa se había ensuciado y temía aparecer en la cabina ante su padre; finalmente lo trajo Forster, y entonces montó toda una historia contra *goure* o el *gran perro,* como llaman a todos los cuadrúpedos que llevamos a bordo, y no quedó tranquilo hasta que la camisa estuvo limpia y seca... Pronto comenzaron los trueques entre nuestros hombres y los nativos; no había manera de impedir que los nuestros dieran las ropas que vestían a cambio de las más disparatadas fruslerías, cosas que no eran ni útiles ni curiosas —tal era la pasión reinante por las curiosidades—; ello me llevó a poner freno a esos intercambios mucho antes de lo previsto. Cuando partieron, se dirigieron a Moutara donde, con la ayuda de las lentes, descubrimos cuatro o cinco canoas más y cierto número de individuos. Esto me animó a ir en un bote acompañado por Mr Forster y uno de los oficiales; fuimos bien recibidos por el cacique y toda la tribu, compuesta por 90 a 100 personas entre hombres, mujeres y niños. Llevaban consigo seis canoas y todos sus utensilios, por lo que es probable que vinieran a residir a este canal. Pero esto es una mera conjetura, ya que es muy corriente que lleven consigo todas sus pertenencias aunque sólo sea para un corto desplazamiento, dándoles lo mismo un lugar que otro con tal que les proporcione el sustento necesario, de modo que rara vez puede decirse que estén en casa. Así, pues, resulta fácilmente explicable la migración de esos pequeños grupos que encontramos en Bahía Oscura. Vivir de tal modo dispersos, sin más jefe reconocido que el cabeza de familia o tribu —cuya autoridad puede ser muy poca—, les somete a muchos inconvenientes, que no se dan en una sociedad perfectamente regulada y unida bajo un jefe o cualquier otra forma de gobierno; éstos establecen leyes y normas para el bienestar general, no se inquietan ante la aparición de ningún extraño y, en caso de ataque o invasión, tienen harta influencia para retirarse a donde pueden defender con ventaja personas, bienes y territorio: tal parece ser el estado de la mayoría de los habitantes de *Eahei no mouwe.* En cambio, los de *Tovy poe nammu,* al llevar una vida nómada, carecen de muchas de estas ventajas, lo que les somete a una continua inquietud: los encontrábamos generalmente en guardia, viajando o trabajando, según las circunstancias, con las armas en la mano; ni siquiera las mujeres están dispensadas de llevarlas, según se puso de manifiesto en la primera entrevista que tuve con el grupo de Bahía Oscura: cada una de las dos mujeres iba armada con una lanza no menor de 18 pies de largo.

◀ Según se advirtió más arriba, a la llegada del *Resolution,* Furneaux estaba preparándose para invernar en el Canal de la Reina Carlota, proceder que de ningún modo podía ser del gusto de su enérgico comandante, que decidió buscar un continente al este de Nueva Zelanda entre las latitudes 41° y 46° sur. A tal fin, aprovechó los vientos del oeste y puso rumbo al sur de la derrota que siguió en 1769, cuando recurrió a los vientos

Junio 1773

Vista general de la isla de «Eimeo» (Moorea), islas Sociedad, por John Weber, 1777.

Capitán James Cook, por John Webber, pintor oficial durante el tercer viaje. ▷

Junio 1773

del oeste más septentrionales para navegar desde Tahití hasta Nueva Zelanda.

«Hallándose en este momento las dos corbetas a punto para hacerse a la mar, entregué al capitán Furneaux un informe escrito de la derrota que me proponía seguir, que era avanzar de inmediato hacia el este, entre los 41 y los 46° de latitud, hasta llegar a 140 ó 135° de longitud E, para luego, siempre que no se descubriera tierra, continuar hasta Otaheite y desde allí regresar a este lugar por la ruta más corta; y después de cargar leña y agua, avanzar hacia el sur para explotar todas las ignotas regiones marinas sitas entre el meridiano de Nueva Zelanda y Cabo de Hornos. En caso de que nos separáramos antes de llegar a Otaheite, fijé esa isla como punto de reunión, donde nos aguardaría hasta el 20 de agosto. De no reunirse con él antes de esa fecha, seguirá la derrota que juzgue más oportuna para volver al Canal de la Reina Carlota, y permanecerá allí hasta el 20 de noviembre, tras lo cual se hará a la mar y pondrá en ejecución

Junio 1773

las instrucciones de Sus Señorías. A algunos quizá les parezca una decisión extraordinaria por mi parte que insista en explorar tan al sur, hasta los 46°, en pleno invierno, pues se ha de reconocer que es una estación nada favorable para la exploración. Con todo, me parece necesario hacer algo entretanto para reducir el trabajo que llevo entre manos al mínimo, de lo contrario no podría concluir el reconocimiento de la parte austral del Océano Pacífico Sur durante el próximo verano; además, si descubriera algún territorio en mi derrota hacia el este, estaré presto a explorarlo con la llegada del verano. En contra de toda consideración, poco tengo que temer con dos barcos bien abastecidos y las tripulaciones en buen estado de salud.

»Durante nuestra breve escala en este canal, observé que esta segunda visita no ha mejorado la moral de los nativos, sean del sexo que sean. Las mujeres de este país siempre me han parecido más castas que la gran mayoría de las indias: cualquier atención que algunas pudieran haber tenido con la tripulación del *Endeavour,* se hizo generalmente de una manera discreta y sin que los hombres parecieran interesarse al respecto. Pero ahora sabemos que ellos son los principales promotores de este vicio: por un clavo o cualquier otra cosa que aprecien, obligarán a sus mujeres e hijas a prostituirse, quieran que no, y sin la reserva que la decencia parece requerir. Tales son las consecuencias del trato con europeos y, lo que es aún más vergonzoso para nosotros, cristianos civilizados: corrompemos su moral ya muy proclive al vicio y propagamos entre ellos necesidades y, acaso, enfermedades que nunca antes conocieron y que sólo sirven para perturbar esa feliz tranquilidad que ellos y sus antepasados disfrutaron. Si alguien pone en duda la verdad de esta afirmación, dígame qué han ganado los nativos de todo lo largo y ancho de América con el comercio mantenido con los europeos.

MARTES 8 de junio. Hoy, al ir a dar cuerda a los relojes, el husillo del de Arnold no giraba; tras varios intentos infructuosos, nos vimos obligados a dejarlo. Éste es el segundo de los relojes de este caballero que falla: uno de los que van a bordo del *Adventure* se paró en El Cabo de Buena Esperanza y no ha vuelto a funcionar desde entonces.

MARTES 22 de junio. Temp. 48 a 50. Lat. 44° 41' s. Long. estim. 162° 39' o; reloj 162° 47'. Viento flojo y tiempo apacible. Mar de fondo del sur, muy embravecido; así pues, es probable que no exista tierra alguna próxima en esa dirección, al menos no más acá de los 50° de latitud.

❦ A mediados de julio, Cook zarpa hacia el este y rebasa la longitud 130° o, a pesar del invierno, manteniéndose la mayor parte del tiempo al sur de los 40° de latitud. El 17 de julio dobla hacia el norte rumbo a la isla Pitcairn, descubierta por el capitán Carteret en 1767 y sita a medio camino entre Nueva Zelanda y Suramérica. A pesar del tiempo invernal, de momento había demostrado que no existía ningún continente en la región situada al norte de los 40°, aproximadamente, de latitud s.

SÁBADO 17 de julio. Lat. 39° 44' s. Long. estim. 133° 32' o. A primera hora, vientos muy duros y tiempo despejado; más tarde, chubascos de agua. A las 4 de la tarde arrizábamos las gavias y maniobrábamos con la sobremesana. Por la mañana las soltábamos de nuevo, pero tuvimos que acortarlas otra vez antes de mediodía, hora a la que alcanzamos la longitud que al principio propuse; y estando casi a medio camino entre mi travesía de 1769 hacia el norte y el retorno al sur en ese mismo año —como se verá en la carta marina— arrumbé al N 1/2 E, teniendo en favor un viento muy duro del SSO, con vistas a reconocer hasta los 27° de latitud S, esa zona comprendida entre las dos trayectorias que acabo de mencionar: espacio en el que nadie ha estado, que yo sepa. Fuerte mar de fondo del SO.

Julio 1773

◀ La urgencia de encontrar provisiones de refresco en mares más cálidos se acentúa a causa del grave brote de escorbuto a bordo del *Adventure,* cuando fallece el cocinero y veinte hombres caen enfermos, mientras que el *Resolution* sólo tiene, en ese momento, un caso de escorbuto y algunos hombres con síntomas sospechosos. Cook transborda al *Adventure* y entrega a Furneaux un prospecto escrito para el empleo de los antiescorbúticos. En esas circunstancias, pasa sin detenerse a unas quince leguas al oeste de Pitcairn, y por varias islas más, hasta quedar, el 15 de agosto, a la vista de su viejo amor: Tahití. Sin embargo, el recibimiento dista mucho de ser cariñoso, pues una calma chicha deja las corbetas a merced de las corrientes, que estuvieron a punto de estrellarlas contra los arrecifes de la costa.

JUEVES 29 de julio. Lat. 27° 30' S. Long. estim. 136° 14' O. Vientos flojos con algunos chubascos por la noche. Navegamos hacia el oeste hasta las 4 de la mañana, momento en que viramos al NE hallándonos a 27° 49' de latitud. Con un día extraordinario, eché un bote al agua y fui a bordo del *Adventure* para informarme del estado de su tripulación; entonces me enteré de que el cocinero había fallecido y de que había veinte hombres más afectados por el escorbuto y la disentería. En ese momento, nosotros teníamos únicamente tres hombres en la lista de enfermos y, de ellos, sólo uno por escorbuto; sin embargo, varios empezaban a mostrar síntomas sospechosos y, por consiguiente, se les puso a régimen de infusión de malta no fermentada, mermelada de zanahoria y jarabe de limones y naranjas. Nombré a uno de mis hombres «Cook» del *Adventure* y escribí al capitán Furneaux proponiéndole todos los métodos que, a mi juicio, tenderían a frenar la propagación de la enfermedad entre su gente. Los métodos que le sugerí eran: elaborar cerveza de malta concentrada y no fermentada e infusiones de picea y té (de todo lo cual teníamos a bordo) para todos, si podía disponer de agua, si no, sólo para los enfermos; incrementar la ración de «sauerkraut»; cocer col con guisantes, servir vino en vez de licor; y, por último, reducir la ración de carne salada. Mar de fondo del OSO.

LUNES 2 de agosto. Temp. 68. Lat. 23° 14' S. Long. estim. 134° 6' O. A primera hora, vientos duros y cielo cubierto; resto del día, vientos flojos y tiempo despejado. Hallándonos en la latitud de la isla Pitcairn, descubierta por el capitán Carteret en 1767, la buscamos, pero sólo vimos dos aves del sol; sin duda la habíamos dejado al este. Una vez cruzada o rebasada hacia el norte la derrota del capitán Carteret, no se puede hacer ningún descubrimiento de importancia: mientras permanezca en aguas tropicales, islas es todo lo más que podemos esperar encontrar. Como ahora, lo mismo que en mi anterior viaje, crucé este océano desde los 40° S hacia arriba, difícil me sería negar que tengo opinión propia acerca del gran objetivo

Cobertizo para embarcaciones en Raiatea («Ulietea»), islas Sociedad, a partir de un dibujo de Sydney Parkinson, 1769. Repárese en el clasicismo de las figuras.

Agosto 1773

de mis investigaciones, a saber, el continente austral. Las circunstancias parecen indicar que no existe ningún continente, pero esto es demasiado importante para dejarlo en simple conjetura; la realidad tiene que demostrarlo, y a ella sólo se puede acceder visitando las restantes regiones inexploradas de este océano: tal será el objetivo de lo que queda de viaje. A continuación paso a ofrecer un cuadro general de las observaciones que hice desde que dejamos Nueva Zelanda. Tras abandonar la costa, a diario estuvimos avistando, en un intervalo de 18° de longitud —flotando en las aguas—, hierbajos de esos que viven en las rocas. Antes de descubrir tierra, durante mi travesía hasta Nueva Zelanda de 1769, vimos el mismo tipo de hierbajo, y en cantidades superiores, a partir de los 37° a 39° de

latitud y a lo largo de 12° ó 14° de longitud. Es indudable que este hierbajo lo produce Nueva Zelanda, porque cuanto más nos acercábamos a esa costa mayor era la cantidad que veíamos; al aumentar la distancia siempre avistábamos fragmentos pequeños, por lo general podridos y cubiertos de percebes. Preciso era mencionarlo, de otra manera podrían levantarse sospechas de la existencia de alguna otra gran tierra en su vecindad. Digo gran tierra porque no puede ser una pequeña extensión de costa marina la que produce la cantidad suficiente como para diseminarla por tan gran superficie de agua. Después de abandonar tierra, durante varios días tuvimos mar de fondo tendida del SE, hasta que alcanzamos los 46° de latitud y los 177° de longitud O, donde nos acometieron gran-

Agosto 1773

Agosto 1773

des olas del N y del NE que persistieron por espacio de 5° de longitud hacia el este, si bien el viento sopló generalmente en sentido contrario, sólido indicio de que no existía tierra entre nosotros y mi derrota de 1769 hacia poniente. En resumen, el viento nunca llegó a ser duro pero traía a la cola mar de fondo tendida que no decaía aunque lo hiciera el viento que lo había provocado: lo que demostraba, a todas luces, que no estábamos en la vecindad de ninguna tierra de gran extensión. Y esta opinión la mantengo hasta el momento presente, pues hoy, a mediodía, teníamos fuerte mar de fondo del oeste —de mayor altura que la habitual—, lo que me reafirma en que no existe tierra entre nosotros y mi anterior derrota hacia el sur, de la que distamos 230 leguas.

MIÉRCOLES 11 de agosto. Lat. 17° 18' S. Long. estim. 142° 3' O; reloj 142° 29'. Vientos flojos y tiempo despejado. A las 6 de la mañana se avistó tierra hacia el sur. Enseguida descubrimos que se trataba de una isla de unas 2 leguas, orientada de NO a SE, baja y cubierta de bosque, del que sobresalen las palmeras cocoteras con sus altivas cabezas. Creo que es una de las islas descubiertas por Bougainville (latitud 17° 24', longitud 141° 39' O). La tripulación del *Adventure* está aquejada de escorbuto y ello me obliga a proseguir hacia Otaheite, donde estoy seguro de encontrar provisiones de refresco para ellos; por eso no me detuve a explorar esta isla, que parecía demasiado pequeña para subvenir a nuestras necesidades.

SÁBADO 14 de agosto. A las 5 de la tarde avistábamos tierra extendiéndose de OSO a SO, a 3 ó 4 leguas de distancia. Juzgué que se trataba de la isla de la Cadena, descubierta en mi último viaje. Temiendo ir a dar contra uno de esos islotes durante la noche y deseoso de evitar el retraso que a menudo suponen, hice botar el escampavía, convenientemente equipado, y lo envié a proa llevando consigo un fanal con las oportunas señales para dirigir las corbetas en caso de que encontrara algún peligro. Así navegamos toda la noche sin tropezar con ningún obstáculo; a las 6 de la mañana, lo llamé a bordo y lo izé, pues no parecía que lo fuéramos a necesitar de nuevo ya que, por entonces, teníamos mar de fondo gruesa del sur, indicio seguro de que estábamos libres de islotes.

DOMINGO 15 de agosto. Lat. 17° 45' S. Long. estim. 148° 16' O; reloj 148° 34'. Vientos flojos y tiempo agradable. A las 5 de la mañana avistábamos la isla Osnaburg demorando al S 1/4 O 1/2 O. A las 9 llamé al capitán Furneaux a bordo para informarle de que me proponía entrar de arribada en la Bahía Oaiti-piha, en el extremo SE de Otaheite, con el fin de procurarnos las provisiones de refresco que pudiéramos antes de dirigirnos a la Bahía Matavai. A mediodía, la isla Osnaburg demoraba al ESE, a 5 ó 6 leguas de distancia. Se mantiene el mar de fondo del sur.

»A las 6 de la tarde divisábamos la isla de Otaheite, extendiéndose de O 1/4 S a ONO, a unas 8 leguas de distancia. Mantuvimos el mismo rumbo hasta media noche, luego nos pusimos a la capa hasta las 4, hora en que nos hacíamos a la vela en dirección a tierra. Había dado instrucciones sobre la posición que debíamos mantener respecto a tierra, pero por un error no fueron convenientemente seguidas; cuando me levanté al rayar el alba, encontré que estábamos siguiendo un rumbo equivocado y que no distábamos más de media legua del arrecife que protege el extremo

Embarcaciones de la isla de «Otaha» (Tahaa), islas Sociedad, por Sydney Parkinson, 1769.

sur de la isla. Di órdenes de inmediato para halar hacia el norte; si se hubiera mantenido la brisa que por entonces teníamos, habríamos quedado francos de todo obstáculo, pero al poco el viento amainó y finalmente se calmó por completo. Echamos al agua uno de nuestros botes, pero ni siquiera con su ayuda se pudo impedir que las corbetas se acercaran a los arrecifes; sin embargo, la corriente parecía estar a nuestro favor, y recuperamos la esperanza de conseguir doblar la punta del arrecife hacia el interior de la bahía. En ese momento había muchos nativos a bordo de las corbetas y en derredor de ellas, en canoas, de modo que pudimos conseguir algo de fruta y pescado a cambio de clavos, cuentas, etc.

MARTES 17 de agosto. Hacia las 2 de la tarde alcanzábamos una abertura del arrecife por la que esperaba abocar las corbetas, ya que nuestra situación era cada vez más peligrosa; pero cuando interrogué a los nativos, me dijeron que el agua no era muy profunda, cosa que confirmé mediante examen. Sin embargo, eso mismo provocó tal corriente de marea que estuvo muy cerca de dar al traste con ambas corbetas, en especial con el *Resolution* pues, en cuanto entraron en dicha corriente, se vieron

Agosto 1773

Agosto 1773

arrastradas hacia el arrecife a gran velocidad. Así que me di cuenta, ordené echar al agua una boya de espía que teníamos a punto, con 300 ó 400 brazas de cable, pero no nos hizo ningún servicio, ni siquiera nos puso proa al mar. Entonces, tan pronto tuvimos fondo, dejamos ir una de las anclas, pero cuando el barco llegó a fondear tenía menos de 3 brazas de agua y escollaba a cada embate del mar que rompiera con fuerza contra el arrecife —próximo a nuestra popa—, amenazándonos con echarnos a pique. El *Adventure* estaba anclado cerca de nosotros, por nuestra amura de estribor, y afortunadamente no tocaba fondo. Así las cosas, echamos un anclote con cable y el ancla de fundición con uno de 8 pulgadas: halando de éstos y cortando el ancla de leva salvamos el barco. Cuando concluíamos la maniobra, la corriente o marea dejaba de fluir en la dirección precedente; ordené entonces que todos los botes se aplicaran a remolcar el *Resolution* y, en cuanto vi que era practicable, izamos las dos anclas chicas. En ese momento se levantó una brisa ligera de tierra que, a las 7, con la ayuda de los botes, nos daba una franquía de 2 millas. Acto seguido envié los botes en ayuda del *Adventure*, pero antes de que lo alcanzaran lograba hacerse a la vela con el viento de tierra, dejando tras de sí tres anclas, el cable de la de fundición y dos de remolque, que nunca fueron recuperados; así pues, las corbetas estaban una vez más a salvo tras escapar por pelos del naufragio en esa misma isla que, pocos días ha, deseábamos tan fervientemente alcanzar. Pasamos la noche haciendo bordadas cortas y por la mañana poníamos proa a la bahía Oati-piha, donde fondeábamos hacia mediodía a unos 2 cables de la playa, con 12 brazas de agua, amarrados con las anclas de codera. Ambas corbetas se vieron rodeadas por una multitud de nativos con sus canoas; traían consigo cocos, plátanos, manzanas, ñames y otras raíces que cambiaron por clavos y cuentas. A varios que se presentaron a sí mismos como *arre's* (ca-

Achicador para canoas, islas Sociedad. l. 45,5 cm.

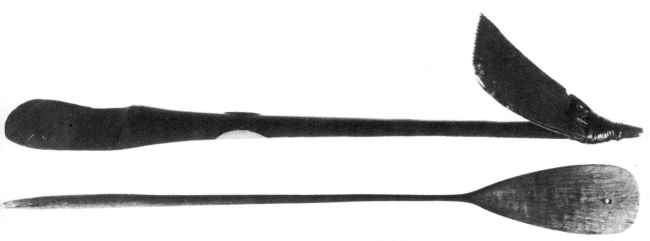

Instrumento con hoja de hueso para tatuar, islas Sociedad. l. 14 cm.

Mallo de madera para tatuar, islas Sociedad. l. 39 cm.

ciques) les regalé camisas, hachas y otros artículos; por su parte prometieron traerme cerdos y volatería: promesa que nunca se propusieron cumplir.

Martes 24 de agosto. Por la mañana me hice a la mar con viento de tierra flojito; poco después de salir, saltaba a poniente y soplaba a ráfagas acompañado de fuertes chubascos de agua. En la bahía quedó el teniente Pickersgill con la escampavía para adquirir cerdos, pues nos habían prometido varios para hoy. Nos siguieron muchas canoas con cocos y otros frutos, y no nos dejaron hasta que se deshicieron de sus cargas. Las frutas conseguidas aquí contribuyeron en gran medida a la recuperación de los enfermos del *Adventure*; muchos de los que cuando arribamos eran incapaces de subir a cubierta sin ayuda de tan débiles que estaban, ahora se han recuperado al punto que pueden caminar por sí mismos: cada mañana se les llevaba a tierra, bajo los cuidados del ayudante del médico, y por la tarde regresaban a bordo. Cuando llegamos a este lugar, el *Resolution* tenía sólo una persona escorbútica a bordo y un marinero; éste venía doliéndose desde hacía tiempo y falleció al segundo día de nuestra arribada por un agravamiento de la enfermedad, sin el más mínimo síntoma de escorbuto.

Jueves 26 de agosto. A las 4 de la tarde fondeábamos en Bahía Matavai, tras lo cual envié nuestros botes en ayuda del *Adventure*, que entró unas dos horas después. Mientras anclábamos, se acercaron muchos nativos; a varios ya los conocía y la mayoría de ellos a mí. En la playa se congregó una gran muchedumbre.

❧ Cook pasa únicamente diecisiete días en ancladeros tahitianos, terminando en Fuerte Venus. Los isleños, sobre todo algunos de sus «viejos amigos», se mostraron amables y hospitalarios, pero habían pasado por una guerra desvastadora y, por otro lado, la visita de las naves francesas había introducido o acentuado una enfermedad exótica.

Agosto 1773

Septiembre 1773

MIÉRCOLES 1 de septiembre. Todos los enfermos están muy recuperados. Tenemos los barriles de agua recompuestos y llenos, y las necesarias reparaciones de las corbetas concluidas. Decidí hacerme a la mar sin pérdida de tiempo, de conformidad con lo cual ordené que se embarcara todo y que las corbetas soltaran amarras... Dejamos que los barcos arrumben a la isla de Huaheine y echamos un breve vistazo a la de Otaheite. Poco después de nuestra llegada nos contaron que un barco del tamaño del *Resolution*, mandado por un *opeppe*, había entrado en la ensenada Owhaiurua, cerca del extremo sur de la isla. Varios fueron los informes que nos dieron los nativos en torno a este barco, de los que pude colegir que había permanecido aquí unas tres semanas, que se había marchado casi tres semanas antes de llegar nosotros... quizá fuera uno de los dos barcos franceses que se esquifaron en la isla Mauricio y que hicieron escala en El Cabo de Buena Esperanza, en marzo de 1772, en su singladura hacia este mar, llevando a bordo a Aotourou: el hombre que De Bougainville sacó de esta isla y que murió mientras los barcos estaban en El Cabo, según se informó; sea como fuere, estamos seguros de que no ha vuelto, y parece que sus compatriotas le han olvidado por completo, lo mismo que a Tupia, que marchó mucho después.

»Esta hermosa isla que en los años 1767 y 68 estaba plagada de cerdos y aves de corral, anda ahora tan escasa de dichos animales que rara es la cosa capaz de inducir a sus propietarios a desprenderse de ellos. Los pocos que quedan, diríase que están a disposición del rey, pues mientras estuvimos en la bahía Oaiti-piha, en el reino de Tearrabou, cuando veíamos a un cerdo, siempre decían que era de Oheatooa; lo mismo mientras estuvimos en Matavai, en el reino de Oppoureonu: allí todos pertenecían a [Otoo]. En los diecisiete días que permanecimos en la isla, conseguimos únicamente 25 cerdos y una gallina: la mitad de los cerdos procedían de los reyes, y creo que la mayor parte de la otra mitad nos los vendieron con su permiso. Sin embargo, se nos abasteció abundantemente de todo tipo de fruto producido en la isla, excepto «giaca», de la que conseguimos poca por no ser ésta la estación adecuada. Cada día mantuve una reunión

Batidor de madera para tejidos de corteza, islas Sociedad. l. 38 cm.

Septiembre 1773

comercial en tierra, lo que nos permitió disponer de lo suficiente para el consumo actual y para llevarnos a alta mar. La escasez de cerdos y volatería puede ser debida a dos causas: primera, al número de los consumidos y llevados por las expediciones marítimas que han hecho escala aquí en los últimos años y, segunda, a las frecuentes guerras que no sólo destruyen muchos sino que no dan tiempo a que se reproduzcan. Desde 1767, ambos reinos han librado dos guerras asoladoras; ahora están en paz, pero no parecen sentir mucha amistad por el vecino. Nunca pude saber cuál fue la causa de la última guerra o quién se llevó la mejor tajada en la batalla que, según creo, puso fin a la disputa. En uno y otro bando, las víctimas fueron cuantiosas... El mal venéreo, tan corriente en la isla en 1769, al presente lo es mucho menos; dicen que pueden curarlo, y así parece ser, pues aunque la mayoría de nuestros hombres se sirvió a discreción de sus mujeres, y éstas eran de la clase llana, muy pocos se contagiaron de este mal, y de manera tan superficial que fue fácil erradicarlo. Se quejan de una enfermedad que les trajo el barco del *opeppe* (como ellos lo llaman); nos dijeron que les afectaba a la cabeza, al cuello y al estómago, y que al final acababa con ellos. Le tienen mucho miedo y constantemente preguntan si nosotros la padecíamos; la conocen con el nombre del transmisor: *apo na peppe*. Sin embargo, soy de la opinión de que se trata de alguna enfermedad epidémica que brotó entre ellos coincidiendo con la escala del barco, sin que éste contribuyera en lo más mínimo. Entre los nuestros hay quien afirma haber visto algunos con viruelas muy avanzadas.

¶ Cook deja Tahití el 2 de septiembre de 1773 y pone rumbo a poniente, hacia otra de las islas Sociedad cuyos habitantes le conocían y le reciben efusivamente, aunque se producen los usuales incidentes por culpa de los robos: dos nativos asaltan a un naturalista, Sparman, quizá porque, sin saberlo, violó algún tabú.

JUEVES 2 de septiembre. Tras abandonar Bahía Matavai, como antes señalé, puse rumbo a la isla de Huaheine, y a las 6 de la tarde del día siguiente estábamos a dos o tres leguas de su punta norte; allí pasamos la noche, pairando y haciendo bordadas cortas. El viernes por la mañana, al despuntar el día, nos hacíamos a la vela y doblábamos la punta en di-

Escudilla de madera, islas Sociedad. l. 79,5 cm.

Mano de mortero para alimentos, trabajada en piedra, islas Sociedad. a. 18,5 cm.

Tocado (fau) de cestería y plumas que se llevaba con una gorguera de plumas, islas Sociedad. a. 162,5 cm.

Septiembre 1773

rección a Puerto Owharre, donde fondeamos a las 9 con 24 brazas de agua. Como el viento soplaba puerto afuera, decidí entrar por el canal meridional: el *Resolution* entró muy bien, pero el *Adventure*, al fallarle la virada, se fue contra el arrecife de la orilla norte del canal.

Viernes 3 de septiembre. Yo tenía la lancha del *Resolution* a punto para el caso de que se produjera un accidente de este tipo, y la envié de inmediato al *Adventure*; gracias a esta oportuna ayuda, salió sin recibir daño alguno. Así que las corbetas estuvieron seguras, desembarqué, siendo recibido por los nativos con suma cordialidad.

Domingo 5 de septiembre. A primera hora de la mañana, Oree me hizo una visita acompañado por unos amigos. Me trajo como presente un cerdo y algunas frutas, a lo que correspondí adecuadamente. Este anciano y generoso cacique nunca dejó de enviarme cada día, para mi mesa, las mejores frutas y raíces disponibles, y en gran cantidad. Destaqué de nuevo al teniente Pickersgill al extremo sur de la isla, portando consigo la es-

Tambor de madera con membrana de piel de tiburón y ligaduras de fibra de coco, islas Sociedad. a. 63,5 cm.

Mango de mosqueador, Rurutu, islas Australes. Mosqueadores con un decorado similar, pertenecientes a personas de alto rango, se empleaban en las islas Sociedad. a. 5 cm (sólo la figura).

campavía y la lancha, y regresó el mismo día con veintiocho cerdos. En tierra nos hicimos con casi cuatro veces más, que llevamos junto a las corbetas.

Septiembre 1773

LUNES 6 de septiembre. De mañana envié a tierra, como siempre, al grupo encargado de comerciar; después del desayuno también fui yo, siéndome comunicado que uno de los nativos había estado fastidiando un poco. Me lo presentaron completamente pertrechado con el atuendo de guerra, provisto de un palo en cada mano; como parecía estar resuelto a hacer alguna trastada, le arrebaté los palos y los rompí, no sin cierta dificultad, intimándole a retirarse del lugar. Me dijeron que era un aru, lo que me le hizo más sospechoso y me indujo a poner un centinela, cosa que antes había juzgado innecesario. Por entonces, habiendo salido Sparman a herbori-

Reposacabezas de madera, islas Sociedad. l. 24,5 cm.

Septiembre 1773

zar en solitario, fue asaltado por dos individuos que le quitaron todo lo que llevaba encima, salvo los pantalones, y le golpearon varias veces con su propio chafarote sin que, por fortuna, le causaran mal alguno. En cuanto consiguieron su objetivo, escaparon, tras lo cual llegó un hombre, le dio un trozo de tela para que se cubriera y lo condujo ante mí. Me dirigí de inmediato a Oree para protestar por este ultraje, llevando conmigo al hombre que volvió con Sparman para dar fuerza a la queja. En cuanto el cacique se enteró, lloró lastimeramente, lo mismo que algunos otros; y una vez pasada esta primera manifestación de desconsuelo, reconvino a la gente haciéndoles ver lo bien que me había portado con ellos, tanto en éste como en mi anterior viaje, o algo por el estilo. A continuación prometió hacer todo lo que estuviera en su mano para recuperar lo sustraído a Sparman... Acto seguido, sin la más mínima invitación al cacique para que nos acompañara, subimos al bote para dirigirnos al barco. Él, sin embargo, insistía en venir con nosotros a pesar de la oposición de los que le rodeaban; la hermana seguía su ejemplo, indiferente a las lágrimas y protestas de su hija, una joven de 16 a 18 años. El cacique se sentó a la mesa con nosotros y comió en abundancia; su hermana se sentó detrás, por no ser costumbre que las mujeres coman con los hombres. Después del banquete les hice sendos obsequios y por la tarde les llevé a tierra, al mismo sitio donde le prendí por primera vez y donde, ahora, varios centenares de personas esperaban para recibirle. Muchos le abrazaban con lágrimas de alegría en los ojos; todo era paz y armonía... Oree y yo éramos amigos a todos los efectos tradicionales entre ellos, y él no concebía que esta amistad pudiera quebrantarse por un acto cometido por una tercera persona. En realidad, tal parece haber sido el argumento que esgrimía ante su gente cuando se oponían a que viniera en mi bote; sus palabras al respecto fueron: Oree (pues así me llamaron siempre) y yo somos amigos, yo no he hecho nada para perder su amistad, por qué no habría de ir con él. No obstante, nunca tropezamos con otro cacique que actuara de la misma manera en ocasiones similares.

Septiembre 1773

Martes 7 de septiembre. De mañana, temprano, empezamos a largar amarras. Entretanto fui a despedirme del cacique acompañado por el capitán Furneaux y Forster. Llevé conmigo, a modo de presentes, cosas que sabía le eran muy útiles y valiosas. Le dejé también la placa conmemorativa que ya antes había estado en sus manos, y otra más pequeña, de cobre, en la que figuraban, grabadas, las siguientes palabras: Fondearon aquí el *Resolution* y el *Adventure*, barcos de Su Majestad Británica, en septiembre de 1773; todo ello dispuesto, junto con algunas medallas, en una bolsa. El cacique prometió cuidar de todo y mostrarlo al primer barco que llegara a la isla. A continuación me regaló un cerdo, y después de convenir la venta de seis u ocho más y de cargar el bote con fruta, nos despedimos, momento en que el anciano y generoso cacique me abrazó con lágrimas en los ojos. En esta entrevista nada se dijo de las ropas de Sparman. Consideré que no habían aparecido, razón por la cual no las mencioné en absoluto: le habría producido gran congoja al cacique por algo que no le di tiempo a recuperar. Cuando llegué a bordo, encontré las corbetas rodeadas de multitud de canoas repletas de cerdos, gallinas y frutas, igual que a nuestra llegada.

◀ El 18 de septiembre de 1773, Cook deja las islas Sociedad con la intención de comprobar los informes de los nativos, según los cuales, hacia poniente existían unas islas entre las que, en su opinión, tenía que estar la isla Amsterdam, descubierta por Tasman en 1643. El resultado fue el redescubrimiento de las encantadoras islas Tonga, con sus fértiles suelos y sus amables habitantes, de quienes Cook ofrece un largo e interesante relato.

Azuela con hoja de piedra sujeta mediante fibra vegetal, islas Sociedad. l. 61 cm.

Representación de una divinidad femenina secundaria; guardada originalmente en el templo de la fig. pág. 191 arriba, islas Sociedad. a. 10,5 cm.

Figura de madera representando probablemente una divinidad secundaria. Esta figura fue hallada en el atuendo de doliente de la ilustración de la pág. 170 (servía para aguantar la máscara facial) cuando fue desmontada en 1966 para su limpieza y reparación. Islas Sociedad. a. 46,5 cm.

Casita en que se albergaba la divinidad de la figura de la pág. 190 izq. Islas Sociedad. l. 87,5 cm.

DEL 18 DE SEPTIEMBRE DE 1773 AL 6 DE FEBRERO DE 1774

ŚABADO 18 de septiembre. Lat. 17° 17' S. Long. estim. 153° 10' al O de Greenwich. Habiendo dejado Ulitea, como antes relaté, puse rumbo al oeste, inclinándome hacia el sur para evitar las singladuras de anteriores navegantes y alcanzar la latitud de la isla Amsterdam, descubierta por Tasman en 1643; siendo mi intención navegar a poniente hasta dicha isla, e incluso hacer escala en ella —si lo juzgo oportuno—, para proseguir luego hacia el sur. Por la tarde avistábamos la isla de Maurua, una de las Sociedad, a 10 leguas, demorando al N 1/4 O.

VIERNES 24 de septiembre. A las 2 sobrepasábamos, a la distancia de una legua, la tierra antes señalada; resultó estar formada por tres islas pequeñas inscritas en un arrecife rocoso que las circunda y que tendría quizá unas 18 millas de circunferencia. Son bajas y están cubiertas de árboles, siendo los cocoteros los más conspicuos; no vimos gente ni indicios de estar habitadas. Las bauticé con el nombre de Sandwich en honor de mi noble patrocinador el conde Sandwich. Latitud 19° 18' S; longitud 158° 54' O. Sin tiempo para intentar desembarcar, aunque parecía practicable por el flanco NO, reemprendimos nuestra singladura hacia el oeste. Por la noche tuvimos algunas horas de calma a las que siguió un alisio fresco del SE acompañado de chubascos de agua.

Septiembre 1773

Representación estilizada de un dios. Trabajo realizado con madera y fibra de coco. Islas Sociedad. l. 61,5 cm.

Desembarco en Middleburg (Eua, Tonga). Grabado de J. K. Shirwin, 1777, a partir de una pintura de William Hodges.

Octubre 1773

SÁBADO 2 de octubre. Vientos de levante. Vientos duros y cielo despejado. A las 2 de la tarde avistábamos la isla de Middleburg demorando al OSO. A las 6 estábamos a unas 12 millas de la costa oriental; los extremos demoraban al SO 1/4 O y NO respectivamente y se veía más tierra al NNO. A esa hora orzábamos hacia el sur para doblar la punta meridional de la isla. A las 8 descubríamos una pequeña isla al OSO de la punta sur de Middleburg; no sabiendo sino que podían estar conectadas por algún arrecife de ignorada extensión, para precavernos contra lo peor, nos matuvimos de orza y pasamos la noche haciendo cortas bordadas con poca vela... Poco después de echar el ancla, me dirigí a tierra con el capitán Fur-

neaux y varios oficiales y caballeros, llevando con nosotros en el bote a Tioonee, que nos condujo al lugar adecuado para desembarcar. Allí fuimos recibidos por las aclamaciones de una inmensa multitud de hombres y mujeres, ninguno de los cuales llevaba un solo bastón en las manos; eran tantos los que se apiñaban en torno a los botes con telas, esteras y otros artículos para cambiar por clavos, que transcurrió algún tiempo antes de que pudiéramos bajar a tierra. Finalmente el cacique nos abrió paso y nos condujo a su casa, que estaba muy cerca, en un lugar paradisíaco; el suelo estaba tapizado con esteras en las que tomamos asiento, mientras los isleños que nos acompañaron lo hacían a su vez en un círculo exterior.

Octubre 1773

Octubre 1773

Mandé que sonaran las gaitas, y el cacique, por su parte, ordenó que tres muchachas entonaran una canción, cosa que hicieron con muchísima gracia. Cuando acabaron, regalé a cada una de ellas un collar, con lo que la mayoría de las mujeres del círculo echaron a cantar; sus voces eran dulces y armoniosas, en modo alguno ásperas o desagradables... El capitán Furneaux y yo fuimos conducidos a casa del cacique, donde nos trajeron fruta para comer; después nos acompañó por el interior a través de plantaciones de frutales, tubérculos, etc., que denotaban mucho gusto y elegancia, estando cercadas por vallas de caña bien cuidadas. En las veredas y alrededor de sus casas corrían por doquier cerdos y grandes gallinas, únicos animales domésticos que vimos; no parecían dispuestos a desprenderse de ellos, ni se ofrecieron en todo el día a intercambiar frutas o tubérculos que merezcan comentario alguno: esto me decidió a dejar la isla de mañana y bajar a la de Amsterdam, donde Tasman encontró, en 1643, provisiones de refresco en abundancia. Al atardecer regresamos a bordo, encantados de esta corta excursión y del carácter amistoso de los nativos, que parecían competir entre sí por hacer lo que creían podía ser de nuestro agrado.

Domingo 3 de octubre. Así que estuve a bordo, desatracamos rumbo a la isla Amsterdam, con todas las velas desplegadas. Perlongamos el flanco sur de la isla, a media milla de la costa, y tuvimos ocasión de ver, con la ayuda de nuestras lentes, el aspecto que ofrecía el país: no había un acre que no estuviera ocupado por plantaciones. En varios puntos pudimos ver a los nativos correr a lo largo de la playa, algunos con pequeñas banderas blancas que tomamos por signos de paz; les respondimos izando una enseña de San Jorge...

Lunes 4 de octubre. Una vez desayunado, fui a tierra con el capitán Furneaux, Forster y varios oficiales. Un cacique o personaje de cierto relieve a quien hice varios presentes vino en el bote con nosotros; su nombre era Hatago, nombre por el cual quería que yo respondiese, y él por el mío (Otootee). Tuvimos la suerte de fondear delante de una pequeña caleta entre las rocas con el espacio suficiente para que nuestros botes pudieran quedar a resguardo de los rompientes; a este lugar nos condujo Hatago. Allí, en la playa, una inmensa multitud de hombres, mujeres y niños nos dio la bienvenida, igual que hicieron los de Middleburg y, como éstos, todos iban desarmados. Todos los oficiales y caballeros marcharon hacia el interior de la isla en cuanto pusieron el pie en tierra, a excepción del capitán Furneaux, que permaneció conmigo en la playa. Nosotros dos y Hatago nos sentamos en la hierba, y ordenó que la gente se sentara en un círculo alrededor nuestro, cosa que hicieron; ni una sola vez intentaron empujarse para caer sobre nosotros, como hacen generalmente los otaheitanos y la gente de las islas vecinas. Después de repartir algunas fruslerías, hicimos saber nuestro deseo de visitar el país, deseo que tardó en ser satisfecho lo que el cacique en mostrarnos el camino. Nos condujo por un sendero que desembocaba en una pradera en uno de cuyos lados estaba la casa de cultos, construida sobre un montículo artificial elevado 16 a 18 pies por encima del nivel general del terreno... Una vez examinado este templo, que en su idioma llaman *afia-tou-ca*, quisimos regresar, pero en lugar de conducirnos directamente a la playa fuimos por un camino que llevaba al interior de la isla. Éste era público, tenía unos 15 pies de ancho y era tan llano como un campo de bolos; había una valla de cañas a cada lado con puertas que se abrían, aquí y allá, a las plantaciones vecinas. Otras vías de procedencia diversa se unían a ésta, algunas de una amplitud equivalente, otras más estrechas, casi todas resguardadas del sol abrasador por árboles frutales. Tuve la sensación de que me transportaban a una de las más fértiles llanuras de Europa; no había una pulgada de suelo yermo, la veredas no ocupaban más espacio que el estrictamente necesario y las vallas no quitaban más de 4 pulgadas, e incluso este espacio no se perdía del todo porque en muchas vallas, a modo de soportes, plantaban árboles frutales y moreras. La escena era siempre la misma, el cambio de lugar no alteraba el paisaje. La naturaleza, ayudada por un poco de técnica, no podría mostrarse en un estado más exuberante que el que presenta en esta isla. En estos encantadores paseos nos cruzamos con mucha gente, unos iban a los barcos con cargas de fruta, otros regresaban de vacío, pero todos nos cedían el paso, sentándose o permaneciendo de pie con la espalda contra las vallas hasta que los rebasábamos... Así que hubimos comido, regresamos a la playa, donde encontramos a un anciano cacique que me ofreció un cerdo. Él y algunos más nos llevaron de paseo por la isla. En nuestro recorrido fuimos a parar al *afia-tou-ca* del que antes hablé; ante él volvimos a sentarnos, pero no a rezar; al contrario, el afable anciano me presentó a una mujer y me dio a entender que podía retirarme con ella; a continuación se la ofreció al capitán Furneaux, pero recibió una negativa por parte de ambos, y eso que no era ni vieja ni desagradable. Así pues, nuestra estancia aquí fue breve. El cacique, pensando seguramente que podíamos necesitar agua a bordo de las corbetas, nos condujo a una plantación cercana y nos mostró un estanque de agua dulce sin nosotros hacerle la más mínima petición en este sentido. Debe ser el mismo sitio que Tasman llama baño del rey y sus nobles.

MIÉRCOLES 6 de octubre. Mi amigo Hatago me visitó esta mañana como de costumbre, trayendo consigo un cerdo y ayudándome a adquirir varios más. Después fui a tierra, visité al anciano cacique y permanecí con él hasta mediodía; luego regresé a bordo para comer con mi amigo, que nunca me dejaba.

JUEVES 7 de octubre. Hatago quería que volviera de nuevo a la isla llevando conmigo telas, hachas, clavos y otros artículos, asegurándome que obtendría cerdos, gallinas, frutas y tubérculos en abundancia. Deseaba muy especialmente que le llevara un traje como el que yo vestía entonces, que era mi uniforme. Este afable isleño me fue muy útil en numerosas ocasiones; durante nuestra breve escala, cada mañana venía a bordo poco después de que clareara y no me abandonaba en todo el día. Siempre estaba a punto, fuera a bordo, fuera en tierra, para prestarme cualquier servicio que estuviera en su mano. Su fidelidad fue recompensada con un pequeño gasto del que respondo teniendo semejante amigo... A las 10 nos hacíamos a la vela, pero como las cubiertas estaban llenas de frutas y otros artículos, fuimos orzando con las gavias al socaire de la costa hasta que fueron despejadas. Las provisiones que obtuvimos en esta isla fueron: 150

Octubre 1773

Octubre 1773

cerdos, el doble de gallinas, algunos ñames y tantos plátanos y cocos que tuvimos que decir basta. De haber estado más tiempo, más habríamos conseguido; esto da cierta idea de la fertilidad de la isla, de la que, junto con la vecina Middleburg, paso a dar un informe más detallado. Estas islas fueron descubiertas en enero de 1613 por el capitán Tasman; las bautizó como Amsterdam y Middleburg, aunque los nativos llaman a la primera *Ton-ga-tabu* y a la segunda *Ea-oo-we*... La isla Ton-ga-tabu y las faldas de Ea-oo-we están, como antes señalé, totalmente cubiertas de plantaciones en las que crecen algunos de los más ricos productos de la naturaleza. En estas plantaciones se encuentra la mayor parte de las viviendas, construidas sin más concierto que el que la comodidad reclama; hay senderos que llevan de una a otra, y caminos públicos que permiten transitar libremente a cualquier parte de la isla.

»Los principales productos de estas islas son: cocos, «giaca», plátanos o bananas, pomelos, limones, un fruto similar a la manzana —al que denominan *fezhega*, y en Otaheite *aheiya*—, caña de azúcar, ñames y otros varios tubérculos y frutos que son corrientes en las demás islas. En general, Forster ha hallado las mismas especies de plantas aquí que en Otaheite, aparte de otras que no se encuentran allí; y yo probablemente he ampliado su provisión de vegetales al dejar en ambas islas todo un surtido de legumbres, semillas de hortalizas, etc. El «giaca», como en todas las demás islas, estaba fuera de estación; los pomelos y limones, lo mismo: de los primeros conseguimos unos pocos en Ea-oo-we, en cuanto a los segundos, encontramos sólo el árbol; tampoco era la estación adecuada para los tubérculos. No vimos otros animales domésticos entre ellos que no fueran cerdos y gallinas: aquéllos eran del mismo tipo que los de las restantes islas, pero las gallinas eran mucho mejores, tan grandes como cualquiera de las que tenemos en Europa y harto bien sabrosas. Creemos que no tienen perros, pues se mostraban en sobremanera codiciosos de los que teníamos a bordo; su deseo quedó satisfecho en la medida que un perro y una perra podían hacerlo, procedente el uno de Nueva Zelanda y el otro de Huaheine o Ulitea. El nombre del perro en su lengua es *korree*, igual que en Nueva Zelanda, lo que demuestra que el nombre no les es tan desconocido como quizá les sea el animal... En nada se pone tan de manifiesto su inventiva como en la manera de construir canoas. Son largas y estrechas, con balancines, compuestas por varias piezas curiosamente unidas mediante una costura hecha con fibra de coco. La unión, por el lado de adentro, es perfecta: labran una especie de bisel en el borde interior de las piezas a unir, en el que hacen unos agujeros por los que pasan el zurcido, de modo que por afuera no se ve nada y las junturas quedan tan ajustadas que difícilmente puede pasar el agua, aunque no están calafateadas ni embreadas. Las canoas corrientes tienen de 20 a 30 pies de largo y unas 20 pulgadas de ancho. El casco es casi redondo, la popa termina en punta y la proa recuerda una cuña con los cantos redondeados; ni la una ni la otra se levantan por encima del nivel medio de la borda. Llevan una especie de cubierta del largo aproximado de una cuarta parte de

Peces voladores.

la canoa; en algunas, el centro de dicha cubierta está decorado con una fila de conchas blancas clavadas en unas estaquillas del mismo material que compone las cubiertas. La parte media está al descubierto, con bancadas sujetas a las bordas que sirven de asiento a los remeros y dan solidez a la canoa. Las impulsan mediante canaletes de paleta corta y muy ancha en el centro; algunas disponen de mástil y vela, pero sólo vimos una canoa pequeña así pertrechada; las preparadas para navegar a vela, por lo general, son mucho mayores, aunque siguen el mismo modelo de construcción con el añadido de un saliente en el centro que rodea la parte descubierta de la canoa, formando un cajón largo o artesa, abierto longitudinalmente por arriba y por abajo, y compuesto de tablones muy bien unidos y afirmados al cuerpo de la misma. Fijan de costado dos de tales canoas —dejando entre ellas un espacio de unos seis pies— por medio de fuertes travesaños sujetos a la parte de arriba del susodicho saliente. Las puntas de los travesaños destacan muy poco por el flanco exterior de las canoas; sobre ellos se instala una plataforma de tablas que los rebasa considerablemente. En un extremo, ésta conserva su ancho y se aguanta en entalladuras del casco de la canoa; en el otro, la parte que sobresale no es más ancha que el espacio entre las canoas y se apoya en palos longitudinales sujetos a los travesaños. Ya he señalado que los salientes están descubiertos por arriba, tampoco los cubre la plataforma; así pues, forman una especie de escotilla que lleva a las canoas desde la plataforma; y como las partes que componen estos dos cascos son todo los estancas que la naturaleza de la obra permite, pueden sumergirse en el agua hasta la mismísima plataforma sin correr el riesgo de anegarse, pues ello es imposible sea cual sea la circunstancia que las hunda, y siempre que se mantengan unidas. De esta manera construyen no sólo barcos de carga sino también barcos para la navegación a distancia, aparejados con un palo —de fácil guindar y desguindar— erigido en la plataforma, no siendo necesario que sea largo dado que navegan con una vela latina o triangular extendida por medio de una verga larga, un poco curvada o doblada. La vela es de estera, algunos de los cabos que utilizan para aparejar estos barcos tienen 4 a 5 pulgadas de grueso y son idénticos a los nuestros. Fijan una pequeña choza o cobertizo (pues está abierto por un lado) en la plataforma, en el que colocan sus provisiones y demás objetos; les sirve también de sombrilla contra el sol y para protegerse de las inclemencias del tiempo. Llevan además un hogar consistente en una artesa de madera —de unas 8 pulgadas de fondo— lleno de piedras, en la que hacen fuego para cocinar. Yo creo que estos barcos son gobernados desde cualquier proel y que para cambiar de bordada les basta con desplazar la vela, si bien de esto no estoy seguro por no haber visto ninguno navegando; vi uno con el palo y la vela de punta, pero estaba a cierta distancia... Fabrican el mismo tipo de tejido que en Otaheite y con los mismos materiales, aunque no tienen tanta variedad ni los hacen tan finos; pero como todo lo tiñen con un espeso y gomoso satinado puede que sean más duraderos. Los colores son el negro, el marrón, el púrpura, el amarillo y el rojo. Desconozco el producto con que los fabrican; hemos visto una especie de pigmento rojo y amarillo. Confeccionan asimismo varias clases de esteras,

Octubre 1773

Octubre 1773

de textura muy suave, que les sirven tanto de vestido como de lecho. El atuendo consiste en un trozo de tela o estera que envuelven a su alrededor, llegándoles desde el pecho hasta debajo de la rodilla; rara vez llevan algo sobre los hombros o en la cabeza. Hombres y mujeres visten igual. Con respecto a su persona y color, no me parecen ni feos ni guapos: ninguno es tan atractivo, tan alto o esbelto como algunos de los nativos de Otaheite y las islas vecinas; por otro lado no llegan a ser lo morenos, pequeños y deformes que son otros que vimos por estas islas, ni se da aquí aquella desproporción entre hombres y mujeres... Como aún teníamos a bordo algún caso de mal venéreo, tomé todas las medidas posibles para evitar su transmisión a los nativos, no permitiendo que bajara nadie a tierra que tuviera el más mínimo síntoma; tampoco autoricé que mujer alguna subiera a bordo de las corbetas. No puedo decir si las mujeres son tan generosas en sus favores como en Otaheite; sin poder afirmarlo —aunque estoy convencido de ello— yo diría que la incontinencia no es un delito grave entre ellos, en particular entre los solteros.

»La forma habitual de saludo o abrazo estriba en tocarse o rozarse mutuamente la nariz, igual que en Nueva Zelanda. Su señal de paz parece consistir en el despliegue de una o varias banderas blancas, al menos así lo hicieron en varios puntos de la playa mientras costaneábamos, y también en el lugar donde echamos el ancla; pero los que salieron a nuestro encuentro en canoa traían consigo algunas raíces de pimentero con las que hicieron una bebida que enviaron a bordo antes de personarse. No se podría pedir mayor gesto de amistad, ¿qué mejor bienvenida podríamos ofrecer a un amigo que enviarle por delante el licor más selecto que tenemos o podemos conseguir? Así nos recibieron esas amigables gentes. Siempre que visité al anciano cacique, y pese a que rara vez lo probaba, ordenaba se me trajera cierta cantidad de la raíz que acabo de mencionar y ponía a varias personas a mascarla para preparar el licor en cuestión; llevó su hospitalidad aún más lejos procurándome una mujer, como ya antes he relatado.

»Todo lo que les regales se lo llevan a la cabeza, como una forma de dar las gracias; esta costumbre la aprenden desde la infancia: cuando daba alguna cosa a un pequeño, la madre le izaba las manos a la cabeza, del mismo modo que nosotros, en Inglaterra, enseñamos a los niños a dar las gracias besando la mano. También practican esa costumbre en los intercambios con nosotros; todo lo que les entregábamos por sus mercancías se lo llevaban a la cabeza, lo mismo que si se lo dábamos a cambio de nada; a veces cogían un artículo, lo examinaban y si no era de su agrado lo devolvían, pero cuando se lo llevaban a la cabeza, el trato se cerraba indefectiblemente... Soy de la opinión de que toda la tierra, sobre todo en Ton-ga-tabu, es propiedad privada, y que existe entre ellos, como en Otaheite, criados o esclavos que no tienen derecho a ella; en realidad, sería absurdo imaginar que todo es colectivo en un país tan bien cultivado como éste. El interés es la motivación principal que anima la laboriosidad. Pocos se dedicarían a cultivar y plantar la tierra si no contaran con disfrutar el fruto de su trabajo; si todo fuera de común, el hombre trabajador estaría en peores condiciones que el haragán ocioso. De Boungainville comete un gran error al afirmar, página 252, que los habitantes de Otaheite cogen fruta del primer árbol que encuentran o de cualquier vivienda en la que entran. Me pregunto si existe en toda la isla un frutal que no sea de alguien; Oediddu me dijo que al que toma fruta o cualquier cosa de ese modo se le castiga con la muerte. Sea como fuere, parece que todos tienen cubiertas las necesidades primarias de la vida; la alegría y el contento se reflejan en todos los rostros, y su comportamiento para con nosotros fue amable y generoso. Aparte de su afición a robar, acaso no pudiéramos señalarles ningún otro vicio; con todo, son mucho menos adictos a ello que la gente de Otaheite. En verdad, cuando pienso en la manera de comportarse con nosotros y en la forma como ejecutaban las pocas artes de que disponen, tengo que admitir que tienen un grado de civilización superior... Sabemos tan poco de su religión que apenas me atrevo a mencionarla. La construcción llamada *afia-tou-ca*, de la que antes hablé, está reservada indudablemente a este fin. Forster y uno o dos oficiales creen que allí entierran sus muertos, cosa bastante probable pues no vimos ningún otro lugar tan adecuado. Sin embargo, no estoy del todo seguro de que así sea; yo diría que son lugares a los que dirigen sus plegarias, pues esto lo he visto y oído de la manera que ya he relatado, aunque desconozco a quién o con qué motivo se hace el rezo. Por otro lado, creo que entre ellos hay sacerdotes o individuos que desempeñan la función sagrada; el anciano cacique de quien he hablado en más de una ocasión iba acompañado siempre por uno de los reverendos, que parecía ser el jefe de la iglesia.

Octubre 1773

Una muchacha de Tonga.

Capítulo XI

EL ANTÁRTICO, 1773-74

«Que quizá exista un continente o una gran extensión de tierra cerca del Polo, no lo negaré; al contrario, soy de la opinión de que así es, y probablemente hemos visto una parte de él.»
COOK EN EL ANTÁRTICO, 1774-5

FRENTE A LA COSTA DE LA ISLA NORTE DE NUEVA ZELANDA, LA expedición encuentra tiempo muy tormentoso y, en la noche del 30 de octubre de 1773, el *Adventure* pierde el contacto. Cook, percatándose de que los vientos huracanados de poniente le habían arrastrado hacia el este, no se inquieta y al punto barloventea hasta el lugar de cita, el Canal de la Reina Carlota.

SÁBADO 30 de octubre. Brisas persistentes de SO a S hasta las 5 de la tarde. A esa hora, el viento se calmó, hallándome a 3 leguas escasas de Cabo Palliser. A las 7 se levantó una brisa por el NNE que nos vino como anillo al dedo; pero duró poco, pues hacia las 9 rolaba a su primitivo cuadrante noroccidental arreciando a viento duro, así que forzamos la vela hacia el SO con las gavias a un solo rizo y las velas mayores. A medianoche, el *Adventure* estaba a dos o tres millas de popa; poco después desapareció y, como tampoco se le avistó al clarear, supusimos que había virado y puesto rumbo al NE, razón por la cual lo habíamos perdido de vista. Nosotros, sin embargo, mantuvimos el rumbo a poniente con viento del NNO arreciando de tal manera que finalmente, tras rifarse una gavia nueva, tuvimos que pairear con las dos velas mayores. A mediodía, el Cabo Campbell demoraba al N ¼ O, a 7 u 8 leguas de distancia.

DOMINGO 31 de octubre. A las 8 de la tarde, el vendaval amainaba un poco y saltaba más al norte, de modo que fuimos a parar a la costa bajo las montañas nevadas, a unas cuatro o cinco leguas a barlovento del Lookerson, donde, según todos los indicios, existía una gran bahía. Si el *Adventure* hubiera estado conmigo, habría renunciado a todo pensamiento de ir al Canal de la Reina Carlota a por agua y leña, buscándolos más al sur

△ *Masacre de la tripulación del un bote del* Adventure.

—al presente, el viento era favorable para navegar a lo largo de la costa—, pero como estábamos separados, no me quedaba más remedio que ir al canal dado que era el lugar de cita.

Octubre 1773

◀ Cook andaba perplejo ante la no comparecencia del *Adventure*. Sus oficiales eran del parecer de que no podía estar encallado en Nueva Zelanda. Al final, el propio Cook concluye que Furneaux se había cansado de dar bordadas contra el viento del oeste y había puesto rumbo al Cabo de Buena Esperanza. Como la temporada para la exploración del Antártico ya estaba avanzada, Cook decide no esperar más. Así, tras enterrar información para Furneaux, zarpa hacia el sur.

◀ La víspera de la partida, los maoríes brindan a la expedición una prueba fehaciente de su canibalismo al comer carne de un maorí en la cubierta del *Resolution*; y a la arribada del remiso *Adventure*, pocos días después de la marcha de Cook, los maoríes ofrecen a Furneaux otra demostración práctica, matando y devorando en parte a la tripulación de uno de los botes del *Adventure*, ultraje que el generoso Cook no quiso vengar en su tercer viaje.

◀ Furneaux no se unió a Cook. Navega hacia el Cabo de Hornos manteniéndose en latitudes altas, y luego prosigue hasta el Cabo de Buena Esperanza demostrando así que, en la región del hipotético Cabo Circuncisión (Isla Bouvet), no podía existir ninguna masa de tierra grande. Llegando a Inglaterra en julio de 1774, un año antes que Cook, Furneaux se convertía en el primer capitán que circunnavegaba la tierra de oeste a este.

Lunes 15 de noviembre. Tiempo agradable, vientos flojos del norte. Por la mañana fui en la pinaza hasta la Bahía de Oriente acompañado de varios oficiales y caballeros. En cuanto desembarcamos, nos dirigimos a una colina para echar un vistazo al estrecho por ver si descubríamos alguna señal del *Adventure*. Hicimos una fatigosa caminata para bien poco, pues, cuando alcanzábamos la cima, el horizonte estaba tan calinoso por el lado de oriente que no se podía ver a más de dos o tres millas. Forster, que formaba parte del grupo, aprovechó esta excursión para recolectar diversas plantas nuevas. En cuanto al *Adventure*, he perdido la esperanza de verlo de nuevo, me siento absolutamente incapaz de imaginar qué ha sido de él hasta el presente. Confiaba en la posibilidad de que, con el viento del NO que sopló el día que fondeábamos en el Abra del Barco, hubiera entrado en algún puerto del estrecho, permaneciendo en él para cargar leña y agua; al principio esta suposición resultaba bastante plausible, pero los doce días transcurridos la hacen ahora poco probable.

Martes 23 de noviembre. Calmas o ventolinas del norte, así que no pudimos hacernos a la mar como era mi intención. Algunos oficiales fueron a tierra a pasar el rato entre los nativos y vieron la cabeza y los intestinos de un joven al que habían matado hacía poco; el corazón estaba ensartado en un palo ahorquillado sito en la proa de la mayor de las canoas. Los caballeros subieron la cabeza a bordo. A esa hora yo me hallaba en tierra, pero regresé al barco poco después, momento en que, con la toldilla repleta de nativos, se me informó de las anteriores circunstancias. Vi entonces la cercenada cabeza, o mejor dicho, sus restos, pues faltaban la mandíbula inferior, los labios y otras partes; el cráneo presentaba una fractu-

Noviembre 1773

ra en el lado izquierdo, justo encima de la sien; el rostro tenía toda la apariencia de un joven de catorce o quince años. Uno de los nativos había cocido y comido un trozo de carne en presencia de casi todos los oficiales. La vista de la cabeza y el relato de los hechos que acabo de mencionar me horrorizó, inspirándome una gran indignación contra estos caníbales. Pero, considerando que todo el resentimiento que pudiera manifestarles serviría de poco menos que nada, y deseoso de ser testigo presencial de un hecho que mucha gente ponía en duda, me tragué la indignación y ordené que se cociera y trajera un trozo de carne a la toldilla, donde, ante la tripulación del barco en pleno, uno de esos caníbales se lo comió con diríase que excelente apetito. Fue tal la impresión que algunos vomitaron... Que los neozelandeses son caníbales no se puede poner en duda por más tiempo. El relato que ofrecí en mi anterior viaje estaba parcialmente basado en las circunstancias y, según pude constatar más adelante, fue descalificado por muchas personas. A menudo se me preguntaba, tras narrar todos los detalles, si les había visto personalmente comer carne humana. Semejante pregunta bastaba para convencerme de que no creían todo lo que contaba, o que se formaban una opinión muy distinta; pocos aceptan que el hombre, en su estado primigenio, incluso cuando ha alcanzado cierto grado de civilización, es un salvaje. Los neozelandeses, por supuesto, han accedido a un estadio de civilización, su comportamiento hacia nosotros ha sido pacífico y noble, conocen ciertas técnicas, que ejecutan con gran habilidad e inagotable paciencia; tienen mucha menos afición al rateo que otros isleños y son, estoy convencido, absolutamente honrados entre ellos. La costumbre de comerse a los enemigos muertos en la batalla (tengo por seguro que no comen carne de otros seres humanos) se remonta sin duda alguna a tiempos muy pretéritos, y nos consta que no es nada fácil para un pueblo desprenderse de costumbres antiguas —aunque sean inhumanas y salvajes—, en particular si carece de todo género de principios religiosos; y, en mi opinión, los neozelandeses viven, y ello les gusta, sin ninguna forma de gobierno institucionalizada. A medida que se vayan uniendo, tendrán menos enemigos y serán más civilizados; sólo entonces se podrá olvidar esta costumbre. Hoy por hoy dan la impresión de tener una idea muy limitada de que han de tratar a los demás hombres como desearían ser tratados, pues lo hacen según creen que harían los otros bajo las mismas circunstancias. Si no recuerdo mal, uno de los argumentos que esgrimían frente a Tupia, que con frecuencia les reconvenía esta costumbre, era que no podía existir mal alguno en matar y comerse al hombre que haría lo mismo contigo si estuvieras en su poder, pues decían «¿qué de malo puede haber en comernos a los enemigos que matamos en la batalla?, ¿no harían ellos lo mismo con nosotros?»

Jueves 25 de noviembre. A las 4 de la mañana dejábamos el abra con una brisa ligera que no nos permitió ir más allá de Motuara y Long-island, donde nos vimos obligados a echar el ancla. Poco después se levantó una brisa por el norte con la que levamos anclas y a las 12 abandonábamos

Mapa y vista general de la costa de Bahía Oscura, isla Sur, Nueva Zelanda, por Henry Roberts, 1773.

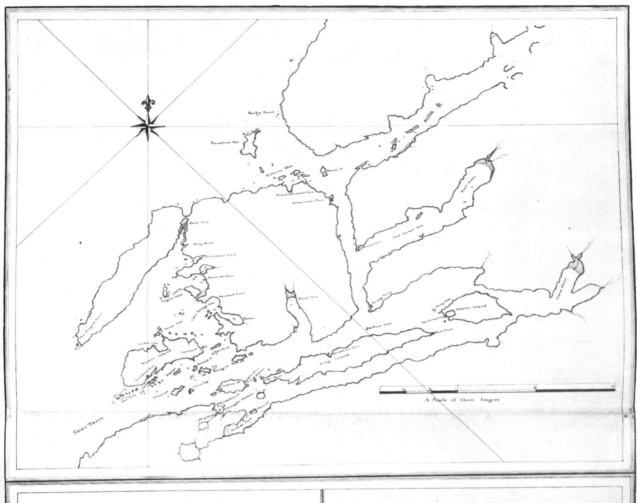
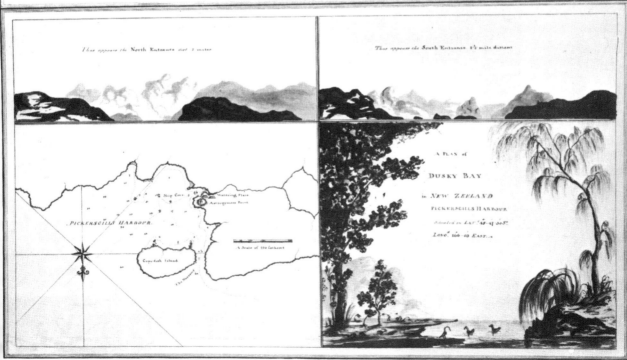

Noviembre 1773

el canal. Durante nuestra permanencia en este lugar nos abastecimos convenientemente de pescado adquirido a los nativos por muy poco precio; y aparte de las verduras procedentes de nuestros propios huertos, por doquier encontrábamos abundante coclearia y apio que hice cocinar a diario para todos; gracias a ello, durante estos tres últimos meses se han mantenido básicamente con una dieta fresca y en todo tiempo no hemos tenido ni un solo enfermo escorbútico a bordo... La mañana antes de zarpar escribí un memorándum en el que dejaba constancia de la fecha de nuestra última arribada aquí, del día que nos hacíamos a la vela, la derrota que me proponía tomar y toda la información que juzgué necesaria para el capitán Furneaux; enterré dicho memorándum, colocado en una botella, bajo la raíz de un árbol sito en el huerto del fondo del abra, de manera que tenga que dar con él cualquier europeo que ponga sus pies allí. No tengo el más mínimo motivo para esperar que vaya a caer en manos de la persona a quien se lo dirijo, pues es casi imposible que el capitán Furneaux se halle en parte alguna de Nueva Zelanda. No he sabido de él en todo este tiempo; con todo, estaba dispuesto a no dejar el país sin buscarle allí donde creyera más probable hallarle. Así, en cuanto atravesamos el canal, tiré hacia el Cabo Palliser —disparando los cañones cada media hora— sin ver ni oír la más mínima señal de lo que buscábamos... Coincidiendo todos los oficiales en opinar que el *Adventure* no puede estar encallado en la costa ni hallarse en ninguno de los puertos de este país, decidí no perder más tiempo en pesquisas y poner proa directamente al sur. Siento aprehensión por la seguridad del *Adventure*, no se me alcanza adónde pueda haber ido; la manera como se separó de mí y la venida al punto de reunión no me permiten hacer conjeturas al respecto, sólo me cabe suponer que el capitán Furneaux se cansó de dar bordadas contra los vientos del NO y tomó la decisión de dirigirse al Cabo de Buena Esperanza. Sea como fuere, no tengo confianza alguna en reunirme con él.

❦ Con una tripulación en excelente estado de salud, Cook permanece desde comienzos de diciembre de 1773 hasta primeros de febrero de 1774 en altas latitudes, navegando hacia oriente hasta situarse en la longitud de Ciudad de México. Cruza en dos ocasiones el Círculo Polar Antártico y el 30 de enero alcanza los 71° 10' de latitud sur, donde, en la longitud 106° 54' oeste, tropieza con una inmensa barrera de hielo que se extiende, en esa región, frente al continente Antártico. J. A. Williamson señala que ningún otro explorador «llegó a semejante latitud en medio siglo y nadie ha entrado en esa región desde Cook». Las referencias a la observación de ballenas son importantes porque posiblemente fomentaron el desarrollo de la industria ballenera en las aguas australes.

MIÉRCOLES 15 de diciembre. Temp. a mediodía: 31°. Lat. 65° 52' S. Long. estim. 159° 20' O. El hielo comienza a aumentar con rapidez: desde mediodía hasta las 8 de la tarde vimos sólo dos islas, pero de las 8 a las 4 de la mañana pasamos quince, eso sin contar el hielo flotante por entre el que navegamos; este último aumentó tan deprisa a nuestro derredor que a las 6 nos vimos obligados a poner rumbo más al este, teniendo por el sur un extenso banco de hielo flotante. Dicho banco presentaba varias divisiones y tras él había mar abierta, pero como el viento soplaba con fuerza y el tiempo era brumoso, marchar por entre estos hielos podía traer malas consecuencias, sobre todo porque el viento no nos hubiera permitido dar la vuelta. Así pues, tiramos hacia el NE, y a poco de forzar vela con este rumbo nos veíamos completamente rodeados de hielo, lo que nos obligó a virar y abrirnos paso hacia el SO, teniendo el banco flotante al sur y muchas islas grandes al norte. Por fortuna, tras navegar dos horas con este rumbo, el viento saltó a poniente, con lo que viramos y pusimos proa al norte. Enseguida quedamos francos de todo hielo flotante, pero había muchas islas de un tamaño descomunal, tan numerosas eran que teníamos que barloventear una y orzar la siguiente; una de esas masas estuvo a punto de sernos fatal, la pasamos a barlovento a no más de una o dos veces nuestra eslora: si no llega a salirnos bien, acaso nunca se hubiera relatado esta circunstancia. Según el viejo proverbio lo mismo da librarse por mucho que por poco, aunque nuestra situación recaba más pocos; esto, junto con la imposibilidad de hallar tierra hacia el sur y, encontrándola, la imposibilidad de explorarla por causa del hielo, me decidió a virar hacia el norte.

Diciembre 1773

MARTES 21 de diciembre. Temp. a mediodía 33°. Lat. 66° 50' S. Por la tarde el viento arreció a muy duro y trajo consigo nieblas espesas, aguaceros y lluvia, que es lo peor del mal tiempo; nuestro aparejo estaba tan cargado de hielo que nos dio bastante quehacer bajar las gavias a doble rizo. A las 7 cruzábamos por segunda vez el Círculo Polar y pusimos rumbo al SE hasta las 6 de la mañana, momento en que, hallándonos a 67° 5' de latitud S y 143° 49' de longitud O, con una niebla espesa a más no poder, estuvimos a punto de abordar una gran isla de hielo. Como además teníamos muchos problemas con el hielo flotante, no sin cierta dificultad viramos en redondo y arrumbamos al NO hasta mediodía; a esa hora, habiéndose disipado un tanto la niebla, poníamos de nuevo rumbo al SE. La isla de hielo con la que tropezamos por la mañana —pues había más de una— era altísima y culminaba abruptamente en numerosos picos; en cambio, todas las que habíamos visto con anterioridad eran del todo llanas y no tan altas. Marejada del norte. Albatros de cabeza gris y algunos petreles antárticos.

VIERNES 24 de diciembre. Temp. a mediodía 32°. Lat. 67° 19' S. Long. estim. 138° 15' O. A las 4 de la tarde, según navegábamos al SE, encontramos tal cantidad de hielo flotante que cubría todo el mar de sur a este, y era tan grueso y compacto que nos impedía el paso. El viento, bastante calmo a esa hora, nos llevaba hacia el borde del banco; eché dos botes al agua y los envié a coger un poco. Entretanto, eslingábamos varios trozos grandes al costado y los izábamos con poleas; por entonces, los botes habían hecho dos viajes. Eran las ocho cuando los embalsábamos y nos hacíamos a la vela rumbo a poniente con las gavias y las velas mayores a doble rizo, acompañados de viento del norte muy duro que trajo nieblas espesas, aguanieve y nieve, helando el aparejo según caía y adornándolo todo con carámbanos. Los cabos parecían de alambre, las velas como tablones o planchas de metal y las arandelas se helaban enseguida en los motones, de modo que teníamos que hacer grandes esfuerzos para subir y bajar las gavias. El frío, tan intenso, apenas se podía aguantar; el mar,

Diciembre 1773 cubierto por entero por hielo; el viento, muy duro; la niebla, espesa: en tales circunstancias, era natural que pensara en volver más al norte viendo que aquí no tenía probabilidad alguna ni de encontrar tierra ni de avanzar más al sur y hacerlo hacia oriente, en esta latitud, no habría sido sensato tanto en razón del hielo como por el vasto espacio marítimo que dejábamos al norte sin explorar, un espacio de 24° de latitud en el que podría hallarse una gran extensión de tierra: la única forma de aclarar este punto era virar hacia el norte.

Domingo 26 de diciembre. Temp. 37°. Lat. 65° 15' s. Long. estim. 134° 22' o. A las 2, la tarde quedó en calma. Habíamos previsto que así ocurriría y pusimos el barco en un lugar todo lo despejado que pudimos, donde derivara paralelamente a las islas de hielo, y aprovechando el más ligero soplo de viento se procuró que no se pusiera a malas con ninguna. Tuvimos dos cosas a nuestro favor: luz diurna continua y tiempo sereno; si llega a estar brumoso, sólo un milagro nos habría salvado, pues, por la mañana, el mar entero estaba completamente cubierto de hielo: más de 200 islas, ninguna inferior en tamaño al casco de un barco y algunas con más de una milla de circunferencia, se avistaban en un radio de cinco millas —el alcance de nuestra visibilidad— y los fragmentos más pequeños eran innumerables. A las 4 de la mañana se levantó viento flojito por el oso que nos permitió arrumbar al norte, la derrota más verosímil para deshacernos de esos peligros.

Martes 4 de enero. Temp. a mediodía 460 [sic]. Lat. 54° 55'. Long. estim. 139° 4' al o de Greenwich. Como ahora parece que el viento se mantiene por la borda de occidente, nos veremos en la necesidad de dejar sin explorar, a poniente, una extensión de 40° de longitud y 20 o 21° de latitud; de haber sido el viento favorable, mi intención era navegar 15 o 20° de longitud hacia el oeste en la latitud que ahora ocupamos y volver de nuevo al este por los 50° de latitud más o menos: esta derrota habría cruzado el antedicho espacio sin dejar apenas hueco para la traída y llevada suposición de que allí existe una gran extensión de tierra. En realidad, carecemos de argumentos para suponer que haya tierra alguna, pues durante estos últimos días teníamos fuerte mar de fondo del o y del no, síntoma importante de que no hemos estado al cubierto de ninguna tierra entre esos dos puntos. Por la mañana vi algunas marsopas de anteojos.

Jueves 6 de enero. Lat. 52° 0'. Long. al o de Greenwich: estim. 135° 32', con el reloj 135° 38'. A mediodía soltábamos todos los rizos y arrumbábamos al ne con viento duro del oso y tiempo despejado. Al presente, la distancia entre nosotros y nuestra derrota a Otaheite es de poco más de doscientas leguas, espacio en el que no es probable exista tierra, y menos aún que pueda haberla al oeste de las enormes olas que ahora tenemos de ese cuadrante.

Sábado 8 de enero. Lat. 49° 7' S. Long. al o de Greenwich: estim. 131° 2', con el reloj 131° 8'. Vientos duros con chubascos de lluvia. Por la tarde encontré que la declinación magnética era 6° 2' E y por la mañana 6° 26' E. A las 9 hicimos varias observaciones más del Sol y la Luna; los resultados confirmaban los de ayer y fijaron nuestra longitud fuera de toda duda. La verdad es que nuestro error nunca puede ser grande teniendo una guía tan buena como el reloj de Kendall. A mediodía se cambió el rumbo a ENE este [sic].

Enero 1774

Martes 11 de enero. Poco viento durante la mayor parte de la tarde. Por la noche empezó a refrescar, soplando en rachas cargadas de lluvia: después aclaró y el viento amainó. A mediodía, hallándonos a poco más de doscientas leguas de mi derrota a Otaheite de 1769, espacio en que no era probable encontrar cosa alguna, orzábamos al SE con viento duro del SO 1/4 O.

Jueves 13 de enero. A mediodía teníamos fuerte mar de fondo del norte, síntoma de que no teníamos tierra detrás nuestro en esa dirección.

Jueves 20 de enero. Temp. 40°. Lat. 62° 34' S. Long. estim. 116° 24' O. A primera hora vientos duros con niebla y lluvia; el resto del día poco viento y tiempo fundamentalmente despejado. A las 7 de la tarde vimos un gran trozo de alga; por la mañana, dos islas de hielo. Una de ellas, altísima, culminaba en un pico parecido a la cúpula de la iglesia de San Pablo; calculamos que tendría unos 200 pies de alto. El fuerte mar de fondo de poniente apoya la evidencia de que no existe tierra entre nosotros y el meridiano 133 1/2°, por el que pasamos cuando estuvimos la vez anterior en esta latitud.

Miércoles 26 de enero. Temp. a mediodía 40°. Lat. 66° 36' S. Long. estim. al O de Greenwich 109° 31'. Durante este tiempo hemos visto nueve islas de hielo, en su mayoría pequeñas, varias ballenas y unos cuantos petreles azulados. A las 8 cruzábamos por tercera vez el Círculo Polar Antártico. Poco después avistábamos por el este y el SE algo con apariencia de tierra, orzábamos hacia ello y al cabo de poco desaparecía en la bruma. Sondeé con un cable de 130 brazas sin encontrar fondo. Se vieron algunas ballenas y petreles.

Jueves 27 de enero. Seguimos forzando la vela hacia el SE hasta las 8 de la mañana. Por entonces ya estábamos seguros de que nuestra hipotética tierra se había esfumado en las nubes, así que reemprendimos la derrota hacia el sur.

Sábado 29 de enero. Temp. 36 1/2. Lat. 70° 00' S. Long. al O de Greenwich estim. 107° 27'. Reloj 107° 36'. Poco después de las 4 de la mañana reparamos en unas nubes situadas al S, cerca del horizonte, de una inusual luminosidad blanco nívea, que denunciaban nuestro acercamiento a un banco de hielo; no tardamos en verlo desde la cabeza de palo y a las 8 estábamos cerca del borde, el cual se prolongaba en línea recta de oriente a poniente, mucho más allá, según parecía indicar la luminosidad del horizonte, de donde alcanzábamos a ver. En la posición que teníamos en ese momento, la mitad sur del horizonte aparecía iluminada hasta una altura considerable por los rayos reflejados por el hielo. Las nubes próximas al horizonte eran de una blancura nívea absoluta y resultaba difícil distinguirlas de las gélidas montañas cuyas elevadas cumbres tocaban. El borde exterior o septentrional de este inmenso banco estaba formado por hielo roto o flotante, tan apretado que nada podía franquearlo. A una milla aproximadamente empezaba el hielo firme: una masa sólida, compacta, que parecía ganar altura según las seguías hacia el sur. Contamos hasta noventa y siete montañas o colinas de hielo, muchas de ellas inmensas. Montañas como éstas no se ven en Groenlandia, de modo que no puedo hacer

Enero 1774 una comparación entre aquel hielo y éste que ahora tenemos delante. Si no fuera porque los barcos de Groenlandia pescan cada año entre tales hielos (exceptuadas las montañas), no habría dudado un momento en afirmar, como opinión personal, que el hielo que ahora vemos se prolonga hasta el Polo formando un casquete macizo, y que es aquí, es decir, al sur de este paralelo, donde se originan las numerosas islas de hielo que vemos flotando en el mar, desgajadas por las tempestades y otras causas. Sea como fuere, hemos de admitir que estas innumerables y enormes montañas deben añadir tal peso a los bancos de hielo, a los que están fijadas, que necesariamente ha de existir una gran diferencia entre navegar por este mar helado y hacerlo por el de Groenlandia. Con todo, no seré yo quien diga que es imposible.

DOMINGO 30 de enero. [No da fecha]. Lat. 70° 48' S. Long. estim. 106° 34' O. Por dondequiera que se entre en estos hielos, únicamente diré que el solo intento de hacerlo sería una empresa muy peligrosa y dudo que a ningún hombre en mis circunstancias se le hubiera pasado por la cabeza. Yo, a quien la ambición lleva no sólo más allá de donde ha llegado cualquier otro hombre, sino cuan lejos creo que el hombre puede ir, no me sentí apenado al tropezar con este obstáculo, pues en cierta medida nos aliviaba de los peligros y dificultades inherentes a la navegación de las regiones polares australes. Puesto que no podíamos avanzar una pulgada más al sur, no necesitábamos ninguna otra razón para virar por avante y forzar la vela hacia el norte, estando en ese momento a 71° 10' de latitud S y 106° 54' de longitud.

◀ Cook llega a la conclusión de que no podía existir ningún continente en las altas latitudes que estaban explorando, en todo caso no al oeste del Cabo de Hornos. Barco y tripulación habían padecido adversidades varias, pero uno y otra se hallaban todavía en excelente estado, al tiempo que restaban aún abundantes provisiones para que la expedición pasara el inminente invierno austral dedicada a un segundo barrido del Pacífico, más ambicioso si cabe que el que acometiera en 1773. Así pues, Cook decide navegar hacia el norte desde su posición de febrero en el Antártico hasta la tierra descubierta por Juan Fernández en la latitud 38° S, sigue hasta la isla de Pascua y luego hacia el oeste, cruzando la zona tropical por una nueva ruta, hasta la «Tierra Austral del Espíritu Santo» (Nuevas Hébridas) de Quirós, a la altura de la costa australiana nororiental.

◀ Por entonces, a la llegada del verano austral de 1774-75, dobla el Cabo de Hornos, completa la búsqueda del continente austral y, de paso, su circunnavegación hacia oriente, dirigiéndose al Cabo de Buena Esperanza por las altas latitudes del Atlántico Sur.

DOMINGO 6 de febrero. Por la mañana tomábamos viento del sur, soltábamos todos los rizos, recogíamos las vergas de juanete, largábamos velas y arrumbábamos al noroeste con la intención de navegar directamente hacia el norte dado que no había posibilidad de encontrar tierra en estas altas latitudes, al menos no por este lado del Cabo de Hornos, y me parece asimismo improbable que se descubra alguna al otro lado. En el supuesto de que la tierra de Bouvet o la que figura en el mapa de Dalrymple existieran, antes de que pudiéramos alcanzar una u otra, la estación estaría demasiado avanzada para explorarla durante este verano, lo que nos obli-

Febrero 1774

garía a invernar allí o a retirarnos a las Malvinas o al Cabo de Buena Esperanza, que es lo que siempre se ha hecho. Transcurrirían seis o siete meses sin que en ese tiempo pudiéramos hacer un solo descubrimiento, pero de no encontrar tierra ni ningún otro impedimento podríamos llegar al segundo de esos dos lugares hacia abril a lo más tardar, momento en que la expedición habría tocado a su fin en lo que se refiere a la búsqueda del continente austral mencionado por todos los autores que han escrito sobre este tema. Autores cuyas afirmaciones y conjeturas están, hoy por hoy, completamente refutadas por todas las pesquisas efectuadas en este Océano Pacífico Sur. Y a pesar de que en él no se encuentra ningún continente, hay, sin embargo, sitio para islas muy grandes; además, muchas de las ya descubiertas en el trópico austral están muy poco exploradas y su situación mal fijada. Teniendo en cuenta todo esto y, en particular, con un buen barco, una tripulación sana y provisiones, pensé que no podía hacer nada mejor que pasar el próximo invierno en la zona tropical. He de confesar que tengo pocas esperanzas de hacer algún descubrimiento valioso, aunque se tendrá que reconocer que las ciencias recibirán alguna aportación, sobre todo la náutica y la geografía. En varias ocasiones expuse al capitán Furneaux ideas sobre este asunto. Al principio parecía no aprobarlas, pues era partidario de ganar el Cabo de Buena Esperanza, pero después vino a coincidir con mi opinión. Pero no pude darle instrucciones al respecto porque, en aquella época, todo dependía de muchas circunstancias; así que no puedo imaginar siquiera qué hará. Sea lo que fuere, ahora me propongo ir en busca de la tierra que se dice descubrió Juan Fernández en la latitud de 38° S; de no encontrarla buscaré la Isla de Pascua, cuya situación ha sido establecida tan variamente que tengo pocas esperanzas de hallarla. A continuación pienso entrar en la zona tropical y abrirme paso hacia poniente por una derrota distinta de la de anteriores navegantes, haciendo escala y fijando la posición de todas las islas que pueda encontrar; y si tengo tiempo, seguiré de este modo hacia poniente hasta la Tierra de Quirós o que De Bougainville llama las Grandes Cícladas. Quirós dice que este territorio, al que llama Tierra Austral del Espíritu Santo, es muy extenso. De Bougainville ni lo confirma ni lo refuta. Creo que es un punto que merece la pena aclarar. A partir de esas islas, mi intención es seguir al sur y retroceder hacia el este entre las latitudes 50° y 60° con el propósito de alcanzar la longitud del Cabo de Hornos, a ser posible, el próximo noviembre, momento en que tendremos por delante la mayor parte del verano para explorar la zona sur del Océano Atlántico. Es una gran tarea, lo reconozco, acaso superior a lo que podré hacer.

Albatros.

Capítulo XII

ESCUDRIÑANDO EL PACÍFICO, 1774

«Por dos veces visité el mar tropical. No sólo fije la posición de algunos descubrimientos anteriores, hice además muchos nuevos y dejé... muy poco por hacer.»
Cook, 1775

El DIARIO DE COOK DE LA EXPEDICIÓN DE 1772-1775 SE OCUPA de la segunda exploración del Pacífico con tal detalle y amplitud que sólo cabe prestar atención a unos cuantos hechos y descubrimientos significativos, entre ellos la descripción de la misteriosa Isla de Pascua, la aparición de la armada de canoas en las Islas Sociedad, la reexploración de las Nuevas Hébridas de Quirós y el descubrimiento de la grande e importante isla de Nueva Caledonia. Puntos sobresalientes del espontáneo relato cookiano son: el constante riesgo de naufragio durante la exploración de las islas; el extraordinario coraje del jefe, que una y otra vez desembarca entre hordas de nativos armados, dejando constancia de su talento excepcional como pacificador; y las riñas casi continuas por causa de los robos, que, en el tercer viaje, desencadenaron el desastre final.

◀ Conviene destacar, así mismo, de esas difíciles semanas, los incesantes esfuerzos de Cook para salvar las vidas de los nativos y su denuedo, por lo común con éxito, para disciplinar a sus subordinados.

Sábado 19 de febrero. Al presente nos hallamos cerca de la derrota del *Dolphin* del capitán Wallis. Habiendo cruzado la del *Endeavour* hace dos días, mi propósito era habernos mantenido más al oeste, pero los vientos de ese cuadrante me han impuesto, quiera que no, las derrotas de esos dos barcos.

Martes 22 de febrero. Nos hallamos en la latitud en que muchos geógrafos ubican el descubrimiento de Juan Fernández. Dalrymple sitúa el margen oriental de este territorio en el meridiano de los 90°; Pengre, en el de los 111°, y en una nota expone las razones por las que lo hace. En verdad, a lo que parece, son dos descubrimientos distintos o el mismo territorio

△ *Canoa tahitiana.*

descubierto en dos épocas distintas. Yo creo que no puede estar al este de la posición dada por Dalrymple y, si lo está, no puede tener una gran extensión en sentido este-oeste, pues si la tuviera deberíamos verla o tener alguna señal de ella. A la posición de Pengre cabe hacerle idéntico reparo, pues el *Endeavour* cruzó estas latitudes por el meridiano de los 112° y el capitán Wallis por el 98 ó 100, sin avistar el mínimo indicio de tierra. Por tanto, es evidente que no puede ser más que una pequeña isla, aunque quizá todo sea una ficción y jamás se hayan hecho tales descubrimientos. Véase lo que dice al respecto Dalrymple en su *Antología de viajes*.

Febrero 1774

MIÉRCOLES 23 de febrero. A las 2 de la tarde, el viento saltó al SE, soplaba flojo y traía una lluvia fina. Por entonces poníamos rumbo al OSO para buscar nuevamente tierra, hallándonos en este momento a 36° 39' de latitud y 97° 10' de longitud O. Las circunstancias no nos dan esperanzas de encontrar lo que buscamos. Mar de fondo fuerte y continuo del SO y oeste.

SÁBADO 5 de marzo. Vimos algunas aves del sol. Hemos tenido mar de fondo fuertísimo por el SO, así que no existe posibilidad de tierra de cierta envergadura en esa dirección; pero por las muchas aves que vemos, que por lo general frecuentan las costas, confiamos en dar con la Isla de Pascua o de Davis.

LUNES 7 de marzo. Vientos flojos y tiempo agradable. Declinación magnética 4° 47' E. Por la mañana capturamos cuatro albacoras de unas 25 a 30 libras cada una, que resultaron muy aceptables; las había alrededor del barco en grandes cantidades, pero por desgracia nadie a bordo sabe cómo capturarlas. El mar de fondo del SO sigue tan alto como siempre. Vimos un ave del sol y un rabihorcado.

MARTES 8 de marzo. Vientos flojos, tiempo despejado y agradable. Por la mañana vimos muchas aves, como aves del sol, rabihorcados, muchas pardelas o petreles de dos o tres clases, una pequeña y casi enteramente negra, otra mucho mayor con el dorso gris oscuro y el vientre blanco. No mucho mar de fondo y del este.

MIÉRCOLES 9 de marzo. El viento y el tiempo como ayer. Por las observaciones que hemos realizado creemos estar cerca de la latitud de la Tierra de Davis o Isla de Pascua. Arrumbamos casi exactamente al oeste encontrando las mismas clases de aves que ayer.

◃ La expedición no encontró «Juan Fernández», si bien el 11 de marzo de 1774 tenía a la vista la pequeña pero interesante Isla de Pascua con sus misteriosas figuras. Aunque Cook da una descripción bastante extensa de la isla, marcha de ella enseguida ante la dificultad de obtener provisiones y agua dulce.

◃ Los habitantes de la isla eran de tipo manifiestamente polinesio.

VIERNES 11 de marzo. Vientos flojos y tiempo agradable. A medianoche nos pusimos al pairo hasta despuntar el día. Entonces nos hicimos a la vela y poco después avistábamos tierra desde la cabeza de palo, demorando al oeste. A mediodía la veíamos desde la cubierta, prolongándose de O 3/4 N a O 1/4 S a unas 12 leguas de distancia.

DOMINGO 13 de marzo. Al forzar la vela hacia tierra descubrimos gente y esos monumentos o ídolos citados por los autores del viaje de Roggewin, lo que disipó toda duda de que era la Isla de Pascua.

212 *El segundo viaje, 1772-75*

Marzo 1774

Martes 15 de marzo. Por la tarde se embarcaron algunos barriles de agua y se comerció con los nativos a cambio de algunos productos de la isla, que no parecía ser tierra de abundancia. El agua era tan mala que no merecía la pena subirla a bordo, y el barco no estaba seguro; todo ello me decidió a abreviar mi escala aquí. Así que envié a los tenientes Pickersgill y Edgcumbe con un grupo de hombres, acompañados de Forster y varios caballeros más, a examinar el país. Yo no estaba suficientemente recuperado de una enfermedad para formar parte del grupo. En el barco me dediqué a cargar agua y comerciar con los nativos.

Jueves 17 de marzo. Ésta es sin duda alguna la misma isla que vio Roggewin en abril de 1722, aunque la descripción dada por el autor de ese viaje no corresponde en absoluto con lo que es ahora. Acaso sea también la misma que viera el capitán Davis en 1686, pero esto no es tan seguro. En cualquier caso, si ésta no es su tierra y no es, por consiguiente, su descubrimiento, no puede estar lejos del continente americano, pues esta latitud parece haber sido muy bien explorada desde el meridiano de 80° hasta el de 110°. El capitán Carteret llegó mucho más allá, aunque su derrota parece estar un poco más al sur. De haber encontrado agua dulce en esta isla me habría gustado aclarar este punto, buscando la isla baja y arenosa de que habla Wafer. Pero no la había, y como tenía que hacer una larga singladura hasta asegurarme su obtención y, además, andaba falto de provisiones de refresco, lo dejé correr, pues un pequeño retraso podría haber sido de funestas consecuencias. Ninguna nación se arrogará jamás el honor del descubrimiento de la Isla de Pascua, pues quizá no existe otra isla en este mar que ofrezca menos refrescos y comodidades para los barcos. La naturaleza apenas la ha provisto con cosa alguna que le sirva al hombre para comer o beber; y como los nativos son pocos y es de suponer que no plantan más de lo que necesitan para subsistir, no tienen mucho de sobra para los recién llegados. Sus productos son patatas, ñames, «taro» o rizoma de Edoy, plátanos y caña de azúcar, todos ellos excelentes en su género; las patatas son las mejores que he probado en mi vida. Tienen también calabazas; la misma variedad de morera que en las demás islas, pero no es abundante; gallos y gallinas como los nuestros, aunque pequeños y en poca cantidad: son los únicos animales domésticos que vimos. Tampoco vimos cuadrúpedos, sólo ratas; creo que se las comen, pues vi un hombre con algo en la mano y parecía poco dispuesto a deshacerse de ello. Aves terrestres apenas vimos alguna y marinas sólo unas pocas: rabihorcados, tiñosas comunes, etc. Diríase que el mar está desprovisto de pesca, pues no pudimos capturar nada por más que lo intentamos en varios lugares con sedal y anzuelo; y fue poquísimo el que vimos entre los nativos. Tales son los productos de la isla de Pascua que está situada a 27° 6' de latitud s y 109° 51' 40" de longitud o. Tiene unas 10 leguas de perímetro; su superficie es áspera, rocosa, abrupta. Las montañas tienen tal altura que se pueden divisar a 15 ó 16 leguas... Los habitantes de esta isla, por lo que hemos podido ver, no pasan de seiscientas o setecientas almas y más de dos tercios son hombres; tienen pocas mujeres o, por el

Un ídolo de la isla de Pascua.

Marzo 1774

contrario, a muchas no se les autorizó a hacer acto de presencia: lo último parece más probable. Son, desde luego, de la misma raza que los neozelandeses y demás isleños; la afinidad de lengua, color y algunas costumbres tienden a confirmarlo. Creo que guardan más similitud con los habitantes de Amsterdam y Nueva Zelanda que con los de las islas más septentrionales; esto hace verosímil que exista una cadena de islas en este paralelo o más abajo; algunas de las cuales han sido avistadas en diferentes ocasiones... Tienen enormes orificios en las orejas, pero no pude atisbar en qué consistían tan importantes ornamentos auriculares. He visto algunos con un aro en el orificio de la oreja, pero no como pendiente. Otros llevan anillos de una substancia elástica enrollada como el resorte de un reloj; su finalidad debe ser ensanchar o acrecentar el orificio.

»Sus armas son *patta pattows* y garrotes de madera —muy similares a los de Nueva Zelanda— y lanzas de 6 a 8 pies de largo aguzadas en un extremo con fragmentos de pedernal negro.

»Las casas son bajas, largas y estrechas, y tienen la apariencia de un gran bote invertido con la quilla curvada o doblada. Las mayores que vi tenían 60 pies de largo, 8 a 9 de alto en la parte media y 3 a 4 en cada extremo; la anchura era aproximadamente de este orden. La entrada, que se abre en el centro de uno de los costados, forma como un portal tan bajo y estrecho que sólo permite el paso de un hombre a gatas. El armazón lo reviste por completo desde la base hasta el techo, de modo que no tienen más luz que la que penetra por la entrada. Estas gentes preparan sus vituallas de la misma manera que en las restantes islas.

»De su religión, gobierno, etc. no podemos afirmar nada con certeza. Las asombrosas estatuas de piedra erigidas en diferentes puntos a lo largo de la costa no son, eso es seguro, representación de deidad alguna ni lugares de culto; más factible es que sean enterramientos de ciertas tribus o familias. Yo personalmente vi un esqueleto humano, cubierto sólo por piedras, tendido a los pies de una; lo que llamo pies es un recuadro rectangular de unos 20 a 30 pies por 10 a 12 construido con, y cubierto de piedras talladas de tamaño gigantesco, montadas de una manera tan magistral que patentiza con suficiencia la inventiva de la época en que fueron construidas. Vimos entre ellos algunas obras de talla que, tanto por el diseño como por la ejecución, no estaban nada mal. No tienen más herramientas que las hechas de piedra, hueso, conchas, etc. Dan poco valor al hierro, y sin embargo saben usarlo: quizá conocen este metal por los españoles que visitaron la isla en 1769, de quienes quedan aún algunos vestigios entre ellos, como trozos de tela y otras cosas.

◀ Dejando la Isla de Pascua, Cook navega al norte de las Tuamotu y redescubre las islas Marquesas, que Mendaña había hallado en 1595. Allí, como sucedía a menudo, un robo acarreó la muerte de un nativo.

JUEVES 7 de abril. A las 4 de la tarde, tras navegar cuatro leguas a poniente desde mediodía, se avistó tierra demorando al o 1/4 s, a unas 9 leguas. Dos horas después veíamos nuevamente tierra demorando al so 1/4 s, diríase que más extensa que la primera. Viramos en dirección a este territorio y nos mantuvimos con poca vela durante toda la noche, con tiempo lluvioso, inestable y nada sereno. A las 6 de la mañana, la primera tie-

Puerto Resolution, islas Marquesas, 1774. Obra de William Hodges, 1774.

Abril 1774

rra avistada demoraba al NO, la otra al SO 1/2 O y una tercera al oeste. Puse rumbo al canal entre estas dos últimas dándonos a toda la vela posible, con tiempo chubascoso y nada sereno. Poco después descubríamos una cuarta tierra más al oeste; ahora estábamos más que seguros de que eran las Marquesas, descubiertas por Mendaña en 1595. A mediodía estábamos en el canal que separa San Pedro y La Dominica.

VIERNES 8 de abril. Iba a salir en un bote a buscar el lugar más conveniente para anclar cuando, al ver tanto nativo a bordo, dije a los oficiales que vigilaran bien a estas gentes porque de seguro que intentarían llevarse una cosa u otra. No bien había acabado de decirlo y ponía los pies en el bote, me comunicaron el robo de uno de los candeleros de hierro del pasillo opuesto. Ordené a los oficiales que abrieran fuego sobre la canoa mientras yo daba la vuelta en el bote. Por desgracia para el ladrón, apuntaron mejor de lo que pensé y le mataron al tercer disparo; los otros dos que iban en la misma canoa saltaron por la borda, pero en el momento preciso en que yo la alcanzaba, ellos subían de nuevo. Uno era un hombre adulto y parecía tomar a risa lo que había sucedido; el otro era un muchacho de 14 ó 15 años y miraba al muerto con semblante grave y abatido, aunque después no nos dio razón para pensar que fuera hijo del difunto. Este accidente provocó que todas las canoas se alejaran precipitadamente. Las seguí hasta la bahía y persuadí a los ocupantes de una de ellas de que

se aproximaran al bote y aceptaran algunos clavos y otras cosas que les di.

Abril 1774

LUNES 11 de abril. Cuando vi que este lugar probablemente no iba a proporcionarnos suficientes provisiones de refresco, que no era muy adecuado para sacar leña y agua, ni para prestar al barco las necesarias reparaciones, decidí abandonarlo de inmediato y buscar otro sitio más adecuado a nuestros deseos, pues cómo no íbamos a necesitar provisiones de refresco tras 19 semanas en alta mar (que no puedo calificar de otra forma los dos o tres días pasados en la Isla de Pascua), viviendo todo el tiempo con una dieta salada. No obstante, he de confesar, y con satisfacción, que a nuestra arribada aquí apenas podía decirse que tuviéramos un enfermo a bordo, a lo sumo había dos o tres con alguna dolencia menor: esto se debía indudablemente a los muchos productos antiescorbúticos que llevábamos a bordo y al gran esmero e interés del médico, que puso especial cuidado en suministrarlos a tiempo.

MARTES 12 de abril. Estas islas, según he apuntado anteriormente, fueron descubiertas por Mendaña y de él recibieron el nombre de Marquesas; también fue él quien bautizó las diferentes islas. La descripcion náutica que de ellas da la *Antología de Viajes* de Dalrymple es correcta en todo, salvo en la posición y ésta es la importante cuestión que yo quería zanjar y la razón de que hiciéramos escala en ellas, pues aclarará en gran medida la posición de los restantes descubrimientos de Mendaña... Los

Tocado de nácar con caparazones de tortuga y plumas, islas Marquesas. l. 42 cm.

Abril 1774

habitantes de estas islas son, sin excepción, de una raza tan hermosa que nada tiene que envidiar a otras de este mar o, acaso, de cualquier otro. Los hombres van tatuados o marcados de la cabeza a los pies, lo que hace que parezcan morenos, pero las mujeres jóvenes (que están poco tatuadas) y los niños son tan pálidos como algunos europeos. Se visten con el mismo género de tela y estera que los otaheitanos; llevan como adorno una especie de faja primorosamente decorada con caparazones de tortuga, conchas nacaradas, plumas, etc.; se rodean el cuello con un adorno hecho de madera en la que pegan con goma muchos guisantitos rojos; llevan además mechones de cabello humano alrededor de las piernas, brazos, etc.

»Los hombres por lo general son altos, de unos seis pies, pero no vimos ninguno tan fornido como en Otaheite y las islas vecinas, a pesar de que son de la misma raza: lengua, costumbres, etc., todo tiende a probarlo.

»Moran en los valles y en las laderas de las montañas próximas a las plantaciones. Las casas están construidas según el modelo de las de Otaheite, pero son muy inferiores; sólo las cubren con hojas de «giaca». También tienen viviendas o fortalezas en las cumbres de las montañas más altas; éstas las vimos con la ayuda de los catalejos, pues no permití que ninguno de nuestros hombres fuera hasta ellas por temor a un ataque de los nativos, de cuya disposición no estábamos suficientemente avisados.

»La bahía o puerto de Madre de Dios, así la llama Mendaña, está localizada cerca de la parte media de la vertiente occidental de Santa Cristina, a los pies de las tierras más altas de la isla, a 9° 55' 30" de latitud s y 139° 8' 40" de longitud o, y a n 1° 5" o del extremo occidental de La Dominica... Aquí está la pequeña cascada mencionada por Quirós...

Abril 1774

◀ Desde las Marquesas, Cook navega hacia poniente rumbo a Tahití, la cual, tras visitar la isla del Coral (bautizada por Byron), avista el 21 de abril, fondeando el 22 en la Bahía de Matavai.

MIÉRCOLES 13 de abril. Vientos flojos con aguaceros. A las 3 de la tarde el puerto de Madre de Dios demoraba al ENE 1/2 E, a 5 leguas, y la masa de la isla Magdalena al SE, a unas 9 leguas: ésta es la única visión que tuvimos de dicha isla. A partir de ese momento orienté mi rumbo al SSO 1/2 O, hacia Otaheite, y como siempre, con miras a dar con alguna de esas islas descubiertas por anteriores navegantes cuya situación no está bien determinada.

JUEVES 21 de abril. A primera hora, vientos duros con lluvia; el resto del día, claros y nubes. A las 10 de la mañana veíamos las tierras altas de Otaheite, y a mediodía la Punta Venus demoraba al noroeste, a 13 leguas.

VIERNES 22 de abril. Vientos bonancibles y cielo nuboso. A las 7 acortábamos vela para pasar la noche. Por la mañana, viento a rachas con fuertes aguaceros. A las 8 fondeábamos en la Bahía Matavai con 7 brazas de agua.

◀ La expedición permanece desde el 22 de abril hasta el 4 de junio de 1774 en las islas Sociedad y Tonga, renovando amistades, castigando —cuando ello era posible— asaltos y hurtos, recolectando ñames, y frambuesía o enfermedades sociales. A modo de nuevo y grato apéndice al primitivo relato, la presencia de una enorme flota de canoas preparándose sin duda para un ataque entre islas, que los nativos no quisieron emprender hasta la partida del *Resolution*, con gran disgusto de Cook que ansiaba vivamente observar los métodos autóctonos de lucha marítima.

MARTES 26 de abril. Por la mañana partí hacia Oparre, acompañado de los Forster y algunos oficiales, para hacer una visita formal a Otou. Según nos acercábamos vimos varias canoas grandes en movimiento, pero quedamos estupefactos al descubrir más de trescientas, todas dispuestas en perfecta formación a cierta distancia de la playa, completamente pertrechadas y con toda la tripulación a punto; en la orilla se apiñaba una gran multitud de hombres. Tan inesperada armada, congregada en nuestra vecindad en el transcurso de una noche, daba pie a diversas conjeturas... Al subir al bote, nos tomamos nuestro tiempo para contemplar esta flota: los barcos de guerra eran 160 canoas dobles grandes, muy bien pertrechadas, dotadas y armadas; aunque no estoy seguro de que estuviera a bordo la dotación completa de guerreros y remeros, me inclino a no creerlo. El jefe y todos los que iban a participar en el combate vestían el traje de guerra: una gran cantidad de telas, turbantes, petos y cascos, algunos de estos últimos de tal longitud que estorbaban muchísimo al portador. La verdad es que el atuendo todo no parece muy apropiado para una batalla y diríase pensado más para boato que para darle utilidad; sea como fuere, conferirían magnificencia al espectáculo. Como les encanta presentarse en óptima condición, las embarcaciones iban adornadas con banderas, gallardetes, etc., de modo que el conjunto ofrecía un aspecto impo-

Abril 1774

nente y noble, como nunca se había visto en este mar. Los instrumentos de guerra eran garrotes, picas y piedras, las canoas estaban formadas una al lado de la otra, con la proa hacia tierra y la popa hacia el mar. La nave capitana se hallaba, eso me pareció, en el centro. Aparte de los barcos de guerra había 170 velas de canoas dobles, de menor tamaño, con una pequeña casa encima, aparejadas con mástiles y velas que las otras no tenían; estas canoas deben ser para transporte o avituallamiento, o para ambas cosas, así como para acoger hombres heridos; en las canoas de guerra no había ningún género de provisiones. En estas 303 canoas, calculé que iban no menos de 7760 hombres, cifra verdaderamente increíble pues, según nos contaron, todos pertenecían a las regiones de Attahourou y Ahopatea. Para este cálculo supuse un total de 40 hombres por canoa, remeros y guerreros indistintamente, ocho en el caso de las canoas pequeñas, pero la mayoría de los caballeros que vieron la flota piensan que el número de hombres en las embarcaciones de guerra era superior al estimado por mí... A poco de haber dejado Oparre, la flota en pleno se puso en movimiento y retrocedió hacia el oeste, de donde venía. Cuando subimos a bordo del barco nos dijeron que dicha flota formaba parte de la armada que se proponía ir contra Eimeo, cuyo cacique se había rebelado contra Otou, su legítimo soberano. Se me informó también de que Otou no estaba ni había estado en Matavai; así que, después de comer, me dirigí de nuevo a Oparre, donde le encontré. Ahora sé que sus aprehensiones y la razón de no recibirnos por la mañana eran debidos a que sus hombres robaron (por descuido del lavandero) algunas prendas mías y temía que como mínimo exigiera su devolución. Cuando le aseguré que no perturbaría la paz de la isla por tal motivo, quedó satisfecho.

Sábado 30 de abril. Esta mañana, en Matavai, tuve ocasión de fijarme en la tripulación de diez canoas de guerra que realizaban un ejercicio de remo. Iban debidamente equipados para pelear, los jefes llevaban el atuendo de guerra y todo lo demás. Me hallaba presente cuando desembarcaron y observé que, en el momento de tocar tierra, los remeros saltaban de la canoa y que, con la ayuda de alguna gente de tierra, la arrastraban a la playa. Mientras, sin parar la canoa, los de la plataforma salvo uno se fueron con sus armas y demás pertrechos, pero el que se quedó marchó entre las dos proas de la canoa hasta que ésta ocupó el lugar correspondiente, donde la dejaron. Cada cual se llevó su canalete, sus armas y demás avíos, de modo que a los cinco minutos no podías decir qué es lo que había sucedido.

Sábado 14 de mayo. Apenas habíamos despedido a nuestros amigos cuando vimos varias canoas de guerra aproximándose al promontorio de Oparre. Deseoso de verlas más de cerca, me di prisa en ir allí (en compañía de algunos oficiales y otros hombres), a donde llegamos antes de que lo hicieran todas las canoas, y tuve ocasión de ver cómo se dirigían a la playa, cosa que hacen en secciones integradas por tres, cuatro o más, trincadas de costado; se podría pensar que una tal sección es difícil de manejar, sin embargo es un placer observar lo bien que las gobiernan: remaban hacia la costa con toda la fuerza distribuida de forma tan acertada que quedaron a una pulgada de la línea de la playa. Nosotros desembar-

LLEGADA DEL *RESOLUTION* A TAHITÍ
ABRIL DE 1774

Detalle de un paisaje de Tahití con canoas, obra de William Hodges (probablemente de 1773).

Mayo 1774

camos con la última y pudimos examinarlas, pues descansaban a lo largo de la playa. Componían esta flota cuarenta velas, equipadas de igual manera que las que habíamos visto con anterioridad; pertenecían a la pequeña región de Tettaha y habían venido a Oparre para ser revistadas por Otou, como las que habíamos visto antes. En esta flota había embarcaciones auxiliares: una o más canoas dobles pequeñas, que ellos conocen como *marais*, y que tienen en la parte de proa una especie de doble lecho cubierto de hojas verdes con espacio suficiente para alojar un hombre en cada uno de ellos. Según nos dijeron, eran para los muertos; supongo que se referían a los jefes, de lo contrario el número de muertos tiene que ser muy bajo... Fui con Otou a una canoa doble grande que estaba en construcción y casi a punto de ser botada: era con mucho la mayor que he visto en cualquiera de las islas. Me pidió un anclote y una amarra, a lo que añadí un gallardetón y una bandera inglesa, de cuyo uso fue convenientemente informado con anterioridad. Yo quería que estas dos canoas unidas —es decir, lo que se entiende por canoa doble— recibieran el nombre de Brittania (el nombre que han adoptado para nuestro país), a lo que se prestó de inmediato, siendo bautizada de conformidad con esto... Una vez izado el bote, puse rumbo a Huaheine para hacer una visita a nuestros amigos de allí; pero convendrá ofrecer primero un relato de la situación actual de Otaheite, pues diverge muchísimo de lo que era hace ocho meses.

»Ya he comentado las mejoras que encontramos en las llanuras de Oparre y Matavai; lo mismo se observó en otras partes en que estuvimos: nos parecía casi increíble que se pudieran construir tantas canoas grandes y casas en tan corto margen de tiempo como son ocho meses. Sin duda alguna, las herramientas que consiguieron de los ingleses y de otras naciones que han recalado aquí, aceleraron considerablemente el trabajo y, como reza un antiguo proverbio, muchas manos hacen el trabajo ligero. El número de cerdos fue otra cosa que nos llamó la atención, pero ésta es más fácil de explicar: debían tener, seguro que sí, muchísimos cuando estuvimos aquí la última vez pero, no queriendo compartirlos con nadie, los pusieron fuera del alcance de nuestra vista; sea como fuere, ahora hemos conseguido cuantos pudimos consumir durante nuestra permanencia aquí y algunos más para llevar... He de confesar que me hubiera gustado prolongar la escala otros cinco días de haber estado seguro de que la expedición se iba a realizar, pero parecía más bien que preferían que nos fuéramos antes... Así pues, nos quedamos sin ver la totalidad de esa gran flota y además, quién sabe, sin ser espectadores de una batalla naval: un espectáculo, estoy más que convencido, digno de ser visto. Puse especial cuidado en enterarme de cómo iban a trabar batalla y luchar en el mar, pero conociendo sólo un poco su idioma y ellos ninguno de los nuestros, el relato que conseguí debe ser fragmentario. No obstante, pude hacerme una idea bastante aproximada, que procuraré transmitir al lector. Señalé anteriormente que todas las embarcaciones de guerra están provistas de una plataforma elevada o estrado en la parte de proa con cabida para ocho a diez hombres, los guerreros o *tataotais*. Al formar el frente de batalla se parapetean unas con otras —la proa apuntando al enemigo— en secciones, según entendí, como cuando desembarcan para cerrar con más facilidad el frente cuando se inicia la acción; la flota enemiga se ordena de manera similar. Acto seguido se lanzan con todas sus fuerzas unos contra otros; al principio luchan con piedras, pero en cuanto se terminan cogen las otras armas, pues las plataformas de una flota acaban juntándose con las de la otra.

Domingo 15 de mayo. Ya he comentado que tras dejar Otaheite pusimos rumbo a Huaheine, y a la una de la tarde de ese día fondeábamos en la embocadura norte de la rada de Owarre, echábamos al agua los botes, remolcábamos el barco hasta un amarradero en condiciones y allí lo anclábamos. Mientras realizábamos estas operaciones, varios nativos subieron a bordo; entre ellos estaba Oree, el cacique, que traía consigo un cerdo y algunos otros artículos que me regaló con el ceremonial de rigor.

Lunes 23 de mayo. Vientos del este como cada día desde que hemos llegado aquí. Habiendo soltado las amarras del barco y hallándose todo a punto para hacernos a la mar, a las 8 de la mañana levábamos anclas y zarpábamos. El bueno y anciano cacique fue el último nativo en abandonar el barco; al despedirse le anuncié que ya no volveríamos, a lo que llorando respondió: deja que tus hijos vengan, nosotros los atenderemos bien. Oree es un buen hombre en el mejor sentido de la palabra, pero mucha gente dista de poseer tal carácter y da la impresión de que se aprovechan de lo avanzado de su edad. El trato amable que siempre ha encontrado en mí y el descuido e imprudencia con que muchos de los nuestros han

Mayo 1774

Mayo 1774

zanganeado por su país llevados por la estúpida pretensión de que las armas de fuego les hacían invencibles, han animado a algunos a cometer actos de violencia que ningún hombre de Otaheite hubiera osado intentar jamás.

Lunes 23 de mayo. Así que dejamos atrás Huaheine, aumentamos la vela y pusimos proa al extremo meridional de Ulitea. Uno de los nativos de la primera isla se embarcó con nosotros, como lo hicieron otros en Otaheite.

Viernes 27 de mayo. Por la mañana. Oreo [sic], su mujer, el hijo, las hijas y varios amigos subieron a bordo trayendo consigo un surtido de provisiones frescas. Después de comer fuimos a la playa y pasamos el rato con un espectáculo que concluyó con una representación de una mujer pariendo, la cual, al final, dio a luz un enorme muchacho de casi seis pies de alto que corría por el entarimado arrastrando tras de sí lo que representaban ser las secundinas. Tuve oportunidad de ver esta actuación tiempo después y observé que, en cuanto echaban mano al sujeto que hacía de niño, le aplastaban la nariz o se la apretaban contra la cara, lo que quizá sea una costumbre entre ellos y la razón de que todos tengan, por lo general, la nariz chata, lo que llamamos nariz de doguillo.

Sábado 4 de junio. Hice presentes a todos los demás conforme a su rango y al servicio que me habían prestado, tras lo cual se despidieron muy afectuosamente. La última petición que me hizo Oreo fue que regresara, y al ver que no se lo prometía, me preguntó el nombre de mi *Marai* (cementerio): extraña pregunta para un marino, más no titubeé un isntante en responderle Stepney, la parroquia en la que viví mientras estuve en Londres. Me lo hicieron repetir varias veces hasta que consiguieron pronunciarlo bien, entonces las palabras *Marai Stepney no Tootu* resonaron en cien bocas al mismo tiempo. Después observé que al Sr. F. le hacía la misma pregunta un individuo en la playa, pero él dio una respuesta distinta y, en realidad, más oportuna al decirle que ningún hombre acostumbrado al mar podía decir dónde sería enterrado. Aquí es costumbre, como en muchas otras naciones, que todas las grandes familias tengan sepulcros de su propiedad donde enterrar sus huesos; estos sepulcros van a parar junto con la hacienda al heredero, como por ejemplo en Otaheite: cuando Toutaha tomó el cetro, el marai de Oparre pasó a ser *Marai no Toutaha*, pero ahora hablan del Marai no Otoo. ¿Qué mayor prueba de estima y cariño hacia nosotros, como amigos a quien se desea recordar, podíamos recibir de estas gentes? Les habíamos dicho en repetidas ocasiones que no les volveríamos a ver, y querían saber el nombre del lugar donde nuestros cuerpos iban a convertirse en polvo. Al principio de llegar a estas islas pensé por un momento en visitar la célebre Bola-bola, pero ahora, habiendo realizado todas las reparaciones necesarias en el barco y con abundante provisión de todo género de vituallas de refresco, me parecía que no respondía a ningún fin ir allí; así pues, la dejé de lado y puse rumbo al oeste, despidiéndonos definitivamente de estas afortunadas islas y de sus generosos habitantes.

Caja de madera originaria de Tonga, cubierta con un trabajo de cestería y decorada ▷
con cuentas de conchas y cáscaras de coco. a. 43,5 cm.

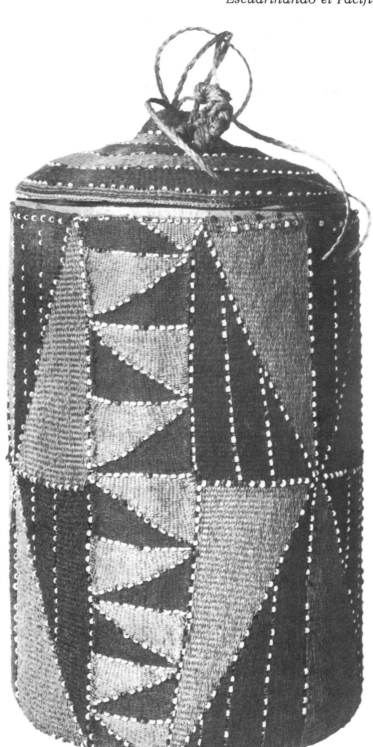

Junio 1774

◀ De las Islas Sociedad y Tonga, la expedición tiende velas hacia el oeste para explorar la Australia del Espíritu Santo (Nuevas Hébridas) de Quirós, que recientemente había sido redescubierta y reseñada por Bougainville.

◀ Avistan la Isla Howe, de Wallis; tienen una escaramuza con los habitantes de una isla que Cook denomina Isla Salvaje, pero consiguen algunas provisiones en las Islas Sociedad a pesar de los habituales robos.

Domingo 5 de junio. Vientos flojos y tiempo agradable. Ya antes di conocimiento de que al dejar Ulitea puse rumbo al oeste: esto lo hice con miras a poner en práctica la determinación que tomé de visitar los descubrimientos de Quirós.

Lunes 7 de junio. A primera hora de la mañana, el capitán y yo bajamos a tierra para buscar agua dulce. Fuimos recibidos con gran cortesía por los nativos, que nos condujeron a un estanque de agua salobre, el mismo que yo tengo por Agua de Tasman en...

Martes 28 de junio. Volvía del estanque, en la primera visita que hacía a tierra, cuando una mujer y un hombre me presentaron a una joven, dándome a entender que estaba a mi servicio. Dicha señorita, que probablemente había recibido instrucciones, resultó que quería, a título de prenda y señal, una camisa o una clavija; no podía darle ni lo uno ni lo otro a menos que me quitara la que llevaba puesta y no me sentía con humor para hacerlo. Al punto les hice saber de mi indigencia pensando que de este modo saldría airoso del trance, pero me equivoqué, pues me dieron a entender que podía retirarme con ella de fiado, lo que no era un consuelo. Al principio la vieja intentó convencerme; pero luego, viendo que era inútil, me empezó a injuriar; entendí muy poco de lo que dijo, aunque sus gestos eran harto expresivos y patentizaban lo que sus palabras significaban a este propósito; haciendo visos de burla y desprecio decía: «qué clase de hombre eres que así rechazas los abrazos de joven tan hermosa». La muchacha no [carecía] ciertamente de belleza, belleza que, pese a todo, pude resistir; ahora, en cuanto a los insultos de la vieja, eso sí que no, así que me fui a toda prisa al bote. Quisieron entonces que me llevara a la muchacha a bordo, lo cuál no podía ser, ya que había tomado la determinación de no permitir que mujer alguna subiera a bordo bajo ningún pretexto y di órdenes estrictas a los oficiales en tal sentido por las razones que expondré en otro lugar.

Jueves 30 de junio. Siendo el viento contrario y escaso, pasamos la tarde y la noche barloventeando, con las precauciones necesarias que tal navegación exige. Por la mañana forzábamos vela hacia las altas islas aprovechando los vientos flojos del oso. Alboreaba cuando vimos canoas acercándose de todas las direcciones: los artículos que traían para comerciar eran prácticamente los mismos que ayer o algo mejores, ya que de una canoa obtuve dos cerdos, que eran escasos entre ellos.

Viernes 1 de julio. Vientos flojos y cielo cubierto. A las 4 de la tarde alcanzábamos las dos islas; la más meridional —en la que vive, o se supone que vive, Vulcano— tiene por nombre autóctono Amattafoa; la otra, Oghao, es circular, alta, abrupta... En el canal entre las dos islas tuvimos poco viento, lo que dio tiempo a que se acercara una gran canoa de vela que estuvo siguiéndonos todo el día, y también lo hicieron otras de remo que habían sido lanzadas a popa cuando la brisa refrescó. Varias personas subieron a bordo; éstas, así como los que estaban al costado, mantuvieron el habitual intercambio de productos. Tuve oportunidad de verificar un hecho que me tenía sumido en dudas, a saber: si sus grandes embarcaciones de vela viraban cambiando de amura o simplemente desplazaban la vela y, por tanto, fijaban el rumbo con cualquier palo trinquete. La que vimos maniobraba de esta manera; la vela es latina, extendida por arriba mediante una entena y por debajo con una botavara; la entena, que embraga casi en el centro, está en equilibrio, de modo que cuando quieren cambiar de amura sólo tienen que aflojar la escota y llevar el puño de amura de la verga al otro extremo de la embarcación, y de igual manera la escota... Los arbotantes de estas canoas, necesarios para aguantar el palo y la verga, son de tamaño suficiente para dar la quilla de un navío de doscientas o trescientas toneladas y están afirmados con igual solidez; los cabos empleados como obenques, guías, etc. son de 4 pulgadas como mínimo: la verdad es que la verga y la botavara juntas pesan tanto que demanda resistencia el sujetarlas... Los habitantes, productos, etc. de Rotterdam o Annamocka e islas vecinas son muy similares a los de Amsterdam. Los cerdos y gallinas son realmente escasos; de los primeros adquirimos sólo seis y no muchos más de los segundos; ñames y pomelos fueron de lo que más conseguimos, los demás frutos eran más escasos y no estaban en mejores condiciones. Menos de la mitad de la isla está dedicada a plantaciones cercadas como las de Amsterdam, aunque las restantes zonas no son menos fértiles ni están menos aprovechadas que en aquélla; sin embargo, en proporción al tamaño, aquí hay más terreno baldío que en Amsterdam, y la gente parece mucho más pobre. Respecto a las telas, esteras, adornos, etc. creo que constituyen una gran parte de la riqueza de estos pueblos. Da la impresión de que los habitantes de esta isla están más afectados de lepra —o una enfermedad escrofulosa por el estilo— que cualesquiera de los que haya visto hasta ahora; se declara en la cara con preferencia a otras regiones del cuerpo: vi algunos que habían perdido la nariz por esta causa...

Julio 1774

DOMINGO 17 de julio. Seguimos arrumbando al oeste hasta las 3 de la tarde, cuando avistamos tierras demorando al SO... Estaba seguro de que era la Australia del Espíritu Santo, de Quirós, o lo que De Bougainville llama las Grandes Cícladas, y que la costa en donde nos hallábamos era el flanco oriental de la Isla Aurora, cuya longitud según recientes observaciones por nosotros realizadas es 17° E.

◀ En la Nuevas Hébridas, la expedición descubre un nuevo tipo de isleño pacífico, un negroide, que a pesar de su aspecto poco atractivo era menos afecto al robo que los polinesios más orientales. Empero, los habitantes de ciertas islas eran tan feroces que se hizo necesario recurrir a las armas de fuego.

VIERNES 22 de julio. A las 9 desembarcábamos ante la mirada de unos 400 o 500 hombres que se habían reunido en la playa, armados con arcos y flechas, garrotes y lanzas, pero no pusieron el más mínimo impedimento; al contrario, hubo uno que entregó sus armas a otro y nos recibió en

Julio 1774

el agua con una rama verde en la mano, que intercambió por la que yo sostenía en la mía, tomándome de la otra y conduciéndome hasta la muchedumbre, entre la que distribuí medallas, trozos de tela, etc... No daban ningún valor a las clavijas ni parecían sentir mucho entusiasmo por cosa alguna de las que teníamos; fácilmente cambiaban una flecha por un trozo de tela, pero siempre se negaban a desprenderse de los arcos. No estaban dispuestos a que penetráramos en el país y sí muy deseosos de que nos fuéramos a bordo. Tampoco entendíamos ni una palabra de lo que decían; son completamente diferentes de todos los que llevamos vistos y hablan un idioma distinto: son casi negros, o mejor dicho, de un color chocolate oscuro, esbeltos, no altos, tienen cara de mono y pelo lanoso. Hacia mediodía, después de enviar a bordo la leña que habíamos cortado, embarcamos todo y nos fuimos, tras lo cual se retiraron, unos en una dirección, los demás en otra.

SÁBADO 23 de julio. Durante la noche pasada, los nativos se llevaron la boya del anclote al que estábamos amarrados. Vi a un sujeto llevársela a la playa, al atracadero; así pues, cogí un bote y partí en compañía de varios caballeros; en el momento de desembarcar, la boya apareció en el bote de manos de un hombre que se marchó sin mediar palabra. Dicho sea a su favor, ésta fue la única cosa que intentaron quitarnos y parecían observar una estricta honestidad en todas sus transacciones. Habiendo desembarcado cerca de unas viviendas y plantaciones que estaban justo en el linde del bosque, convencí a un individuo para que me dejara verlas; permitieron que el Sr. F. me acompañara, pero se mostraron reacios a que viniera alguien más. Las viviendas son bajas, bardadas con un tupido techo de paja de palma; de forma rectangular, las hay que están entabladas en los extremos, por donde se entra a través de una portilla cuadrada que en ese momento estaba cerrada; no querían que entráramos y, por nuestra parte, no contravinimos sus deseos. En ese lugar había una media docena de viviendas, varias plantaciones pequeñas con vallas de carrizo... Luego proseguimos hasta la punta de la rada desde donde pudimos ver las tres lejanas islas ya apuntadas; allí nos enteramos de sus nombres, así como del de la tierra que pisábamos, a la que llaman *Mallecolo,* nombre que encontramos citado por Quirós, o al menos uno tan parecido que no cabe duda de que ambos aluden a la misma tierra.

»A las 7 de la mañana levábamos anclas y con ventolinas variables y la ayuda de un bote de remolque salíamos a la rada, cuya punta sur demoraba a mediodía, al OSO, a dos o tres millas. Lat. observ. 16° 24' 30". En ese momento teníamos viento flojo del ESE con el que forzamos vela al NE para, al ganar barlovento, explorar las islas allí sitas... Los habitantes de este país son, por regla general, lo más feo y desproporcionado que he visto en mi vida; a lo que ya se ha dicho de ellos sólo he de añadir que tienen los labios gruesos, la nariz plana y semblante de mono.

»La barba, como casi toda su lanosa cabeza, es de un color entre castaño y negro; la primera es mucho más clara que la segunda, y tiene más de pelo que de lana corta y ensortijada. Los hombres van desnudos, apenas puede decirse que lleven cubiertas las partes íntimas; los testículos van al descubierto, pero envuelven un trozo de tela o una hoja alrededor de la verga y se la atan al vientre, a una cuerda o venda que llevan en torno a la cintura, inmediatamente debajo de las costillas cortas y por encima del vientre, tan ceñida que nos maravillaba cómo podían resistirla. Llevan unos curiosos brazaletes, de cuatro o cinco pulgadas de ancho, que se ponen en el brazo justo encima del codo; son de fibra o cuerda, están decorados con conchas y no se desprenden de ellos bajo ningún concepto. Además, en la muñeca llevan colmillos de cerdo y pulseras hechas con grandes conchas. Se perforan el tabique nasal y en él colocan un ornamento de forma anular hecho con una piedra que no se diferencia del alabastro; también se ponen pequeñas arracadas de caparazón de tortuga. Vimos pocas mujeres y eran tan desagradables como los hombres; tenían la cabeza, la cara y la espalda pintadas de rojo. Llevaban un trozo de tela envuelta en la cintura y alguna cosa sobre los hombros en la que transportaban a las criaturas.

Julio 1774

»Sus armas son arcos y flechas, garrotes y lanzas de madera dura; las flechas son toscas, algunas veces provistas de una larga y aguda punta de madera dura; otras la llevan, afiladísima, de hueso, cubierta de una substancia gomosa de color verde que tomamos por veneno, sospecha que los nativos nos confirmaron indicándonos por señas que no la tocáramos. He visto varias con dos o tres puntas de éstas, armadas de pequeños dientes en el borde para impedir que la flecha sea arrancada de la herida.

DOMINGO 24 de julio. La noche antes de salir del puerto capturamos con sedal y anzuelo dos «gallinetas nórdicas» del tamaño de una palometa roja grande y no muy distintas de aquélla, de las cuales comieron la mayoría de los oficiales y varios suboficiales al día siguiente. Por la noche, a todos los que habían comido de este pescado les cogió un dolor muy violento en la cabeza y los miembros, tanto que eran incapaces de mantenerse en pie, a la par que sentían un calor abrasador por toda la piel. No cabía duda que era debido al pescado que, siendo de carácter venenoso, comunicaba sus nocivos efectos a todo el que en mala hora lo había ingerido, incluso a los perros y cerdos; uno de estos últimos murió al cabo de dieciséis horas y, poco después, un cachorro de perro compartía su destino. Debe ser el mismo tipo de pescado que Quirós cita con el nombre de *Pargon,* y que envenenó a la tripulación de sus barcos a tal punto que pasó algún tiempo hasta que se recuperaron. Razones teníamos para dar gracias por no haber capturado más, pues nos habríamos visto en la misma situación.

JUEVES 4 de agosto. A las 6 de la tarde nos colocábamos al socaire del flanco NO de la punta, donde fondeamos con 17 brazas de agua, a media milla de la costa; fondo de arena negra.

»Al romper el día fuimos con dos botes a examinar el litoral y buscar un amarradero adecuado, leña y agua. Varias personas salieron a la playa y por señas nos invitaron a que nos acercáramos. Con algunas dificultades debidas a las rocas que por doquier la defendían, alcancé la playa; se aproximaron unos cuantos hombres a quienes regalé trozos de tela, medallas, etc., y merced a este trato se ofrecieron a halar del bote hasta una playa arenosa situada al otro lado de unos rompientes, donde pude bajar sin mojarme los pies. Desembarqué ante una gran multitud con sólo una

Agosto 1774

rama verde en la mano. La acogida fue extraordinariamente amable; tenía que quitármelos de encima y, ante los empujones por acercarse al bote, retrocedí, haciendo señas para que se alejaran. Un individuo que parecía ser un cacique o un comerciante, comprendiendo enseguida lo que yo quería decir, les hizo formar una especie de semicírculo frente a la proa del bote, sacudiendo a todo el que contravenía sus órdenes... Me agradó su proceder; la única cosa que podía suscitar cierto recelo era que la mayoría iban armados con garrotes, dardos, piedras, arcos y flechas. El cacique me hizo señas para que haláramos el bote hasta la playa, pero le di a entender que primero tenía que ir a bordo y que a la vuelta obraría según su deseo. Así que subí al bote y ordené desatracar; ellos, por el contrario, no estaban dispuestos a deshacerse tan pronto de nosotros e intentaron conseguir por la fuerza lo que no habían podido obtener por medios más apacibles. Unos agarraron la plancha de desembarque, que había sacado al llegar, mientras otros cogían los remos; al ver que les apuntaba con un mosquetón, desistieron un tanto, pero al instante volvieron a la carga, diríase que decididos a halar la embarcación hasta la playa. Al frente de este grupo iba el cacique, y los que no tenían sitio para acercarse al bote aguardaban —prestos a apoyarles— con dardos, arcos y flechas en la mano. A esas alturas, nuestra seguridad se convirtió en la preocupación más inmediata. Sin embargo, no estaba en absoluto dispuesto a abrir fuego sobre tamaña multitud y decidí que fuera el jefe la única víctima de su propia traición; pero en ese momento crucial, mi mosquete se negó a desempeñar su cometido, lo que me obligó irremisiblemente a dar orden de abrir fuego, ya que empezaron a disparar flechas y arrojar dardos y piedras. La primera descarga les sumió en la confusión, la segunda a duras penas consiguió que abandonaran la playa, y así y todo seguían tirando piedras protegidos por los árboles y arbustos. Por fortuna para estos desgraciados, no se dispararon ni la mitad de los mosquetes; sino muchos más habrían caído... Estos isleños son de una raza completamente distinta de la de Mallecollo y parece que hablan un idioma bastante diferente. De estatura media, buen tipo y facciones pasables, su color es chocolate oscuro y se pintan la cara con una especie de pigmento rojo o negro; tienen el pelo crespo y ensortijado, y algunos, lanoso. Vi pocas mujeres, pero me parecieron desagradables; llevan como una enagua de hojas de palma o de otra planta similar. Los hombres, lo mismo que los de Mallecollo, no visten más abrigo que la funda del pene, atada al cinturón o bramante que les rodea el talle.

Miércoles 10 de agosto. Ayer el Sr Forster obtuvo de estas gentes el nombre de la isla (Tanna) y hoy les he sacado el de las vecinas. Nos dieron a entender, de forma tal que no caben dudas al respecto, que comen carne humana. Fueron ellos quienes sacaron el tema a colación al preguntarnos si nosotros lo hacíamos; también nos hicieron saber que practican la circuncisión.

Jueves 11 de agosto. Viento del sur con fuertes aguaceros durante la noche. Por la tarde, al amago de unos matorrales, dos o tres muchachos arrojaron piedras contra los hombres que estaban cortando leña, por lo que éstos abrieron fuego por orden de los suboficiales presentes. Me desagradó sobremanera tanta arbitrariedad en el empleo de las armas de fuego y tomé medidas para evitarla en el futuro. Durante la noche y todo el día siguiente, el volcán hizo un ruido terrible, proyectando inmensas columnas de humo y fuego a cada explosión; en una ocasión se vieron en el aire grandes rocas.

Agosto 1774

DOMINGO 14 de agosto. Nos parecieron personas amables y de buen talante cuando no se sienten incitados por el recelo frente a una conducta opuesta, conducta que resulta comprensible si se tiene en cuenta el color del cristal con que nos ven; no pueden saber cuál es nuestro verdadero objetivo; entramos en sus puertos sin dar pie a que se resistan; intentamos desembarcar pacíficamente: que lo conseguimos, bien; que no, desembarcamos igualmente y mantenemos la posición así conseguida por la superioridad de las armas de fuego. ¿De qué otro color pueden vernos en principio si no es como invasores de su país? Sólo el tiempo y cierta familiaridad con nosotros podrán sacarles de su error.

VIERNES 19 de agosto. Vientos flojos del norte. Se dio una última mano a la caña del timón y la embarcamos, de modo que tan sólo nos faltaba un viento favorable para hacernos a la mar. Por la mañana, como el viento no nos permitía zarpar, envié a la guardia con el Sr Wales, como de costumbre, al tiempo que una partida de hombres para cortar y traer el resto de los árboles que habíamos talado para la caña de timón de repuesto. Como siempre, fueron muchos los nativos que se congregaron cerca del lugar de desembarque y, lamentablemente, uno de ellos recibió un tiro de uno de nuestros centinelas. Yo, que me hallaba presente, no vi el más mínimo motivo para que se cometiera tal ultraje y me asombró lo indecible la inhumanidad del acto. El malvado que perpetró el crimen pretendía que uno de los nativos cruzó una flecha en su arco y lo asió en actitud de disparar, viéndose por ello amenazado; pero esto lo hacían a cada momento, creo que al único objeto de hacernos ver que estaban armados como nosotros. Sea como fuere, el más desafortunado no parece haber sido el hombre que tensó el arco sino otro que estaba cerca de él.

MARTES 23 de agosto. Viento fresco del ESE y tiempo despejado. A las 4 de la tarde empezamos a acercarnos a la isla hacia la cual arrumbábamos, que en ese momento se extendía de N 42° E a NO. Como no queríamos tener ningún trato con los habitantes de esta hermosa isla para enterarnos de su verdadero nombre, la llamé Isla de Sandwich en honor de mi ilustre patrocinador el conde de Sandwich.

◀ El 25 de agosto, Cook se halla en la embocadura de la Bahía de S. Felipe y S. Jaime, donde Quirós había intentado fundar su Nueva Jerusalén en 1606. Si bien se ha de reconocer que los objetivos de Cook como explorador eran menos nobles que los de Quirós con sus frailes franciscanos y sus caballeros del Espíritu Santo, los británicos, a pesar de algunos desgraciados incidentes, fueron menos crueles y tiránicos con los nativos que los seguidores españoles de Quirós.

JUEVES 25 de agosto. Tras doblar el cabo descubrimos que la costa se prolongaba hacia el sur, formando una bahía grande y profunda cuyo límite occidental lo compone la tierra antes mencionada. Todo se confabulaba para hacernos creer que se trataba de la Bahía de S. Felipe y S. Jai-

Agosto 1774

me descubierta por Quirós en 1606. Para esclarecer este punto era preciso explorarla hasta el fondo mismo, ya que en ese momento no podíamos ver el extremo. A tal fin barlovenmeamos por la amura de babor, con viento flojo del sur que a mediodía empezó a rolar hacia el este; y viéndonos muy pegados a la orilla occidental, arrumbamos al NE. Lat. 14° 55' 30", long. 16° E; la embocadura de la bahía se extiende de N 64° O a S 86° E.

SÁBADO 27 de agosto. A la 1 de la tarde, la calma dio paso a un viento flojo del N 1/4 O con el que remontamos la bahía hasta las 3. A esa hora, hallándonos a dos millas escasas de la orilla, envié al Sr Cooper y al capitán a sondear y reconocer la costa; mientras, nosotros íbamos dando bordadas con el barco, lo que dio tiempo a que se acercaran tres canoas de vela que nos habían estado siguiendo. Iban 5 o 6 hombres en cada una, y se aproximaron lo suficiente para coger las cosas que les arrojábamos atadas a un cabo, pero no abarloaron. Eran del mismo tipo que vimos la noche pasada y guardaban cierto parecido con los de Mallecollo, aunque parecían más fuertes y mejor formados. Hasta donde podemos opinar, hablaban un idioma distinto, lo que nos lleva a pensar que pertenecían a otra nación, probablemente la misma que los de Annamoka y las islas vecinas, pues uno de ellos, en cierta ocasión, contó hasta cinco o seis en ese lenguaje; otros detalles apoyaban esta hipótesis. Nos dieron los nombres de las partes del país que les señalábamos, pero no hubo forma de sacarles el nombre de la isla. Unos tenían el cabello corto, tan crespo que parecía lana; otros lo llevaban recogido en la coronilla y adornado con plumas, como los neozelandeses. Los restantes ornamentos eran brazaletes y collares; uno llevaba en la frente una cosa parecida a una concha blanca. Los había que se pintaban con una especie de pigmento negro. No me pareció que llevaran otras armas consigo aparte de dardos y fisgas pensadas exclusivamente para alancear pescado. Las canoas, que en modo alguno eran una obra de arte consumada, iban provistas de balancines. La vela, triangular, se extendía mediante dos palos, uno de ellos era el mástil y el otro la verga o botavara, al menos así nos lo pareció, ya que sólo los vimos navegar a cierta distancia... No hubo unanimidad en que se tratara de la Bahía de S. Felipe y S. Jaime, pues no encontramos el Puerto de Vera Cruz. Por mi parte no existía duda alguna; en líneas generales todo coincidía muy bien con la descripción de Quirós, y en cuanto a lo que él llama Puerto de Vera Cruz, seguro que es el fondeadero de la cabecera de la bahía, que en algunos lugares quizá se prolongue más allá de donde sondearon nuestros botes; es lógico que al lugar donde permanecieron tanto tiempo anclados le dieran un nombre independiente de tan enorme bahía. Puerto es un término vago, como otros muchos empleados en geografía, pues muy a menudo se aplica a lugares mucho menos abrigados que la cabecera de esta bahía. Los oficiales observaron que raramente hay oleaje en la playa, pues las hierbas y otras plantas crecen hasta muy cerca del nivel de pleamar, lo que es señal inequívoca de fondeadero pacífico. Calculaban que la marea se elevaría unos 4 pies y que los botes podrían abocar el río con la pleamar; así pues, es muy probable que se trate de uno de los mencionados por Quirós y que las apariencias nos inclinaran a creer que veíamos otro.

Septiembre 1774

◀ La expedición realiza un nuevo e importante descubrimiento: la gran isla de Nueva Caledonia. Pero con el verano austral y la estación antártica a la vista, Cook sólo dispone de diez días y no puede explorar más que la mitad de la costa.

Lunes 5 de septiembre. Seguimos navegando hacia el sur con una brisa ligera de oriente hasta las 6 de la tarde. A esa hora estábamos a tres leguas de la tierra cuyos extremos demoraban de SE 1/4 a O 1/4 N. La costa presentaba varias aberturas hacia el oeste, de modo que no podíamos afirmar si se continuaba o no; el extremo suroriental parecía culminar en un elevado promontorio (al menos desde aquí no podíamos ver tierra más allá) al que di el nombre de Cabo [Colnett] por uno de mis guardiamarinas que avistó esta tierra por primera vez.

»Acabábamos de anclar, cuando nos vimos rodeados por un gran número de personas, en su mayoría sin armas; al principio estaban un poco amedrentados, pero no tardamos mucho en convencer a los ocupantes de una canoa de que se acercaran lo suficiente para recibir algunos presentes, que les descolgamos por medio de un cabo en el cual ataron, por su parte, dos pescados que hedían espantosamente, como los que nos dieron por la mañana. Estos intercambios crearon enseguida una especie de confianza tal, que dos de ellos se aventuraron a subir a bordo; poco después el barco estaba abarrotado y varios nos acompañaban a comer en la cámara. Nuestra comida se componía de sopa de guisantes y carne salada de vaca y de cerdo, que no tuvieron curiosidad de probar; comieron algunos ñames, que conocen como *oobee*: nombre no muy distinto de *oofee*, como los llaman en todas las islas que hemos visitado a excepción de Mallecollo. No obstante, estas gentes hablan un lenguaje absolutamente nuevo para nosotros y, como todos los que hemos visto en estos últimos tiempos, no llevaban encima más que una pequeña cofia para el pene, al que se le permitía ir suspendido. Les gustaba meter la nariz en cualquier rincón del barco y lo inspeccionaron con cierto detenimiento. No tenían ni remota idea de la existencia de cabras, cerdos, perros o gatos, tampoco tenían palabras para designarlos. Parecían tener interés por el hierro, sobre todo por las clavijas grandes, y por los trozos de tela roja o, la verdad sea dicha, de cualquier otro color, aunque el rojo era su preferido.

Miércoles 7 de septiembre. Transcurrido cierto tiempo, un grupo de los nuestros fue a echar un vistazo al país llevando dos nativos como guías, que nos condujeron a lo alto de las montañas por una vereda pasablemente buena. Por el camino nos cruzamos con varias personas; casi todas se venían con nosotros, de modo que al final la comitiva era muy numerosa. Algunos nos requerían para que volviéramos sobre nuestros pasos, pero hacíamos como si no viéramos sus señas y ellos no parecían inquietarse cuando avanzábamos. A lo último llegamos a la cima de una montaña desde la cual, por entre unas colinas que teníamos delante, vimos el mar en el lado opuesto de la isla, a considerable distancia. Entre esas montañas y la sierra que ocupábamos se abre un gran valle por el que discurre un serpentino río que aporta no poca belleza al paisaje. Las llanuras coste-

Máscara de baile, Nueva Caledonia.

Septiembre 1774

ras de la vertiente de donde veníamos mostraban, con gran lucimiento, los sinuosos ríos que las surcan siguiendo la dirección que la naturaleza les señala —las corrientes secundarias circulan por obra y arte de la técnica entre las diversas plantaciones—, las pequeñas aldeas dispersas, la variedad de bosques, los bancos de arena de la costa: tan abigarrado panorama podría servir de marco para un romance.

JUEVES 8 de septiembre. Por la tarde hicimos una corta excursión siguiendo la costa hacia poniente. No vimos nada notable. En todas partes, los nativos se comportan con una cortesía increíble. Mi secretario se hizo con un pez capturado por los nativos y me lo dio a mi regreso a bordo. Era de un género nuevo, algo parecido a un pez luna. Sin la más mínima sospecha de que fuera de naturaleza ponzoñosa, lo encargamos para cenar, pero afortunadamente la operación de describirlo y dibujarlo llevó tanto tiempo que se hizo demasiado tarde; así pues, sólo se cocinó el hígado y las huevas, y los dos, Forster y yo, apenas probamos bocado. Hacia las 3 o 4 de la mañana empezamos a sentir una extraordinaria debilidad en todos los miembros, acompañada de un entumecimiento o sensación análoga a la que se siente al acercar al fuego las manos o los pies después de haberlos tenido ateridos por la helada; perdí prácticamente el sentido, no podía diferenciar los cuerpos livianos de los pesados: mi mano no distinguía un pote de cuarto de galón lleno de agua de uno lleno de plumas. Todos vomitamos y después nos entró un sudor que nos proporcionó gran alivio. Uno de los cerdos, que había comido las entrañas, fue hallado muerto. Los perros despertaron el recelo de los criados ante lo que venía de nuestra mesa, y gracias a ello se libraron; los restos enseguida hicieron efecto en los animales, que devolvían todo y no se vieron muy afectados. Por la mañana, cuando los nativos subieron a bordo y vieron el pescado colgando, nos dieron a entender de inmediato que era absolutamente incomestible, manifestando una gran repugnancia hacia él; sin embargo, no se vio que hicieran gesto alguno en este sentido cuando estaba a la venta, ni siquiera después de que fuera comprado.

LUNES 12 de septiembre. Ya he comentado que deposité un perro y una perra en tierra. Me proponía asimismo establecer un núcleo inicial para poblar el país con cerdos, habiendo conservado algunos con vida a tal fin. Como a Teabooma, el cacique, no se le había vuelto a ver desde el día que recibió los perros, cogí un verraco joven y una cerda y me fuí a la Ensenada del Manglar a buscar a mi amigo [Teabooma]. Pero cuando llegamos allí nos dijeron que vivía a cierta distancia, pero que enviarían a por él: si lo hicieron o no es algo que no puedo afirmar. En pocas palabras, él no venía y como la marea no nos permitía aguardar mucho tiempo más, decidí entregárselos al primer individuo de cierta importancia que hallara. Diose la circunstancia de que el guía que nos llevó a las montañas se encontrara allí. Le hice saber mi deseo de dejar en tierra los dos cerdos que, por orden mía, ya habían sido sacados del bote. Varias personas allí presentes me indicaron por señas que me los llevara; una de ellas era un anciano solemne al que intenté explicar mi intención de que los cerdos permanecieran allí, pero sacudió la cabeza y repitió las señas para que me los llevara. Cuando vieron que no lo hacía, deliberaron sobre qué postura

Septiembre 1774

adoptar y, al final, nuestro guía me habló de llevárselos al *alekee* (cacique); así pues, ordené recogerlos a mis hombres, pues nadie más se les hubiera acercado. El guía nos condujo a una casa en la que estaban sentados en círculo ocho o diez personajes de mediana edad, a quienes yo y mis cerdos fuimos debidamente presentados, rogándome con suma cortesía que tomara asiento. Cuando empecé a cantar loas de las bestias, mostrándoles las diferencias de los sexos, me preguntaron que cuántas crías podía tener una hembra de una vez; con pocas palabras y en un santiamén las multipliqué por varias centenas: mi único propósito era realzar el valor del regalo que podrían obtener cuanto más los cuidaran, y mis razones tenía para creer que, en una u otra medida, lo harían... Aquí y allá se veían aldeas bastante grandes y muchas tierras cultivadas, distribuidas regularmente en plantaciones y sembradas en su mayoría con «taro» y raíces comestibles, algunos ñames, caña de azúcar y plátanos. Las plantaciones de «taro» recibían agua a través de un original sistema de pequeños riachuelos, alimentados continuamente por un canal principal a donde, merced a la técnica, se conducía el agua de un río situado a los pies de las montañas. Tienen dos métodos de siembra y cultivo de estas raíces; unas las siembran en campos cuadrados o rectangulares, perfectamente horizontales, hundidos respecto al nivel medio de las tierras adyacentes, de modo que pueden llenarlos con cuanta agua sea necesaria. Yo los he visto cubiertos, por regla general, con 2 o 3 pulgadas de agua, pero no sé si esto es indispensable. Otras las plantan en caballones de unos 4 pies de ancho y 2 1/2 de alto; en el centro o parte alta del caballón hay un canal estrecho por el que discurre una pequeña corriente de agua que humedece las plantas sembradas a uno y otro lado; las plantaciones están con tal acierto repartidas que una misma corriente riega varias a la vez.

JUEVES 15 de septiembre. Por la tarde, vientos flojos del ESE con los que ponemos proa al NO 1/4 O, NO 1/4 N y NNE a lo largo del flanco exterior del arrecife, siguiendo su dirección... A la salida del sol aumentábamos vela y arrumbábamos al NO 1/4 O; a esa hora no divisábamos ni tierra ni rompientes. Dos horas después avistábamos los segundos, extendiéndose al NO hasta más allá de nuestra vista, pero no se veía tierra; por consiguiente, teníamos toda la razón del mundo para creer que habíamos visto su final al NO. Hacía mucho que habíamos perdido de vista la tierra y no sabíamos cuánto más lejos tendríamos que llegar antes de alcanzar el extremo de los bajíos; era preciso explorarlos y se hizo, con un riesgo enorme: una calma o un vendaval —y bastante más a menudo nos caía encima lo uno o lo otro—, podrían haber acarreado funestas consecuencias...

◀ Al dejar Nueva Caledonia, Cook tropieza con gravísimos peligros en las proximidades del arrecife que circunda la Isla de los Pinos, pero se niega a abandonar el lugar mientras no haya comprobado si la madera es adecuada para fines navales. Es entonces cuando tiene la fortuna de descubrir la pequeña pero útil Isla de Norfolk con sus magníficos pinos, tras lo cual navega hacia el sur para alcanzar el Canal de la Reina Carlota, Nueva Zelanda, el 18 de octubre.

MARTES 27 de septiembre. Por la tarde el viento roló al SSE y arreció a fuerza duro. Seguimos forzando vela hacia el este y NE hasta las 2 de la

Septiembre 1774

mañana, momento en que virábamos por avante y poníamos rumbo al SO con viento muy duro del SE. Teníamos ciertas esperanzas de pasar a barlovento de la isla, pero no se cumplieron por unas pocas millas, pues a las 10 tuvimos que virar, hallándonos a una milla de la costa oriental de aquélla. La montaña demoraba al oeste; los extremos, de NO ¼ N a SO; y algunas islas bajas situadas a la altura de la punta SE, al S ¼ N [sic], estando, al parecer, conectadas con la isla grande a través de rompientes. No tocábamos fondo con 80 brazas de cable. Las faldas de esta isla están completamente cubiertas de los célebres árboles que le dan el nombre de Isla de los Pinos.

JUEVES 29 de septiembre. Tras una corta travesía hacia el NNE, pusimos de nuevo rumbo al sur a fin de examinar más de cerca y mejor los bajíos a la puesta del sol; no sacamos nada en claro, sólo el melancólico panorama de un mar sembrado de bajíos. Fondear con viento muy duro y una cadena de rompientes a sotavento era el último recurso; parecía más sensato pasar la noche dando bordadas cortas en ese espacio con el que, hasta cierto punto, nos habíamos familiarizado durante el día. Se apostaron los hombres necesarios para vigilar, llevando cada cual en la mano el cabo que tenía que manejar: a esto debemos quizá nuestra salvación, ya que según íbamos navegando hacia el norte, los hombres del castillo de proa y del pasillo de sotavento avistaban los rompientes de la amura de sotavento, escapando de ellos por el expedito sistema de barloventear. Así transcurrió la noche, bajo la terrible angustia de caer de un momento a otro en alguna de las innumerables amenazas que nos rodeaban. La luz del día nos confirmó que nuestros temores no eran infundados y que habíamos pasado la noche en el más eminente de los peligros al haber tenido continuamente bajíos y rompientes a sotavento, a muy corta distancia de nosotros. Descubrimos por las demoras y posiciones de la tierra en torno nuestro que, en toda la noche, no habíamos ganado nada a barlovento. Estaba hasta la coronilla de una costa que no podía seguir explorando sino a riesgo de perder el barco y arruinar el viaje, pero estaba resuelto a no abandonarla hasta ver qué clase de árboles eran esos que habían sido objeto de nuestra especulación.

VIERNES 30 de septiembre. Después de comer volví a tierra con dos botes, acompañado de varios oficiales y caballeros, llevando conmigo al carpintero y a parte de su gente para talar cuantos árboles necesitáramos... El casco de una canoa yacía destrozado en la arena; era precisamente del mismo tipo que habíamos visto en Ballade: ahora ya sabemos de qué árboles hacen las canoas, no pueden ser más que pinos. En esta diminuta isla, algunos medían veinte pulgadas de diámetro y entre sesenta y setenta pies de alto, y habrían trabajado muy bien como palo trinquete del *Resolution* si hubiera sido necesario. Porque se dan árboles de este tamaño en un lugar tan pequeño, es razonable esperar hallarlos mucho mayores en tierra firme y en las islas más grandes: si las apariencias no nos engañan, lo podemos afirmar. A excepción de Nueva Zelanda, no conozco ninguna isla en el Océano Pacífico Sur que pueda proporcionar un mástil o una verga a un barco, caso de verse en el aprieto de necesitarlos; más aún, si no se puede conseguir ni tan siquiera madera adecuada para un botalón de ala, mucho menos se conseguirá un palo macho o una verga mayor. Así pues, el descubrimiento puede ser útil y valioso.

Septiembre 1774

SÁBADO 1 de octubre. Pensando en el verano que estaba al caer, en el espacio que todavía quedaba por explorar hacia el sur —exploración que sólo se podía realizar en los meses de estío—, el estado y condición del barco —que ya carecía de los repuestos necesarios— y en la enorme distancia que nos separaba de cualquier puerto europeo donde poder abastecernos en caso de vernos retenidos otro año más en este océano por causa de un accidente, no me pareció aconsejable perder la tarde intentando ganar de nuevo la costa; así pues, tal como estaban las cosas, no me quedaba más remedio que abandonarla. Bauticé la tierra recientemente descubierta con el nombre de Nueva Caledonia: si dejamos aparte Nueva Zelanda, acaso sea la isla más grande del Océano Pacífico Sur.

MARTES 11 de octubre. Vientos flojos del SE y del ESE. Después de comer echamos al agua dos botes con los que yo y varios oficiales y caballeros fuimos a echar un vistazo a la isla y a sus productos. Pudimos desembarcar sin dificultad detrás de unas rocas que se alineaban a lo largo de la costa y la defendían del oleaje. La isla estaba desierta, recordaba mucho a Nueva Zelanda; el formión y otras hierbas y árboles comunes en aquel país también lo son en éste, pero el principal producto de la isla son las piceas, muy abundantes y de un tamaño enorme, de dos a tres pies de diámetro e incluso más; son de una clase distinta de las de Nueva Caledonia y Nueva Zelanda, y para mástiles, vergas y demás, superiores a aquéllas. Talamos uno de los más altos que pudimos encontrar y lo cortamos a lo largo para hacer una verga o un mastelero. El carpintero me dijo que la madera era del mismo tipo que la de los pinos de Quebec. He aquí, por tanto, otra isla donde se pueden obtener palos para barcos de gran tamaño. Palomas, loros y periquitos son los mismos que en Nueva Zelanda; hay rascones y algunas aves pequeñas. Entre las marinas hay alcatraces, gaviotas, golondrinas de mar, etc., que se reproducen tranquilamente en las rocas y acantilados. El litoral no carece de peces; nuestros hombres capturaron uno excelente mientras se hallaban en los botes junto a las rocas. Tomé posesión de esta isla igual que hice con todas las que habíamos descubierto, y le puse el nombre de Isla de Norfolk en honor de esa noble familia... Desatracando de la isla, forzamos vela hacia el sur con viento fresquito del ESE. Mi propósito era hacer escala en el Canal de la Reina carlota, en Nueva Zelanda, refrescar allí a mis hombres y dejar el barco en condiciones de cruzar una vez más este enorme océano a gran latitud.

Concha de Tahití.

Capítulo XIII

EL ANTÁRTICO Y VUELTA A CASA, 1774-75

> «Se mire por donde se mire, el objetivo del viaje ha sido alcanzado a entera satisfacción, el Hemisferio Sur ha quedado suficientemente explorado y se ha puesto fin a la búsqueda de un continente austral».
>
> COOK, 1775

EL *RESOLUTION* REGRESA AL CANAL DE LA REINA CARLOTA EL 18 de octubre de 1774 y descubre indicios de que el *Adventure* ha pasado por allí. Los informes de los maoríes son confusos pero, al parecer, cierta tripulación blanca podría haber sufrido un infortunio. Aunque Furneaux recoge la botella con el mensaje y los planes de Cook, a lo visto no dejó ninguna nota informando a Cook de que tras perder la tripulación de un bote —compuesta de media docena de hombres— en un inesperado enfrentamiento con los maoríes, regresaba a Inglaterra por el Cabo de Hornos y el Cabo de Buena Esperanza.

MARTES 18 de octubre. Vientos durísimos del oeste y cielo cubierto. Navegábamos al SSE, hacia el Canal de la Reina Carlota... A las 11 fondeábamos en el Abra del Barco; el fuerte vendaval de tierra no nos permitió entrar.

MIÉRCOLES 19 de octubre. Descubrimos que algún barco había visitado el lugar desde que nosotros lo abandonamos la última vez, no sólo porque la botella había desaparecido, sino también porque talaron tres árboles con sierras y hachas, árboles que estaban en pie cuando nosotros zarpamos. El barco no podía ser otro que el *Adventure* del capitán Furneaux.

LUNES 24 de octubre. Tiempo agradable. Por la mañana proseguí las diversas tareas que tenía entre manos. Se avistaron dos canoas bajando por el canal, pero suponemos que, al descubrirnos, desaparecieron detrás de un promontorio de la orilla occidental. Después del desayuno fui a buscarlas en un bote, acompañado de los botánicos. Según avanzábamos a lo largo de la orilla, abatimos varias aves; el estampido de las armas dio aviso de nuestro acercamiento y los nativos revelaron su presencia por los gritos que nos dirigían; sin embargo, cuando llegamos a sus moradas

△ *El* Resolution *costea Georgia del Sur.*

sólo aparecieron dos hombres en un montículo, los demás habían tirado hacia los bosques y las montañas. Pero en el momento de desembarcar nos reconocieron; la alegría sucedió al miedo, salieron corriendo del bosque y nos abrazaron repetidas veces, brincando alrededor nuestro como locos.

Octubre 1774

Viernes 28 de octubre. Desde que los nativos están con nosotros corre el rumor, que tiene que haber partido de ellos, de que últimamente se ha hundido un barco en algún lugar del estrecho y que toda la tripulación pereció a sus manos. Cuando les interrogué sobre este punto, no sólo lo negaron sino que parecían ignorar por completo el asunto.

¶ Después de una corta escala para embonar y refrescar, Cook zarpa un viernes, el 11 de noviembre de 1774, con la idea de navegar desde Nueva Zelanda hasta el Cabo de Hornos por la latitud 54-55° sur, con lo que se demostraba que no existía ningún continente en esa parte del Pacífico Sur.

Viernes 11 de noviembre. Tras unas horas de calma, se levantó una brisa por el norte con la que pusimos proa al S 1/4 E a toda vela, con miras a situarnos en los 54° o 55° de latitud. Mi intención era cruzar este vasto océano siguiendo aproximadamente esos paralelos, y así dar por vistos los lugares que dejamos sin explorar el verano pasado.

¶ Los apartados finales del diario contienen importantes referencias a las aportaciones hechas a la náutica, en particular por Wales y por el cronómetro Kendall-Harrison.

Jueves 17 de noviembre. Por la mañana, vientos duros y tiempo brumoso. Vimos una foca y varios trozos de alga. A mediodía, latitud 51° 12', longitud 173° 17' oeste. Wales me comunicaba sistemáticamente las observaciones que realizaba en este canal para determinar la longitud, cuyo resultado medio da 174° 25' 07½" E para el fondo del Abra del Barco —latitud 41° 5' 56½" S—, donde se llevaron a cabo las observaciones.

»En la carta marina que preparé en mi anterior viaje, este lugar está situado a 184° 54' 30" o 175° 5' 30" E. Por consiguiente, el error de la carta es de 0° 40' más al este en la susodicha carta. Saco a colación estos errores, no porque crea que vayan a influir mucho en la náutica o la geografía sino porque no dudo de su realidad: por la multitud de observaciones de Wales, pocas partes del mundo tendrán su posición mejor determinada que el Canal de la Reina Carlota. A decir verdad, con no menos seguridad podría afirmar lo mismo de todos los lugares en que hemos hecho escala, pues Wales —cuya habilidad no va a la zaga de su constancia— no dejó escapar una sola oportunidad de hacer observaciones. También hemos fijado, con el cronómetro de Kendall, la posición de las islas por las que hemos pasado sin recalar, y con casi igual precisión.

¶ Cuando el 27 de noviembre, el *Resolution* alcanza la latitud 55° 6' S y la longitud 138° 56' O, Cook decide que en esa parte del Pacífico no queda ninguna tierra de importancia por descubrir y arrumba en línea recta hacia el Estrecho de Magallanes.

Sábado 28 y domingo 27 de noviembre. Tuvimos viento duro y constante del NNO con el que pusimos proa al E, y a mediodía del segundo estábamos a 55° 6' de latitud S y 138° 56' de longitud O. Di por perdida toda

Noviembre 1774

esperanza de descubrir más territorios en este océano, por lo que tomé la decisión de arrumbar directamente hacia la embocadura occidental del Estrecho de Magallanes al objeto de perlongar la orilla exterior o meridional de Tierra de Fuego, doblar el Cabo de Hornos y alcanzar el Estrecho de Le Maire. Como el mundo tiene un conocimiento muy deficiente de esa costa, creo que perlongarla será más provechoso para la náutica y la geografía que cualquier otra cosa que pudiera descubrir a mayor latitud. Por la tarde, el viento sopló a rachas y se llevó el mastelero del juanete mayor.

◀ El *Resolution* avista tierras americanas el 17 de diciembre de 1774. Cook es consciente de que la tarea en el Pacífico Sur ha tocado a su fin y expresa su pensamiento con cierta simplicidad.

SÁBADO 17 de diciembre. La tierra que ahora tenemos enfrente no puede ser otra que la costa occidental de Tierra de Fuego y debe de estar cerca de la embocadura occidental del Estrecho de Magallanes. Como ésta es la primera travesía en línea recta de este océano que se hace por una alta latitud austral [Cook no sabía entonces que el *Adventure* le había precedido], he sido un poco minucioso a la hora de anotar toda particularidad que en uno u otro sentido pudiera ser interesante; con todo, he de señalar que nunca había hecho una travesía de tal longitud, ni siquiera mucho más corta, con tan pocos acontecimientos de interés... He acabado con el Océano Pacífico Sur. Espero que los que me honren y halaguen no vayan a creer que lo he dejado sin explorar o que se podría haber conseguido más en un viaje a tal fin de lo que se ha hecho en éste.

JUEVES 29 de diciembre. A las 3 de la madrugada nos hicimos a la vela y pusimos rumbo al SE ¼ S con viento fresquito del OSO y cielo un tanto brumoso. A esa hora, la embocadura occidental de la Bahía Nassau se extendía de N ¼ E a NE ¼ E y el flanco sur de las Hermitas al E ¼ S. A las 4, el Cabo de Hornos, hacia el que singlábamos, demoraba al E ¼ S; se le reconoce a distancia por la montaña alta y redondeada que lo corona; existe otra punta al ONO de aspecto no muy distinto, pero sólo por su situación no cabe posibilidad alguna de confundirlas. A las 7 y media doblábamos este célebre cabo y entrábamos en el Océano Atlántico Meridional.

◀ Cook dedica algunas semanas a explorar y cartografiar el desolado e inhóspito litoral de la vecindad de Cabo de Hornos y redacta un acertado informe para navegar sin problemas al sur del cabo y evitar el encuentro con sus peligrosas corrientes. Deja constancia de muchos datos interesantes de historia natural; sus descripciones de las colonias de aves y mamíferos marinos, que veremos a continuación, serán justamente valoradas por quienes las hayan visitado.

SÁBADO 31 de diciembre. Después de comer, echamos al agua tres botes y desembarcamos con una gran partida de hombres, quienes para cazar focas, quienes para capturar o cazar aves, peces y todo lo que se cruzara en nuestro camino. Para dar con las focas no importaba dónde desembarcáramos, pues toda la costa estaba repleta de ellas, y por el ruido que hacían hubiérase creído que la isla se hallaba poblada de vacas y terneros. Al desembarcar vimos que se trataba de un animal distinto de la foca; dímosle el nombre de león por el gran parecido del macho con un león terrestre. También había la misma clase de foca que vimos en Nueva Zelanda, conocida comúnmente con el nombre de oso marino, al menos así la llamábamos nosotros. Eran tan mansas o, mejor dicho, tan tontas que podíamos acercarnos y darles con un garrote; pero a las grandes les disparábamos, pues era bastante peligroso aproximarse a ellas. En la isla encontramos, además, muchos pingüinos y cormoranes; estos últimos tenían crías recién plumadas, en el punto que más nos gustan. Había gansos y patos, pero eran escasos; aves de presa y algunas otras más pequeñas. Al atardecer regresamos a bordo con los botes bien cargados con un poco de todo.

Diciembre 1774

MARTES 3 de enero. Los animales que viven en este exiguo espacio son leones marinos, osos marinos, toda una gama de aves acuáticas y algunas terrestres. El león marino ha sido muy bien descrito por Pernety, pero éstos no tienen tanta aleta o pata delantera como el de su lámina, sino como el que denomina lobo marino, ni los vimos tan grandes como esos de los que cuenta: el mayor no tendría más de 12 a 14 pies de largo y quizá 8 a 10 de perímetro. No son del tipo descrito con el mismo nombre por Lord Anson, pues, por lo que sé, éstos se parecen más a un león de la selva: la larga melena que les cubre la cabeza, el cuello y el lomo les confiere en grado sumo el porte y la apariencia de aquél. El resto del cuerpo está provisto de un pelo corto, poco más largo que el de una vaca o un caballo, y todo él es de un color castaño oscuro. La hembra no es ni la mitad de grande que el macho; tiene el pelo corto, de color ceniza o pardo claro. Viven en manadas sobre las rocas próximas al litoral. Como era la época de reproducción y cría de los pequeños, vimos un macho con 20 ó 30 hembras a su alrededor, cuidando muy mucho de reservárselas todas para él por el sistema de expulsar a cualquier otro macho que intentara aproximarse a su grey; los había que tenían menos y algunos no más de una o dos; aquí y allá se veía uno que otro gruñendo en un lugar apartado sin permitir que machos o hembras se le acercaran: los tomamos por individuos viejos y jubilados. Los osos marinos no son, ni de lejos, tan grandes como los leones marinos, pero sí bastante más que una foca común. No tienen ese pelo largo que caracteriza al león, recuerda más bien al de la nutria y el color general es una especie de gris ferruginoso. Ésta es de la especie que los franceses llaman lobos marinos y los ingleses focas; son, sin embargo, distintas de las que tenemos en Europa y América del Norte. A los leones se les podría llamar, sin caer en una gran impropiedad, focas gigantonas, pues todos pertenecen a la misma especie. Se podía circular entre ellos sin el más mínimo riesgo: o huían o permanecían inmóviles. Lo peligroso era hacerlo entre ellos y el mar, pues como se asustaran por cualquier motivo, bajaban tantos que si no podías salirte de su camino te llevaban por delante. En ocasiones, cuando aparecíamos de repente ante ellos o los despertábamos (son animales de sueño pesado), alzaban la cabeza, bufaban, gruñían y te miraban con tanta ferocidad como si fueran a devorarte en un instante; pero si se les plantaba cara, observé que siempre huían, de modo que todo era pura apariencia. El pingüino es un ave anfibia, y como es muy conocido por la mayoría de las personas, únicamente señalaré que aquí los hay en cantidades fabulosas y que pudimos

Enero 1775

abatir con palos cuantos quisimos. No puedo decir que sean gratos al paladar; cierto que los he comido a gusto en varias ocasiones, pero fue por falta de platos mejores. No crían aquí o no es ésta la época, ya que no vimos ni huevos ni polluelos. Los cormoranes sí que lo hacen, y en cantidades inmensas; llevamos no pocos a bordo, pues son muy apetitosos... Es asombroso ver cómo los diferentes animales que ocupan este exiguo espacio se acomodan mutuamente; diríase que han formado una comunidad en la que nadie perturba la tranquilidad del vecino. Los leones marinos ocupan la mayor parte del litoral, los osos marinos fijan su aposento en la isla, los cormoranes habitan en los acantilados más altos, los pingüinos establecen sus cuarteles donde disponen de más fácil comunicación con el mar, y otras aves escogen sitios más retirados. Hemos visto a todos estos animales mezclarse, como pollos y vacas domésticos en el corral de una granja, sin que ninguno intentara molestar o perturbar al otro. Más aún, con frecuencia he visto águilas y buitres posadas en los altozanos entre los cormoranes sin que éstos, jóvenes o adultos, se vieran molestados. Cabe preguntarse de qué viven estos animales: supongo que de los cadáveres de las focas y aves que mueren por causas diversas y seguramente múltiples, siendo como son tan numerosos. Este incompleto informe ha sido redactado más como auxiliar de mi propia memoria que para informar a otros. No soy ni botánico ni naturalista y carezco de palabras para describir las obras de la naturaleza en una u otra ciencia.

◖ A principios de enero de 1775, Cook zarpa de Suramérica hacia el sureste con la intención de explorar el remoto sur del Atlántico, el último reducto en que los «teóricos de la Tierra Seca» podían todavía aventurarse a situar un vasto continente austral.

◖ El *Resolution* cruza esta desolada región sin ningún resultado positivo, a excepción del redescubrimiento de la isla que Cook llama Georgia del Sur y el descubrimiento de las que bautiza como Tierra de Sandwich, que el hielo impidió explorar en detalle. No obstante, dicha exploración se juzgó innecesaria, ya que la región era gélida, desolada y sin valor.

Miércoles 4 de enero. Habiendo abandonado tierra la tarde precedente... pusimos rumbo al SE con ánimo de descubrir esa extensa costa que Dalrymple sitúa en su carta en lo que es el Golfo de San Sebastián. Yo me proponía recalar en la punta occidental de dicho golfo para tener el resto de la costa enfrente. En realidad, albergaba ciertas dudas sobre la existencia de tal costa y ésta me parecía la mejor derrota para salir de ellas y explorar la parte sur de este océano.

Viernes 6 de enero. A las 8 de la tarde, hallándonos a 58° 9' de latitud S y 53° 14' de longitud O, arrizábamos las gavias y tirábamos hacia el norte con viento muy duro del oeste acompañado de niebla espesa y agua nieve. La antedicha posición es prácticamente la misma que Dalrymple asigna a la punta del Golfo de San Sebastián, pero como no viéramos tierra ni indicios de su existencia, empecé a tener serias sospechas al respecto y a temer que, por buscarla hacia el sur, me fuera a pasar por alto la tierra que se dice descubrió La Roche en 1675 y el navío *Lion* en 1756, la cual Dalrymple sitúa a 54° 30' de latitud y 45° de longitud. Pero al echar un vistazo a la carta de D'Anvill, la encontré situada 9° o 10° más al oeste;

esta diferencia en la posición fue para mí un síntoma de la incertidumbre de uno y otro, lo que me impulsó a situarme lo antes posible en ese paralelo: tal fue la causa de mi cambio de rumbo.

Enero 1775

Jueves 12 de enero. Al despuntar el alba desatracábamos y poníamos proa al noroeste con buen viento fresco del oso. A mediodía nos hallábamos a 54° 28' de latitud s y 42° 08' de longitud o, casi 3° al este de la posición que Dalrymple atribuye a la punta NE del Golfo de San Sebastián, pero no vimos más señales de tierra que una foca y unos cuantos pingüinos; al contrario, teníamos mar de fondo del ESE que difícilmente podría haberse dado de existir un extenso territorio en esa dirección.

Viernes 20 de enero. A las 2 de la mañana nos hicimos a la vela con rumbo so para rodear la Isla de Cooper: un peñasco de altura considerable y unas 5 millas de circunferencia, sito a menos de una de la principal. En este islote, al que llamé Cabo Desilusión, la costa toma dirección so por espacio de cuatro o cinco leguas hasta una punta frente a la cual hay otros tres islotes; el más meridional de los tres es bastante bajo y llano, distando una legua del cabo. Según avanzábamos hacia el so, la tierra se fue abriendo a partir de dicha punta en dirección N 60° O durante unas 9 leguas. Resultó ser una isla absolutamente independiente de la principal y le di el nombre de Isla de Pickersgill por mi tercer oficial. Poco después, allende esta isla, quedaba a la vista un promontorio de la principal en dirección N 55° O, el cual se unía a la costa en el mismo punto que habíamos divisado y fijado el día de nuestra llegada, lo que constituía una demostración de que este territorio, que tomábamos por parte de un gran continente, no pasaba de ser una isla de 70 leguas de perímetro. Quién hubiera creído que una isla de extensión no mayor que ésta, situada entre los 54° y 55° de latitud, iba a estar completamente cubierta en pleno verano de muchas brazas de nieve helada, sobre todo en la costa SO; las mismas faldas y las escarpadas cimas de las encumbradas montañas están tapizadas de nieve y hielo, pero la cantidad que se acumula en los valles es increíble; más aún, la costa se halla defendida por un muro de hielo de enorme altura. Apenas cabe dudar de que una buena parte del hielo que se forma aquí durante el invierno, al llegar la primavera se rompe y dispersa por el mar; pero esta isla no puede producir ni la milésima parte de todo el que hemos visto, así que o existe más tierra o de lo contrario el hielo se forma sin su concurrencia. Estas reflexiones me llevaron a pensar que la tierra que habíamos visto el día anterior podía pertenecer a un extenso territorio: todavía tenía esperanzas de descubrir un continente. He de señalar que la desilusión que en aquel instante me embargaba no influyó mucho a la hora de juzgar por la muestra que el conjunto no estaba a la altura del descubrimiento. A esta tierra la llamé Isla Georgia en honor de Su Majestad. Está situada entre las latitudes 53° 57' y 54° 57' S y las longitudes 38° 13' y 35° 54' O; se extiende de SE ¼ E a NO ¼ O con 31 leguas de largo en esa dirección, siendo su anchura máxima de unas 10. Da la impresión de abundar en bahías y ensenadas, sobretodo en el litoral NE, pero la gran cantidad de hielo debe hacerlas inaccesibles durante la mayor parte del año, o como mínimo debe ser peligroso permanecer en ellas habida cuenta del desmoronamiento de los acantilados de hielo.

Enero 1775

VIERNES 27 de enero. Calculé que nos hallábamos a 60° de latitud. No era mi intención ir más allá a menos que encontrara algún indicio seguro de que pronto nos cruzaríamos con tierra, pues no hubiera sido discreto por mi parte perder el tiempo en avanzar hacia el sur, existiendo, al menos como posibilidad, una gran extensión de tierra por descubrir cerca del Cabo Circuncisión; además, estaba harto de estas latitudes, donde no se puede encontrar nada que no sea hielo y nieblas espesas. Por entonces teníamos mar tendida de poniente, indicio fehaciente de que no existía tierra en esa dirección. Se me ocurre, es más, me atrevería a afirmar que no existen ni el Golfo de San Sebastián ni esa vasta costa ubicada en la carta de Dalrymple entre África y América. Dudo también de que La Roche o el *Lion* vieran en algún momento la Isla Georgia, pero este punto no lo voy a discutir, pues desconozco con qué rumbo navegaron o de dónde procedían.

VIERNES 3 de febrero. Siguióse una calma que duró hasta las 8. A esa hora se levantó brisa del E ¼ S acompañada de tiempo brumoso. Por entonces avistamos la tierra donde estuvimos después y que resultó estar formada por dos islas; el día que fueron descubiertas por vez primera dio ocasión de que las llamara Islas de la Candelaria (latitud 57° 11' S; longitud 27° 06' O). No eran muy extensas, pero tenían una altura considerable y estaban cubiertas de nieve.

LUNES 6 de febrero. Proseguimos con rumbo sur y SE hasta mediodía. A esa hora estábamos a 58° 15' de latitud S y 21° 34' de longitud O, y no divisábamos tierra ni rastro de ella. Concluí, pues, que lo que habíamos visto y bautizado como Tierra de Sandwich era o un grupo de islas o, por el contrario, una punta del continente, pues creo firmemente en la existencia de tierra cerca del Polo, que es el origen de la mayor parte del hielo disperso por este vasto océano austral; y también me parece probable que llegue mucho más al norte por el lado de los océanos Índico y Atlántico Sur, porque el hielo siempre aparece más al norte en esos océanos que en cualquier otro, lo que, a mi juicio, no podría darse si no existiera tierra al sur. Me refiero a una tierra de gran extensión, pues si suponemos que no existe ninguna y que no se puede formar hielo en su ausencia, síguese, naturalmente, que el frío debería ser más o menos igual de intenso todo alrededor del polo hasta los 60° o 70° de latitud, o hasta donde no alcance la influencia de ninguno de los continentes conocidos; por consiguiente, tendríamos que ver hielo en todos los puntos de un mismo paralelo o cerca de él, pero en la práctica no ha sido así. Pocos son los barcos que han tropezado con hielo al doblar el Cabo de Hornos, y nosotros vimos muy poco por debajo de los 60° de latitud en el Océano Pacífico Sur. En cambio, en este océano, entre el meridiano 40° O y el 50° o 60° E, hemos visto hielo hasta los 51° N; Bouvet encontró algo a los 48° y otros navegantes lo han divisado a latitudes muy inferiores. No obstante, la verdad es que la mayor parte de ese continente austral —suponiendo que exista— ha de estar dentro del Círculo Polar, donde las aguas se hallan tan atestadas de hielo que, a la sazón, la tierra es inaccesible. El riesgo que se corre al explorar una costa en estos gélidos e ignotos mares es tan grande que me atrevería a decir que jamás hombre alguno se ha aventurado más allá de donde yo lo he hecho y que las tierras sitas más al sur nunca serán exploradas. *Febrero 1775* Densas nieblas, tormentas de nieve, fríos agudísimos y todo lo que puede hacer peligrosa la navegación es lo único que cabe esperar, y estas dificultades se ven realzadas por el aspecto inconcebiblemente horroroso del país; un país condenado a muerte por la naturaleza, que nunca recibe el calor de los rayos del sol, sino que yace sepultado para siempre jamás bajo un perenne manto de hielo y nieve. Los puertos que puedan existir en sus costas están repletos de nieve helada de un espesor enorme, y si alguno llegara a quedar despejado como para admitir un barco, sería igual de peligroso adentrarse pues corre el riesgo de quedar bloqueado para siempre o de convertirse en una isla de hielo. Las islas y trozos de hielo flotantes —los grandes caen al agua desde los acantilados de hielo— o una fuerte tormenta de nieve seguida de una brusca helada serían de consecuencias no menos catastróficas. Con un panorama como éste, no espere el lector encontrarme mucho más al sur. Y no precisamente por falta de ganas sino por otras razones. Habría sido una temeridad por mi parte arriesgar todo lo conseguido en el viaje en aras del descubrimiento y exploración de una costa que, una vez terminados, no habrían respondido a ningún fin ni serían de la más mínima utilidad para la náutica o la geografía, ni para ninguna otra ciencia. Teníamos, sin embargo, el descubrimiento de Bouvet ante nosotros, su existencia tenía que ser puesta en claro y, por último, no estábamos en condiciones de acometer grandes empresas ni, todo sea dicho, disponíamos de tiempo aunque hubiéramos estado perfectamente abastecidos. Estas razones me indujeron a cambiar de rumbo hacia el este con viento muy duro, acompañado de una nevada sobremanera intensa. Caía tanta nieve en el velamen que nos obligó a abandonar de vez en cuando el barco al viento para flamear la vela.

SÁBADO 18 de febrero. A mediodía estábamos a 54° 25' de latitud s y 8° 46' de longitud E. Creo que es una buena latitud para mantenerse en ella y buscar el Cabo Circuncisión, ya que por muy poco extensa que fuera la tierra en la dirección norte-sur, no podríamos dejar de verla, pues se dice que el extremo septentrional está situado a 54°. Nos llegaba mar de fondo fuerte por el s, lo cual me reafirmaba en que sólo podía ser una isla, careciendo de importancia en qué flanco nos encontráramos.

◀ A últimos de febrero, Cook había navegado tan hacia el este por altas latitudes que llega a convencerse equivocadamente de que el Cabo Circuncisión (Isla Bouvet) no existe. No obstante, este detalle pasa desapercibido frente al hecho de que, por entonces, el *Resolution* había circunnavegado el globo de oeste a este por altas latitudes demostrando que, si bien era cierto que en la región polar austral existían islas o algún continente pequeño, tales tierras no estaban al alcance de la exploración europea con los medios disponibles en la época. Cook, el *Resolution* y su valerosa tripulación no podían hacer más, todo movimiento en esa dirección era tiempo perdido.

MARTES 21 de febrero. Al romper el día nos hicimos a la vela y pusimos rumbo al E. A mediodía, las observaciones daban una latitud de 54° 16' S y una longitud de 16° 13' E, es decir, 5° al este de la longitud que se atribuye al Cabo Circuncisión. Así pues, empezamos a sospechar que esa tie-

Febrero 1775

rra nunca ha existido... Como estábamos a no más de 2° de longitud de nuestra derrota hacia el sur después de haber dejado el Cabo de Buena Esperanza, no tenía sentido continuar al este por dicho paralelo, sabiendo que allí no podía existir tierra alguna; pero como se nos brindaba la oportunidad de poner en claro ciertas dudas surgidas al haber avistado tierra más al sur, arrumbé al SE para alcanzar la posición en que se suponía localizada... Habiendo pasado y repasado el lugar donde se creía estaba situada sin ver el más mínimo indicio de tierra, ya no podía dudarse de que las montañas de hielo nos habían engañado como a Bouvet... Hasta el presente, hemos circunnavegado el océano austral por una alta latitud, recorriéndolo de tal manera que no queda el más mínimo resquicio para la eventual existencia de un continente, a menos que esté cerca del polo y fuera del alcance de la navegación; visité dos veces el Pacífico tropical, y gracias a ello no sólo fijé la posición de algunos descubrimientos anteriores sino que hice muchos nuevos y dejé, imagino, muy poco por hacer. Por tanto, me felicito por haber alcanzado plenamente el objetivo del viaje en todos sus aspectos y por haber explorado a suficiencia el Hemisferio Austral y haber puesto punto final a la búsqueda de un continente austral que, a la sazón, cautivó la atención de algunas potencias marítimas durante casi dos siglos y a los geógrafos de todos los tiempos. Que puede haber un continente o una gran extensión de tierra cerca del polo, no lo negaré; al contrario, soy de la opinión de que existe, y es probable que hayamos visto una parte de él. El frío exagerado, las numerosas islas y enormes bancos flotantes de hielo tienden a confirmar que ha de existir tierra al sur y que dicha tierra austral podría situarse o extenderse más al norte por el lado de los océanos Índico y Atlántico Sur. Ya he apuntado algunas razones, a las que puedo añadir que hemos encontrado más frío en esas aguas que en las del Océano Pacífico Sur para un mismo paralelo latitudinal. En este último océano, el mercurio del termómetro rara vez descendía por debajo del punto de congelación, ni siquiera cuando estábamos a 60° o más de latitud; sin embargo, en los otros, con frecuencia marcaba esa temperatura a la latitud de 54°. Ello se debía, a buen seguro, a que hay más hielo y se extiende más al norte en esos dos mares que en el otro, y si el hielo se forma originalmente en o cerca de tierra —cosa que no dudo— síguese que ésta también se prolongará más al norte. Que yo sepa, la formación o coagulación de las islas de hielo no ha sido investigada a fondo: algunos han supuesto que se originan por congelación del agua en la desembocadura de ríos caudalosos o en grandes cataratas, y que así se acumula hasta que se desploman por su propio peso... Cómo vamos a creer que existen ríos caudalosos en estas regiones, si los valles están cubiertos por muchas brazas de nieve perpetua y rematan en el mar formando gélidos acantilados de una altura inmensa. Es aquí donde nacen las islas de hielo, no de corrientes de agua, sino de la nieve solidificada que cae casi continuamente o se desliza por las montañas, sobre todo en invierno, cuando la helada es más intensa; que estos acantilados de hielo se acumulan durante esa estación hasta colmar todas las bahías por grandes que sean, es un fenómeno que no se puede cuestionar, pues nosotros lo hemos visto durante el verano: también durante esta estación la nieve puede cuajar y convertirse en hielo en otras muchas costas, y formar asimismo acantilados. Éstos van creciendo por precipitación continua de nieve y por la que fluye de las montañas, hasta que ya no son capaces de aguantar su propio peso; entonces se desgajan esos bloques gigantescos que llamamos islas de hielo... Si bien esta torpe descripción del origen de esas fantásticas islas flotantes —basada enteramente en mis propias observaciones— no proporcionará ninguna sugerencia de valor a plumas más capaces, dará, pese a todo, cierta idea de las tierras donde se forman; tierras condenadas por la naturaleza a una perpetua esterilidad y a no sentir jamás el calor de los rayos del sol; tierras cuyo espantoso y salvaje aspecto no tengo palabras para describir: si así son las que hemos descubierto, qué podemos esperar de las que están más al sur, pues entra dentro de lo razonable suponer que hemos visto las mejores puesto que se hallan más al norte. A quienquiera que tenga la resolución y la perseverancia para aclarar este punto, avanzando más allá de donde yo he llegado, no le envidiaré el honor del descubrimiento, pero me atrevería a decir que el mundo no se beneficiará con ello.

Febrero 1775

»Por un momento pensé en visitar de nuevo el lugar donde se decía estaba situado el descubrimiento francés, pero estimé que si en realidad habían hecho descubrimiento, el asunto quedaba tan completamente zanjado como si lo hubiera hecho yo mismo. Sabemos que sólo puede ser una isla y, de sernos dado juzgar por el frío que encontramos en esa latitud, no puede ser fértil. Además, esto me habría retenido dos meses más en el mar, en la latitud borrascosa, cosa que no estábamos en condiciones de soportar; el velamen y el aparejo estaban tan desgastados que a cada momento perdíamos algo, y ya no teníamos con qué repararlos o sustituirlos.

»Llevábamos mucho tiempo sin provisiones de refresco. Nuestras vituallas se estaban deteriorando y no restaba en ellas mucho más alimento que el imprescindible para mantener el cuerpo y el alma juntos. Con todo, mis hombres estaban sanos y de buena gana me habrían seguido a donde yo creyera oportuno conducirlos, pero me daba miedo que el escorbuto fuera a hacer presa en ellos cuando no teníamos nada para combatirlo. Además, habría sido cruel por mi parte prolongar más de lo necesario las fatigas y dificultades a que habían estado de continuo expuestos; su comportamiento a lo largo del viaje merecía cuantas satisfacciones estuvieran al alcance de mi mano.

»Alentados por el ejemplo de los oficiales, consiguieron salvar toda dificultad y peligro que se cruzó en su camino; y ni una sola vez se tuvo que echar una mirada a uno o a otro para que pusiera un poco más de brío por habernos separado de nuestro compañero el *Adventure*.

◀ El 16 de marzo, jueves, al aproximarse al Cabo de Buena Esperanza, Cook cumple las instrucciones y recoge todos los diarios y cuadernos de navegación que han llevado sus hombres. El 18, ansioso de noticias, despacha un bote a un barco avistado desde el *Resolution*; se entera entonces de que el *Adventure* ha llegado al Cabo de Buena Esperanza casi doce

Vigía.

Febrero
1775

meses antes y que al capitán Furneaux le habían matado y comido la tripulación de un bote los maoríes del Canal de la Reina Carlota, lo que daba razón de las vagas y cautelosas historias recogidas por Cook, quien escribe el siguiente comentario:

SÁBADO 18 de marzo. Al despuntar el día vimos tierra de nuevo demorando al NNO, a seis o siete leguas; profundidad del agua: 48 brazas... A la 1 de la tarde regresó el bote, habiendo estado a bordo del *Bownkerke Polder*: un «indiaman» holandés procedente de Bengala, al mando del capitán de navío Cornelis Bosch. El capitán Bosch, muy atento, nos ofreció azúcar, aguardiente de palma y cuanto tenía de sobra. Nuestros hombres se enteraron por algunos marineros ingleses que había a bordo de este barco de que el *Adventure* llegó al Cabo de Buena Esperanza hace doce meses y que la tripulación de uno de sus botes fue asesinada y devorada por los habitantes de Nueva Zelanda; así pues, la historia que habíamos oído en el Canal de la Reina Carlota ya no era un misterio... (a poner en tela de juicio, a saber: que un barco o un bote se había hecho pedazos en la costa, pero que la tripulación alcanzó sana y salva la playa; abrieron fuego sobre los nativos, que en ese momento estaban robando algunas ropas de los desconocidos, hasta que se les agotó la munición o, según se expresaban aquéllos, hasta que ya no pudieron hacer fuego; entonces los nativos cayeron sobre ellos, les golpearon en la cabeza y les trataron según se mencionó anteriormente. Cuando les pregunté sobre esto, negaron saber nada sobre el asunto o que hubiera sucedido algo por el estilo, y nunca más hablaron de ello con nadie; por consiguiente, pensé que nuestros hombres no les habían entendido. No haré comentarios sobre este triste suceso mientras no sepa más al respecto. Sin embargo, he de subrayar en favor de los neozelandeses que siempre encontré en ellos una actitud valiente, noble, franca y amable, pero son personas que nunca aguantarán una ofensa si se les da pie para sentirse agraviados.)

¶ En El Cabo, Cook recibe noticias de varias expediciones francesas por el Pacífico que culminaron bien en el desastre, bien en un éxito muy exiguo. Surville y Marion du Fresne habían fallecido, en tanto que Crozet y Kerguelen únicamente habían arrojado luz sobre algunas cuestiones de segundo orden, como la extensión de los arrecifes al sur de Nueva Caledonia y la localización exacta de la Isla de Kerguelen, que Cook pasó por alto.

¶ Al llegar a Santa Helena, el 15 de mayo, siguiendo un rumbo directo y preciso basado en el «cronómetro de Kendall», Cook se enfada terriblemente al enterarse de que la edición hawkesworthiana de su diario no sólo contenía material añadido —que era un insulto a los respetables habitantes de Sta. Helena— sino también la afirmación absolutamente falsa de que Cook había dado el visto bueno al manuscrito de Hawkesworth. Con indignación al parecer justificada, Cook escribe:

«[*Sin fecha*] Estoy convencido de que la isla ha sido desfigurada en muchos detalles. No es de extrañar que el relato que de ella se ofrece en la narración de mi anterior viaje haya ofendido a todos los habitantes principales. A mí no me pareció menos humillante cuando lo leí por primera vez, que no fue hasta mi llegada al Cabo de Buena Esperanza, pues nunca hice una lectura minuciosa del manuscrito ni escuché jamás el conjunto de lo leído en la forma que está escrito, aunque el Dr Hawkesworth diga lo contrario en la introducción. En el relato, mis compatriotas de Sta. Helena son acusados de ejercer una crueldad gratuita hacia sus esclavos; se les acusa asimismo de falta de inventiva por no tener carros, carretillas de mano o similares para facilitar el trabajo del peón. Por lo que hace al primer cargo, he de señalar que posiblemente no existe ninguna colonia europea en el mundo en la que los esclavos estén mejor tratados y alimentados que aquí: de los muchos que interrogué al respecto, nadie dejó entrever la más mínima sombra de queja. La segunda acusación, aunque de poca importancia, es, pese a todo, errónea, pues yo he visto en la isla carretas, que unas veces van tiradas por hombres y otras por bueyes, y las carretillas de mano han sido empleadas en la isla desde el comienzo de la colonización, siendo enviadas algunas cada año desde Inglaterra en el barco intendencia. Cómo se ha llegado a esta tergiversación no puedo decirlo, pues no partió de mí; pero de haber partido, habría estado igualmente dispuesto a dejarme convencer y a desmentir cualquier punto que, frente a pruebas como ésta, careciera de fundamento; que no estoy poco obligado con algunas personas de la isla por la atenta forma de apuntarme estos errores.

Marzo 1775

◀ El 29 de julio de 1775, sábado, el *Resolution* avista «los alrededores de Plymouth». Era obligado que Cook pusiera fin a su gran diario rindiendo tributo al «reloj de Kendall», que, tras un viaje de tres años y dieciocho días en casi todos los tipos de clima, aún funcionaba increíblemente bien.

SÁBADO 29 de julio. Avistamos tierra próxima a Plymouth, Maker Church, a las 5 de la tarde —demora N 10° oeste—, a 7 leguas. Esta demora y la distancia demuestran que el error del reloj de Kendall en la longitud es sólo 7' 45" de más, hacia el oeste.

Foca.

Capítulo XIV

COOK RECIBE HONORES EN INGLATERRA

«Qué laureles merece ese hombre que, habiendo salvado a muchos, perpetuó los medios que hoy día permien a Gran Bretaña, en los viajes más remotos, proteger a buen número de sus intrépidos hijos, de sus marinos.»

PRESIDENTE DE LA ROYAL SOCIETY, 1776

COMO EN EL CASO DE LA PRIMERA EXPEDICIÓN, LOS RESULtados positivos del segundo viaje de Cook fueron de gran importancia, aunque, en el aspecto geográfico, se vieron ensombrecidos por uno negativo, la confirmación de la inexistencia de una gran masa continental en el Antártico-Pacífico Sur. Sin embargo, en el aspecto positivo, Cook propone la existencia de un continente antártico relativamente pequeño que circunnavega muy de cerca. En las acertadas palabras del profesor G. Arnold Wood: «Fue el último buscador del continente que Mercator había dibujado y Quirós descrito. Pero fue asimismo el primer explorador científico de las regiones polares australes, el precursor de Weddell y Ross, de Shackleton, Amundsen y Scott.» Su diario demuestra que estaba seguro de la existencia de tierras antárticas, pues los inmensos icebergs por entre los que navegó sólo podían haberse formado en tierra. Creía haber visto tal vez ese espantoso mundo de sempiterna frialdad. Sin embargo, Cook estaba convencido de que ese nuevo continente no serviría para nada. Georgia del Sur le había desvelado un «paisaje horrible y salvaje» ¡Cuánto más horrible y salvaje no sería un continente situado aún más al sur! Como complemento a las exploraciones antárticas, Cook añade a la circunnavegación de este continente dos inmensos barridos por el Pacífico en los que descubre islas totalmente desconocidas como Nueva Caledonia, Georgia del Sur y la Isla de Norfolk, redescubriendo otras como las Tonga, la Isla de Pascua, las Marquesas y las Nuevas Hébridas. Dibuja así un mapa del Pacífico Sur y Central tan perfecto en su concepción y perfil que —como se quejaba, y con razón, el célebre explorador francés La Pérouse— sus sucesores no podían hacer otra cosa más que alabarle.

△ *Hospital naval en Greenwich.*

◀ Aunque estos resultados geográficos eran importantes, Cook y otros prepararon el terreno para las victorias conseguidas en los campos de la salud y la higiene. Hemos visto cómo, con la colaboración de Sir Hugh Palliser, la expedición se había provisto de antiescorbúticos, que combatieron eficazmente las enfermedades marinas a bordo del *Endeavour*; hemos visto también la constancia y los faustos esfuerzos de Cook para fomentar el empleo de estos antiescorbúticos, para mantener sus barcos y personal secos y limpios durante un viaje de más de tres años entre grandes dificultades y peligros y a través de casi todas las zonas climáticas. De los 112 hombres de la tripulación del *Resolution*, su comandante perdió tres por muerte accidental y uno por una enfermedad que no fue escorbuto; sin embargo, es evidente que Furneaux, en el *Adventure*, fue menos estricto que Cook, con el resultado de que tuvo un fallecimiento por escorbuto y su tripulación adoleció mucho más agudamente de esta enfermedad que la del *Resolution*. Hoy en día podemos hacer ciertas críticas justificadas a Cook. Valoró en su justa medida la importancia de la infusión de malta no fermentada y del «sauerkraut» como antiescorbúticos, pero los análisis actuales han demostrado que su caldo en conserva no servía para nada, y se le ha imputado el retraso en el progreso de la medicina y la higiene náuticas al calificar los inestimables cítricos de útiles pero excesivamente caros para un empleo generalizado. No obstante, sus logros en la aplicación de antiescorbúticos —incluidas plantas obtenidas en los viajes—, junto con la atención constante de la higiene, produjeron resultados tan notables que se sitúa a la altura de los más destacados pioneros de la medicina náutica. La Royal Society, dicho sea en su honor, reconoció la magnitud de tal empresa concediéndole su más alta distinción: la Medalla Copley de oro.

◀ Cook no llegó a ver la medalla —que era otorgada por la junta de la sociedad al mejor artículo del año—, pero el presidente de la misma, Sir John Pringle, le informó del reconocimiento propuesto. Anunció su concesión en noviembre de 1776, cuando Cook ya había emprendido el tercer viaje, y la medalla, que le fue entregada a la Sra. Cook, está ahora en el Museo Británico. En el discurso con que dio a conocer el fallo a los miembros de la Royal Society, Pringle prestó un soberbio tributo a Cook. «Si Roma», señaló, «concedía una corona a quien salvaba la vida de un simple ciudadano, qué laureles merece ese hombre que, habiendo salvado a muchos, perpetuó con sus acciones los medios que hoy día permiten a Gran Bretaña, en los viajes más remotos, proteger a buen número de sus intrépidos hijos, de sus marinos; ese hombre que, desafiando todos los peligros, tan liberalmente contribuyó a la fama, a la riqueza y al imperio marítimo de este país.»

◀ El tercer resultado importante del viaje fue la confirmación de que por fin se había inventado un método relativamente sencillo para el cálculo exacto de la longitud. Hemos visto que, durante el viaje del *Endeavour*, Cook y el astrónomo Green —que falleció en el transcurso de la expedición— habían utilizado con bastante éxito las tablas de distancias lunares elaboradas por Maskelyne, el astrónomo real: el error en la estimación dada por Cook para la longitud de Puerto Venus es de sólo 1', una milla más o menos. Sin embargo, era bastante difícil hacer observaciones precisas en el mar y de ahí la prueba de los cuatro cronómetros ya mencionados. Los instrumentos de Arnold no sirvieron para nada, pero el reloj de Harrison se retrasó tan sólo 7' 45" después de tres años en el mar bajo las más variadas condiciones de temperatura. Cook demostró que Harrison había construido un instrumento con el que se podía determinar la longitud de una forma sencilla y rápida. Es lamentable señalar que hasta el rey Jorge III en persona hubo de intervenir —«Por Dios, Harrison, veré de que se te haga justicia»— para forzar al mezquino y renuente Comité de Longitudes a soltar el resto, o la mayor parte del resto, de la recompensa.

❦ J. A. Williamson ha apuntado que los resultados de la segunda expedición de Cook no podían haberse conocido en un momento más oportuno. Durante el verano de 1775, las colonias británicas en Norteamérica ardían en rebeldía. Francia y España se agazapaban prestas a saltar para vengarse, y era evidente que Gran Bretaña iba a verse sola en un mundo formado en orden de batalla. Si Cook hubiera regresado con la noticia de que el vasto y fértil continente de la fantasía dalrympliana estaba a la espera de la explotación europea, la situación podría haber sido realmente embarazosa. Por suerte, Cook demostró que no existía ningún gran continente en el Pacífico y que el Antártico —que descubrió de un modo implícito— no ofrecía alicientes para la colonización. En ese momento había aún poca conciencia de que, en su primer viaje, Cook había descubierto un litoral fértil de dimensiones continentales en la costa australiana oriental, y, aunque la revolución americana desencadenó la inmediata colonización británica de este continente cookiano, fue sólo como modesto sustituto: reemplazó a América como receptor de presidiarios británicos.

❦ Por aquel entonces, Cook se convierte en una destacada figura de renombre internacional. Le recibe el rey, es ascendido y recibe el nombramiento de cuarto capitán del Hospital Real para Marinos. Como tal, la paga era de 200 libras al año con complementos, y el cargo era una sinecura porque correspondía a los tenientes desempeñar las funciones prácticas. Banks se encargó de que le nombraran miembro de la Royal Society, la cual, como hemos visto, le rindió el máximo homenaje posible. Además, posó para un retrato —obra de Nathaniel Dance, miembro de la Real Academia de Bellas Artes— que los amigos y compañeros de viaje de Cook, como Samwell, juzgaban de un parecido soberbio.

❦ La única molestia después de la expedición parece haber sido la conducta del indeseable Forster, quien, después de haber dado la lata durante todo el viaje, pretendía que Lord Sandwich le había prometido verbalmente que sólo él escribiría el relato del viaje, que recibiría todas las ganancias y se le proporcionaría un empleo vitalicio.

❦ Aunque Lord Sandwich desmintió de plano semejante promesa, arregló una componenda por la que Cook escribiría el relato del viaje y Forster prepararía un segundo volumen con sus observaciones como científico. Cook tenía que someter su texto a la revisión de Forster y éste tenía que entregar el suyo a Lord Sandwich.

Timonel.

❧ Cumpliendo con este acuerdo, Cook envió a Forster gran parte de su manuscrito, pero Forster no sólo resultó ser un incapaz sino que se negó a presentar el suyo a Lord Sandwich. De las cartas de Cook se desprende claramente que aguantaba a Forster con paciencia sin igual, aunque al final escribía con una dureza nada habitual en él: «Qué se propone Forster, no lo sé, pero imagino que publicará lo antes posible; si lo hace, me tomará ventaja. Me ha decepcionado bastante. Nunca creí que llegara a separarse del Almirantazgo, pero no me duele. Lo único que siento es que Lord Sandwich se haya tomado tantas molestias para ayudar a un individuo tan indigno.»

❧ Las sospechas de Cook en torno a Forster estaban plenamente justificadas, pues los Forster sacaron a la luz su versión del viaje con algunas semanas de anticipación al relato oficial, que fue preparado por el propio Cook con la cooperación de John Douglas, canónigo de Windsor y más tarde obispo de Carlisle. Kitson considera que el libro de los Forster «parece haber sido compendiado por una persona a partir de la obra de Cook y rematado por otra con buena mano para redactar y unos conocimientos elementales de carácter semicientífico».

❧ Por desgracia, Cook ya había emprendido el tercer viaje cuando apareció su libro, recayendo en Wales, el astrónomo, la defensa de Cook y los demás miembros de la expedición frente a las mentiras y mofas de odiosos individuos que desconocían por completo la vida en el mar y sus dificultades. Afortunadamente, el libro de Forster no tuvo ninguna incidencia en la publicación oficial de Cook, que fue bien recibida y proporcionó cierta ayuda económica a la Sra. Cook.

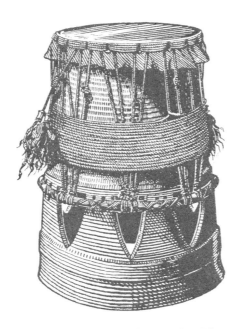

Tambor ceremonial de las islas Marquesas.

EL *DISCOVERY*,
EL *RESOLUTION* A POPA

TERCER VIAJE
1776-80

Capítulo XV

PREPARATIVOS E INSTRUCCIONES

«*Busque y explore todos los ríos y bahías que parezcan tener una extensión importante, y ponga rumbo a las Bahías de Hudson o de Baffin.*»
INSTRUCCIONES A COOK. TERCER VIAJE. 1776

LOS HADOS IBAN CERCANDO A COOK. ERA LÓGICO QUE ENCAbezara una tercera expedición, la que iba a resolver uno de los pocos misterios oceánicos aún en pie: la geografía de la región donde el Pacífico y el Ártico se comunican. También era de esperar que el Pacífico se cobrara como mínimo al más grande de sus exploradores, garantizando que su fama resplandecería con más brillo si cabe cuando la muerte sucediera de inmediato al éxito. En realidad, el cántaro fue demasiadas veces a la fuente: ¿cómo el océano y las gentes que acabaron, incluso en su primer viaje, con tantos exploradores famosos desde Magallanes hasta La Pérouse, podían dejar que el más audaz de sus intrusos sobreviviera a diez años de hazañas prácticamente inmaculadas?

El principal objetivo de la tercera expedición era intentar descubrir una ruta marítima, navegable y comercial, que por el norte del continente americano comunicara el Pacífico con el Atlántico. El paso entre el Atlántico y la Bahía de Hudson era practicable y muy conocido, pero, aunque Samuel Hearne y otros empleados de las compañías peleteras habían demostrado que no existía comunicación por mar entre esa bahía y el Pacífico, aún latían esperanzas de encontrar un paso más al norte. Por el lado del Pacífico, el conocimiento geográfico era sumamente vago, en parte por las enormes dificultades y distancias implicadas y en parte por la débil administración rusa. Todo y que a comienzos del siglo XVIII Moscú tenía a Siberia por conquistada, no se sabía aún con exactitud, ni siquiera en esa época, si Asia y Norteamérica eran continentes independientes, al tiempo que persistían los rumores de que, al norte del Japón, había islas fabu-

△ *Paso del ecuador; la corte del rey Neptuno.*

losamente ricas en plata; islas que, incluso durante el siglo XVII, Tasman y otros habían buscado sin éxito.

◀ Allá por 1655, un cosaco llamado Deshnev informó a las autoridades gubernamentales de Yakusk de que había doblado el «Cabo Oriental» de Asia navegando hacia el sur desde el «Mar Helado» al Pacífico: quedaba así demostrado que Asia y Norteamérica estaban separadas. De nuevo, en 1713, el gobernador de Siberia despedía a Henrich Bush, un sueco u holandés que cruzó de Kamtchatka a Alaska o las Aleutianas. Estos informes y otros importantes relatos estaban bien grabados en la memoria de las autoridades siberianas; así que, a fin de averiguar la verdad y satisfacer la curiosidad científica europea, Pedro el Grande proyectó —y sus sucesores, las emperatrices Catalanina I y Ana, despacharon al mando del danés Vitus Behring— dos expediciones que, a pesar del colapso y muerte de su jefe, descubrieron el estrecho de Bering entre los dos continentes y delinearon algunos tramos del litoral ártico, de la costa noroeste de Norteamérica y las islas situadas frente a ella. Sin embargo, a pesar de los éxitos de Behring y la ulterior penetración rusa, su obra no se juzgó suficientemente taxativa y, hasta el tercer viaje de Cook, se tuvieron sus informes un tanto en el olvido.

◀ Cuando en 1775 Cook regresa a Inglaterra de su segunda expedición, la cuestión de un paso por el norte desde el Pacífico estaba adquiriendo considerable importancia. Aunque los británico-canadienses proseguían la ocupación del continente, Gran Bretaña estaba en vías de perder los futuros Estados Unidos; los suelos de las ricas islas azucareras de las Antillas empezaban a agotarse; los éxitos de Clive en la India iluminaban el camino para una nueva expansión británica, y cada vez era más evidente que el futuro del imperio descansaba, en gran medida, en Oriente y el Océano Índico. Además, como subraya Williamson, el té, que abultaba mucho y cuyo transporte exigía una ruta totalmente marítima, comenzaba a sustituir al oro, seda, porcelana y artículos lacados de procedencia china, lo que «hizo de los galeones de Manila, tesoros más codiciables que los mercantes corrientes». Las únicas rutas posibles para dicho comercio pasaban por: el itsmo de Panamá, vía terrestre en manos españolas; el Cabo de Hornos, viaje tan largo como peligroso; y el Cabo de Buena Esperanza, que, si bien era la ruta practicada entonces, representaba el viaje más largo que podía emprender en aquella época un mercante inglés, y resultaba muy caro. Una ruta de la India y China hasta Gran Bretaña vía América del Norte sería mucho más corta y mucho menos vulnerable en tiempo de guerra que las existentes. El Parlamento británico había votado ya una recompensa de 20 000 libras para el primer comandante de un mercante británico —al presente se había hecho extensible a los oficiales de la marina— que descubriera un paso al norte de los 52° de latitud: probablemente, porque esta región quedaba muy alejada del área de influencia de los españoles, que, por aquel tiempo, la estaban ampliando hacia el norte, hacia California.

◀ Lo que se necesitaba ahora era un jefe que ejecutara las órdenes que Byron desatendió en 1765, y enseguida se hizo evidente que la tarea sería confiada a Cook. Tenía prácticamente preparada la edición del diario de la segunda expedición y, claro está, un cargo de sinecura en tierra no es de mucho solaz para un espíritu inquieto y ambicioso, en el mejor sentido de la palabra. Había aceptado la capitanía del hospital de Greenwich bajo promesa del Almirantazgo de que esa ocupación no le supondría perjuicio alguno ante una futura oferta de servicio. En una carta a Walker escribía, entristecido: «El *Resolution* respondió mucho mejor de lo que me esperaba, y está tan poco tocado por el viaje que pronto estará en condiciones de partir otra vez. Pero no seré yo quien lo mande. Mi destino me lleva de un extremo al otro; hace pocos meses, el hemisferio sur apenas era suficientemente grande para mí y ahora voy a verme confinado entre las paredes del hospital de Greenwich, demasiado angosto para un espíritu activo como el mío. He de reconocer que es un retiro magnífico y que comporta una renta considerable, pero está por ver si podré resignarme a gustar de tiempos de clausura y tranquilidad.»

Enseguida se puso de manifiesto que ni la tranquilidad, ni la familia, ni la relativa fortuna podían retener a Cook. Aunque el Almirantazgo no creía oportuno ordenarle emprender otra gran expedición al cabo de tan poco tiempo, en enero de 1776 escribía que se le había encomendado la tarea de buscar un barco para acompañar al *Resolution*; y cuando en febrero, en el transcurso de una cena a la que asistieron Lord Sandwich, Sir Hugh Palliser y el Sr Stephens del Almirantazgo, se trató de la dificultad de hallar un capitán adecuado, se puso en pie de un salto y declaró que quería ir. Su ofrecimiento formal del 10 de febrero fue aceptado ese mismo día. Ahora, feliz, escribía a Walker: «He cambiado un retiro tranquilo por una expedición activa, quizás peligrosa: me embarco en un porvenir todo lo hermoso que podría desear.»

Triste es reconocerlo, pero Cook ya había cometido el primero de los errores que contribuyeron a su muerte. Aunque el personal seleccionado para la expedición era excelente, y el segundo barco recién adquirido —el *Discovery*, un carbonero de 229 toneladas procedente de Whitby— era una nave pequeña y magnífica, el *Resolution*, debía de haber sido reemplazado por un barco nuevo. Y ello sobre todo porque, a pesar del interés de Lord Sandwich por el viaje, la corrupción e incompetencia que en ocasiones se daban en la armada trajeron consigo un reacondicionamiento tan infame del *Resolution* en Deptford que, durante el viaje, no daría más que problemas, contribuyendo a la larga a la muerte de Cook.

Entre el excelente personal seleccionado figuraba, como capitán del *Discovery*, Charles Clerke: nombrado a raíz del primer viaje, pero víctima de una tuberculosis contraída en el pestilente *Rules of Fleet*, un tugurio a donde fue a parar en un generoso intento de salvar a un hermano de las consecuencias de una deuda. El primer teniente de Clerke era James Burney, que había sido guardiamarina y, más adelante, segundo teniente durante el primer viaje, llegando a convertirse en afamado almirante e historiador de la exploración oceánica. En el *Resolution*, Cook tenía como teniente a John Gore, que había estado con él en el *Endeavour* y sería quien llevara el barco de regreso a casa; al teniente James King, que completó el diario de la expedición; al teniente John Williamson, el tan criticado jefe de los botes que podrían haber rescatado a Cook; y a William Bligh, el tempestuoso héroe, o villano, del «Motín de la Bounty» o la «Rebelión del Ron» en Nueva Gales del Sur.

❦ El Comité de Longitudes dejó las observaciones científicas del *Resolution* a cargo de Cook y King, a quienes se confió asimismo el cronómetro Kendall-Harrison que tan satisfactorios resultados había dado durante el segundo viaje. Bayly, que se había cuidado de los instrumentos científicos del *Adventure*, fue destinado al *Discovery*. Una elección muy acertada fue la de Webber, pintor suizo que sucedió a Hodges como artista. A ruego de la corona, atendiendo a la buena voluntad del rey «Jorge el Granjero», la expedición llevaba toda una colección de presentes para las islas; éstos, sin embargo, atestaron a tal punto los barcos que Cook describe el *Resolution* como «un Arca de Noé a la que únicamente le faltan algunas hembras de nuestra propia especie».

INSTRUCCIONES PARA LA TERCERA EXPEDICIÓN

❦ Al igual que en el segundo viaje, Cook participó en la redacción de las instrucciones que recibiera en Plymouth el 8 de julio de 1776. El Almirantazgo ordenaba al comandante poner rumbo al Cabo de Buena Esperanza vía Madeira, Cabo Verde o las Canarias, para desde allí navegar hasta su antigua base, Nueva Zelanda, buscando de paso las islas que los franceses habían descubierto a los 48° de latitud S y a la longitud de Mauricio. Desde Nueva Zelanda, Cook tenía que arrumbar a Otaheite, en las Islas Sociedad, para llevar a casa a Omai, un «noble salvaje» que Furneaux había traído a Inglaterra en el *Adventure*, despertando la curiosidad de la sociedad londinense. Al dejar Otaheite, Cook emprende su verdadera misión, dirigiéndose a la costa de América del Norte, hacia los 45° de latitud N; sus órdenes son de evitar las posesiones españolas o de molestar a cualquier hispano. A continuación debía navegar presto hasta los 65° de latitud N y a partir de ese punto proseguir hacia el norte, explorando con suma atención «todo hueco o caleta que pudiera ofrecer visos de tener una extensión considerable en dirección a la Bahía de Baffin o a la de Hudson», fuera con los barcos —haciéndoles navegar por tales pasos—, fuera ayudándose a tal fin de las pequeñas embarcaciones cuya armadura había proporcionado el Almirantazgo.

❦ De no encontrar la expedición un paso antes del invierno, Cook tenía que ir a Kamtchatka, en Siberia, y, durante la primavera de 1778, forzar el descubrimiento de un paso septentrional hacia el Atlántico o, rodeando Rusia, hacia el Mar del Norte europeo. Según H. R. Wagner, estas instrucciones demuestran que el Almirantazgo británico tenía un amplio conocimiento de las exploraciones españolas en la costa occidental de América del Norte. Como ya se apuntó con anterioridad, los viajes de Samuel Hearne (1769-72) probaron que no podía existir paso alguno al sur de los 72° de latitud N. Mientras, las expediciones marítimas españolas de 1769-70 y 1774-75 avanzaban hacia el norte hasta los 58° de latitud; así pues, se comprende que las órdenes de Cook fueran de navegar con rapidez desde los 45° hasta los 65° de latitud N. Wagner opina asimismo que Cook pudo haber recibido instrucciones secretas, que no han sido publicadas.

Quizá sea ésta la razón de que, si bien se le ordenó tomar posesión —con el beneplácito de los nativos— de todos los territorios no descubiertos con antelación por otras naciones, no cumpliera estas dichas instrucciones hasta no haber alcanzado el Río o Ensenada de Cook en Alaska, a los 59° de latitud N.

De los Comisionados para desempeñar el cargo de Lord Almirante Mayor de Gran Bretaña, Irlanda & Cª.

INSTRUCCIONES SECRETAS para el capitán de navío James Cook, comandante de la corbeta de Su Majestad, *Resolution*.

Por cuanto el conde de Sandwich nos ha hecho llegar la voluntad de Su Majestad de que se haga una tentativa de hallar un paso septentrional por mar entre el Pacífico y el Atlántico, y dado que, en cumplimiento de esto, hemos hecho acondicionar convenientemente las corbetas de Su Majestad, Resolution y Discovery, para emprender un viaje con el propósito antes señalado, vista la experiencia que tenemos de su capacidad y buena conducta en anteriores expediciones, hemos creído oportuno confiarle la dirección del proyectado viaje; y a ese fin, nombrarle para mandar la primera de las corbetas indicadas, así como ordenar al capitán de navío Clerke, que tiene a su mando la segunda, cumpla sus disposiciones en adelante. Por la presente se le exige y ordena dirigirse sin dilación con las susodichas corbetas hasta el Cabo de Buena Esperanza, a menos que juzgue necesario hacer escala en Madeira, Cabo Verde o las Canarias al objeto de cargar vino para uso de las tripulaciones; en ese caso, es Ud. libre de hacerlo, cuidando de no permanecer más tiempo del necesario para tal propósito.

A su llegada al Cabo de Buena Esperanza, haga que se refresquen las tripulaciones de las corbetas y mire de que éstas sean abastecidas con todas las provisiones y agua que buenamente puedan arrumar.

De ser posible, deje el Cabo de Buena Esperanza a últimos de octubre o principios de noviembre y diríjase hacia el sur a la búsqueda de ciertas islas que, según se dice, los franceses han descubierto hace poco por los 48° 0' de latitud S, más o menos hacia el meridiano de Mauricio. Caso de encontrarlas, reconózcalas cuidadosamente por si existe un buen puerto; y de descubrir alguno, haga las observaciones pertinentes para facilitar su ulterior localización, pues un buen puerto en esa posición puede ser muy útil en el futuro, aunque aparte de abrigo, agua y leña poco o nada proporcionara. Pero no pierda demasiado tiempo buscando por estas islas, o explorándolas, si con ellas diera; mejor enderece a Otaheite o a las Islas Sociedad (recalando en Nueva Zelanda en el camino de ida si lo creyera necesario y conveniente) y cuide de llegar con tiempo sobrado que le permita dar a las tripulaciones los víveres de refresco que sean de menester, antes de proseguir con el siguiente objetivo de estas instrucciones.

A la llegada a Otaheite, o a las Islas Sociedad, desembarque a Omai en la tierra por él escogida, y déjele allí.

Distribuirá entre los caciques de aquellas islas, según crea conveniente, parte de los presentes que se le han proporcionado, guardando el resto para re-

Sir Joseph Banks (centro) con Omai y el Dr Daniel Solander (derecha), por William Parry, c. 1775-76.

partirlo entre los nativos de los países que pueda descubrir en el hemisferio norte. Y habiendo refrescado a los hombres de las corbetas a su mando y embarcado toda la leña y agua que una y otra puedan necesitar, abandonará esas islas a comienzos de febrero, o antes si lo juzga necesario, y se dirigirá a la costa de Nueva Albión con rumbo lo más recto posible, procurando dar con ella en la latitud 45° 0' N; cuide, durante esta travesía, de no perder tiempo en buscar nuevas tierras, de no detenerse en ninguna que se cruce en su derrota, a menos que lo juzgue necesario para reabastecerse de agua y leña.

Además se le ordena taxativamente no hacer escala en parte alguna de los dominios españoles en el occidente del continente americano, a no ser que vaya a parar allí por causa de un accidente inevitable; en cuyo caso, no permanecerá más tiempo del estrictamente necesario, y esté muy al tanto de no dar motivo de resentimiento u ofensa a ningún habitante o súbdito de su Católica Majestad. Y si en su ulterior avance hacia el norte, según se establece más adelante, se encontrara con súbditos de cualquier príncipe o estado europeo en algún punto de la costa que le pudiera parecer oportuno visitar, no vaya a molestarles o a darles causa justa de ofensa, al contrario, obséquieles con cortesía y amabilidad.

A su llegada a la costa de Nueva Albión, entre en el primer puerto en condiciones para reabastecer de leña y agua, y procúrese provisiones de refresco. Prosiga luego hacia el norte, a lo largo de la costa, hasta los 65° de latitud, o más, si no se ve obstaculizado por tierras o hielo; cuidando de no perder tiempo en explorar ríos o ensenadas, o cualquier otra ocupación, mientras no llegue a la citada latitud de 65°, adonde desearíamos que llegara durante el próximo mes de junio. Cuando consiga esa latitud, busque y explore todos los ríos y ensenadas que pudieran ofrecer visos de tener una extensión considerable en dirección a la Bahía de Baffin o a la de Hudson; y si por sus propias observaciones, o por alguna información que pudiera llegarle de los nativos (que, razones hay para creerlo, son de la misma raza y hablan el mismo lenguaje —del que se le adjunta un vocabulario— que los esquimales), pareciera existir la certeza, o siquiera la probabilidad, de un paso navegable hacia las susodichas bahías, haga lo imposible por franquearlo con una o ambas corbetas, a menos que sea de la opnión de que la travesía se puede efectuar con más seguridad o con mayor probabilidad recurriendo a embarcaciones más pequeñas; en ese caso, monte los armazones de una o de las dos pequeñas embarcaciones que se le han proporcionado, y, cuando estén armadas y convenientemente ajustadas, pertrechadas y avitualladas, despáchelas al mando de los oficiales pertinentes, con suficientes suboficiales, marineros y botes como para intentar la citada travesía; con instrucciones para que se reúnan con usted, caso de no tener éxito, o para posteriores actuaciones, si es que triunfan en el intento: usted verá qué es lo más adecuado. Mas, con todo, si le parece mejor adoptar cualquier otra medida distinta de las reseñadas al objeto de descubrir el paso en cuestión (si es que existe), es usted libre de hacerlo, y dejamos a su entera discreción el obrar con arreglo a tales medidas.

De estar convencido de la inexistencia de un paso navegable hacia las antedichas bahías, diríjase, en la debida época del año, al puerto de San Pedro y San Pablo en Kamtchatka, o a donde juzgue conveniente, para refrescar a sus hombres y pasar el invierno. A la primavera del año siguiente, 1778, ponga rumbo al norte, hasta donde su prudencia juzgue oportuno, en busca de un paso hacia el noreste o hacia el noroeste, del Océano Pacífico al Atlántico o al Mar del Norte; y, si por observación propia o por cualquier información que pueda recibir, le parece probable la existencia de dicho paso, proceda según se ordenó más arriba. Habiendo descubierto el paso, o fracasado en el intento, regrese a Inglaterra por la ruta que le parezca mejor para el perfeccionamiento de la geografía y la náutica, dirigiéndose a Spithead con las dos corbetas, donde permanecerán hasta nueva orden.

En todos los lugares donde haga escala en el curso de este viaje, en los cuales no se hayan realizado observaciones precisas del carácter especificado a continuación, determine con la máxima exactitud, y hasta donde el tiempo se lo permita, la verdadera posición de dichos lugares en cuanto a latitud y longitud; la declinación magnética; las demoras de los cabos, altura, dirección y sentido de las mareas y corrientes; profundidades y sondeos del mar; bajíos, escollos, etc. Asimismo, reconozca, levante cartas y tome apuntes de las bahías, ensenadas y diferentes partes de la costa, y haga todas las anotaciones in situ que puedan ser de utilidad para la navegación o el comercio. Observe también, cuidadosamente, la naturaleza del suelo y los productos del mismo; las bestias y aves que lo habitan o frecuentan; los peces *que se pueden encontrar en los ríos y costas, y en qué abundancia; y, de existir algo peculiar en tales sitios, descríbalo con todo detalle y haga dibujos lo más exactos que pueda. Si halla metales, minerales o rocas valiosas, o algún fósil extraño, tráigase ejemplares de todos ellos, así como cuantas simientes pueda recolectar de árboles, arbustos, hierbas, frutos y cereales característicos de dichos lugares, entregándolos a nuestro secretario para que pueda efectuar las investigaciones y experimentos pertinentes. Repare, de igual manera, en el genio, disposición, temperamento y número de los nativos y habitantes, allí donde los hallare; y procure, por todos los medios justos, cultivar su amistad, regalándoles cuantas chucherías de su agrado pueda tener a bordo, invitándoles a comerciar y mostrando hacia ellos todo género de cortesía y consideración; pero cuidando, sin embargo, de que no vayan a sorprenderle, de estar siempre en guardia ante cualquier accidente.*

Tome posesión, con el consentimiento de los nativos y en nombre del rey de Gran Bretaña, de los enclaves útiles de cuantos países pueda descubrir, que no hayan sido visitados previamente por otra potencia europea; y reparta entre los habitantes cosas que resten a modo de señal o testimonio de su permanencia allí. Pero si resulta que los países descubiertos están deshabitados, tome posesión de ellos para Su Majestad, estableciendo marcas e inscripciones correspondientes como primeros descubridores y poseedores.

No obstante, dado que en empresas de esta naturaleza se pueden presentar emergencias imprevistas y, por ende, no estipuladas específicamente en instrucciones a priori, usted, en tales casos, proceda según juzgue más ventajoso para la misión que se le ha encomendado.

Siempre que se presente la oportunidad, remita a nuestro secretario, para conocimiento nuestro, informes de sus actos y copias de los levantamientos y dibujos que haya hecho; y a su llegada a Inglaterra, encamínese de inmediato a esta oficina para presentar un informe pormenorizado de su proceder en el transcurso del viaje. Atienda, antes de abandonar el barco, a recabar de los oficiales y suboficiales los diarios y cuadernos de navegación que hubieran dado en llevar, sellándolos para su inspección; encareciéndoles, lo mismo que al resto de la tripulación, no divulguen dónde han estado hasta que reciban autorización para ello. Y ordenará al capitán de navío Clerke que haga lo mismo con los oficiales, suboficiales y tripulación del Discovery.

Si aconteciera algún accidente al Resolution *en el transcurso de este viaje, al punto de impedir proseguir, usted, en esas circunstancias, trasládese junto con la tripulación al* Discovery *y prosiga el viaje en él. Por la presente, su comandante queda absolutamente obligado a recibirle a bordo y a obedecer sus órdenes, igual en todos los aspectos que si usted se hallara de hecho a bordo del* Resolution. *Y en caso de incapacidad —sea por enfermedad o cualquier otra razón— para llevar a término estas instrucciones, se asegurará de dejarlas en manos del siguiente oficial con mando, quien por la presente queda obligado a ejecutarlas lo mejor que pueda.*

De nuestro puño y letra, a 6 de Julio de 1776
SANDWICH, C. SPENCER, H. PALLISER

Por Orden de Su Señoría
  PH. STEPHENS

Capítulo XVI
EL PACÍFICO CENTRAL

«Sabían que estaba al corriente de la matanza... pero se quedaron sorprendidos ante el dominio de mí mismo.»
COOK EN NUEVA ZELANDA, 1777

EL PROFESOR V. T. HARLOW HA APUNTADO QUE LOS EXPLORAdores marítimos británicos del siglo XVIII procuraban, más que explotar, ayudar a los pueblos aborígenes. Así, cuando zarpa en julio de 1776, Cook lleva consigo una embarazosa cantidad de ganado como regalo del rey Jorge III a los isleños del Pacífico, además del cronómetro Kendall, instrumentos científicos suficientes, ropa de abrigo y antiescorbúticos; pues ni siquiera se permitió que la guerra americana interviniera con tan señalada expedición.

SÁBADO 8 de junio. El conde de Sandwich, Sir Hugh Palliser y otros miembros del Consejo del Almirantazgo nos han dado una postrer prueba de la extraordinaria atención que durante todo este tiempo han prestado a esta expedición, viniendo a bordo para ver que todo estuviera conforme a sus deseos y a satisfacción de todos los que se embarcan en este viaje. Ellos y otros varios nobles y caballeros me honraron con su compañía a la hora de la cena, y se les saludó con 17 salvas y 3 vivas tanto a su llegada a bordo como a la partida.

LUNES 10 de junio. Embarcamos un toro, 2 vacas con sus terneros y varias ovejas con destino a Otaheite, así como heno y grano para su manutención. Este ganado fue subido a bordo por orden y a cargo de Su Majestad, con miras a poblar Otaheite y las islas vecinas con estos útiles animales. No era ésta la única atención que se tenía con ellos: el Almirantazgo me facilitó otros muchos artículos de provecho para esas islas, y los dos barcos llevaban un buen surtido de herramientas de hierro, chucherías, etc. para traficar y cultivar la amistad y la alianza con los habitantes de cuantos países pudiéramos encontrar en el camino. Se cargó ropa de

△ *Ceremonia nativa con banquete de carne humana.*

más, adaptada a climas fríos, para la tripulación, y nada faltaba que se creyera decisivo para nuestra comodidad o salud: tal fue la extraordinaria meticulosidad de los que están al frente del Ministerio de Marina.

Junio 1776

MARTES 11 de junio. Recibimos a bordo diversos instrumentos astronómicos y náuticos que el Comité de Longitudes nos ha confiado a mí y a King, el segundo teniente, habiéndonos comprometido ante dicho Comité a efetuar todas las observaciones náuticas y astronómicas necesarias y a suplir el puesto del astrónomo que se quería mandar en el barco. Además, embarcaron la misma máquina de relojería que llevé conmigo en el último viaje: estaba retrasado 3' 31".890 [sic] respecto a la hora media de Greenwich a mediodía de la fecha en cuestión, y su ritmo de avance iba perdiendo 1".209 por día en relación a dicha hora media. En el *Discovery* iba otro reloj y el mismo número y clase de instrumentos, todo ellos a cargo de Wm. Bayly, que en el pasado viaje acompañó al capitán de navío Furneaux, siendo comisionado por el Comité de Longitudes para ir en éste.

SÁBADO 30 de noviembre. A las 5, una racha de viento arrancó el mastelero de mesana. Teníamos otro de recambio, de modo que la pérdida no fue especialmente sentida, pues el palo estaba en malas condiciones y a menudo se quejaba.

◖ Rasgo característico de la evolución del segundo imperio británico es que Cook recibiera instrucciones de reconocer las islas que los franceses Kerguelen, Crozet y Marion du Fresne habían descubierto hacía poco en el remoto sur del Océano Índico, pues «un buen puerto en esa posición puede ser muy útil en el futuro, aunque aparte de abrigo, agua y leña poco o nada proporcionara».

◖ Tras visitar Tenerife y el Cabo de Buena Esperanza, Cook dedica los últimos días de diciembre de 1776 a explorar Kerguelen y otras islas, pero si bien encuentra buenos puertos y agua en abundancia, nada había que no fuera vida marina, como para hacer recomendable una desolada región de rocas peladas y estériles.

◖ El siguiente apunte del diario es muy ilustrativo:

LUNES 30 de diciembre. Los primeros descubridores imaginaron, no sin cierta razón, que se trataba de un promontorio del continente austral. Después, los ingleses demostraron que dicho continente no existe y que la tierra en cuestión es una isla de poca amplitud que por su esterilidad llamaré Isla de la Desolación.

◖ Al presente, Cook necesita con urgencia leña y hierba para el ganado; y el 24 de enero de 1777, de camino hacia Nueva Zelanda, avista la Tierra de Van Diemen. Da un informe favorable de la isla y de los pacíficos negroides tasmanos cuyas mujeres rechazaron —cosa insólita— las insinuaciones de los «caballeros» ingleses. Pobre gente, en menos de treinta años se vieron abocados al exterminio a manos de soldados, balleneros y presidiarios británicos.

LUNES 27 de enero. Por la tarde nos vimos gratamente sorprendidos en el lugar donde estábamos cortando leña, con la visita de varios nativos —ocho hombres y un muchacho— que salieron del bosque en dirección a nosotros sin manifestar la más mínima señal de miedo y con la mayor tranquilidad del mundo, pues ninguno llevaba armas, salvo uno que tenía en

Enero 1777 la mano un palo de unos dos pies de largo, afilado en un extremo. Iban desnudos del todo y no llevaban adornos, a menos que las grandes pinturas o surcos abiertos en la piel —unos rectos y otros curvos— pudieran ser tomados por tales. Eran de estatura corriente, pero bastante delgados; tenían la piel negra, lo mismo que el cabello, tan lanoso como el de cualquier nativo de Guinea; pero no se caracterizaban por tener los labios muy gruesos ni la nariz muy chata, al contrario, sus rasgos distaban mucho de ser desagradables. Gozaban de excelente vista y la dentadura era pasable, aunque muy sucia; la mayoría llevaba el pelo y la barba untados con un ungüento rojo, y algunos tenían la cara pintada con el mismo producto. Difieren en muchos aspectos de los habitantes de las regiones más septentrionales del país; tampoco dan la impresión de ser esa gente miserable que Dampier comenta haber visto en la costa occidental. Recibían todo lo que les regalábamos sin la menor muestra de complacencia; les dimos algo de pan, pero en cuanto se les alcanzó que era para comer, lo devolvieron o lo arrojaron sin tan siquiera probarlo; y lo mismo con el pescado, fuera crudo o cocinado. Sólo se quedaron con las aves, y nos dieron a entender que se las comerían.

MIÉRCOLES 29 de enero. Tras una hora con el grupo encargado de la leña y los nativos, y viendo que éstos seguramente no les causarían trastorno alguno, me uní al grupo que estaba cortando hierba, encontrándome que habían dado con una extensión magnífica. Luego que pusimos los botes en tierra, les dejé y volví a bordo para cenar; King llegó poco después. Por él me enteré de que, a poco de separarnos, aparecieron varias mujeres y niños que le fueron presentados por algunos hombres; los obsequió con cuantas fruslerías tenía consigo, y los hombres le regalaron la mayor parte de las cosas que habían conseguido de mí. Las mujeres llevaban una piel de canguro tal como sale del animal, atada sobre los hombros y en torno a la cintura; pero saltaba a la vista que no tenía otro objeto que el de transportar cómodamente a las criaturas, pues en todo lo demás van tan desnudas como los hombres, y son igualmente negras, con el cabello del mismo color y textura. Los hay que llevan la cabeza totalmente rasurada, otros sólo por un lado; algunos se afeitan la parte superior, dejándose un círculo de pelo alrededor como hacen ciertos monjes. Muchos niños tenían facciones agradables y podrían pasar por guapos, pero las mujeres, sobre todo las entradas en años, eran otra cosa. Algunos caballeros del *Discovery*, según se me informó, las pretendieron y les hicieron grandes ofrecimientos, que rechazaron con desdén; si fue por un sentido de la honra o por miedo a enfadar a los hombres, no seré yo quien lo precise. Lo cierto es que no fue muy del agrado de estos últimos, pues un anciano, así que reparó en ello, ordenó a todas las mujeres y niños que se retiraran; y obedecieron, pero no sin que algunas refunfuñaran. Ese comportamiento para con las mujeres nativas es muy censurable, pues suscita en los hombres celos que pueden acarrear funestas consecuencias, sin que responda a ningún propósito fijo, ni siquiera al del amante que obtiene el objeto de sus deseos. Creo que, en general, entre los pueblos no civilizados, donde las mujeres son fáciles de abordar, los hombres son los primeros en ofrecerlas a los desconocidos; y donde no es el caso, no se dejan

Interior de un pa *o aldea fortificada, Nueva Zelanda, por John Weber, 1777.*

ver fácilmente, y ni los grandes regalos ni el secreto las moverán a contravenir la ley de la castidad o de la costumbre. Estoy seguro de que esta observación es valedera para todas las regiones del Mar del Sur que he visitado; ¿por qué, entonces, los hombres arriesgan su propia seguridad donde nada van a conseguir?

Enero 1777

◀ Así que las tripulaciones han recogido hierba suficiente para seguir hasta Nueva Zelanda, Cook zarpa rumbo al Canal de la Reina Carlota, aceptando de nuevo la errónea opinión de Furneaux de que Tasmania es «la punta meridional de Nueva Holanda»; actitud de lo más chocante por cuanto escribe que los tasmanos «difieren en muchos aspectos de los habitantes de las regiones más meridionales de este país».

◀ Los maoríes del Canal de la Reina Carlota se quedan un tanto frustrados cuando Cook declina vengar la asesinada tripulación del bote del *Adventure*.

Jueves 13 de febrero. Los beneficios que obteníamos de los nativos que venían a vivir de nosotros no eran pocos, pues algunos salían a pescar

Febrero 1777

siempre que el tiempo lo permitía y nosotros, generalmente, nos hacíamos mediante trueques con buena parte del fruto de su trabajo. Así pues, con lo que les adquiríamos y con nuestras propias redes y sedales, rara era la vez que faltaba pescado. Cada día, durante toda la escala, se sirvió a las tripulaciones de ambos barcos apio, coclearia y sopa en conserva cocidos con guisantes y trigo, y tuvieron cerveza de picea para beber; de modo que, si alguno había contraído gérmenes de escorbuto, estos productos pronto se los eliminaron, aunque a nuestra llegada aquí sólo teníamos dos hombres —pertenecientes al *Resolution*— en las listas de enfermos de ambos barcos.

»Aparte de los que se avecindaron al lado nuestro, recibíamos de vez en cuando visitas de gente cuya morada no estaba lejos, y de otros que vivían más aislados. Sus productos comerciales eran curiosidades, pescado y mujeres; los dos primeros siempre tenían buen mercado, el último no: los marineros habían cogido una especie de antipatía a estas gentes y tenían miedo o no les venía de gusto juntarse con ellas; esto tuvo su lado positivo, pues nunca supe de un hombre que abandonara su puesto para ir a su alojamiento. Permito el trato con mujeres porque no puedo evitarlo, pero nunca lo fomentaré, aunque muchos son de la opinión de que es una de las mayores muestras de confianza entre indios. Valga eso quizá para cuando pretendes establecerte entre ellos, pero con viajeros y forasteros las cosas son distintas, y más son los traicionados que los salvados por tener trato con sus mujeres. De qué otra manera puede ser si todos sus gestos son interesados, sin la más mínima mezcla de consideración o afecto; mis observaciones, que han sido bastante generales, no me señalan ejemplo alguno de lo contrario.

»Entre los visitantes ocasionales figuraba un cacique llamado Kahoura; fue él quien encabezó el grupo que bloqueara el bote del capitán Furneaux, quien asesinó al oficial que lo mandaba. De juzgar el carácter de este hombre por lo que algunos de sus paisanos dicen de él, diríase que es más temido que amado. Muchos afirman que era muy malo y me instaban a que le matara; creo que les sorprendió bastante que no lo hiciera, pues según su idea de la justicia eso es lo que debía haber hecho. Pero, de seguir el consejo de nuestro supuestos amigos, hubiera tenido que eliminar la raza entera, pues, uno tras otro, todas las aldeas y aldehuelas se me habrían presentado para que eliminara a la otra: prueba bien palmaria del estado de división en que viven. No cabía malentendidos, pues Omai, que comprendía su idioma a la perfección, era nuestro intérprete.

◀ Zarpa Cook del Canal de la Reina Carlota el 25 de febrero de 1777, y navegando hacia el noreste hace descubrimientos en varios grupos de islas, entre otros el que lleva su nombre. Es consciente de que ha de moverse con rapidez si quiere alcanzar el verano ártico, pero el tiempo es muy malo y el conseguir agua para los animales es motivo de constante preocupación. Finalmente se hace cargo de que el refresco es inevitable y vira al oeste para invernar en sus viejas amigas, las Islas Tonga, donde la expedición pasa unos meses deliciosos entre banquetes y bailes. Pero primero toparán, en la diminuta Isla de Wautien, con hermosos nativos de las Sociedad que habían perdido el rumbo mientras navegaban de Otaheite a Ulitea doce años antes: incidente que Cook reseña para mostrar cómo la población se ha diseminado de isla en isla.

Jueves 3 de abril. Omai se encontró con cuatro paisanos suyos en esta isla. Hace diez años, mientras viajaban de Otaheite a Ulitea, se perdieron, y tras permanecer en el mar largo tiempo, viéronse arrojados a esta playa. Iban un total de veinte personas, hombres y mujeres, en las canoas, pero sólo cinco sobrevivieron a las penalidades sufridas, desprovistos de víveres y bebida durante muchas jornadas; en el curso de uno de los últimos días, la canoa se volcó y los cinco se salvaron agarrándose al costado, hasta que la Divina Providencia les puso a la vista de los habitantes de esta isla, que enviaron canoas para traerles a tierra; aquí fueron tratados con todo cariño, y ahora viven tan satisfechos de su situación que declinaron el ofrecimiento que Omai les hizo de darles pasaje con nosotros hasta su isla de origen.

»Este caso ilustra muy bien de qué manera las islas habitadas de este mar se poblaron por vez primera; en particular las que están más alejadas de todo continente o isla.

◁ Tras visitar el pequeño y llano Archipiélago de Palmerston, Cook expone su estimable parecer acerca de la fastidiosa cuestión de cómo se formaron tales islas.

Jueves 17 de abril. Existen diferentes opiniones sobre estas islas. Unos sostienen que son restos de islas mayores; que en tiempos remotos, estos pequeños promotorios o islotes estaban unidos y formaban una extensión continua de tierra que el mar ha arrastrado con el paso del tiempo, dejando sólo las zonas más altas; y que, a la larga, éstos correrán la misma suerte. Otros, y yo entre ellos, creen con mucha más razón que se han formado a partir de arrecifes o bancos de coral por efecto de su crecimiento. Y hay quienes creen que han sido levantadas por temblores de tierra. Sin mencionar los diversos argumentos empleados en defensa de las diferentes opiniones, me referiré a las observaciones que hice cuando estuve allí. La base es siempre y en todo lugar una roca coralina; el suelo, arena de coral con la que, sólo en contados lugares, se han mezclado materias vegetales en descomposición, formando algo así como un mantillo: condición harto evidente de que no son muy antiguas ni restos de islas mayores, pues si fueran lo uno o lo otro, se habría formado más mantillo o quedaría parte del suelo original. Más allá de donde alcanza el mar durante las tormentas más violentas, hay rocas de coral altas, perforadas por las olas de la misma manera que las del flanco exterior del arrecife, lo que demuestra a las claras que el mar llegó hasta ellas en algún momento. Pero la prueba más palmaria de su crecimiento es la lenta sucesión de plantas que se observa en las faldas de las islas desde unas pocas pulgadas por encima del nivel de la pleamar hasta el límite del bosque. En muchos sitios, la separación de plantas de distinta generación es muy evidente, sobre todo en la vertiente occidental o de sotavento; supongo que esto es el resultado de mareas extraordinariamente altas producidas por tempestades esporádicas del oeste, que han amontonado arena allende el nivel de las mareas corrientes; éstas, a su vez, levantan también arena, formándose así una barrera frente a la siguiente tormenta o marea excep-

Febrero 1777

268 *El tercer viaje, 1776-80*

Danza ejecutada ante Cook por mujeres de las islas Ha'apai, Tonga. Grabado realizado a partir de un dibujo de John Weber, 1777.

Abril 1777

cional que impide que ésta avance más allá de la anterior y destruya las plantas que acaso hayan germinado a partir de los cocos, raíces y semillas transportados por el viento y las aves, o arrojados por el mar. Quizás exista alguna cosa que, de permitírselo, aceleraría el crecimiento de estas islas como el de cualquier otra y justificaría el retroceso del mar ante esas altas rocas antes citadas. Por ejemplo, la propagación del arrecife o banco de coral hacia el mar, que, en mi opinión, actúa continua aunque imperceptiblemente; las olas en retroceso dejan tras de sí roca seca que acoge fragmentos de coral, arena, etc.

¶ Cook llega a las Islas Tonga a últimos de abril. Queda prendado de la belleza y el encanto de sus habitantes, que, sin embargo, comparten con los polinesios el placer de robar. Cook hace amistad con varios caciques y le invitan a muchas fiestas y ceremonias que describe con gran lujo de detalles. Expone asimismo las dificultades que se le plantean a la hora de decidir dónde y con quién estarán mejor las aves y bestias domésticas a regalar.

Abril 1777

DOMINGO 13 de julio. Desde esta montaña disfrutábamos de una panorámica completa de la isla, a excepción de una parte de la punta sur. La orilla SE —desigual y no muy distante de las montañas— emerge directamente del mar; por tanto, las llanuras y praderas, de las que hay aquí algunas de gran extensión, quedan todas en la orilla NO; y como están adornadas con arboledas y salpicadas de plantaciones, ofrecen una vista muy hermosa se miren por donde se miren. Mientras admiraba estos deliciosos lugares, no pude dejar de congratularme ante la idea de que futuros navegantes podrán contemplar, desde el mismo mirador, esos prados poblados de ganado traído por ingleses a estas islas.

◀ A mediados de julio, cuando se hace a la mar, escribe un largo e interesante relato sobre las Islas Tonga que la Hakluyt Society recoge en el tercer volumen de la edición definitiva de los diarios. Los isleños se parecían mucho a los tahitianos tanto en raza como en costumbres, y, como en el caso de aquéllos, los aspectos negativos de la invasión blanca ya se hacían notar.

MARTES 15 de julio. *Poligamia.* La poligamia está permitida a los caciques, y no es raro dar con uno que os contará que ha tenido ocho o diez esposas, pero la mayoría se contentan con una; al menos eran muchos los que no tenían más. Entre nosotros, algunos opinan que muchas de esas que ellos llaman esposas son simples concubinas y que sólo una es mirada como tal esposa, a quien siempre presentan como señora de la casa. Como la castidad, a primera vista, no parece que les merezca gran estima, esperábamos hallar frecuentes violaciones de la fidelidad conyugal en las mujeres casadas —o queridas mantenidas, como más se guste— pero ocurrió todo lo contrario. No estoy enterado de que nuestra permanencia en la isla haya ocasionado algún caso; tampoco sé si los solteros de la clase superior se ven más libres de sus favores: la verdad es que no tienen necesidad de los de otra clase. Quizá sean más numerosas en proporción al número total de personas que en otros países, pero me parece que la mayoría, sino todas, proceden de la clase inferior; y por la forma de acercarse a nuestros hombres son rameras de profesión y se pegan a nosotros para sacar el mejor partido del momento presente.

»*Enfermedades.* Este comercio les ha contagiado, desgraciadamente, el mal venéreo, pues al poco de llegar a Anamocka varios de los nuestros lo padecían. Me apenó ver que todo el cuidado que puse, cuando visité por primera vez estas islas, para evitar que se les transmitiera este terrible mal no sirvió de nada. Lo extraordinario es que nadie parece darle importancia, probablemente su modo de vivir amortigua en gran medida la virulencia, pues no vimos señales de sus nocivos efectos. Advertimos que varios presentaban úlceras en diferentes partes del cuerpo, algunas de aspecto muy purulento, en especial las de la cara, que resultaban asquerosas a la vista. Por otro lado, los había que parecían estar curados, o en vías de curación, pero ello a costa de perder la nariz o buena parte de ella.

Vista general de la bahía Vaitepiha, Tahití, por John Weber, 1777.

Joven de Tahití con dos gorgueras. Obra de John Weber, 1777. ▷

Julio 1777

Pero esto no puede ser consecuencia del mal venéreo, pues lo padecían antes de la visita de los ingleses; a menos que ya antes sufrieran dicho mal, cosa que no han dicho.

◖ Cook llega a Tahití a mediados de agosto de 1777, al objeto de dejar en una de las islas a Omai y los numerosos regalos que había adquirido en Gran Bretaña. Aquí, sin embargo, tropieza con dos dificultades. Nada más llegar a las islas, Omai empieza a mostrarse pródigamente generoso con los aduladores y demás compatriotas indignos. Además, los habitantes de Bolabola habían invadido la isla de Ulitea —de donde era oriundo Omai—, y éste, junto con sus seguidores, enseguida dejaron bien claro que contaban con Cook para invadir la isla y restituir a la familia de Omai en sus territorios.

Canoa tahitiana con casa portátil instalada sobre una plataforma. Obra de John Weber, 1777.

Omai. Grabado de L. Jacobi, 1777, a partir del retrato de sir Joshua Reynolds. ▷

Julio 1777

❦ Cook se encuentra asimismo con que, durante su ausencia, los barcos españoles han traído y llevado a Tahití misioneros fracasados, que han dejado tras de sí una pequeña vivienda y una cruz próxima a la tumba de un comandante. La cruz lleva dos inscripciones: «Cristus Vincit» y «Carolus III imperat 1774». Detrás de la segunda, Cook graba las siguientes palabras: «Georgius Tertiux Rex, Annis 1767, 1769, 1773, 1774 y 1777». Una clara indicación de la prioridad y mayor interés de los británicos.

❦ Cook, que en 1768 se quedaba perplejo cuando Banks traía plantas sin valor al *Endeavour*, se fue convirtiendo en un científico cada vez más entusiasta y experimentado. En el segundo viaje había conseguido carne asada de maorí destinada al consumo maorí, prueba ocular e irrefutable del canibalismo de los maoríes. Ahora obtenía de su amigo el cacique Otoo, de Tahití, permiso para asistir a las ceremonias que culminaban en un sacrificio humano —con la víctima previamente golpeada en la cabeza— para invocar la asistencia divina en una expedición entre islas que Cook ya se había negado a secundar. Él y sus oficiales explican a los tahitianos,

en términos nada ambiguos, que los sacrificios humanos son repugnantes y que si un jefe inglés asesinara a un criado con tal propósito desataría las más funestas consecuencias sobre su propia cabeza. Es de ver, sin embargo, por los diarios de Cook, que el gran explorador ya iba preparando el camino a la perversa tergiversación de los misioneros hawaianos, que no podían comprender que, al participar en ceremonias que en cierta medida le implicaban en el culto de los nativos, Cook no buscaba su gloria personal sino la oportunidad de observar y registrar hechos antropológicos. Tras describir la ceremonia, un tanto insípida, Cook escribe:

Julio 1777

MARTES 2 de septiembre. La desgraciada víctima parecía ser un hombre de mediana edad, un *tou tou*, según nos indicaron, pero nunca columbré qué crimen había cometido para merecer la muerte. No obstante, lo cierto es que recurren a ellos para esos sacrificios, o bien a los sujetos ordinarios y sucios que deambulan de un lugar a otro, de isla en isla, sin que se les vea ganarse el sustento honradamente —de tal calaña hay bastantes en estos pagos—. Este individuo tenía la cabeza y la cara ensangrentadas, cosa que atribuimos a cómo le dieron muerte: golpeándole, de oculto, en la cabeza con una piedra; pues los que caen sacrificados a esta bárbara costumbre nunca son informados de su destino hasta el momento que pone punto final a su existencia. Siempre que alguno de los grandes caciques juzga necesario un sacrificio humano para una determinada ocasión, elige una víctima y envía a uno de sus criados leales a que caiga sobre ella y le dé muerte; a continuación se avisa al rey, cuya presencia en la ceremonia, según me informaron, es absolutamente imprescindible: en realidad, a excepción de los sacerdotes, él es el único que tiene algo que hacer allí. Por lo que pudimos enterarnos, estos sacrificios no son muy infrecuentes; en la fachada del morai donde este hombre fue enterrado había cuarenta y nueve cráneos, que correspondían a otros tantos individuos sacrificados en este lugar; y he visto cráneos en otros muchos grandes morais, de modo que dicha práctica no está limitada a sólo este sitio. No es la única costumbre bárbara que descubrimos entre estas gentes: tenemos razones suficientes para creer que hubo un tiempo en que fueron caníbales. Sin embargo, no insistiré sobre ello, me referiré únicamente a lo que tenemos por indiscutiblemente probado. Además de arrancarle la mandíbula al enemigo muerto en la batalla, en cierta forma ofrecen el cuerpo como sacrificio al eatua cuando, al día siguiente, los vencedores recogen todos los muertos caídos en sus manos y los llevan al morai, donde con mucha ceremonia cavan una fosa y los entierran a todos como ofrenda a los dioses. Pero los caciques principales que caen en la batalla y en manos de sus enemigos son tratados de distinto modo. Nos contaron que a los difuntos Tootaha, Tebourai Tamaida y demás caciques que con ellos cayeron, los trajeron a este morai; que los sacerdotes les sacaron las entrañas ante el gran altar y los cuerpos fueron luego enterrados en tres sitios diferentes —y apuntaban al gran montón de piedras que compone la

◁ *Cook asiste a un sacrificio humano ceremonial en Tahití, 1 de septiembre de 1777. Obra de John Weber.*

El Resolution *y el* Discovery *en Puerto Navidad, isla de Kerguelen, por John Weber, 1776.*

Septiembre 1777

parte más conspicua del morai—. A los individuos corrientes caídos asimismo en esta batalla, los enterraron en una fosa al pie del montón... Durante la ceremonia guardamos silencio, pero así que concluyó no tuvimos ningún reparo en manifestar muy claramente nuestros sentimientos al respecto, y cómo no, en condenarla. Le dije al cacique que ese sacrificio distaba mucho de agradar al eatua como ellos pretendían, que debía de estar colérico por tal motivo y que así no conseguirían la victoria contra Maheina... Durante esta discusión se hallaban presentes la mayor parte de las gentes del lugar, que eran principalmente cortesanos y sirvientes del cacique, y cuando Omai empezó a explicar el castigo que recibiría en Inglaterra, aunque fuera el hombre más poderoso, si mataba a su criado, diríase que escuchaban con atención y que, seguramente, opinaban de manera distinta a su amo.

¶ El 2 de noviembre, un domingo, Cook y su gente se despiden con tristeza de Omai, a quien la expedición deja en la isla de Huaheine —con un

Muchachas de Tahití bailando, por John Weber, 1777.

servicio integrado por dos maoríes jóvenes que les habían acompañado desde Nueva Zelanda—, en una casa construida por los ingleses, con armas de fuego y cantidad de otros artículos. Cook sentía mucho afecto por Omai, como testifica su diario, pero ello no le impide reconocer las graves debilidades de su carácter, que se acentuaron a tal punto tras la partida de los británicos que ni Omai ni sus pertenencias sobrevivieron mucho tiempo.

Noviembre 1777

DOMINGO 2 de noviembre. Por defectos que tenga este indio, siempre se verán más que compensados por su buen carácter y dócil temperamento. Durante todo el tiempo que ha estado conmigo, muy raramente he visto motivo de queja en su conducta. Su corazón, agradecido, siempre conservó el más alto sentido de los favores que recibiera en Inglaterra; no olvidó jamás a quienes le honraron con su protección y amistad mientras estuvo allí. Tenía una dote apreciable de inteligencia, pero carecía de aplicación y perseverancia para emplearla, de modo que su conocimiento de las cosas era muy general y en muchos aspectos imperfecto. No era un hombre muy observador; hay tan pocas técnicas y entretenimientos entre estas

Noviembre 1777

gentes de las Islas Tonga que él podría haber dado a conocer los suyos —en un lugar donde probablemente habrían sido adoptados, como lo son tantos de su propia cosecha—, pero nunca vi que hiciera el más mínimo esfuerzo para convertirse en maestro de ninguno. Esta especie de indiferencia constituye el verdadero carácter de su nación; los europeos les han visitado ocasionalmente durante estos diez últimos años y, sin embargo, no hemos visto ni nuevas técnicas ni mejoras en las antiguas, ni han copiado de nosotros nada en absoluto. Así pues, no creemos que Omai sea capaz de introducir muchas de nuestras técnicas y costumbres, o de mejorar las que ya tienen. No obstante, confío en que se preocupará de sacar adelante los frutos y demás semillas que hemos plantado, lo que no será poco. Pero el mayor beneficio que estas islas pueden recibir de los viajes de Omai serán los animales que han quedado en ellas, animales que acaso nunca hubieran conseguido de no haber venido él a Inglaterra. Cuando se multipliquen —y no creo que existan dudas en este sentido— igualarán, si es que no superan, a cualquier lugar del mundo conocido en cuanto a provisiones.

Bailarín tahitiano.

Capítulo XVII
EL DESCUBRIMIENTO DE HAWAI, 1778

> «Descubrimiento que, si bien el postrer, parecía ser, en muchos aspectos, el más importante... realizado por los europeos... en el área del Pacífico.»
>
> COOK, FIN DEL DIARIO, 1779

COOK ABANDONA LA ISLA DE BORABORA, EN LAS TONGA, EN diciembre de 1777, después de hacer un inventario completo de los repuestos y vituallas de los dos barcos. Los habitantes de las Sociedad afirmaban no conocer tierras más al norte, pero Cook sabía que Mendaña, durante su viaje de 1568, había descubierto una isla cerca del Ecuador y a una longitud que le cogía de paso; así que no le extrañó ver aves frecuentadoras de tierra ni avistar, el 24 de diciembre, la Isla Navidad. Allí la expedición consiguió poca cosa de valor si se exceptúa una tortuga, aunque Cook señala que el suelo era «poco denso y oscuro, y estaba compuesto de materias vegetales en descomposición, excrementos de aves y arena».

Reemprendiendo la derrota hacia el norte el 2 de enero de 1778, la expedición continúa avistando indicios de tierra tales como tortugas y aves terrestres, y el 18 de enero divisa las altas montañas de Hawai, que Cook llama Islas Sandwich. Este descubrimiento en las vacías aguas del Pacífico oriental fue de tal importancia comercial y estratégica que citaremos la mayor parte del relato original de Cook.

VIERNES 2 de enero. Seguimos viendo a diario aves de las clases ya mencionadas, unas veces en mayor número que en otras; y entre los 10° y 11° de latitud vimos varias tortugas. Todo ellos es tenido por indicio de la vecindad de tierra. Sin embargo, no vimos ninguna hasta el alba del día 18, cuando se descubrió una isla demorando al NE ¼ E. Poco después avistábamos más tierra demorando al norte y completamente desligada de la anterior; ambas tenían la apariencia de ser montuosas.

Canoas de Hawai. △

Ericas, por Franz Bauer, contratado por sir Joseph Banks para ilustrar las plantas ▷
recogidas durante el primer viaje de Cook.

Erica Sebana

Hawaiana, por John Weber, 1779.

El descubrimiento de Hawai

Enero 1778

LUNES 19 de enero. Por entonces teníamos viento suave del E ¼ N y arrumbé al extremo oriental de la segunda isla, que a mediodía se prolongaba de N ½ E a ONO ¼ O; la parte más próxima distaba unas dos leguas. A esa hora abrigábamos ciertas dudas de si la tierra que teníamos enfrente estaba habitada o no, pero enseguida se disiparon al ver varias canoas salir de la playa en dirección a los barcos. Inmediatamente me puse al pairo para darles tiempo a acercarse; iban tres o cuatro hombres en cada una y nos fue grato constatar que pertenecían a la misma nación que la gente de Otaheite y las demás islas que últimamente habíamos visitado. Poco hubo que gesticular para conseguir que abarloaran, pero no logramos persuadirles de subir a bordo. Cambiaban los pocos peces que tenían en las canoas por cualquier cosa que se les ofreciera, pero apreciaban los clavos y el hierro por encima de todo. Las únicas armas que llevaban eran unas pocas piedras en algunas canoas y las arrojaron al mar cuando se convencieron de que no las necesitaban. No viendo indicios de fondeadero en esta parte de la isla, abarloé hacia la vertiente de sotavento y costeé el flanco SE como a media legua de la orilla. Así que nos hicimos a la vela, las canoas nos dejaron, pero se aproximaron otras trayendo consigo cerdos asados y unas patatas deliciosas, que cambiaron, como hicieron los otros, por cualquier cosa que se les ofreció; se adquirieron varios cochinillos por uno o dos clavos de nada, de modo que nos veíamos de nuevo en la tierra de la abundancia, justo cuando la tortuga que habíamos subido a bordo en la última isla estaba casi agotada. Dejamos atrás varias aldeas, unas asentadas en la playa, otras en el interior; todos sus habitantes se apretujaban en la orilla y en los lugares altos para ver los barcos. En esta vertiente, el terreno se eleva suavemente hasta el pie de las montañas, que están en el centro de la isla, salvo en un sitio próximo al extremo oriental donde emergen directamente del mar; ahí parecían no estar formados más que por rocas dispuestas en estratos horizontales. Cuantos bosques vimos son los de la parte interior de la isla y unos pocos árboles en torno a las aldeas; reparamos en varias poblaciones de plátano y caña de azúcar, y lugares había que parecían sembrados de tubérculos. Fuimos sondeando sin tocar fondo con un cable de 50 brazas hasta llegar a la altura de un promontorio bajo, situado a media distancia aproximadamente del flanco sur de la isla o, mejor dicho, más hacia el extremo NO. Ahí encontramos 12 a 14 brazas sobre un fondo rocoso; allende esta punta, a partir de la cual la costa mantiene una dirección más septentrional, registramos 20, 16, 12 y finalmente 5 brazas sobre fondo de arena; el último sondeo fue hecho a una milla escasa de la costa. Por entonces, la noche puso punto final a nuevas pesquisas, y la pasamos dando bordadas. A la mañana siguiente pusimos proa a tierra y salieron a nuestro en-

Casco de plumas, islas Hawai. l. 38 cm. ▷

Templo de plumas. Es el único ejemplar existente. El uso que le daban es una incógnita, pero a buen seguro tenía que ver con ceremonias religiosas. Islas Hawai. a. 59 cm. ▷

Representación de una divinidad en plumas, islas Hawai. a. 100,5 cm. ▷▷

Representación de una divinidad en plumas. a. 107 cm. ▷▷

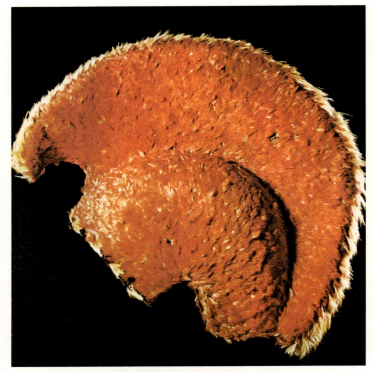

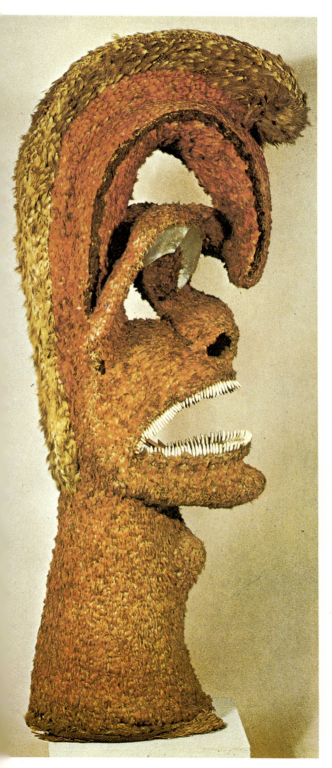 

La aldea de Waimea en Kauai, islas Hawai, por John Weber, 1778.

Enero 1778

cuentro varias canoas llenas de gente; algunos se animaron y subieron a bordo. Nunca vi antes indios que se quedasen tan pasmados al entrar en el barco, sus ojos saltaban continuamente de un objeto a otro; lo alborotado de sus miradas y movimientos reflejaba a las claras su sorpresa y asombro a la vista de los nuevos y variados objetos que tenían delante, y evidenciaba que nunca antes habían estado en un barco. Sin embargo, el primero que subió a bordo, pese a toda su sorpresa, no olvidó sus propios intereses; la primera cosa movible que se cruzó en su camino fue el cable y la plomada, y sin andarse en averiguaciones arrampló con ellos para llevárselos a su canoa; al darle el alto dijo: «sólo voy a poner esto

en mi bote», y no quiso soltarlo hasta que algunos de sus compatriotas le persuadieron de ello. A las 9, hallándonos bastante cerca de la costa, despaché tres botes armados al mando del teniente Williamson a buscar un lugar para desembarcar y agua dulce. Le ordené que si juzgaba necesario bajar a tierra para dar con lo segundo, no permitiera que abandonara el bote más de un hombre. Según zarpaban los botes, un indio hurtó el cuchillo del carnicero, saltó por la borda con él, se metió en su canoa y puso proa a la orilla; los botes le persiguieron, pero ni caso.

»Como había varios enfermos de mal venéreo a bordo de uno y otro barco, para impedir que lo fueran a transmitir a estas gentes di orden de que

Enero 1778

288 *El tercer viaje, 1776-80*

ninguna mujer, bajo ningún concepto, fuera admitida a bordo. Prohibí asimismo todo tipo de contacto con ellas y ordené que nadie afectado de dicho mal saliera de los barcos. Pero si estas disposiciones dieron o no el resultado deseado sólo el tiempo puede decirlo. Lo mismo hice, ni más ni menos, cuando visité por vez primera las Islas Tonga; sin embargo, después me encontré con que no sirvió de nada, y mucho me temo que siempre será así allí donde sea necesario tener a mucha gente en tierra; los estímulos y oportunidades de intercambio sexual son demasiados para resistirlos. Además, dudo de que el más experimentado de los doctores pueda garantizar que un hombre que ha tenido venéreas esté tan curado como para no transmitir el mal posteriormente; creo poder citar varios ejemplos de que no es así. Por otro lado, es harto sabido que, en un grupo de hombres, habrá algunos que procurarán ocultar esta dolencia y otros tantos que no se preocuparán de a quién se la transmiten; de estos últimos tuvimos un caso en Tongatabu, en la persona del condestable del *Discovery*, que se quedó en tierra para dirigir las operaciones comerciales del capitán Clerke. Una vez supo que había contraído el mal, siguió acostándose con diferentes mujeres que dio en suponer no estaban contagiadas; sus compañeros le reconvinieron sin resultado alguno, hasta que el asunto llegó a conocimiento del capitán Clerke, quien le ordenó embarcar.

»Mientras los botes iban a la orilla a reconocer la costa, nosotros fuimos dando bordadas a la espera de que volvieran. Por fin, hacia mediodía, Williamson regresó a bordo e informó de que había visto una gran laguna detrás de una playa próxima a una de las aldeas, la cual, según le contaron los nativos, era de agua dulce; y que enfrente se podía fondear. Señaló asimismo que había intentado tomar tierra en otro sitio, impidiéndoselo los indios que en gran número salieron al encuentro del bote con ánimo de quitarles los remos, mosquetes y, en pocas palabras, cuanto pudieran agarrar; tanto le acosaron que se vio obligado a abrir fuego, a resultas de lo cual cayó un hombre. Pero de este desgraciado acontecimiento no me enteré hasta después de abandonar la isla, de modo que todas mis disposiciones iban dirigidas como si nada hubiera ocurrido. Williamson me contó que, una vez caído, le recogieron y se lo llevaron, retirándose luego del bote y haciéndoles señas para que bajaran a tierra, cosa que declinó. No le pareció que tuvieran intención de matar, ni siquiera de herir, a ninguno de los ocupantes del bote, sino que estaban excitados por la simple curiosidad de poseer lo que éstos tenían, al mismo tiempo que se aprestaban a dar a cambio cualquier cosa de su pertenencia.

»Una vez estuvieron los botes a bordo, envié uno de ellos a que se situara en el mejor fondeadero, y así lo hizo, orcé con los barcos y anclé con 25 brazas de agua sobre un fondo de excelente arena gruesa de color gris. La punta oriental de la ensenada, que es el promontorio bajo que antes mencioné, demoraba al S 51° E; la occidental, al N 65° O; y la aldea donde

Enero 1778

◁ *Máscara de madera representando a un pájaro, pintada parcialmente en blanco y negro. Canal Nootka. l. 37 cm.*

◁ *Cuenco de madera tallada con asas antromórficas. El trazado paralelo en el cuenco indica que perteneció a un cacique. Canal Nootka. l. 20 cm.*

Enero 1778

se suponía que estaba el agua, al NE ¼ E, a una milla de distancia, pero había rompientes a poco más de un cuarto de milla que no vi hasta que dimos fondo. El *Discovery* fondeó al este de nosotros y más lejos de la costa. En cuanto tuvimos los barcos anclados, me dirigí a la orilla con tres botes, a examinar el agua y tantear la disposición de los nativos; había varios centenares de ellos congregados en una playa arenosa frente a la aldea. En el preciso intante en que salté a tierra, todos se echaron de bruces, y permanecieron en esa postura de acatamiento hasta que les hice señas de que se levantaran. Trajeron entonces muchos cochinillos y nos los regalaron sin reparar en si obtendrían algo a cambio; en realidad los más me ofrecían plátanos, según el ceremonial de costumbres en tales ocasiones, y respondí a tales muestras de amistad obsequiándoles con todo lo que llevaba conmigo. Así que se asentaron un poco las cosas, dejé un guardia en la playa y conseguí que algunos indios me enseñaran el agua, que resultó excelente y de fácil acceso. Satisfecho de la comodidad del aguadero y de que no tuviéramos nada que temer de los nativos, regresé a bordo y di orden de que estuviera todo a punto para hacer aguada por la mañana, y fui a tierra con los hombres comisionados al efecto por mí, teniendo un grupo de soldados de marina apostados en la playa como guardia. Acabábamos de poner pie en tierra, cuando se puso en marcha el comercio de cerdos y patatas, que la gente nos daba a cambio de clavos y trozos de hierro forjados a modo de cincel. No tropezamos con obstáculo alguno a la hora de proveernos de agua; al contrario, los nativos ayudaron a nuestros hombres a rodar barriles a y desde la laguna. En cuanto todo quedó a mi entera satisfacción, dejé el mando a Williamson, que conmigo estaba, y di un paseo por el valle en compañía del Dr Anderson y del Sr Webber, guiados por uno de los nativos y escoltados por regular séquito. El guía iba anunciando nuestra llegada, y todo el mundo se echaba de bruces y permanecía en esa posición en tanto pasábamos. Esto, según me enteré después, lo hacen con sus caciques más señalados. El camino discurría entre plantaciones —de «taro» principalmente— hundidas un poco por debajo del nivel general, de modo que disponen del agua necesaria para nutrir las raíces. Cuando perlongábamos por el este con los barcos, reparamos en que todas las aldeas tenían uno o más objetos elevados, como pirámides, y nos había llamado la atención uno de este valle que deseábamos ver de cerca. El guía nos entendió pero, como quedaba en la otra orilla del río, nos condujo a uno que estaba en la nuestra; resultó ser un morai, similar en muchos aspectos a los de Otaheite. La pirámide, que ellos llaman [*Henananoo*], se levantaba en un extremo, tenía 4 pies en cuadro de base y unos 20 de altura; los cuatro costados habían sido construidos con pequeños palos y ramas dispuestos de forma laxa, y el interior estaba vacío o abierto desde el fondo hasta la punta. En ciertos sitios estaba, o había estado, cubierta con una finísima tela de color gris claro que parecía destinada a fines religiosos y ceremoniales, pues había bastante alrededor de dicho morai y, cuando fui por vez primera a tierra, me encajaron un trozo encima. A cada lado y cerca de la pirámide, se erigían unos tablones labrados de forma un tanto tosca, idénticos a los que se ven en los morais de Otaheite. Al pie de éstos había unos es-

Heiau de Waimea, Kauai, islas Hawai, por John Weber, 1778.

pacios cuadrados, un poco hundidos respecto al nivel general del suelo y circundados de piedras; entendimos que eran tumbas. Hacia la parte media del morai había tres de tales espacios dispuestos en fila; allí, según nos contaron, estaban enterrados tres caciques. Delante quedaba otro rectangular —a éste lo llamaban *tanga taboo*— y nos dieron a entender muy claramente que en ese lugar estaban enterradas las víctimas de tres sacrificios humanos: uno por cada cacique muerto. La siguiente cosa que nos llamó la atención fue una casa o cobertizo cerrado, sito a un lado del morai; tenía 40 pies de largo, 10 de ancho en el centro —estrechándose hacia los extremos—, y unos 10 de altura. La entrada se abría en la mitad del costado que daba al morai; enfrente, al otro lado, había una especie de altar hecho con un trozo de madera labrada puesto en pie, flanqueado por dos figuras de mujer talladas en madera, nada mal diseñadas o ejecutadas. En la cabeza de una de ellas habían labrado una cofia parecida al casco que usaban los guerreros en la antigüedad, y en la de la otra, una gorra redondeada como el tocado otaheitiano llamado *tomou*. A es-

Enero 1778

Enero 1778

tas figuras de unos tres pies de alto, les daban el nombre de *eatua no veheina*, es decir, diosas, pero si les rendían culto es algo que cabe dudar. Delante de este sitio y en el justo medio de la casa, había un espacio rectangular cercado por un ribete de piedras y tapado con tela fina; nos dijeron que era la tumba de siete caciques. A un lado de la puerta, fuera de la casa, existía otro *tanga taboo* o lugar donde se entierra a las víctimas de los sacrificios humanos. Este morai estaba rodeado por un muro de piedras de unos 4 pies de alto, igual a muchos de los que hay en Otaheite, con los que —como ya he observado— éste guarda un grandísimo parecido. Que las diversas partes que lo componen reciban los mismos nombres, demuestra, como mínimo, que estos pueblos tienen creencias religiosas prácticamente idénticas y que la única diferencia importante radica en la colocación del muerto.

»Tras ver todo lo que de ver había en este morai, y una vez que Webber hubo hecho un dibujo de él, volvimos a la playa por un itinerario distinto al de la ida. Además de las plantaciones de «taro» ya indicadas, vimos varias de plátanos, caña de azúcar y morera o «árbol del lienzo», como lo solemos llamar nosotros; hay, además, algunos cocoteros bajos —sólo unos pocos—, pero no vimos más que una «giaca» y muy pocos árboles de otras clases.

»En la playa me encontré con un gran gentío y un activo comercio de cerdos, aves y tubérculos que discurría de la manera más ordenada, aunque no vi persona alguna que pudiera tener cierto ascendente sobre los demás; y si la había, no lo ponía de manifiesto ante nosotros. A mediodía regresé a bordo para comer y envié a King al mando del grupo que quedó en tierra; tenía que haber ido de mañana, pero hubo de permanecer a bordo para hacer observaciones lunares. Por la tarde fui de nuevo a tierra en compañía del capitán Clerke; mi propósito era dar otra vuelta por la zona pero, pensando que era demasiado tarde, lo dejé para mejor ocasión,

Anzuelo de hueso para tiburones, islas Hawai. l. 23 cm.

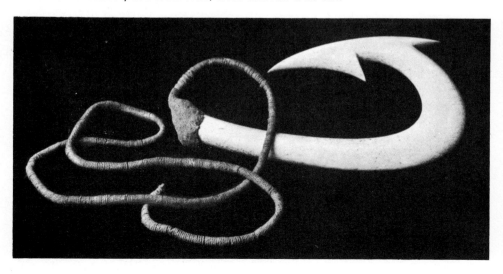

El descubrimiento de Hawai   293

Cuenco de madera para kava. Los ojos de las figuras que los sostienen son de nácar y los dientes de hueso, islas Hawai. l 50,5 cm.

Enero 1778

y esa ocasión no se presentó. A la puesta del sol reuní a todo el mundo a bordo, habiendo conseguido durante el día nueve toneladas de agua y, a cambio de clavos y trozos de hierro fundamentalmente, de sesenta a ochenta cerdos, algunas aves de corral, una buena cantidad de patatas y unos cuantos plátanos y raíces de «taro». Nadie comerció nunca con más honradez que estas gentes; ni una sola vez intentaron timarnos, ni en tierra ni al costado de los barcos. La verdad es que al principio hubo quienes dieron muestras de propensión al robo, mejor dicho, creyeron tener derecho a todo cuanto cayera en sus manos, pero pronto dejaron de lado semejante conducta.

Viernes 30 de enero. El día 30 envié a Gore nuevamente a tierra —con una guardia de soldados de marina y un grupo de hombres— para comerciar con los nativos a cambio de provisiones de refresco. Mi propósito era haberle seguido poco después, y con tal intención dejé el barco, pero el oleaje había arreciado tanto que me dio aprensión; no fuera a ser que de llegar a tierra no pudiera luego dejarla, como sucedió al grupo que allí

Enero 1778 estaba, quedando interrumpida la comunicación por medio de los botes. Al atardecer, el grupo de tierra hizo la señal pidiendo botes y, de acuerdo con ello, se les enviaron. No tardaron en regresar con unos pocos ñames y sal; durante el día se consiguió una mediana cantidad de lo uno y lo otro, pero se perdió la mayor parte al cargarla en los botes. El oficial y unos veinte hombres habían quedado en tierra; así pues, había ocurrido lo que por encima de todo no quería que ocurriera. Mucho de lo que perdimos ese día fue recuperado por los nativos y adquirido al costado del barco a cambio de clavos y trozos de hierro inservibles. Entre las 10 y las 11, el viento saltó al sur y el cielo empezó a presagiar tormenta; juzgando que estábamos demasiado cerca de la costa, levamos el ancla y la arrojamos a 42 brazas, fondeando de nuevo allí. Esta precaución fue necesaria pues el viento enseguida roló al NNE, soplando duro con rachas acompañadas de fuertísimos chubascos de agua. El tiempo siguió igual durante todo el día siguiente y el mar alcanzó tal altura que no hubo manera de comunicarse con la gente de tierra; ni siquiera los nativos osaban arriesgarse con sus canoas. Al atardecer envié al capitán en un bote hacia la punta o promontorio SE para ver si podía desembarcar a su socaire; regresó con un informe favorable, pero era demasiado tarde para ir a por el grupo de tierra. A la mañana siguiente despaché una orden a Gore para que, si no podía embarcar a la gente allí donde estaba, se acercara con ellos a la punta en cuestión. Como el bote no pudo tocar tierra, la orden la llevó un hombre a nado; al regreso del bote fui yo mismo con la pinaza y la falúa hasta la punta para traer a los hombres a bordo, llevando conmigo un carnero, una cabra y dos ovejas, un verraco y una cerda de raza inglesa, y semillas de melón, calabaza y cebolla. Desembarqué sin dificultad al socaire del flanco occidental de la punta y me encontré con que el grupo ya estaba allí, con algunos nativos entre ellos. Había un hombre en quien Gore había observado cierta influencia sobre los demás: a él le di las cabras, los cerdos y las semillas. Habría dejado todo esto en la otra isla de no habernos visto tan inesperadamente alejados de ella. Mientras los hombres llenaban cuatro barriles de agua en un pequeño riachuelo alimentado por las últimas lluvias, hice una breve excursión por la isla en compañía del susodicho individuo y de otros dos que nos seguían con los dos cerdos. Así que alcanzamos un terreno elevado, me detuve a mirar a mi alrededor; una mujer llamó al hombre que venía conmigo, desde la otra vertiente del valle donde desembarqué, ante lo cual el cacique comenzó a murmurar algo así como una oración y los dos porteadores de cerdos a dar vueltas todo el tiempo en torno a mí: no menos de diez o doce dieron antes de que el otro acabara. Cuando concluyó la ceremonia, seguimos adelante y al poco nos cruzábamos con gente que acudía en todas las direcciones, la cual, a la llamada de los que me acompañaban, permanecía reclinada en tierra mientras me tenía a la vista...

»A estas islas, Atoui, Eneeheeou, Orrehoua, Otaoora y Wouahoo —nombres con que las conocen los nativos—, las bauticé como Islas Sandwich en honor al conde de Sandwich. Están situadas entre 21° 30' y 22° 15' de latitud N, y entre 199° 20' y 201° 30' de longitud E. De Wouahoo, que es la más oriental y está a 21° 36' de latitud, sólo sabemos que es monta-

Brazalete de colmillo de verraco, islas Hawai. a. 8,5 cm.

ñosa y que está habitada. Atoui, que es la mayor, tiene como mínimo diez leguas de largo en dirección este-oeste. También es, según he señalado, montañosa y está desprovista de bosques, salvo los que puedan existir en las montañas, que no tuvimos oportunidad de examinar. Produce todas las clases de frutos y raíces que se dan en Otaheite y otras islas del Mar del Sur, pero ninguna parece ser muy abundante; sólo las patatas, que son las mayores que he visto en mi vida: las hay tan grandes como una cabeza humana. Tienen un sabor dulce, pero no son tan harinosas como las mejores nuestras; puede que muchas de las que adquirimos no estuvieran en su punto. Tengo entendido que estas patatas son muy corrientes en Virginia y otras regiones de Norteamérica, y que se las conoce con el nombre de «patatas españolas». El «taro» es relativamente abundante y el mejor que he probado hasta ahora. Los animales domésticos son puercos, perros y aves de corral, todos ellos de la misma clase que los de Otaheite y buenos por igual. No vimos más animales salvajes que ratas, pequeños lagartos y pájaros; pero como no nos adentramos en el país, no sabemos ni qué abundancia ni qué diversidad puede haber de esos últimos... Ya he comentado que estas gentes son de la misma nación que los otaheitianos y otros muchos habitantes de las islas del Mar del Sur; por tanto, difieren muy poco de ellos en el físico. Tienen un tono de piel más oscuro que la mayoría de los otaheitianos, lo que puede ser debido a que están más expuestos al sol y llevan menos ropa. ¿Cómo explicarnos que

Enero 1778

296 *El tercer viaje, 1776-80*

Collares de plumas, islas Hawai. l. 40,5 cm.

esta nación se haya diseminado a tal punto por este vasto océano? Les encontramos desde Nueva Zelanda, al sur, hasta estas islas, al norte, y desde la Isla de Pascua hasta las Hébridas; en una extensión de 60° de latitud a mil doscientas leguas en dirección norte-sur, y 83° de longitud a mil seiscientas sesenta leguas en dirección este-oeste. Cuánto más, no se sabe, pero podemos concluir sin riesgo a equivocarnos que, hacia poniente, se extienden más allá de las Hébridas.

Enero 1778

»Estas gentes van ligeras de ropa. Pocos son los hombres que visten algo más que el maro, pero las mujeres llevan un trozo de tela enrollado a la cintura que les llega, a modo de falda, hasta las rodillas; el resto del cuerpo está desnudo, sus adornos son brazaletes, collares y amuletos hechos a base de conchas, hueso o piedra. Tienen, además, primorosas palatinas de plumas rojas y amarillas, así como cofias y mantos cubiertos con las mismas plumas u otras diferentes; los mantos les llegan a media espalda y son como esas mantillas cortas de las mujeres inglesas o las capas de montar que se llevan en España. Las cofias se ciñen perfectamente a la cabeza y llevan una protuberancia semicircular en la coronilla como los cascos de los antiguos. Éstas, lo mismo que los mantos, guardan tal valor para ellos que no pude conseguir ninguno; en alguna parte, sin embargo, me haré con ellos.

»Practican el tatuaje o teñido de la piel, pero no mucho, ni da la impresión de que obedezca a un determinado estilo, sino más bien a la fantasía. Las figuras son líneas rectas, estrellas, etc., y muchos llevan la imagen del *taame* o peto de Otaheite, aunque no lo vimos entre ellos. El cabello es, por lo común, negro, si no se lo tiñeran como en las Islas Tonga. Se lo arreglan de diferentes formas, unos lo tienen largo, otros corto y los hay que lo llevan de las dos maneras; pero la moda general, sobre todo entre las mujeres, es llevarlo largo por delante y corto por detrás. Algunos hombres lucían una especie de peluca de cabello humano dividida en varias trenzas, de un dedo de grueso, que les llegaban a la altura del pecho. Son gente abierta, sincera, vigorosa, y los más experimentados nadadores que hemos conocido, práctica en la que se les instruye desde que nacen: era muy frecuente que mujeres con criaturas de pecho fueran en canoas a ver los barcos, y cuando el oleaje era tan fuerte que no podían volver a tierra en

◁ *Manto de plumas, islas Hawai. 203 cm. de ancho.*

Enero 1778

aquéllas, saltaban por la borda con el crío en brazos y se abrían paso hasta la orilla en medio de unas olas que daban miedo. Ya se ha apuntado que no vimos ningún jefe de importancia; no obstante, en Atoui había varios y uno de ellos llamado Tamahano hizo una visita al capitán Clerke después de que yo abandonara la isla. Se presentó en una canoa doble y, como rey de las Tonga, no prestó atención a los que encontró tendidos en su camino, sino que pasó al lado o por encima de ellos sin molestarse lo más mínimo en esquivarles; tampoco ellos podían hacer nada para zafarse, pues la gente está obligada a permanecer tendida hasta que él haya pasado. Sus acompañantes le ayudaron a subir al barco, dejándole en el portalón; y tenían tal cuidado de su persona que formaron un círculo a su alrededor cogiéndose de las manos, sin permitir que nadie se le acercara a excepción del capitán Clerke. Era un individuo joven, vestido de pies a cabeza, y venía acompañado de una mujer asimismo joven, se supone que su esposa. El capitán Clerke le hizo los oportunos presentes y él, por su parte, le regaló una gran escudilla para cava, aguantada por dos figuras talladas, muy bien dibujadas y ejecutadas. Aquí preparan y beben cava o *ava ava*, como lo llaman en Otaheite, igual que en todas las demás islas. El capitán Clerke no logró inducirle a ir abajo ni a moverse del sitio donde le dejaron a la llegada; por último, tras una breve permanencia a bordo, le condujeron a tierra de la misma manera que le trajeron. Al día siguiente le llegaban varios mensajes al capitán Clerke, rogándole fuera a tierra y haciéndole saber que el cacique tenía un gran presente para él; pero deseoso de hacerse a la mar no fue.

»Tenemos buenas razones para creer que todas las islas están dominadas o pertenecen a los hombres fuertes de Atoui, aunque los habitantes de Eheeneeou nos contaron que a veces luchaban con ellos. Como armas tienen lanzas y arpones, algunos armados de lengüetas en un extremo y rebajados en punta en el otro; y un corto instrumento algo parecido a un puñal, de un pie y medio de largo, aguzado en uno o en ambos extremos y sujeto a la mano por medio de un bramante: este arma se emplea para apuñalar en una lucha cuerpo a cuerpo y parece muy a propósito para tal fin. Ésas eran las armas que nos ofrecían en venta, pero pueden tener otras que no vimos. Algunas estaban hechas con una madera de color rojizo oscuro parecida a la caoba.

»Aunque vimos muy pocos árboles aparte de cocoteros, deben tenerlos de buen tamaño para construir las canoas. Éstas, por lo general, tienen unos veinticuatro pies de largo y el fondo, en la mayoría de los casos, se compone de una sola pieza ahuecada hasta una pulgada o pulgada y media de grueso, y un tanto subida en los extremos; los costados están formados por tres tablones de una pulgada de grueso, perfectamente ajustados y atados a la pieza del fondo; los extremos de proa y popa están un poco levantados y son agudos, como una cuña, pero más acuminada, de modo que los dos tablones de los costados avanzan más de un pie unidos lateralmente: un dibujo lo ilustrará mejor que las palabras. Como no tie-

Calabaza decorada para agua, islas Hawai. a. 33 cm. ▷

Tela de corteza decorada, islas Hawai. l. 63,5 cm. ▷

El descubrimiento de Hawai 299

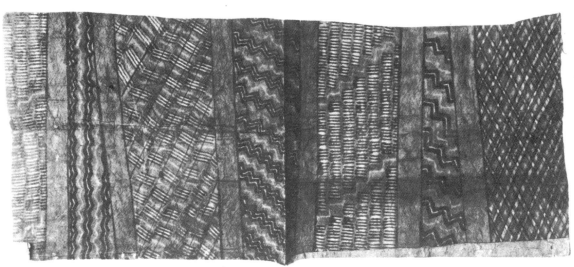

Tambor de madera con membrana de piel de tiburón y figuras humanas talladas en la base, islas Hawai. a. 29 cm.

Enero 1778

nen más de quince o dieciocho pulgadas de ancho, las que son sencillas disponen de balancines, construidos y montados con mejor criterio que cualquiera de los que llevo vistos hasta el momento. Las impulsan mediante canaletes, y las hay que tienen una vela triangular ligera, como las de las Islas Tonga, extendida por medio de una palo y una botavara.

»Sus casas parecen hacinas de trigo rectangulares; son de tamaño variable, desde cuarenta a cincuenta pies de largo y veinte a treinta de ancho hasta pequeñas cabañas; tienen las paredes bajas y el techo alto, formado por dos planos inclinados a uno y otro lado, que culminan en un caballete como el de las casas inglesas de techo de paja. El armazón es de madera; las paredes y el techo, naturalmente, de hierba seca, muy apretada, de modo que dan la impresión de proveer un refugio demasiado caluroso para este clima. La puerta es tan baja que apenas puede entrar una persona si no es poniéndose a cuatro patas, y no tienen más luz que la que puede entrar por los resquicios de las paredes. Algunos caballeros ob-

Esclavina de plumas, islas Hawai. 114 cm de ancho.

Bastón de mando con plumas y mango de hueso, islas Hawai. l. 89 cm.

servaron que, si necesitaban luz, hacían un agujero en la pared, cerrándolo de nuevo cuando habían terminado. El suelo está tapizado de heno seco y encima colocan esteras para dormir. Unas cuantas calabazas y cuencos de madera componían todo su catálogo de utensilios domésticos. Las esteras son a la vez resistentes y finas, y están elegantemente teñidas. Pero lo más sobresaliente en cuanto a colorido es la tela que, como la de otras islas, está hecha de corteza; ninguna destaca por su finura, pero la de aquí está barnizada y estampada con diversos colores, colocados de manera que producen un efecto bello y agradable; tienen una enorme variedad de diseños y muchos son extraordinariamente hermosos. Tela de ésta la hay en diferentes espesores, pero no en grandes piezas como en las otras islas; de la clase más gruesa preparan, por regla general, piezas pequeñas, y cosen varias para hacer un vestido. No tuvimos ocasión de ver cómo la tiñen y estampan, ni vimos ninguno de los instrumentos pertinentes que nos permitiera formarnos una opinión.

Enero 1778

Calabaza sonajero adornada con plumas, islas Hawai. prof. 45,5 cm.

Enero 1778

»Religión y gobierno. En cuanto a religión, no puedo añadir nada a lo ya dicho. De su gobierno, las referencias que tenemos son demasiado escasas para emitir un juicio pero, por la sumisión observada, hay buenas razones para creer que tiene el mismo carácter que en las otras islas. No tuvimos oportunidad de ver ninguno de sus festejos, y los únicos instrumentos musicales que entre ellos vimos fueron una vasija de madera ahuecada, como una fuente, y dos bastones; con éstos, uno de nuestros caballeros vio a un individuo tocar: sostenía uno de los bastones como nosotros un violín, y lo percutía con el otro, que era más pequeño y parecido a un palillo de tambor; al mismo tiempo golpeaba con el pie en la vasija ahuecada, produciendo un sonido en modo alguno desagradable. Esta música se acompañaba de una canción, entonada por varias mujeres, y creaba un ambiente agradable y delicado. Vimos otro instrumento musical —si es que puede dársele tal nombre— consistente en una pequeña calabaza con algunas guijas en su interior, que sacuden en la mano como si fuera un sonajero y emplean, según nos contaron, en los bailes. Deben tener algún juego en el que utilizan bolos, pues dimos con algunos en forma de queso, de casi una pulgada y media de grueso y tres y media de diámetro. Los hay de piedra, otros son de arcilla endurecida al fuego y luego barnizada. Pero aunque hay bolos de arcilla, no vimos que tuvieran vasijas de barro.

El descubrimiento de Hawai 303

»Todos los utensilios e instrumentos de trabajo que les conocimos eran idénticos a los de las demás islas; las hachetas o azuelas eran exactamente iguales, y parecían fabricadas con el mismo tipo de piedra negra, si bien tenían otras de una piedra del color de la arcilla. Los únicos utensilios de hierro que vimos —en realidad trozos de este metal que suponemos tenían ya antes de nuestra llegada— fueron un pedazo de argolla de unas tras pulgadas de largo, sujeto a un mango de madera de la misma forma que las azuelas de piedra, y otra herramienta cortante que presumimos había sido hecha con la punta de una espada ancha. Esto, y su conocimiento del uso del hierro, nos hizo pensar que no éramos el primer barco que hacía escala en estas islas; sin embargo, la gran sorpresa que manifestaron a la vista de los barcos y su total ignorancia de las armas de fuego parecían demostrar lo contrario. Estas islas, lo mismo que muchas otras, pueden haber llegado al conocimiento del hierro por diversas vías, sin que hayan sido visitadas por barcos; pues aparte las relaciones que un grupo puede tener con otro, ¿no está toda la costa de América a barlovento, donde se han establecido los españoles desde hace más de doscientos años y donde se han producido, y producen, frecuentes naufragios? Por tanto, no se tome el hecho por cosa extraordinaria, pues parte de esos barcos naufragados, portadores de hierro, es arrojada a las islas que salpican este inmenso océano. La distancia no es argumento en contra; pero aunque lo fuera, no sería concluyente, pues los barcos que han hecho travesías por este océano bien pueden haber tirado o perdido objetos con hierro, como es el caso de la pérdida de un mástil y de muchas cosas más que a cualquiera se le pueden ocurrir. Lo confirma que uno de mis hombres viera algo de madera, que le pareció abeto, en una de las casas de Wymoa; estaba carcomida por los gusanos, y la gente le dio a entender que fue empujada a la costa por las olas del mar.

»España de seguro sacaría bastantes ventajas del descubrimiento de estas islas, pues están extraordinariamente bien situadas para que los barcos que navegan desde Nueva España a las Islas Filipinas hagan escala y refresquen, hallándose a casi medio camino entre Acapulco y las Islas Marianas. Preciso es señalar que los cerdos embarcados en estas islas no merecen ninguna confianza, pues ni se desarrollan ni viven a bordo de un barco. Esto me animó a dejar de la raza inglesa, ya que los que adquirimos en Otaheite, que eran de la raza española, crecían y se alimentaban a bordo del barco tan bien como los nuestros, al tiempo que los otros languidecían y morían a diario.

Enero 1778

Cuenco para kava de Hawai.

Capítulo XVIII
LA COSTA DE NORTEAMÉRICA

«Esta punta de tierra, a la que puse el nombre de Cabo Príncipe de Gales, es el... extremo occidental de todas las Américas hasta ahora conocidas.»

COOK, 1778

En sus años de exploración, Cook cometió, cómo no, muchas equivocaciones, aunque justo es de decir que entre ellas no figuran errores garrafales, como señalar que pequeñas islas eran grandes continentes, según hicieron algunos de sus predecesores. Creía que Tasmania era una península de Australia, que la Isla Stewart era una península de Nueva Zelanda, y su llegada a la costa de Norteamérica se vio ensombrecida por el fracaso en el descubrimiento del canal al sur de la Isla Vancouver, conocido en la actualidad como Estrecho de Juan de Fuca. No se olvide, sin embargo, que Cook tenía instrucciones de alcanzar Nueva Albión en la vecindad de los 45° de latitud N y de continuar rápidamente hacia el norte a lo largo de unas costas donde no parecía probable que existiera nada útil para Gran Bretaña. Además, Cook recaló con un tiempo tan infame que bautizó un promontorio vecino con el nombre de Cabo del Tiempo Horrible, y entre el 6 de marzo y el 29 del mismo mes, cuando alcanzaba la latitud 49° 15' N, se vio arrebatado de la costa en dos ocasiones. No obstante, cometió la imprudencia de escribir que había dado el nombre de Cabo Halagüeño a la latitud 48° 15' N porque podía haber ocultado una abertura a la «misma latitud», donde otros geógrafos habían colocado «el hipotético Estrecho de Juan Fuca», pero «no vimos nada en este sentido, ni cabe la más mínima posibilidad de que alguna vez haya existido tal cosa».

◀ A final de marzo, Cook recobra la costa y entra en el Canal Nootka o del Rey Jorge, en la boca norte del estrecho que forma la Isla Vancouver.

△ *En el Canal Nootka.*

Permanece allí hasta el 26 de abril, aprovechando la abundante provisión de madera local para reparar el ignomioso estado de sus barcos y comerciando con los nativos, de quienes el Dr Anderson dejó interesantes descripciones.

Marzo 1778

LUNES 30 de marzo. Por la mañana despaché tres botes armados, al mando de King, a buscar un puerto para los barcos, y poco después partía yo en un pequeño bote con la misma intención. En la orilla NO del brazo donde nos hallábamos, no lejos del barco, descubrí una hermosa y abrigada cala, y King, que regresó hacia mediodía, encontró otra todavía mejor en la orilla NO del canal; sin embargo, como habría exigido más tiempo llegar a ella que la otra, se decidió hacer uso de la más próxima. Pero estando el día demasiado avanzado para trasladar los barcos antes de que anocheciera, ordené desenvergar las velas, arriar el mastelero y desemparejar el palo trinquete para fijar un nuevo calcés, porque se había podrido uno de los viejos. Durante todo el día tuvimos muchísimas canoas llenas de nativos en torno a los barcos, y se inició el comercio entre ellos y nosotros, que se desarrolló con la más estricta honradez por ambas partes. Sus artículos eran pieles de animales diversos, como oso, lobo, zorra, ciervo, mapache, turón, marta y, en particular, nutria marina, la misma que vive en la costa de Kamtchatka; prendas confeccionadas con estas pieles, y otras fabricadas con la corteza de un árbol o con alguna planta similar al cáñamo; armas, como arcos y flechas, lanzas, etc.; anzuelos y utensilios de diferentes clases, obras de talla e incluso calaveras y manos humanas, y toda una serie de pequeños artículos demasiado tediosos de mencionar. A cambio de todo esto, elegían cuchillos, cinceles, trozos de hierro y de hojalata, clavos, botones y cualquier cosa de metal. No eran aficionados a las cuentas y rechazaban todo tipo de tela.

MARTES 31 de marzo. Al día siguiente entraban los barcos en la cala y quedaban amarrados de popa y proa, con la mayoría de las estachas trincadas en la orilla. Al levar el ancla, descubrimos que a pesar de la gran profundidad del agua en el lugar donde la dejamos ir, había rocas en el fondo que dañaron considerablemente el cable; y las guindalezas que se echaron al agua para remolcar el barco hacia la cala también se enredaron, de modo que parecía como si todo el fondo estuviera sembrado de tales rocas. Como viéramos que el barco tenía de nuevo muchas vías de agua en la obra muerta, se pusieron los calafates a trabajar para acollarla y reparar todos los desperfectos que fuera menester.

SÁBADO 4 de abril. Por la tarde reanudamos el trabajo y al día siguiente aparejábamos el palo trinquete; al ser la cabeza bastante más pequeña que el tamborete, el carpintero se puso a trabajar para introducir o encastrar una pieza en un lado al objeto de atochar este último. Al cortar la cabeza de palo a tal fin y examinarlo más detenidamente, vimos que las cacholas estaban tan carcomidas que no había posibilidad de repararlas sin sacar el palo y fijar otras nuevas. Era evidente que una de ellas había sido defectuosa desde un buen principio y que habían cortado la parte ma-

El Resolution *en el abra que lleva su nombre, isla de Bligh, Canal de Nootka, por* ▷ *John Weber, 1778.*

308 *El tercer viaje, 1776-80*

Abril 1778

la, colocando un trozo de madera en su lugar, lo que no sólo debilitaba la cabeza de palo, sino que era en buena medida la causa de la carcoma que afectaba todo lo demás. Así pues, cuando ya estábamos casi a punto de hacernos a la mar, nos vimos obligados a rehacer todo el trabajo; lo peor era que eso exigía cierto tiempo pero, como no quedaba más remedio, pusimos inmediatamente manos a la obra. Fue una suerte que estos defectos se descubrieran en un lugar con madera —lo que más íbamos a necesitar—, pues entre los maderos flotantes de la cala donde nos hallábamos había algunos árboles bien crecidos y muy a propósito para lo que nos ocupaba. Se eligió uno y los carpinteros se pusieron a trabajar para sacar de él dos nuevas cacholas.

LUNES 13 de abril. Por la tarde del día siguiente, fui al bosque con un grupo de hombres a talar un árbol para un palo mesana, y en la mañana del nuevo día se trajo al lugar donde los carpinteros acondicionaban el palo trinquete. A la puesta del sol, el viento, que había sido durante algún tiempo del oeste, rolaba al SE y arreciaba a muy duro con lluvia que se prolongó hasta las 8 de la mañana; a esa hora se calmó y roló de nuevo al O. En la mañana del día 15, los carpinteros se pusieron a trabajar en el palo mesana y nosotros trajimos el trinquete, ya acabado, al costado del barco; pero el tiempo era tan malo que no hubo manera de subirlo a bordo hasta pasado el mediodía. Por entonces había varios indios alrededor del barco que miraban con una curiosidad más callada de lo que es habitual en ellos.

◀ Se puede seguir bastante bien la derrota de Cook a partir de las notas de su diario, si bien no todos los nombres que él diera figuran en el mapa. En el *Cartography of the North West Coast of America*, H.R. Wagner señala que Cook, según todas las apariencias, tenía conocimiento de las últimas

Arpón ballenero hecho en concha de mejillón, con lengüetas de hueso y sedal de tendón, cuero, fibra de ortiga y corteza de cerezo. Canal Nootka. Ancho 35 cm (enrrollado).

La aldea de Yuquot en el Canal de Nootka, por John Weber, 1778.

expediciones españolas y que, muy probablemente, había recibido instrucciones de seguir la ruta de Behring, el gran explorador danés enviado por los rusos, pues se ciñó a su derrota. Abandonando el Canal Nootka el 26 de abril de 1778, Cook avista tierra el 1 de mayo a 55° 20'; habla del Monte Edgecumbe, de la Bahía Edgecumbe y del Canal de la Cruz; divisa el Monte S. Elías, que tomó por la montaña de Bering y, bordeando la costa hacia poniente, desembarca en la Isla de Keyes, que bautiza en memoria del capellán real. A continuación se adentra en la ensenada que primero llamó Sandwich y después Canal del Rey Guillermo, pasando algunos días en el Abra del Rincón Abrigado. El 18 de mayo da nombre a las islas Verdes y Montague, y el 21 del mismo mes, al Cabo Isabel. Posteriormente hace lo mismo con la Punta Banks, las Islas Barren y el Cabo Douglas, este último en honor de su amigo John Douglas, canónigo de Windsor, cuya edición del segundo diario había contado con la aprobación de Cook. El 28 de mayo navega aguas arriba de la Ensenada de Cook y desembarca en Punta Posesión, en el brazo meridional, tomando el territorio en nombre de la corona británica.

Abril 1778

◀ A continuación, Cook navega hacia occidente a lo largo de la costa

Sombrero de cacique tejido con corteza de tuya, raíz de picea o tuya y hierba. El diseño geométrico muestra a los caciques cazando ballenas. Canal Nootka. a. 28,5 cm.

Esclavina en corteza de tuya amarilla. Canal Nootka. Ancho máximo 152 cm. ▷

Manto en corteza de tuya amarilla con decorado geométrico a base de pelo de cabra ▷ *y dibujos de un cuervo y dos platijas. Canal Nootka. Ancho 152 cm.*

Abril 1778 de Alaska, dando nombre al volcán Shishaldan, en la Isla Unimak, y a punto está de naufragar en la punta septentrional de la Isla Unalaska, a la que llama Providencia. En el extremo norte de Unalaska, descubre un puerto que él denomina Samganooda y que ahora se conoce como Samganuda. Tras esto, Cook atraviesa el Estrecho de Bering rumbo al Ártico, donde, según apunta Christopher Lloyd, pasa la última parte de agosto dando bordadas hacia atrás y hacia adelante frente a las costa de América y Asia, en un intento de abrirse paso a través de impenetrables témpanos flotantes. Avista el Cabo Príncipe de Gales o punta occidental de Alaska; el Cabo Helado, en el Ártico americano, al extremo más septentrional de dicho continente; y el Cabo Norte, en la costa nororiental de Siberia. Fue una hazaña extraordinaria que puso de manifiesto no sólo el talento de Cook como explorador y cartógrafo, sino también la muy notable precisión de la cartografía de Behring, habida cuenta las circunstancias en que trabajó.

312 *El tercer viaje, 1776-80*

La costa de Norteamérica 313

Abril 1778

◀ El 29 de agosto, a la latitud de 69° 17' N, Cook decide que no puede hacer más durante esta estación y que ha de retroceder hasta las Islas Hawai a fin de embonar para un segundo intento. En el viaje de vuelta, se detiene en Unalaska —en las Aleutianas—, pues el *Resolution* venía haciendo mucha agua desde su infortunado calafateo, y los palos, jarcias y velas estaban que daban pena. Los comerciantes rusos habían intentado establecer contacto con Cook en su derrota hacia el norte; al presente, dieron con él en Unalaska y le prestaron valiosísima información, con su conocimiento o ignorancia, de las características geográficas septentrionales, mostrándose muy comunicativos y francos al dejarle sus propias cartas marinas. Wagner se plantea la inevitable pregunta de por qué el gobierno británico se condujo de forma tan distinta ocultando los descubrimientos cookianos en el Ártico y retrasando la publicación del tercer diario hasta mucho después de su muerte. Quizá, como sugiere Wagner, las pieles que los hombres de Cook vendieron a los chinos habían desatado ya la carrera de los peleteros británicos hacia el Pacífico, y los enfrentamientos con España y las ulteriores rivalidades anglofrancesas fueran inminentes. Pero volvamos a los diarios.

MIÉRCOLES 22 de abril. He de señalar aquí que no me he cruzado con indios que tuvieran mucho aprecio por las cosas producidas en el país, siendo como son de su exclusiva propiedad; al principio nos exigieron que pagáramos la misma madera y agua que subíamos a bordo, y a fe que lo hubiéramos hecho de haber estado yo allí cuando hacían la petición. Pero como nunca se dio la coincidencia de que me hallara presente en ese momento, y los trabajadores hacían poco caso de su machaquería, al final dejaron de reclamar. Sin embargo, hicieron un mérito de la necesidad y, después, a menudo decían que nos habían dado agua y madera por amistad.

DOMINGO 26 de abril. El 26 por la mañana estaba todo dispuesto. Mi intención era zarpar cuanto antes pero, teniendo el viento y la marea en contra, nos vimos obligados a esperar hasta mediodía. Cuando al viento del SO sucedió la calma y la marea su puso a nuestro favor, largamos amarras y, con los botes, remolcamos los barcos fuera de la cala...

»*Observaciones náuticas*. A esta ensenada la honré con el nombre de Canal del Rey Jorge, pero su nombre, según los nativos es *Nook ka*. La entrada está situada en el recodo oriental de la Bahía de la Esperanza, a la latitud 49° 33' N y la longitud 233° 12' E... El terreno que ciñe la costa marina es de mediana altura y uniformidad, pero alrededor del canal está construido por altas montañas y profundos valles, revestidos en su mayor par-

◁ *Bastón ceremonial de madera con dientes y cabello humanos. La talla representa una cabeza de lobo sosteniendo entre sus mandíbulas la de un hombre. l. 53 cm.*

◁ *Bastón de madera con talla de pájaro en un extremo, utilizado acaso para matar peces una vez capturados. Canal Nootka. l. 56 cm.*

◁ *Caja para flechas. El diseño de la tapa muestra tres personas entrelazadas. Canal Nootka. l. 93 cm.*

◁ *Garrote de ballena, el arma ofensiva más corriente entre los nootkianos. Canal Nootka. l. 51,5 cm.*

Bastón ceremonial de madera y hueso con cabello humano e incrustaciones de caracol. Canal Nootka. l. 45 cm.

Puñal o garrote de piedra con correa de cuero. Su forma deriva de la de un mortero con una gruesa hoja en forma de cuña. Canal Nootka. l. 34 cm.

Abril 1778

te de grandes árboles como el «abeto del bálsamo» y la tuya. Más al interior, las montañas estaban cubiertas de nieve; por lo demás, parecían desnudas. Siempre que nos llovió, en las montañas vecinas cayó nieve; sin embargo, a igual latitud, el clima es infinitamente más templado que en la costa oriental de América. El mercurio del termómetro nunca bajó, ni aun durante la noche, de los 42° y, por el día, raro era que no ascendiera a 60°; tampoco se notaba ningún indicio de congelación en el subsuelo, al contrario, la vegetación presentaba un desarrollo considerable: encontré hierba que tenía ya más de un pie de alto...

»*Los habitantes: su estampa y costumbres*. No puedo dar una estimación del número de habitantes de este canal; diríase, sin embargo, que son bastante numerosos. Y como todos los que nos visitaron en otras ocasiones, de pequeña estatura, en particular las mujeres. Casi nadie, ni siquiera los más jóvenes, tiene la más mínima pretensión de pasar por hermoso. Su cara es bastante ancha y plana, con lo pómulos elevados y mofletudos.

La costa de Norteamérica 315

La boca, pequeña y redonda; la nariz, ni chata ni prominente; los ojos, negros, pequeños y desprovistos de luz. Pero, en general, no ofrecen una mala figura, si se exceptúan las piernas, que casi todos tienen torcidas por pasar, probablemente, mucho tiempo sentados. Su tez es morena, pero da la impresión de que este color no es del todo natural, sino que se debe, en parte, al humo, a la mugre, y a que se pintan, cosa que hacen con mano generosa; y son dejados y sucios en grado sumo... En ocasiones, los hombres llevan máscaras, de las que tienen muchas y de diversos tipos —como caras humanas, cabezas de pájaros y de otros animales—, bien diseñadas y realizadas en la mayoría de los casos. Si las llevan como adorno en las celebraciones públicas o, como algunos creen, para protegerse la cara de las flechas del enemigo, o como reclamo durante la caza, no seré yo quien lo diga; a lo mejor las utilizan en todas esas circunstancias. No obstante, las únicas veces que les vimos usarlas fue por algunos caciques, cuando nos cumplimentaron, y en ciertas canciones...

Abril 1778

»*Canoas.* Sus canoas tienen 40 pies de largo, 7 de ancho y unos 3 de profundidad, si bien las hay mayores y también más pequeñas; están fabricadas con un tronco ahuecado hasta una pulgada o pulgada y media en los costados y de forma son muy similares a la yola noruega, sólo que más largas en proporción a la anchura y con la proa y la popa más altas. En la parte superior de la primera, hay una ranura o agujero para depositar cómodamente lanzas, dardos, arpones, etc. Por lo general, no presentan obras de talla ni ningún otro tipo de ornamento; como mucho las pintan, y eso no es frecuente. Los canaletes son pequeños y livianos; la forma recuerda en cierta medida una hoja grande: aguzada por la punta, se ensancha en el medio para acabar perdiéndose gradualmente en el mango, con un total de unos cinco pies de largo.

Caja de madera de procedencia nootkiana o kwakiutl. Hacían este tipo de caja cortando o serrando un trozo de madera, que doblaban hasta darle la forma deseada. 58,5 x 61 x 46,5 cm.

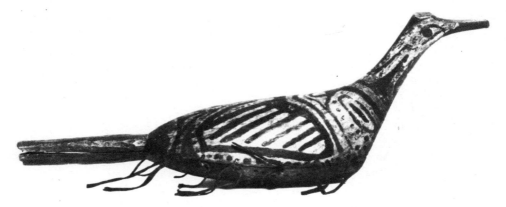

Sonajero de madera pintada de negro, rojo y blanco, formado por dos piezas unidas mediante tiras de cuero. Canal Nootka. l. 47,5 cm.

Abril 1778

»*Alimentación y vivienda.* Como la alimentación de estas gentes parece consistir principalmente en pescado y otros animales marinos, sus casas o viviendas están situadas cerca de la costa. Forman éstas largos grupos de construcciones, algunas de las cuales tienen ciento cincuenta pies de largo, veinticuatro a treinta de ancho y siete u ocho desde el suelo hasta el techo, que en todas ellas es horizontal y está cubierto de tablas sueltas. Las paredes laterales y las fachadas también son de tablas, y el armazón está compuesto de árboles o troncos recios...

»*Grandes imágenes.* En el lado del fondo de muchos aposentos hay dos grandes imágenes o estatuas, colocadas una frente a la otra a 3 o 4 pies de distancia, que guardan cierta similitud con una figura humana, pero monstruosamente grande; un dibujo de Webber, hecho desde el interior de uno de estos aposentos en donde se erigían dos de tales estatuas, dará una idea más aproximada de cómo eran. Ellos las llamaban *acweeks*, que quiere decir soberano o jefe. Colgaba una estera o cortina por delante, tapándolas casi por completo, y no siempre consentían en quitarla; cuando nos las enseñaban o hablaban de ellas, lo hacían de manera tan misteriosa que no podíamos entender su significado. Esto llevó a algunos de los nuestros a pensar que fueran dioses, pero yo no comparto plenamente esa opinión; al menos, si lo eran, los tenían en bien poco, pues con pequeñas cosas de hierro y latón, podía adquirir todos los dioses del lugar; que no vi uno que no me ofrecieran, y me hice con dos o tres de los más pequeños.

DOMINGO 26 de abril. Habiéndonos hecho a la mar en la tarde del 26, como antes relaté, con indicios claros de que se aproximaba una tormenta, éstos no nos engañaron: recién salidos del canal, el viento rolaba en un abrir y cerrar de ojos del NE al SE ¼ E y arreciaba a muy duro con chubascos y lluvia; y a tal punto oscureció que no veíamos de una punta a la otra del barco. Temiendo que el viento rolara más al sur, como de costumbre, y nos viéramos a merced de la costa de sotavento, viramos por avante y

Máscara humana en madera, con cabello humano, adornos de mica y dientes de cañón de pluma de ave. Canal Nootka. a. 24 cm. ▷

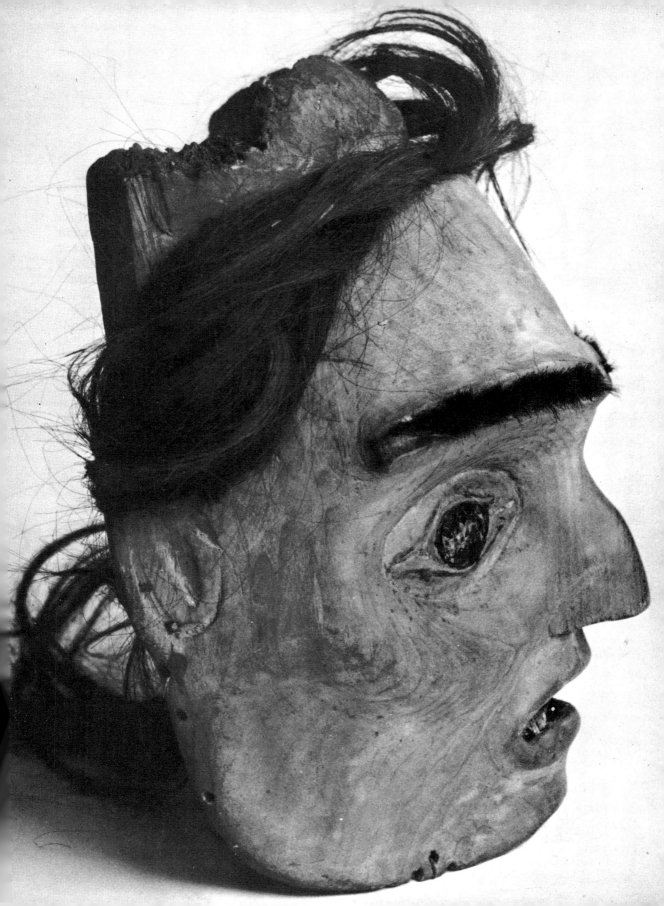

Interior de una vivienda en Yuquot, Canal Nootka, por John Weber, 1778.

Abril 1778 navegamos de bolina hacia el SO, a toda la vela que los barcos podían aguantar. Por suerte, el viento no roló más allá del SSE, de modo que al clarear el día estábamos completamente zafados de la costa... A esa hora se abrió una vía en el *Resolution* —localizada bajo el lleno de popa de estribor— que al principio nos alarmó mucho; desde el pañol del pan podíamos ver y oír cómo entraba agua... Por entonces, el tiempo empezó a despejar y alcanzábamos a ver a varias leguas a la redonda; así pues, arrumbé más al norte. A mediodía, la latitud observada fue 50° 01' N y la longitud, 229° 26' E. A esa hora pusimos proa al NO ¼ N con viento duro del SSE y cielo sereno, pero a las 9 de la tarde arreciaba de nuevo a muy duro con chubascos de agua. Con semejante tiempo y el viento entre el SSE y el SO, mantuve el mismo rumbo hasta el 30 a las 4 de la mañana, momento en que viré al N ¼ O para recalar, sintiendo muchísimo no poder haberlo hecho antes, en particular porque estábamos pasando por el sitio donde los geógrafos han situado el pretendido Estrecho del Almirante de Fonte. Por mi parte, no doy crédito a historias tan vagas e improbables que llevan en sí su propia confutación. No obstante tenía un gran deseo de mantenerme pegado a la costa a fin de zanjar este asunto más allá de toda polémica; pero hubiera sido muy imprudente de haberme ajustado a tierra con un tiempo tan exageradamente tempestuoso o de haber dejado pasar un viento favorable a la espera de que el estado del tiempo mejorara...

La costa de Norteamérica 319

Viernes 1 de mayo. Entre las 11 y las 12 dejábamos atrás un grupo de pequeñas islas situadas al socaire de tierra firme, a los 56° 48' de latitud, a la altura o un poco al norte de la punta sur de la gran bahía; en la parte septentrional de ésta, un brazo parecía prolongarse hacia el norte por detrás de una elevada montaña redondeada que se yergue entre dicho brazo y el mar. A dicha montaña le di el nombre de Monte Edgecumbe, y al promontorio que de ella arranca, Cabo Edgecumbe; este último está situado a 57° 3' de latitud N y 224° 7' de longitud E, y a mediodía demoraba al N 20° O, a seis leguas...

Mayo 1778

Domingo 3 de mayo. El día 3, a las cuatro y media de la mañana, el Monte Edgecumbe demoraba al S 54° E; una gran ensenada, al N 50° E, a 6 leguas; y la punta de tierra más avanzada, al NO, bajo una altísima y aguda montaña demorada al N 30° O. A la ensenada se le dio el nombre de Canal de la Cruz, pues siendo lo primero que se divisó ese día, creyérase que se ramificaba en varios brazos, de los que el más importante doblaba al norte... A las 5 de la tarde, a los 58° 53' de latitud y 220° 52' de longitud E, aparecía en el horizonte —demorando al N 26° O y, según se comprobó después, a 40 leguas— la cima de una encumbrada montaña que supusimos se trataba del Monte S. Elías...

Miércoles 6 de mayo. Con sólo brisas ligeras y algunas calmas, avanzábamos lentamente, de modo que el 6 a mediodía nos hallábamos aún a 59° 8' de latitud y 220° 19' de longitud. El Monte Fairweather demoraba al S 63° E y el Monte S. Elías al N 30° O; la tierra más próxima distaba unas

Visera fabricada con cañones de pluma de águila sujetos por el margen con cuero. Canal Nootka. Ancho 28 cm.

Mayo 1778

8 leguas. En la dirección N 47° E a partir de esta posición, había algo así como una bahía de una isla en la punta sur, que estaba cubierta de bosque. Imagino que es aquí donde fondeó el comodoro Behring; la latitud, 59° 18', se corresponde bastante bien con el mapa de su viaje; la longitud es 221° E. Detrás de esta bahía —que signifiqué con el nombre de su descubridor (Bahía de Bering)— o algo más al sur, la cadena de montañas anteriormente citada quedaba interrumpida por una llanura de unas pocas leguas de extensión, más allá de la cual la vista se pierde en el horizonte, de modo que o es un territorio llano o es agua lo que hay detrás... Al presente, la costa presentaba una tendencia muy acusada hacia el oeste sin apenas inclinarse al norte; y como teníamos viento dominante de poniente —para colmo, escaso— nuestro avance era lento.

Lunes 11 de mayo. A las 4 de la mañana del día 11, el viento, que se había mantenido casi siempre del NE, roló al N. Como lo teníamos en contra, perdí la esperanza de alcanzar la isla o de entrar en la bahía, pues ni lo uno ni lo otro se podía hacer sin pérdida de tiempo. Por consiguiente, viré hacia el extremo occidental de la isla. El viento era casi imperceptible y a las 10 reinaba la calma; como no estábamos lejos de la antedicha isla, me dirigí a ella en un bote y desembarqué con la idea de ver lo que se escondía en la otra orilla, pero viendo que era más montañosa de lo que me esperaba y que el camino era empinado y selvático, no me quedó más remedio que abandonar mi propósito. Al pie de un árbol, en una pequeña elevación no lejos de la costa, deposité una botella con una inscripción en la que figuraban los nombres de los barcos, la fecha y otros datos, y dos peniques de plata (de 1772) que, junto con otros muchos, me proporcionó el Rvdo. Dr Keyes. Y como muestra de mi afecto y consideración por tal caballero, la bauticé como Isla de Keyes en su honor.

Martes 12 de mayo. El mal tiempo reinante no impidió que tres nativos nos hicieran una visita. Se presentaron en dos canoas, dos hombres en una y uno en la otra, siendo ésta la capacidad de cada una de ellas, pues estaban construidas de la misma manera que las de los esquimales: una con dos agujeros para dos hombres sentados y la otra sólo con uno. Todos ellos llevaban unos bastones de aproximadamente tres pies de largo, provistos de grandes plumas de ave: a menudo nos los mostraban como manifestación de su deseo de paz.

Jueves 14 de mayo. Al poco rato, los indios reaparecieron, pero en lugar de acercarse al barco se dirigieron hacia el bote. El oficial que en él iba, al ver esto, regresó al barco seguido por todas las canoas. No bien saltaba toda la tripulación del bote, salvo dos hombres para cuidarlo, que varios individuos entraron en él, unos blandiendo lanzas ante los dos vigilantes, otros soltando las amarras que lo sujetaban, en tanto que terceros intentaban llevárselo a remolque. Pero, en cuanto vieron que nos preparábamos para hacerles frente, lo dejaron correr, pasaron del bote a las canoas y nos hicieron señales para que bajáramos las armas; y no sólo lo parecía sino que estaban tan cabalmente tranquilos como si no hubieran hecho nada malo. Esto, aunque bastante más osado, no se puede comparar con lo que intentaron a bordo del *Discovery*. El hombre que vino y se los llevó a todos desde el *Resolution* al *Discovery* había estado primero a bordo de

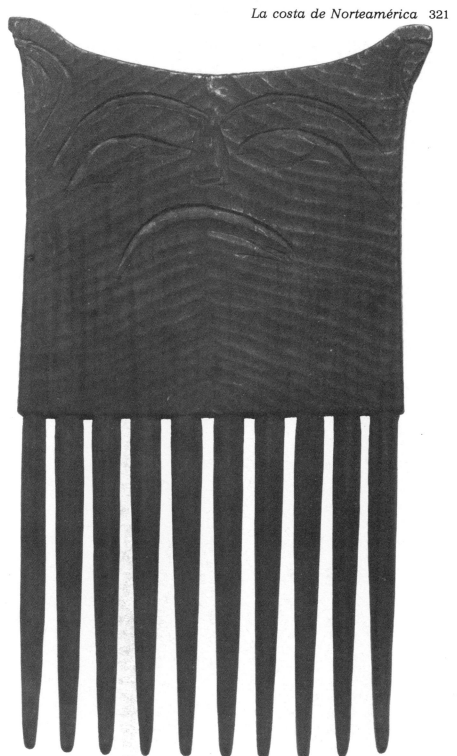

Peineta de madera con una cara humana grabada a cada lado. Canal Nootka. l. 21 cm.

322 *El tercer viaje, 1776-80*

Figura en madera representando a una mujer con un niño. Canal Nootka. Se desconoce el significado de esta imagen. a. 27,5 cm.

Figura en madera representando a una mujer con un niño. Canal Nootka. a. 16 cm.

Figura de madera representando a una mujer con un niño. ▷
Canal Nootka. a. 38 cm.

Figura de madera representando a una mujer con un niño. ▷
Canal Nootka. a. 16 cm.

Mayo 1778

este último, donde, después de mirar por todas las escotillas y no ver a nadie salvo al oficial de guardia y a uno o dos más, sin duda pensó que podrían saquearlo con facilidad, sobre todo porque estaba a cierta distancia de nosotros; y a buen seguro que con esa idea se fueron todos allí. Sin andarse con prolegómenos, varios subieron a bordo, sacaron los cuchillos, hicieron señas al oficial y a la gente de cubierta para que se mantuvieran a distancia y empezaron a mirar alrededor, a ver qué podían encontrar; lo primero que cayó en sus manos fue el timón de uno de los botes, que arrojaron por la borda a los que aguardaban en las canoas. Antes de que tuvieran tiempo de repetir la operación con un segundo objeto, la tripulación ya estaba alertada y empezó a subir a cubierta armada de chafarotes, ante lo cual los otros se escabulleron a sus canoas tan pausadamente como cuando dejaron el bote, y comenzaron a describir a los demás cuánto más largos eran los cuchillos de la gente del barco. Fue entonces cuando debieron ver mi bote, que estaba de sondeo, pues se dirigieron directamente a él tras dejar el *Discovery*. No me cabe duda de que su visita a hora tan temprana de la mañana era con miras a robar, creyendo que encontrarían a todo el mundo durmiendo. ¿No demuestran tales hechos que estas gentes son extrañas a las armas de fuego? Seguro que, si hubieran tenido conocimiento de su efecto, jamás se habrían atrevido a tomar un bote bajo la mirada de los cañones del barco, ante las narices de un centenar de hombres, pues la mayor parte de mi gente les estaba observando mientras ellos se lanzaban a su cruzada. No obstante, a pesar de todas estas trastadas, hemos tenido la suerte de dejarles tan ignorantes como les encontramos, que no vieron ni oyeron disparar un mosquete como no fuera a las aves...

Viernes 15 de mayo. Al día siguiente, temprano, pusimos una buena zapata al barco por el costado de babor a fin de dar con la vía de agua y cegarla. Al quitar el forro se vio que estaba en las costuras, que ambas —en y debajo de la cinta del casco— estaban muy abiertas y que, en varios sitios, no quedaba nada de frisa. Mientras los carpinteros reparaban estos desperfectos, nosotros llenábamos todos los barriles de agua vacíos en un río próximo al barco... Había hombres y mujeres con el labio inferior cortado horizontalmente de extremo a extremo, dejando una hendidura tan grande que podía pasar la lengua. Yo les vi sacarla a su través cuando lo descubrió por vez primera uno de los marineros, que, voz en grito, aseguraba que había un hombre con dos bocas, y en verdad que no parecía otra cosa. Esta costumbre de cortarse el labio no es general, pero todos lo llevan perforado, sobre todo las mujeres e incluso las muchachas jóvenes. En estos orificios y cortes introducen trozos de hueso colocados uno junto al otro en el lado interno del labio; para que no se muevan, pasan un hilo por ellos, y alguno atraviesa por completo el labio y se fija o asegura en el lado de afuera, del que penden cuentas o más trozos de hueso. Este adorno es un gran estorbo para el habla y hace que parezca como si tuvieran una doble fila de dientes en la mandíbula inferior... Sus armas, o mejor dicho, sus instrumentos de caza y pesca son idénticos a los que utilizan los esquimales y groenlandeses...

Domingo 17 de mayo. Con la vía cerrada y el forro reparado, a las 4 de

La costa de Norteamérica 325

El Resolution *y el* Discovery *en la ensenada del Príncipe Guillermo (Prince William Sound), Alaska. Obra de John Weber, 1778.*

la mañana del 17 levábamos anclas y poníamos rumbo al NO —con una brisa ligera del ENE— en la creencia de que, si existía algún paso hacia el norte por esta ensenada, estaría en esa dirección.

LUNES 18 de mayo. A las 3 de la mañana levábamos anclas y, con viento flojo del norte, arrumbábamos al sur, ensenada abajo; encontramos el mismo fondo desigual que el día precedente, pero enseguida nos zafamos de él y desde entonces no volvimos a tocar fondo con un cable de 40 brazas. Descubrimos otra vía de acceso a esta ensenada al SO de aquella por la que entramos, lo que permitió atajar hacia mar abierto; este paso está separado del anterior por una isla de 18 leguas de longitud en la dirección NE-SO que recibió el nombre de Isla Montague. En este canal SO hay varias islas; las de la boca próxima a mar abierta son altas y rocosas, en tanto que las más interiores son bajas, estaban absolutamente libres de nieve

Mayo 1778

y las veíamos tapizadas de bosque y verdor, por lo cual se les dio el nombre de Islas Verdes.

Mayo 1778

Martes 19 de mayo. A la ensenada que acabamos de abandonar le di el nombre de Canal Sandwich. A juzgar por lo que de ella vimos, ocupa como mínimo un grado y medio de latitud y dos de longitud, sin contar los diversos brazos o ramas, cuya extensión desconocemos. La dirección que parecen tomar, así como la situación y amplitud de las diferentes islas, se apreciará mejor en la carta marina, que ha sido levantada con toda la precisión que la premura de tiempo y demás circunstancias permitieron.

»Fuera ya del Canal Sandwich, puse rumbo al SO con viento flojo del NNE, al que, a las 4 de la mañana siguiente, siguió una calma; ésta a su vez dio paso a una brisa del SO, que refrescó y roló al NO. Así pues, continuamos forzando vela al SO, sobrepasando un enorme promontorio situado a 59° 10' de latitud y 207° 45' de longitud E. Como la primera vez que lo vimos era el cumpleaños de la Princesa Isabel, lo llamé Cabo Isabel; allende el cual no conseguimos avistar tierra, de modo que abrigábamos esperanzas de que se tratara del extremo occidental de la costa, pero poco después divisamos tierra demorando al OSO.

Lunes 25 de mayo. Al atardecer, el tiempo, que había estado brumoso todo el día, despejó, quedando a la vista un grandioso promontorio cuya encumbrada cima, que forma dos montañas sobremanera altas, se vislumbra por encima de las nubes. A este promontorio le di el nombre de Cabo Douglas en honor de mi buen amigo el Dr Douglas, canónigo de Windsor; está situado a 58° 56' de latitud y 206° 10' de longitud E, a diez leguas al oeste de las Islas Barren y a doce de la Punta Humeante en dirección NO ¼ O ½ O. Entre esta punta y el cabo, la costa parece formar una grande y profunda bahía que mereció el nombre de [Bahía Humeante].

Jueves 28 de mayo. Como persistió la calma durante todo el día, no me moví hasta las 8 de la tarde. A esa hora, con una brisa ligera, levamos anclas y pusimos rumbo al norte, bahía arriba. Poco después de hacernos a la vela, el viento saltaba al norte, arreciaba a muy duro y traía chubascos de agua; ello no impidió que borloventeáramos mientras creció la marea, que fue hasta las 5 de la mañana del día siguiente. Durante toda la travesía hemos tenido sondeos de 35 a 40 brazas. Con esta última profundidad fondeamos a casi dos leguas de la costa oriental, a 60° 8' de latitud N; el territorio llano que teníamos por una isla localizada al socaire de la costa occidental, se prolongaba de N ½ O a NO ¼ N, a tres o cuatro leguas.

Lunes 1 de junio. A las dos de la mañana, el capitán regresaba e informaba haber descubierto que la ensenada —digamos más bien río— se estrechaba hasta la anchura de una legua, con tierra baja en cada orilla, y corría en dirección norte... Se perdió toda esperanza de dar con un paso, pero como la marea estaba casi agotada y no podíamos volver con la creciente a disfavor, pensé que podíamos aprovechar ésta para echar una ojeada a la rama oriental y dejar en claro si la tierra llana de la margen oriental del río era una isla como habíamos supuesto.

◁ *Mujer del canal del Príncipe Guillermo., por John Weber, 1778.*

Junio 1778

»Si el descubrimiento de este río fuera de utilidad, sea en el presente o en un futuro, el tiempo gastado en explorarlo sería menos de lamentar; pero para nosotros, que teníamos un objetivo mucho más importante en perspectiva, era una pérdida capital. La estación avanzaba deprisa, no sabíamos cuán al sur tendríamos que ir y, al presente, estábamos convencidos de que el continente se prolongaba bastante más al oeste de lo que según los mapas modernos cabría esperar: ello hace mucho menos probable la travesía hasta las Bahías de Baffin o de Hudson, o como mínimo las alarga considerablemente. Pero, si no hubiera reconocido este lugar, se habría conjeturado, más aún afirmado, que comunicaba con el mar por el norte o con alguna de dichas bahías hacia el este. Pasado el mediodía, despaché de nuevo a King con dos botes armados, con órdenes de desembarcar en la punta septentrional de la tierra llana sita en la orilla SE del río, de izar la bandera, de tomar posesión del territorio y el río en nombre de Su Majestad, y de enterrar en el suelo una botella con dos monedas de cuño inglés (fechadas en 1772) y un papel en el que figuraban los nombres de los barcos y otros datos.

Jueves 18 de junio. Por la tarde se levantó una brisa ligera del sur que nos permitió poner rumbo al oeste por el canal que se abría entre las islas y el continente. Al romper el día nos hallábamos a no mucha distancia de éste y avistábamos varias islas más, cerca de las que habíamos advertido antes, de amplitud variable tanto en altura como en circunferencia. Pero entre estas últimas y las anteriores presentábase un canal despejado por el que arrumbé, pues temía barajar la costa continental, me inquietaba la posibilidad de que tomáramos por isla algo que no lo fuera, tirando de ese modo hacia alguna ensenada y perdiendo el buen viento que en ese momento soplaba. Así pues, me mantuve pegado a la cadena de islas más meridional y a mediodía estábamos a 55° 18' de latitud, en el punto más estrecho del canal formado por éstas y las que están junto al continente, donde tiene una legua y media o dos a lo sumo. La mayor de este grupo quedaba por entonces a nuestra izquierda y se la conoce con el nombre de Kodiak, según nos enteramos después; a las demás no les puse nombre. Deben ser las mismas que Behring llama Islas Shumagin, o las que él identifica con tal nombre son parte de ésta, pues el grupo es bastante extenso.

Jueves 25 de junio. A las diez orzamos al sur hasta el alba y después reemprendíamos nuestra derrota al oeste. La luz del día de poco nos valió, pues el cielo estaba tan brumoso que no podíamos ver a cien yardas; pero como el viento era muy suave me arriesgué a seguir. A las cuatro y media cundió la alarma al oír el ruido de rompientes por la amura de babor; el escandallo nos dio 28 brazas de agua y a la siguiente echada, 25. Inmediatamente pusimos el barco al pairo, con la proa hacia el norte, y fondeamos a esta última profundidad sobre un fondo de arena gruesa; avisé al *Discovery*, que estaba cerca de nosotros, para que hiciera lo mismo. Pocas horas después, la niebla se abrió un poco y pudimos ver que nos habíamos librado de un peligro inminente: nos hallábamos a tres cuartos de milla del flanco NE de una isla que se prolongaba de S ¼ O ½ O a N ¼ E ½ E con los extremos a una legua más o menos; dos elevados peñascos, el uno demorando al S ¼ E y el otro al E ¼ S, distaban de nosotros media legua cada uno, separados entre sí por una distancia aproximadamente igual. Había varios rompientes cerca de ellos y, sin embargo, la providencia nos había conducido por entre estos peñascos —donde no me hubiera aventurado ni en un día despejado— hasta un fondeadero que, de haberlo escogido, no lo hubiera hecho mejor.

Junio 1778

SÁBADO 27 de junio. Al presente teníamos tierra en todas las direcciones, que por el sur prolongábase hacia el SO en una cadena de montañas que se perdía en lontananza, pero aún no se podía establecer si se componía de una o más islas. Después se supo que era una única isla conocida con el nombre de Oonalaschka. Entre ésta y la tierra situada al norte, con toda la apariencia de ser un grupo de islas, parecía existir un canal en la dirección NO ¼ N. En una punta que demoraba al oeste del barco, a 3/4 de milla, había varios indios y sus correspondiente moradas; a este lugar les vimos remolcar dos ballenas, que supusimos habían cazado por la mañana. Algunos, tanto entonces como ahora, se acercaron al barco y trocaron cosas sin importancia con nuestros hombres, pero nunca se quedaban más de un cuarto de hora seguido. Daban la impresión de ser bastante reservados —empero, diríase que no les eran ajenos los barcos en alguna medida iguales a los nuestros— y habían adquirido una gran cortesía inusual entre indios.

◀ El domingo, 2 de agosto, Cook se queda sin el oficial médico, Anderson, víctima de la tuberculosis, que al verano siguiente acabaría con el sucesor de Cook, el capitán Clerke. La pérdida de Anderson era grave, ya que parte de la información antropológica y etnológica, así como algunas de las pormenorizadas descripciones de tribus nativas que Cook incluyó en su tercer diario, se cree que fueron tomadas del diario de Anderson, o escritas con su ayuda.

DOMINGO y LUNES 2 y 3 de agosto respectivamente. El 2 tuvimos brisas ligeras variables con chubascos de agua. El 3 por la mañana el viento se fijó en la aleta SE y reemprendimos la marcha hacia el norte. A mediodía estábamos, según la observación realizada, a 62° 34' de latitud N, 192° 30' de longitud O, con 16 brazas de agua. El Dr Anderson, mi médico de a bordo, a quien la tisis había ido consumiendo a lo largo de más de doce meses, expiró entre las tres y las cuatro de la tarde. Era un joven inteligente, un compañero agradable, muy cualificado en su profesión y con un gran conocimiento de otras ciencias, que, si Dios hubiera querido perdonarle la vida, podría haber sido útil en el curso del viaje. Poco después se avistaba tierra al oeste, a 12 leguas; supúsose que era una isla, y para perpetuar la memoria del difunto, por quien sentía una gran estima, la bauticé como isla Anderson. Al día siguiente traje al Sr Law, el médico del *Discovery*, al *Resolution* y nombré a Samwell —primer oficial médico del *Resolution*—, médico del *Discovery*.

MIÉRCOLES 8 de agosto. Por entonces, el tiempo estaba muy brumoso y llovía, pero a las cuatro de la mañana siguiente despejó y pudimos ver las islas que teníamos alrededor. Un islote o peñasco alto y cortado a pico, descubierto la noche pasada, demoraba al O ¼ S; otro situado al norte del anterior y mucho mayor, al O ¼ N; la puntiaguda montaña ya mencio-

Agosto 1778

nada lo hacía al SE ¼ E, y la punta sita a sus pies, al S 32° E. Al socaire de esta montaña hay una tierra baja que se extiende hacia el NO y cuya punta extrema demoraba al NE ¼ E, a casi 3 millas; por encima de ella, a lo lejos, veíanse tierras altas: dimos por hecho que eran la continuación del continente. Esta punta, a la que puse el nombre de Cabo Príncipe de Gales, merece ser destacada por ser el extremo occidental de toda la América hasta ahora conocida; está situada a 65° 46' de latitud N y 191° 45' de longitud E. Todas las observaciones para la determinación de ambas, aunque hechas a la vista de la punta en cuestión, conllevan cierto error, pequeño, habida cuenta lo brumoso del tiempo.

SÁBADO 15 de agosto. A la 1 de la tarde, la visión de un enorme banco de hielo disipaba todas nuestras dudas acerca del origen de la luminosidad que habíamos observado en el horizonte. A las dos y media virábamos cerca del borde con 22 brazas de agua, hallándonos a 70° 41' de latitud, imposibilitados de seguir más adelante, ya que el hielo era absolutamente impenetrable y se prolongaba de O ¼ S a E ¼ N hasta donde alcanzaba la vista. Había aquí abundancia de morsas, algunas en el agua, pero sobre todo en el hielo. Pensé en echar los botes al agua para cazar algunas, pero el viento refrescó y abandoné mi propósito, orzando al sur o, mejor dicho, al oeste, pues el viento venía de ese cuadrante; pero de nada nos sirvió: a mediodía de la jornada del 18, nuestra latitud era 70° 44' y el cronómetro indicaba que nos hallábamos casi cinco leguas más al este. En ese momento estábamos, con 20 brazas de agua, cerca del borde del hielo, que era tan compacto como una pared y parecía tener diez a doce pies de altura como mínimo, aunque hacia el norte era más alto; la superficie era increíblemente escabrosa y estaba salpicada de charcos de agua.

»Pusimos entonces rumbo al sur y, tras recorrer seis leguas, la profundidad del agua disminuyó a 7 brazas, se mantuvo a esa cota por casi media milla y aumentó de nuevo a 8 y 9 brazas. El tiempo, que había sido muy brumoso, despejó un poco y vimos tierra baja extendiéndose de sur a SE ¼ E, a 3 ó 4 millas de distancia. El extremo oriental forma una punta que estaba completamente llena de hielo, razón por la cual se ganó el nombre de Cabo Helado: Lat. 70° 29' N, long. 198° 20' E. Como el otro extremo se perdía en el horizonte, no se podía poner en duda que era cotinuación del continente americano. El *Discovery* —situado a casi una milla de nuestra popa por el costado de sotavento— encontró menos agua que nosotros y tuvo que virar, con lo que yo me vi obligado a hacer lo mismo por miedo a separarnos. Nuestra situación era cada vez más crítica: estábamos en aguas someras con la costa a sotavento y la masa de hielo, a barlovento, viniéndosenos encima. Era evidente que de continuar entre aquél y la tierra, nos empujaría hacia ésta, si es que no encallábamos antes; además parecía casi o del todo unido a tierra por el lado de sotavento, y la única dirección que restaba libre era hacia el SO.

MIÉRCOLES 19 de agosto. A la una y media de la tarde tocábamos el borde de hielo firme; no era tan compacto como el que habíamos visto más al norte, pero estaba demasiado apretado y los fragmentos eran excesivamente grandes para forzar el paso de los barcos a su través. Había muchísimas morsas sobre el hielo y, como estábamos faltos de provisiones fres-

La costa de Norteamérica 331

ALDEA INDIA
DE LA COSTA NOROESTE DE AMÉRICA

Agosto 1778

cas, se despacharon botes de uno y otro barco a conseguirlas. A las siete de la tarde teníamos a bordo del *Resolution* nueve de esos animales, que hasta ahora habíamos imaginado «vacas marinas», de modo que no fue poca la decepción, en especial para algunos marineros que, por la novedad, se habían estado banqueteando con la mirada durante los últimos días; no se habrían sentido defradaudos —ni conociendo la diferencia— si no hubiéramos dado en tener a bordo uno o dos hombres que habían estado en Groenlandia y reconocieron de qué animales se trataba, afirmando que jamás lo comerían. Pero, a pesar de todo, vivimos de ellos mientras duraron, y pocos hubo a bordo que no los prefirieran a la carne salada. La grasa, al principio, es tan dulce como el tuétano, pero a los pocos días se vuelve rancia, a menos que se sale, en cuyo caso se conservará en buen estado mucho más tiempo; la carne es áspera, oscura, de sabor bastante fuerte; el corazón es casi tan sabroso como el de novillo. La grasa, cuando se la funde, proporciona abundante aceite, que arde muy bien en las lámparas; y los pellejos, muy gruesos, son muy útiles como cordaje. En esa época, casi todas tenían los dientes o colmillos muy pequeños, ni siquiera los mayores y más antiguos sobrepasaban las seis pulgadas de largo, de lo que dedujimos que habían cambiado la dentición hacía poco. Estaban tendidas en el hielo, en manadas de muchos centenares de individuos apretados unos contra otros como cerdos, bramando o rebuznando con tal fuerza, que en la noche o con tiempo brumoso nos avisaban de la existencia del hielo mucho antes de que alcanzáramos a verlo. Jamás dimos con una manada enteramente dormida, siempre había algunos de guardia; los vigías, al aproximarse el bote, despertaban a los vecinos y éstos a los demás, de manera que en poco tiempo toda la manada estaba en pie. Pero casi nunca se apresuraban a huir hasta que se abría fuego sobre ellas; entonces se abalanzaban unas sobre otras en dirección al agua en medio de la confusión más extraordinaria; y si a la primera descarga no las matábamos, por lo general las perdíamos, aunque estuvieran mortalmente heridas. No nos pareció que fuera animal peligroso como algunos autores han descrito, ni aun cuando ataca; su peligrosidad es bastante más aparente que real. Muchísimas seguían y se acercaban a los botes, pero el fogonazo de un mosquete en la cazoleta o incluso el movimiento de apuntarlas, hacíalas sumergir en un instante. La hembra defenderá a su cría hasta el final y a costa de su propia vida, sea en el agua o sobre el hielo; ni la cría abandonará a la madre aunque esté muerta, de modo que si se da muerte a uno, la del otro es segura. En el agua, la madre sujeta a la cría entre las aletas delanteras.

»Pennant, en su *Syn. Quadr.* p. 335, ofrece una excelente descripción de este animal bajo el nombre de morsa ártica, pero no he visto ningún buen dibujo de él. Por qué se les llama caballos marinos (*sea horses*), resulta difícil decirlo, a no ser que sea una corrupción del nombre ruso morsa (*morse*), pues no se parece en nada a un caballo. Es sin duda el mismo animal que se descubrió en el Golfo de San Lorenzo y que allí se conoce como «vaca marina»; en realidad, se parece más a una vaca que a un caballo, pero el parecido se limita al hocico. En resumen, es un animal como una foca pero incomparablemente más grande.

Agosto 1778

JUEVES 20 de agosto. Mientras nos ocupábamos de las morsas, estábamos materialmente rodeados de hielo y no había manera de zafarse de él sino era poniendo proa al sur. Así lo hicimos hasta las 3 de la mañana del día 20, con viento flojo del oeste y niebla espesa casi continua. Los sondeos daban de 12 a 15 brazas. A las 2 de la mañana viramos por avante y pusimos proa al norte hasta las 10; a esa hora el viento roló al norte y nosotros arrumbamos al OSO y O. A las 2 de la tarde encontrábamos de nuevo hielo firme y nos manteníamos pegados a su borde, orientados en parte por los bramidos de las morsas, pues teníamos niebla espesísima. En estas condiciones seguimos navegando hasta las once y media, cuando nos vimos metidos entre hielo suelto y oímos el rumor de las olas golpeando contra el hielo firme. Con la niebla tan espesa y viento del oeste, orcé hacia el sur y, a las 10 de la mañana del día siguiente, habiendo levantado la niebla, veíamos el continente americano extendiéndose de S ¼ E a ¼ S. Y a mediodía, de SO ½ S a E; la tierra más próxima, a cinco leguas de nosotros.

JUEVES 27 de agosto. El 27, a las 4 de la mañana, cambiamos de bordada y pusimos proa al oeste, y a las 7 de la tarde nos acercábamos al borde del hielo, que se prolongaba de ENE a OSO hasta donde alcanzaba la vista. Como había poco viento, fui con los botes a examinar el estado de dicho hielo: encontré que estaba formado por bloques sueltos de tamaño diverso, tan apretados entre sí que a duras penas pude penetrar con el bote en el margen exterior; lo que para los barcos fue ya imposible, como si hubiera sido de roca. Observé que todo el hielo era de una transparencia inmaculada, salvo en la cara superior que era un poco poroso. Parecía estar compuesto todo él de nieve helada, y se había formado en el mar, pues dejando aparte la improbabilidad, mejor dicho, la imposibilidad de que estas masas flotantes procedan de ríos en los que apenas hay agua para un bote, no se vio en él ningún material de origen terrestre, lo que hubiera sido inevitable de haberse formado en ríos, fueran grandes o pequeños. Los fragmentos de hielo que componen el margen exterior de este banco tenían desde 40 a 50 yardas hasta 4 o 5, y yo diría que los bloques mayores ocultaban 30 pies o más bajo la superficie del agua. Me parece muy improbable que este hielo sea sólo producto del invierno precedente —más bien lo será de muchos— o que lo poco que resta de verano destruya la décima parte de lo que ahora hay, pues el sol ya ha dejado sentir la máxima influencia de sus rayos... Una niebla espesa nos invadió mientras estaba afuera con los botes, obligándome a subir a bordo bastante antes de lo que hubiera deseado. Volvimos con una morsa para cada barco y más hubiéramos cazado, pero no podíamos esperar a traerlas a bordo: el número de estos animales que vimos sobre el hielo es casi increíble. Pasamos la noche dando bordadas entre hielo a la deriva, y a las 9 de la mañana siguiente, habiéndose despejado un poco la niebla, se enviaron botes de uno y otro barco a por morsas, pues a esas alturas nuestros hombres les habían tomado gusto, y de las que cogimos antes ya no quedaba nada.

SÁBADO 29 de agosto. La estación está muy avanzada y el comienzo de las heladas lo tenemos tan a la vuelta de la esquina que no me parece consecuente con la prudencia hacer por este año más intentos de encon-

Agosto 1778

trar un paso en ninguna dirección: así de escasas son las expectativas de éxito. Mis proyectos apuntan ahora a encontrar algún lugar donde poder reaprovisionarnos de agua y leña, y a pensar en cómo pasar el invierno a fin de hacer alguna aportación a la geografía y a la náutica, manteniéndonos al mismo tiempo en condiciones de volver al norte el próximo verano para proseguir la búsqueda de un paso.

Lunes 31 de agosto. A las 7 de la tarde, dos puntas de tierra situadas a cierta distancia allende el promontorio oriental se separaban de él en dirección S 37° E; a esa hora, el promontorio quedaba a unas dos leguas. Ahora estoy bien seguro de que es la tierra de los tchukchis o costa nororiental de Asia, de que por aquí pasó el capitán Behring en 1728, y de que es este promontorio el que Muller dice que se llama Serdze-Kamen, en razón de una roca sita en él con la forma de un corazón.

Miércoles 2 de septiembre. Por la tarde sobrepasábamos el Cabo Oriental o promontorio antes citado, a partir del cual la costa se orienta al SO. Es ésta la misma punta de tierra que rebasábamos el 11 del mes pasado, tenida entonces por la punta este de la Isla de Alaska, aunque no es otra que el Cabo Oriental de Asia, y probablemente la característica Nariz de los tchukchis... Pero, como espero visitar de nuevo estas regiones, pospondré la discusión de este punto para entonces, y entretanto concluyo, como hizo Behring en su momento, que este promontorio es la punta oriental de Asia.

Jueves 3 de septiembre. Tras doblar el cabo, puse rumbo al SO ½ O en dirección a la punta septentrional de la Bahía de San Lorenzo, la misma donde fondeamos el 10 del mes pasado. A las ocho de la mañana estábamos a la longitud de ella y vimos algunas personas en el sitio donde yo las divisé la otra vez, así como varias más en la orilla opuesta; pero nadie intentó salir a nuestro encuentro, lo que resulta un tanto extraño, pues el tiempo era bastante bueno y los que nos habían visitado no tenían razón, que yo sepa, para sentirse molestos por nuestra presencia. Estas gentes deben ser tchukchis, una nación que, por la época en que Muller escribía, los rusos no habían conseguido conquistar; y, de lo que se desprende de su actitud para con nosotros, diríase que aún no los han sometido, aunque deben de comerciar con ellos, sea directamente o por medio de una nación vecina: si no ¿cómo llegaron a sus manos las alabardas que les vimos?

Viernes 4 de septiembre. En justicia a la memoria de Behring, he de señalar que delineó la costa muy bien y determinó la latitud y longitud de las puntas mejor de lo que cabría esperar de los métodos con que trabajó. Esta opinión no se funda en el relato de Muller sobre el viaje ni en la carta marina de su autoría, sino en el de la *Collection of Voyages* de Harris y en un mapa añadido al vol. II, más detallado y exacto que el de Muller.

Miércoles 16 de septiembre. Plenamente convencido de que es el mapa de Staehlin el que está equivocado y no el mío, es hora de pensar en dejar estas regiones boreales y buscar algún lugar para pasar el invierno, donde pueda procurarme refrescos para los hombres y un cierto reaprovisionamiento. Petropaulowska, en Kamtchatka, no me parece sitio adecuado para conseguir ni lo uno ni lo otro para tantos hombres, y además tengo otras razones para no ir allí en esa estación: la primera y más importante, de la que dependen las otras, es la gran aversión que tengo a permanecer seis o siete meses inactivo, lo que sería el caso de invernar en cualquiera de estas regiones septentrionales. Ningún sitio a nuestro alcance tan oportuno como las islas Sandwich, allí cabe encontrar esos artículos de primera necesidad; así pues, mi intención era navegar hacia esas islas, pero antes de poner esto en práctica teníamos que reabastecernos de agua. A tal propósito, decidí buscar en la costa americana un puerto, arrumbado a lo largo de ella hacia el sur y procurando enlazar el reconocimiento de esta parte con el realizado al norte del Cabo Newenham. Si no logro dar con un puerto, pondré proa a Samgoonoodha, donde acordamos reunirnos en caso de separación.

Septiembre 1778

SÁBADO 3 de octubre. A la una de la tarde del día 3, fondeábamos en Samgoonoodha, y a la mañana siguiente los carpinteros de ambos barcos se ponían a trabajar para desclavar el forro de y bajo la cinta del casco de la popa de estribor, donde muchas costuras estaban completamente abiertas, no siendo de extrañar que entrara tanta agua en el barco. Mientras estuvimos allí, despejamos el pañol del pescado y el de los licores; y después dispusimos y sujetamos las cosas de tal manera que, si dábamos en tener más vías del mismo carácter, pudiera el agua encontrar el camino hasta las bombas; además de este trabajo y de cargar agua, despejamos la bodega de proa y pusimos en ella cierta cantidad de lastre.

»Las verduras que vimos la primera vez que recalamos aquí están ahora en su mayor parte marchitas, de modo que poco provecho nos pueden dar. Pero esta pérdida quedaba más que compensada por la gran cantidad de bayas que por doquier se encontraban en la playa; al objeto de sacar todo el partido posible de ellas, un tercio de los hombres, por tandas, tenía permiso para ir a recogerlas, eso sin contar la considerable cantidad que obtuvimos de los nativos. Luego, si había algún brote de escorbuto en los barcos, estas bayas y la cerveza de picea que habían de beber uno de cada dos días lo extrajeron de raíz. Conseguimos también bastante pescado (en principio de los nativos) —casi todo él salmón— tanto fresco como seco. Parte del fresco estaba en excelente estado; era de una clase que llamamos de morro ganchudo por la forma de la cabeza, pero esto era lo de menos.

JUEVES 8 de octubre. El día 8 recibí de manos de un indio llamado Derramoushk un regalo en verdad singular dado el sitio: un pan de centeno, o mejor dicho, una empanada en forma de pan, pues en su interior había algo de salmón muy sazonado con pimienta y demás. Entregó idéntico regalo al capitán Clerke junto con una nota para cada uno de nosotros, escrita en un idioma que ni él ni yo pudimos leer. Sin embargo, no nos cabía duda de que este presente procedía de los rusos de la región, y enviamos a nuestros desconocidos amigos, por el mismo conducto, varias botellas de ron, vino y cerveza negra, que creíamos serían tan bien recibidas como cualquier otra cosa que tuviéramos: los acontecimientos demostraron que no estábamos equivocados. También despaché, junto con Derramoushk y su gente, al cabo de marina Ledyard (un hombre inteligente) para que recabara más información, con órdenes —caso de encontrarse con

Octubre 1778

rusos o gente de otra nación— de procurar hacerles entender que éramos ingleses, amigos y aliados.

SÁBADO 10 de octubre. El día 10 regresó con tres marineros o peleteros rusos, que en compañía de otros residían en Egoochshac, donde tenían una vivienda, varios almacenes y una corbeta de unas treinta toneladas de carga. Uno de estos hombres era capitán o ayudante de contramaestre de dicho barco, otro tenía muy buena mano para escribir y sabía de números. Los tres eran personas inteligentes, bien educadas, muy predispuestas a facilitarme toda la información que pudiera desear; aunque, por la falta de intérprete, tuvimos ciertas dificultades para entendernos. Daban la impresión de estar al tanto de las tentativas de sus compatriotas para navegar por el Mar Helado y de los descubrimientos que en éste habían hecho Behring, Tchirekoff y Spanburg, pero del teniente Sindo o Sind no parecían recordar más que su nombre... Les puse delante mi carta marina y vi que desconocían toda la costa americana a excepción de la región que les queda justo enfrente. Uno de estos hombres dijo haber estado con Behring en el viaje por América; sin embargo, debía ser por entonces muy joven, porque ahora no tenía aspecto de viejo. Pocos hombres son recordados con tanto cariño como recuerdan éstos a Behring; a él deben, probablemente, el haber podido ampliar el comercio de pieles hacia el este: tal fue el resultado de las desventuras de ese hábil navegante que no tuvo suerte y cuyas desgracias le llevaron a la isla de su nombre, donde murió. Diríase que los rusos nunca se plantearon proseguir los descubrimientos en la costa americana, pues el gobierno se ha inhibido y lo que se ha hecho desde entonces ha sido obra de los comerciantes... El 14 por la tarde, mientras el Sr Webber y yo visitábamos una aldea india a poca distancia de Samgoonoodha, desembarcó allí un ruso que tengo para mí que era persona principal entre los rusos de esta isla y las vecinas. Erasim Gregorioff Sin Ismyloff, tal era su nombre, llegó en una canoa de tres personas, acompañado de veinte o treinta más, conducidas cada una de ellas por un hombre. Observé que lo primero que hicieron tras desembarcar fue levantar una pequeña tienda para Ismyloff con materiales que traían consigo; luego hicieron otras para sí con las canoas, canaletes, etc., que cubrieron con hierba, de modo que la gente de la aldea no se preocupó de encontrarles alojamiento... Me pareció que estaba muy al corriente de la geografía de estas regiones y de todos los descubrimientos que los rusos habían hecho, y enseguida advirtió los errores de los mapas modernos. Nos dijo que había estado con el teniente Sindo —o Sind, como él le llama— en su expedición al norte, que no habían pasado de la Nariz de los tchukchis, o mejor dicho, de la Bahía de San Lorenzo, pues señaló el mismo sitio donde yo desembarqué... Tanto Ismyloff como todos los demás afirmaron no conocer nada del continente americano más al norte de dicho punto; que ni el teniente Sind ni ningún otro ruso lo habían visitado últimamente. Le dan el mismo nombre que Sind a su gran isla, Alaska: Stachtan Nitada, como aparece en los mapas modernos; es un nombre absolutamente ignorado por estas gentes, sean rusos o indios, pero ambos lo conocen por el nombre de América. De lo que pudimos sacar en claro de Ismyloff y los demás, los rusos han hecho varios intentos de tomar posiciones

El Discovery *afrontando un temporal, por John Weber, (?) 1778. El boceto fue realizado seguramente desde el* Resolution *y presenta señales de lo que pueden haber sido salpicaduras de agua marina.*

en esa parte del continente inmediata a las islas, pero siempre se han visto repelidos por los nativos, a quienes describen como un pueblo muy traicionero: hablaban de dos o tres capitanes o jefes asesinados por aquéllos, y varios rusos nos mostraron heridas que aseguraron haber recibido allí...

Lunes 19 de octubre. El 19, [Ismyloff] nos hizo otra visita y trajo consigo las susodichas cartas marinas, que me permitió copiar. Dos de ellas eran manuscritas y tenían todos los indicios de ser auténticas. La primera incluía el Mar de Penschinskia, la costa de Tartaria hasta los 41° de latitud, las Islas Kuriles y la Península de Kamtchatka. Como este mapa había sido preparado por Wawseetee Irkeechoff, capitán de la escuadra que exploró, en 1758, la costa de Tartaria entre Okhotsk y el Río Amur hasta el Japón o 41° de latitud... La segunda carta era para mí la más interesante, pues mostraba todos los descubrimientos realizados por los rusos al este de Kamtchatka en dirección a América que, si excluimos el viaje de Bering y el de Tcherikoff, suponía bien poco o nada... A juzgar por la carta marina, así como por el testimonio de Ismyloff y los demás, hasta aquí es todo lo que han descubierto y se han extendido desde la época de Bering; todos coincidían en que ningún ruso había estado donde los indios entregaron la nota al capitán Clerke; Ismyloff, a quien se la di, dijo que fue escrita en Oomanak. Fue él, sin embargo, quien nos dio el nombre de la isla Kodiak, la mayor de las Shumagin, pues no figuraba en la carta.

Octubre 1778

Octubre 1778

Los nombres de las restantes islas se sacaron de dicha carta, escribiéndolos según los pronunciaba; nos aseguró que eran nombres indios, pero, en ese caso, algunos están deformados de una manera extraña. Merece la pena señalar que no se puso nombre a las islas que se han de borrar de la carta, lo cual es, en cierta medida, una confirmación de su inexistencia. Ya he comentado que rusos e indios conocen América con el nombre de Alaska, que es el correspondiente nombre indio y que, probablemente, no significa más que región adyacente a Ooneemak; sin embargo, unos y otros aplican ese nombre a la totalidad y saben muy bien que es un territorio grande.

»Ésta es toda la información que conseguí de esas gentes en relación a la geografía de estas regiones, y tengo mis razones para creer que es toda cuanta podían dar, pues me aseguraron una y otra vez que no tenían noticia de más islas aparte de las que figuraban en esta carta, y que ningún ruso había visitado parte alguna del continente sita más al norte, salvo lo que queda frente al país de los tchukchis. Si Staelin no fue víctima de un engaño, ¿qué pudo inducirle a publicar un mapa tan erróneo, en el que dichas islas aparecen amontonadas en sistemático desorden, sin la más mínima consideración a la verdad, complaciéndose en llamarlo «pequeño mapa muy preciso»? Un mapa al que el más iletrado de sus iletrados marineros se habría avergonzado de ponerle su nombre.

MIÉRCOLES 21 de octubre. Ismyloff permaneció con nosotros hasta el 21 por la tarde, cuando se despidió definitivamente. A su cuidado confié una carta para el Almirantazgo, en la que incluía un mapa de todas las costas boreales que habíamos visitado. Dijo que tendría ocasión de enviarla en Kamtchatka o Okhotsk durante la próxima primavera y que estaría en San Petersburgo para el siguiente [¿invierno?].

»Fue tan amable que me dio una carta para el comandante Bairme, gobernador de Kamtchatka, que reside en Bolcheretskoi, y otra para el oficial jefe de Petropaulowska.

»Este Sr Ismyloff parece tener cualidades que le hacen acreedor de una posición más alta en la vida que la que ahora ocupa. Estaba medianamente bien versado en astronomía y otras ramas esenciales de las matemáticas, así que le regalé un octante de Hadly; y aunque quizá era el primero que veía en su vida, en muy poco tiempo se puso al tanto de casi todas las aplicaciones del instrumento.

JUEVES 22 de octubre. En la mañana del 22 intentamos hacernos a la mar con viento del SE, pero fracasamos.

»Por la tarde nos visitó un tal Jacob Iwanawitch, un jefe ruso que mandaba una pequeña embarcación en Oomanak. Este hombre parecía el reverso mismo de todos los demás rusos; era muy modesto y no bebía licores fuertes, a los que tan desmedidamente aficionados son sus compatriotas... Cuando nos familiarizamos con estos rusos, algunos caballeros visitaron en diferentes ocasiones su establecimiento, donde siempre recibieron una calurosa acogida. Componíase el tal de una vivienda y dos almacenes; además de los rusos, había varios kamtchatkanos y nativos que servían de esclavos o criados a aquéllos, y algunos nativos más que parecían independientes y vivían en el mismo lugar... Hay rusos en todas las islas importantes desde aquí hasta Kamtchatka, dedicados exclusivamente a la peletería, siendo su principal objetivo las nutrias marinas; nunca les oí preguntar por ningún otro animal, ni que dejaran escapar otras pieles cuando podían conseguirlas. No se me ocurrió preguntar cuánto hacía que se habían afincado en Oonalaska y las islas vecinas, pero, a juzgar por el sometimiento de los nativos, debe de hacer mucho. Todos los peleteros son relevados de tiempo en tiempo; los que conocimos llegaron en 1776 procedentes de Okhotsk y pensaban regresar en 1781, de modo que permanecerán en la isla cuatro años como mínimo.

Octubre 1778

»*Peces y demás*. Los peces que se dan aquí son comunes a los de otros mares boreales, como ballenas, orcas, marsopas, pez espada, halibut, bacalao, salmón, trucha, lenguado y otras clases de peces pequeños; y acaso haya muchos más que no tuvimos oportunidad de ver. El halibut y el salmón parecen ser los más abundantes; constituyen el principal sustento de los habitantes de las islas, al menos éstos fueron los únicos peces, salvo unos cuantos bacalaos, que vimos almacenados para el invierno. Tienen una enorme variedad de salmones, pero no todos son de igual calidad; tampoco son tan grandes, en especial entre las islas, como los que tenemos en Inglaterra. El bacalao no abunda en ninguna zona costera. Al norte de los 60°, el mar está totalmente desprovisto de peces pequeños de todo tipo, sin embargo, las ballenas son más numerosas; y a veces hemos visto un pez blanco que sopla como una de aquéllas, pero es muy más pequeño. Las focas y toda esa tribu de animales marinos no son tan frecuentes como en otros mares; no tiene ello que extrañar ya que difícilmente se encuentra una región costera —sea en el continente, sea en las islas— que no esté habitada por indios, quienes las cazan para obtener alimento y vestido. Hay ingentes cantidades de morsas cerca del hielo, y nutrias marinas yo diría que sólo viven en este mar. En ocasiones vimos un animal con la cabeza como una foca, pero que soplaba como una ballena; de mayor tamaño que una foca y color blanco con manchas oscuras: probablemente era una «vaca marina» o manatí.

»[Los nativos] son muy alegres y amables para con los demás y siempre mostraron una gran deferencia con nuestros hombres. Las mujeres conceden los máximos favores sin el menor escrúpulo. Da lo mismo que sean jóvenes o viejas, casadas o solteras; según me han contado, no titubean un instante. Los rusos nos dijeron que nunca habían tenido relaciones con mujeres indias porque no son cristianas; nuestros hombres no se andaban con tantos miramientos, y alguno era de tener, pues el mal venéreo no es desconocido por estas gentes; también padecen cáncer o una enfermedad por el estilo, que los que la contraen se cuidan mucho de ocultar. Diríase que no viven mucho tiempo; no vi a ninguna persona, hombre o mujer, a la que pudiera echarle sesenta años, y a pocos les echaría más de cincuenta: acaso sea la dureza de su forma de vivir lo que acorta sus días.

◀ Cook va a buscar provisiones de refresco a su nuevo e importante descubrimiento, las Islas Hawai (Sandwich), tras lo cual intenta regresar al Ártico por Kamtchatka. Los barcos y sus pertrechos se hallaban en precario estado, según patentizó el fatal accidente del *Discovery.* Cook, por

Octubre 1778

primera y única vez, habla en términos despreciativos de su tripulación, que estaba a todas luces agotada por las privaciones del Ártico. Algunos biógrafos cookianos consideran que sus críticas son en exceso severas y opinan que él mismo se hallaba en un estado anímico que conllevó la inoportunidad e irreflexión que contribuyeron a su muerte.

Lunes 26 de octubre. Por la mañana nos hicimos a la mar, y como el viento era del sur, arrumbamos al oeste.

»Mi intención era, en ese momento, navegar hacia las Islas Sandwich para pasar parte de los meses de invierno —siempre que encontráramos allí los refrescos necesarios— y poner luego rumbo a Kamtchatka, procurando estar allí a mediados del próximo mayo. De resultados de esta decisión, di al capitán Clerke órdenes de cómo proceder en caso de separación, estableciendo en las Islas Sandwich el primer punto de reunión y en el puerto de Petropaulowska, en Kamtchatka, el segundo.

Viernes 6 de noviembre. Pasado el mediodía, siendo el viento escaso, el capitán Clerke vino a bordo y me informó de un triste accidente acontecido en su barco la segunda noche después de que dejáramos Samgoonoodha: la amura de la mayor se derrumbó, matando a un hombre en el acto e hiriendo al contramaestre y a dos o tres más.

Jueves 26 de noviembre. Al romper el alba avistamos tierra abriéndose de SSE a O. Aumentamos vela y pusimos proa hacia ella. A las 8, prolongábase de SE ½ S a oeste, la parte más próxima a dos leguas de nosotros. Se dio por sentado que veíamos el desarrollo del territorio por el este, pero no por el oeste. El país era una montaña de dos vertientes, cuya cima aparecía por encima de las nubes; de esta cumbre, el terreno descendía en suave pendiente y terminaba en un litoral rocoso, cortado a pico, donde el mar rompía en medio de un oleaje espantoso. Viendo que no podíamos pasar a barlovento de la isla, orcé y costaneamos hacia el oeste. No transcurrió mucho tiempo sin que viéramos gente en varios puntos del litoral, así como casas y plantaciones; el país tenía aspecto de estar bien provisto de bosques y agua; en varios sitios vimos cómo esta última iba a parar al mar.

»Como era de extrema importancia conseguir provisiones en estas islas, y sabiendo por experiencia que no había manera de hacerlo si se permitía comerciar libremente, si se dejaba que cada cual traficara con lo que quisiera y como quisiera, promulgué una orden prohibiendo comerciar a toda persona no autorizada por mí o por el capitán Clerke, y éstas sólo podían trocar a cambio de provisiones y refrescos. Además, quedaba prohibido dar entrada a mujeres en los barcos, aunque con ciertas limitaciones; pero me di cuenta de que el mal que pretendía prevenir de este modo ya campaba entre ellas.

»A mediodía, la costa se extendía de S 81° E a N 56° O; un llano bajo, como un istmo, demoraba al S 42° O; y la orilla más próxima la teníamos a 3 ó 4 millas. Lat. 20° 57', long. 203° E. Viendo varias canoas salir a nuestro encuentro, me puse al pairo; así que abarloaron, buena parte de la gente que las conducía subió a los barcos sin la más mínima vacilación. Perte-

Ancla y boyas.

necían a la misma nación que los de las islas de sotavento, y, si no entendimos mal, sabían de nuestro paso por allí. En realidad, era muy evidente cómo estas gentes habían contraído el mal venéreo, por cuanto no se me ocurría ninguna otra posible vía de contagio.

Noviembre 1778

LUNES 30 de noviembre. En la tarde del 30, hallándonos a la altura del extremo NE de la isla, varias canoas acudieron a los barcos; pertenecían casi todas a un cacique llamado Terreoboo, que venía en una de ellas. Me obsequió dos o tres cochinillos, y de la restante gente obtuvimos por trueque algo de fruta. Al cabo de dos horas se fueron todos, salvo seis u ocho que prefirieron quedarse; poco después vino a recogerles una canoa doble, que remolcamos a popa toda la noche. Al atardecer descubrimos otra isla a barlovento, conocida por los nativos como [O'mhy'he]; nos enteramos de que el nombre de la que hemos dejado es [Mow'ee].

MIÉRCOLES 2 de diciembre. El 2 por la mañana nos vimos sorprendidos por el espectáculo de montañas cubiertas de nieve. No parecían ser de una altura extraordinaria y, sin embargo, en algunos sitios daba la impresión de tener un espesor considerable y de llevar allí bastante tiempo. Según nos acercábamos a la orilla, varios nativos salieron a nuestro encuentro; al principio estaban un poco asustados, pero convencimos a algunos de que subieran a bordo y, por último, de que fueran a tierra y trajeran lo que necesitábamos. Poco después de que alcanzaran la orilla, teníamos compañía suficiente y, como pocos vinieron de vacío, nos hicimos con una mediana provisión de cochinillos, fruta y tubérculos. Seguimos comerciando con ellos hasta las seis de la tarde, hora a la que aumentamos vela y nos desempeñamos de la costa con vistas a barloventear la isla.

DOMINGO 6 de diciembre. Habiendo conseguido cierta cantidad de caña de azúcar y hecho una prueba sólo unos días antes, descubrimos que una decocción concentrada de ésta proporcionaba una cerveza deliciosa, muy apreciada por todos a bordo. Ordené que se hiciera más, pero cuando el barril estuvo a punto, ni uno solo de mis rebeldes tripulantes quería siquiera probarla. Como no tenía por qué prepararla y economizaba alcohol para climas más fríos, no me di apuro en forzarles o persuadirles de que la bebieran, sabiendo que no había peligro de escorbuto mientras tuviéramos abundancia de otros vegetales; pero no podía permitir que se discutieran mis opiniones, así que di orden de que no se sirviera ponche en ninguno de los barcos. Los oficiales y yo continuamos tomando esta cerveza siempre que pudimos conseguir caña para fabricarla; un poco de lúpulo, del que a bordo teníamos provisión, era un excelente aditivo: tenía el sabor de una cerveza de malta fresca, y me parece a mí que nadie pondrá en duda que ha de ser muy saludable, aunque mi revoltosa tripulación alegue que perjudica su salud. No tenían mejor argumento, cuando llegamos por vez primera al Canal del Rey Jorge, para mantener la resolución que tomaron de no beber la cerveza de picea que allí preparamos; pero, sea porque dicha cerveza no era nada nuevo, sea por cualquier otra causa, no intentaron poner en práctica tal determinación y yo nunca oí nada al respecto hasta ahora. Toda novedad, aunque redunde en su beneficio, a buen seguro que contará con la desaprobación de la marinería. Al comienzo, la sopa en conserva y el «sauerkraut» eran tenidos por pro-

Diciembre 1778

ductos no aptos para consumo humano. Pocos han introducido en sus barcos tantas innovaciones en los hábitos de comer y beber como yo; en realidad, contados han tenido las mismas posibilidades o se han visto acuciados por las mismas necesidades. Sin embargo, se debe en gran medida a esos pequeños cambios el que yo haya tenido siempre, hablando en términos generales, a mis hombres libres de ese temible mal del escorbuto.

DOMINGO 13 de diciembre. Me mantuve a cierta distancia de las costa hasta el día 13, cuando de nuevo puse proa seis leguas más a barlovento de lo que habíamos estado; y después de comerciar con los nativos que nos visitaron nos hicimos a la mar. El 15 arrumbaba a tierra una vez más para procurarnos frutas y tubérculos, pero ocurrió que el viento era del SE ¼ S y del SSE, y pensé que era una buena ocasión para forzar la vela hacia el este y dar una vuelta o al menos echar una ojeada al extremo SE de la isla. El viento se mantuvo del SE ¼ S gran parte del día 16. El 17, fue variable, entre el S y el E. Y el 18, estuvo saltando continuamente de un cuadrante a otro, con rachas violentas y calmas acompañadas de truenos, relámpagos y lluvia. Pasado el mediodía, tuvimos viento del oeste durante varias horas pero al atardecer roló al E ¼ S y arrumbamos al sur de bolina, a poca vela, ya que el *Discovery* se hallaba a cierta distancia de popa. A esa hora, la punta SE de la isla demoraba al SO ¼ S, a unas 5 leguas, y no me cabía duda de que la pasaríamos a barlovento. Pero a la una de la mañana se levantó la calma y nos dejó a merced del mar de fondo del noreste que nos empujaba rápidamente hacia tierra, de modo que antes de despuntar el día veíamos luces en la costa, que no estaba a más de una legua de nosotros. La noche fue negra con truenos, relámpagos y lluvia. A las 3, la calma dio paso a una brisa del SE ¼ E que soplaba a rachas cargadas de lluvia: pusimos rumbo al NE en la creencia de que sería la mejor bordada para zafarnos de la costa, pero de haber tenido luz habríamos elegido la otra. Al romper el alba, la costa apareció prolongándose de N ¼ O a SO ¼ O y un espantoso oleaje rompía contra el litoral, que no distaba más de media legua de nosotros; era evidente que habíamos estado en el más inminente peligro y que aún no estábamos fuera de él: el viento roló más al este, de manera que por algún tiempo nos las vimos y deseamos para mantener la distancia a la costa. Nuestra situación se hizo más alarmante cuando el apagapenol de la gavia se rompió, dando lugar a que la vela se abriera en dos y que los dos juanetes siguieran el mismo destino, todo y que estaban la mitad de desgastados; así que tuvimos oportunidad, fijamos otros a las vergas y, acto seguido, dejamos la tierra a popa. El *Discovery*, por estar un poco al norte, nunca estuvo cerca de tierra, ni lo vimos hasta las 8.

»En esta ocasión, no puedo dejar de observar que siempre me ha parecido que las relingas de nuestras velas no eran suficientemente resistentes o sólidas para aguantar siquiera la mitad del velamen; esto, en diversos momentos, ha conllevado un gran gasto de lona e infinitas molestias y contrariedades. Tampoco son el cordaje y la lona —en realidad, casi ninguno de los pertrechos que utiliza la armada— de igual calidad que los que se emplean generalmente en el servicio mercante: de ello tuve pruebas irrefutables en el último viaje.

La costa de Norteamérica 343

Domingo 20 de diciembre. A la hora de comerciar, estos indios son los menos recelosos de cuantos se han cruzado en mi camino; lo habitual es que envíen al barco todo lo que tienen disponible, después vienen ellos y hacen sus negocios en la toldilla. Esto es mucho más de lo que la gente de Otaheite haría incluso ahora, lo cual demuestra que estas gentes son más leales en sus transacciones mutuas que aquéllas; pues si poca lealtad observaran entre sí, no se mostrarían tan dispuestos a dar de fiado a desconocidos. Un hecho asimismo notable es que nunca intentaron timarnos en los intercambios ni cometieron un solo robo. Sabían comerciar tan bien como la mayoría y diríase que habían descubierto el por qué de nuestras travesías por la costa, pues si bien traían cosas en abundancia, sobre todo cerdos, mantenían los precios; y antes de desprenderse de ellos por menos, exigían que fueran devueltos a tierra.

Diciembre 1778

Miércoles 5 de enero. El 5 por la mañana dejábamos atrás la punta sur de la isla, que está a 18° 54' de latitud; a partir de dicha punta, la costa sigue la dirección N 60° O. Se halla en ella una aldea bastante grande, cuyos habitantes acudieron en tropel al barco con cerdos y mujeres. Fue imposible mantener a éstas fuera del barco. Nunca me había tropezado con mujeres más dispuestas a ofrecer favores; en realidad, me parece que no vinieron a otra cosa.

Sábado 9 de enero. Así que los nativos se retiraron, nos hicimos a la vela y pasamos el tiempo dando bordadas. Sucedió que cuatro hombres y diez mujeres se quedaron a bordo; y como no me gustaba la presencia de estas últimas, arrumbé a tierra hacia mediodía con el único propósito de librarme de ellas.

Domingo 10 de enero. A las 2 de la tarde, perfilándose cerca la costa, salieron varias canoas y en ellas despachamos a nuestros huéspedes.

Domingo 17 de enero. Tiempo bueno y agradable, brisas débiles y variables. Al atardecer, el Sr Bligh regresó e informó de que había encontrado una bahía con un buen fondeadero y agua dulce de acceso relativamente cómodo; a esa bahía decidí dirigirme para reacondicionar los barcos y cargar agua... A las 11 de la mañana anclábamos en la bahía (que los nativos conocen con el nombre de [Karakakooa]) con 13 brazas de agua y fondo arenoso, a un cuarto de milla de la costa NE. En esta posición, la punta sur de la bahía demoraba al S ¼ O, y la norte, al O ¼ S. Amarraba con cable y ancla de codera al norte, desenvergaba las velas y recogíamos vergas y masteleros. Los barcos se hallaban atestados de indios y rodeados por multitud de canoas. Yo no tenía visto, en estos mares, tanta gente reunida en un sitio: aparte de los de las canoas, todo el litoral de la bahía estaba lleno de personas y eran centenares los que nadaban en torno al barco como cardumen de peces. Nos hubiera sido difícil mantenerlos en orden si un cacique o servidor de Terreoboo, de nombre Parea, no hubiera [ejercido] de vez en cuando su autoridad, expulsándolos, o mejor dicho, echándolos a golpes de los barcos. Entre los numerosos visitantes había un individuo llamado Touahah a quien enseguida echamos el ojo como perteneciente a la iglesia; se presentó con gran ceremonia, en el curso de la cual me regaló un cochinillo, dos cocos y un trozo de tela roja con la que me arropó: ésta es la manera de presentarse que tienen todos o casi

Enero 1779

todos los caciques y gente de tono, pero este personaje fue más lejos: trajo consigo un cerdo adulto y cantidad de frutos y tubérculos, todo lo cual incluyó en el regalo. Pasado el mediodía, fui a tierra a examinar el lugar, acompañado de Touahah, Parea, King y otros. Nada más desembarcar, Touahah me cogió de la mano y me condujo a un gran morai; nos siguieron los otros caballeros con Parea y cuatro o cinco nativos más.

❡ Cook avista las islas Hawai el 26 de noviembre de 1778, y su diario concluye con este desembarco en la Bahía de Karakakooa, Hawai, el 17 de enero de 1779. Los británicos se quedaron pasmados ante el inmenso gentío y la «multitud de canoas». Su desconocimiento del lenguaje no les permitió enterarse de que los hawaianos se habían reunido para celebrar el regreso del dios blanco Rono (o Lono), dios de la prosperidad y la paz que había partido de esa misma isla, dejando la promesa de volver.

❡ Los estudiosos de la antropología hawaiana han explicado qué aconteció en las mentes de los hawaianos durante aquellos interesantes sucesos. En 1778, los habitantes de las islas visitadas por Cook narraban, con frecuencia a compatriotas escépticos, la llegada de grandes islas flotantes con mástiles como buques. En esas islas iban criaturas blancas de piel mudable, provistas de puertas por donde salían joyas. Tenían, además, la cabeza triangular y el cabello largo, y arrojaban fuego y humo por la boca. Ahora, al cabo de un año, esas islas flotantes regresaban. El dios Rono volvía a visitar a su gente. Qué oportunidad para caciques y sacerdotes de celebrar ceremonias teocráticas en honor a un dios que probablemente no se iba a dar cuenta de que era recibido con algo más que el embarazoso homenaje debido a un gran jefe.

❡ Cuarenta años después, los misioneros americanos —anticientíficos y antibritánicos— tamizarían las tradiciones orales de los hawaianos y darían a conocer relatos de lo más pintoresco, llegando a decir que Cook «se vio arrastrado por la chifladura y murió por visitación de Dios». Valga como ejemplo lo escrito por Bingham: «Cuán vanidoso, rebelde y al mismo tiempo despreciable que un ser de lo más vil se atreva a recibir homenajes y sacrificios de estúpidos y corruptos adoradores de demonios y de los más infames espantajos visibles de la creación... sin una nota de admonición por la deshonra proyectada sobre el Creador Todopoderoso». S. D. Porteus señala que, con esta actitud, los misioneros cubrieron de oprobio la imagen de un gran inglés muy admirado, a la par que condenaban la gentil adoración a que fue sometido, si bien esa pretendida idolatría supuso para la expedición tranquilidad y abundantes provisiones durante las semanas que duró la primera visita a la Bahía de Kealakekua.

❡ Un célebre historiador, el desaparecido profesor Sir Holland Rose, defendió enérgicamente a Cook y rebatió con firmeza los prejuicios e imprecisiones que el revdo. S. Dibble presentó en la *History of the Sandwich Islands Mission*, 1837, y *A History of the Sandwich Islands*, 1843. Tras refutar las pruebas de las acusaciones dibbleanas de que Cook fue inmoral, que permitió a sus marineros conducirse relajadamente y fue responsable del asesinato de nativos, Holland Rose escribe: «Si en vez de dedicarse a escribir una 'historia verídica', Dibble hubiera consultado los informes dejados en 1823 por los primeros misioneros norteamericanos, a saber, Thurston, Bishop y Gooderich, habría visto que sus impresiones sobre Cook fueron absolutamente favorables. En realidad, cuanto más nos remontamos a la época de Cook, más encomiásticos son los testimonios sobre su persona. Además, para ser justo, Dibble debería de haber consultado los relatos dejados por Cook y su sucesor, el capitán King. Este último declara que Cook eludió los honores divinos todo lo que amablemente pudo...

»Es obvio entonces que las críticas de Dibble a Cook por inmoralidad y por permitir la conducta libertina de sus marineros, así como por el asesinato de nativos, no sólo son infundadas sino contrarias a los hechos. Cuanto más de cerca se examina su comportamiento con los nativos, más justo y amistoso parece. Pero preveía grandes dificultades en el trato con los isleños del Pacífico y confiaba en que ninguna potencia europea llegara nunca a anexionárselas.»

Las importantes pruebas que ahora tenemos ponen de relieve que Cook tenía un elevado concepto de la moral y que, cuando no pudo evitar que su tripulación se mezclara con los isleños, hizo todo lo posible para impedir que les contagiaran enfermedades. Es verdad que sus instrucciones dieron por resultado que los hombres de King dispararan sobre el infortunado Kareemo —tragedia que costó a Cook la vida—, pero los europeos estaban en su derecho al adoptar una actitud enérgica con miras a garantizar la devolución de la escampavía robada y prevenir ulteriores hurtos y violencias.

Poste totémico del noroeste de América.

Capítulo XIX

LA MUERTE DE JAMES COOK

«Su nombre pervivirá siempre en la memoria de un pueblo agradecido por los servicios que sus fatigas rindieron a la humanidad en general.»

BANKS A LA SRA. COOK, 1784

EL RELATO DE LA MUERTE DE COOK QUE SE OFRECE A CONTInuación es la versión oficial dada por King, quien completó el diario del tercer viaje y dejó constancia de la tragedia según se la contó el teniente Phillips, que estaba al mando de los soldados. Se considera que la mejor descripción de toda esa serie de acontecimientos es la del médico del *Resolution*, Samwell, si bien él y Clerke, que utilizó un telescopio, asistieron al desastre desde el barco, fondeado a un cuarto de milla de la costa.

◀ A pesar de todo, no cabe duda de que su muerte fue impremeditada. Fue más bien un desgraciado desastre motivado por una extraordinaria sucesión de hechos. El propio Cook la puso en movimiento al aceptar el *Resolution* para un segundo viaje de estas características, aunque el astillero de Deptford es quien ha de cargar con la culpa a causa del vergonzoso reacondicionamiento del barco. La tormenta que rajó el palo trinquete del *Resolution*, fue voluntad de Dios que en mala hora se produjera en el momento y lugar que obligaron a Cook a retroceder a la Bahía de Kealakekua, donde sabía que empezaba a resultar pesado. Algunas autoridades en la materia creen que el desencadenamiento del desastre se precipitó con el entierro en la costa del marinero Watman, cuya muerte mal se acomodaba con el retorno de los dioses inmortales.

◀ Cook abandona la Bahía de Kealakekua el 4 de febrero, habiendo realizado «consumo enorme de cerdos y verduras», y la consternación de los indigentes hawaianos ante el regreso de tan hambrientos dioses el 11 de febrero bien pudo ser el motivo del robo y demás dificultades que culminaron a las pocas horas en tiramiento de piedras y fuego de mosquete.

◀ Cuando Cook desembarca para prender al anciano rey como rehén hasta la devolución de la escampavía del *Discovery*, sólo repetía una práctica habitual que le había dado buenos resultados; pero sin duda se hallaba dominado por uno de esos arranques de mal genio, que acaso fueran cada vez más frecuentes, y la ira quizá influyó en su juicio, prolongando

△ *En la bahía de Kealakekua.*

fatalmente sus esfuerzos para hacerse con el rehén real. Además, cometió dos errores gravísimos: subestimar la lealtad de los hawaianos a su rey, y sobrevalorar la fuerza de un insignificante grupo de soldados y el efecto psicológico de una andanada de mosquetes de carga frontal sobre una multitud de hawaianos armados y enfurecidos. No obstante, Cook podría haber escapado; pero había enviado a King con los botes a cerrar el otro extremo de la bahía, y las nuevas de que los hombres de aquél habían abierto fuego sobre algunas canoas y matado al señalado y amigable cacique Kareemo llegaron en el momento crucial y desataron una venganza inmediata y nada injustificada. Los informes de la pelea que sobrevino son, naturalmente, confusos, pero está claro que, al enfrentarse con el gentío, Cook alcanzó la orilla y no fue derribado hasta que se volvió, primero para dirigirse a Phillips y luego para ordenar a la falúa y la pinaza que se acercaran, o que cesara el fuego para evitar muertes: orden que habría sido típica del proceder de Cook. Es de notar que, en ese momento decisivo, la pinaza llega y recoge a Phillips y a los otros supervivientes, pero Williamson declara haber interpretado mal la orden y retira la falúa mar adentro. Kitson señala que ese Williamson, uno de los pocos fracasados entre los oficiales de Cook, siendo capitán del *Agincourt* fue hallado culpable de desobedecer órdenes y de no cumplir con su deber prestando toda la ayuda posible «y se le sentenció a ocupar el último lugar en la lista de capitanes y a ser declarado incompetente para todo servicio a bordo de los buques de Su Majestad».

⁋ Sin embargo, en la Bahía de Kealakekua, las críticas que los compañeros dirigen a Williamson no guardan relación con su fallo al intentar un rescate, sino que se refieren a que ni él ni ningún otro —incluido, cómo no, el nuevo comandante Clerke— hizo lo más mínimo por hacerse con los cuerpos de Cook y los cuatro soldados que por lo visto quedaron tendidos, abandonados en la playa una vez los cañones del *Resolution* dispersaron a los que les habían atacado. Es muy fácil dogmatizar después de transcurridos los hechos. ¿Tuvo tiempo Clerke de disparar el cañón sobre la amenazadora turba? ¿habría ello salvado a Cook? ¿se habría llevado a cabo el rescate de mediar una acción decidida por parte de Williamson, sobre todo teniendo en cuenta que, en efecto, Cook alcanzó las aguas someras? ¿el hecho de que Cook no pudiera nadar desempeñó algún papel? Aunque la grave enfermedad de Clerke y la timidez de Williamson acaso dieron al traste con las ínfimas posibilidades de rescate, los acontecimientos se desarrollaron con gran rapidez y, por eso, justo es decir que Cook murió por una serie de desventuras y malentendidos, culminada en una pelea y una tragedia que llenaron de pesar a ambas partes. Esto es verdad en el caso de Cook, que murió a manos de apacibles hawaianos, y tal vez lo sea también en el de Kareemo, a quien, sin duda, dieron muerte blancos no menos apacibles. La refriega costó la vida a cinco europeos, en tanto que unos veinticinco hawaianos del pueblo llano y seis caciques —varios de ellos partidarios declarados de los exploradores— cayeron bajo el fuego de sus cañones y mosquetes.

⁋ Hoy día se levanta un monumento, y más que merecido, en Kealakekua a la memoria de un grande, noble y comprensivo explorador del Pacífico, pero, como subraya Porteus, no existe monumento alguno a los hawaianos que, armados sólo con piedras y garrotes, defendieron con valor a su anciano cacique contra la primera oleada de aquellos extraños, que, ya entonces, quizá introdujeron enfermedades sociales; extraños que iban a regresar para someter a un hermoso pero infeliz pueblo a la conquista y absorción de su raza.

¶ Tras la muerte de Cook, el capitán James King, doctor en leyes y miembro de la Royal Society, asumió la tarea de redactar el diario oficial que, si bien omite los detalles de la muerte de Kareemo, contiene un relato claro de la tragedia junto con el bosquejo de los acontecimientos que la precedieron y la subsiguieron.

¶ Respecto al desembarco de Cook el 17 de enero de 1779, King escribe:

Domingo 17 de enero. Poco después de que el *Resolution* entrara en su apostadero, nuestros dos amigos, Parea y Kaneena, trajeron a bordo a un tercer cacique llamado Koah, que, según se nos explicó, era sacerdote y había sido un gran guerrero en su juventud. Era un anciano pequeño, de rostro demacrado; sus ojos, enrojecidos e inflamados en exceso, y su cuerpo, cubierto con una blanca caspa leprosa, reflejaban los efectos de un uso desmedido del ava. Al ser conducido a la cabina, se aproximó al capitán Cook con gran veneración y echó sobre sus hombros un trozo de tela roja que traía consigo. A continuación, retrocediendo unos pasos, le ofrendó un cochinillo que sostenía en sus manos, mientras pronunciaba un discurso que se prolongó bastante tiempo. Esta ceremonia se repitió a menudo durante toda nuestra permanencia en Owhyhee y, por muchas razones, nos pareció se trataba de una especie de adoración religiosa. A sus ídolos siempre los vimos ataviados con una tela roja, de la misma manera como se hizo con el capitán Cook; y un cochinillo era la ofrenda habitual a los eatooas. Además, recitaban sus oraciones u oficios con una prontitud y locuacidad que denotaban la existencia de algún formulario.

»Cuando concluyó dicha ceremonia, Koah almorzó con el capitán Cook, comiendo copiosamente de lo que le pusieron delante; pero, como el resto de los habitantes de las islas de estos mares, se mostró muy reacio a probar por segunda vez nuestros vinos o licores. Al atardecer, el capitán Cook fue con él a tierra, acompañado por Bayly y yo mismo. Desembarcamos en la playa y fuimos recibidos por cuatro hombres, que portaban varas guarnecidas con pelo de perro y marcharon delante nuestro, pronunciando en voz alta una frase corta, en la que sólo pudimos distinguir la palabra Orono. La multitud, que se había congregado en la orilla, se recogió a nuestro paso; y no se veía a nadie, salvo unos cuantos que permanecían postrados en el suelo, en los alrededores de las cabañas de la aldea vecina.

»Antes de pasar a relatar la adoración de que fue objeto el capitán Cook, y las peculiares ceremonias con que fue recibido en esta funesta isla, será necesario que describa el morai situado, como ya he señalado, en el flanco sur de la playa de Kakaooa. Era una sólida pila escuadrada de piedras, de unas cuarenta yardas de largo, veinte de ancho y catorce de alto. La cima era plana, bien enlosada, y estaba circundada por una barandilla de madera en la que se hallaban colgados los cráneos de los cautivos sacrificados a la muerte de los caciques. En el centro se levantaba una vieja y ruinosa construcción de madera, unida por cada lado a la barandilla mediante una pared de piedra que dividía todo el espacio en dos zonas. En el lado de tierra, había cinco postes de más de 20 pies de alto, aguantando una especie de andamio irregular; en el lado opuesto, hacia el mar, se levantaban dos casitas con la entrada cubierta.

»Koah nos llevó a lo alto de esta pila por una rampa suave, que conducía de la playa a la esquina noroeste de la plataforma. En la entrada vimos dos grandes figuras de madera, con los rasgos violentamente deformados y un trozo largo de madera tallada, en forma de cono invertido, alzándose de lo alto de sus cabezas; el resto era informe y estaba envuelto en tela roja. Fuimos recibidos allí por un joven de luenga barba, que presentó al capitán Cook a las figuras, y después de cantar algo así como un himno —coreado a la par por Koah— nos condujo al extremo del morai donde se levantaban los cinco postes. A sus pies había doce imágenes dispuestas en semicírculo y ante la figura central se erigía una tarima o mesa alta, exactamente igual al *whatta* de Otaheite; encima había un cerdo en descomposición y debajo, trozos de caña de azúcar, cocos, «giaca», plátanos y batatas. Habiendo colocado Koah al capitán bajo dicha tarima, cogió el cerdo y lo llevó hacia él; y tras dirigirle por segunda vez una larga plática, pronunciada con gran vehemencia y rapidez, lo dejó en el suelo y le condujo al andamio, al que empezaron a trepar juntos, no sin gran riesgo de caer. En ese momento vimos a la entrada del recinto del morai, acercándose en solemne procesión, diez hombres llevando un cerdo vivo y un gran retal de tela roja. Luego que avanzaron unos pasos, se detuvieron y postraron. Kaireekeea, el joven ya mencionado, fue hacia ellos, recogió la tela y se la entregó a Koah, quien rodeó con ella al capitán; luego le ofrendó el cerdo, que Kaireekeea trajo con idéntica ceremonia.

»Mientras el capitán Cook permanecía arriba, en esa peligrosa posición, envuelto en tela roja, y con dificultades para sostenerse entre los trozos de andamiaje podrido, Kaireekeea y Koah iniciaron su oficio, salmodiando unas veces al unísono y otras alternativamente. Esto duró bastante tiempo; por último, cuando Koah y el capitán descendieron juntos, aquél dejó caer el cerdo. Le condujo a continuación a las susodichas figuras, y tras dirigirse a cada una en tono despreciativo, castañeando los dedos ante ellos según pasaba, le colocó ante la del centro, que, por estar cubierta de tela roja, daba la impresión de ser más apreciada que el resto. Delante de esta imagen, se postró y la besó, encareciendo al capitán Cook —que tuvo que soportar verse mandado por Koah durante toda esta ceremonia— a hacer lo mismo.

»Volvimos a la otra división del morai, donde había un espacio de diez a doce pies en cuadro, hundido unos tres pies por debajo del nivel general de la superficie. A él descendimos, y al capitán Cook lo sentaron entre dos ídolos de madera, aguantándole Koah uno de los brazos en tanto me pedía que hiciera lo propio con el otro. Entonces se presentó una segunda procesión de nativos con un cerdo cocido y un budín, algo de «giaca», cocos y otros vegetales. Mientras se acercaban, Kaireekeea se puso al frente y, ofreciéndole el cerdo al capitán según el rito de costumbre, empezó a salmodiar de la misma manera que antes, constestándole sus acompañantes regularmente. Observamos que, después de cada respuesta, las partes eran cada vez más breves, hasta que, al final, la de Kaireekeea se componía de sólo dos o tres palabras, a las que los demás respondían con el vocablo Orono.

»Cuando concluyó esta ofrenda, que se prolongó un cuarto de hora, los nativos se sentaron frente a nosotros y empezaron a cortar el cerdo cocido, a mondar los vegetales y abrir los cocos; entre tanto, otros se dedicaban a preparar ava, cosa que hacían mediante masticación, como en las Islas Tonga. Kaireekeea cogió entonces parte del coco que había masticado y, envolviéndole en un trozo de tela, frotó con él la cara, cabeza, manos, brazos y hombros del capitán. A continuación, el ava pasó de mano en mano, y después de que lo probáramos, Koah y Parea empezaron a separar la carne del cerdo en trozos y a metérnosla en la boca. Yo no tenía gran reparo en ser alimentado por Parea, que era una persona muy aseada; pero el capitán Cook, servido por Koah —que recogió el cerdo podrido—, no pudo pasar bocado; y su asco, como es de imaginar, no disminuyó cuando el anciano, según su personal concepción de la cortesía, dio en masticársela previamente.

»Terminada esta ceremonia, a la que el capitán Cook puso fin así que pudo hacerlo amablemente, abandonamos el morai, tras repartir entre la gente algunos trozos de hierro y otras fruslerías que parecían hacerles muy felices. Los individuos de las varas nos condujeron a los botes, repitiendo las mismas palabras que a la venida. La gente se retiró de nuevo y los pocos que quedaron humillábanse según nos dirigíamos a la costa. Fuimos de inmediato a bordo, aturdidos por lo que habíamos visto y muy contentos por la buena disposición de nuestros nuevos amigos. Sobre el significado de las diversas ceremonias con que nos recibieron, y que, dada su novedad y originalidad, han sido descritas por extenso, sólo caben conjeturas, y éstas son dudosas y parciales: eran, sin duda, una manifestación de respeto por parte de los nativos; y, por lo que hace a la persona del capitán Cook, diríase que rayaba en la adoración.

◀ El martes, 26 de enero, el rey Terreeoboo se presenta en los barcos en medio de una gran pompa y con canoas sumamente adornadas, que también contienen nuevos presentes de cerdos y vegetales que los isleños derraman como lluvia sobre los blancos.

«Al día siguiente, hacia mediodía, el rey, acompañado de varias personas más, salió de la aldea en una gran canoa y se dirigió a los barcos rodeado de gran fausto. Su aspecto era imponente y magnífico. En la primera canoa iban Terreeoboo y sus caciques, ataviados con ricos mantos y cascos de plumas, y armados con dagas y largas lanzas; en la segunda venían el venerable Kaoo, el jefe de los sacerdotes, y sus hermanos, con sus ídolos expuestos sobre tela roja. Tales ídolos eran bustos de tamaño gigantesco, hechos de mimbre y primorosamente revestidos con pequeñas plumas de diversos colores, montadas de igual forma que en los mantos; los ojos eran grandes ostras perlíferas con una nuez negra en el centro; la boca mostraba una doble hilera de colmillos de perro, y, a la par que los demás rasgos, presentaba una extraña deformación. La tercera canoa venía llena de cerdos y vegetales de diferentes clases. Según venían, los sacerdotes de la canoa central cantaban himnos con gran solemnidad; y después de remar en torno a los barcos, en vez de subir a bordo, como sería de esperar, se dirigieron a la playa donde estábamos instalados.

»En cuanto les vi aproximarse, ordené que saliera una pequeña escolta a recibir al rey; el capitán Cook, percatándose de que se dirigía a tierra, le siguió, llegando prácticamente al mismo tiempo. Les condujimos a la tienda; y cuando apenas se habían sentado, el rey se levantó y con un elegante gesto echó sobre los hombros del capitán el manto que él mismo llevaba, púsole un casco de plumas en la cabeza y en la mano, un curioso abanico. Extendió asimismo a sus pies cinco o seis mantos más, todos extraordinariamente hermosos y de gran valor. Acto seguido sus acompañantes trajeron cuatro cerdos enormes, con caña de azúcar, cocos y «giaca», concluyendo esta parte de la ceremonia con el intercambio de nombres entre el rey y el capitán Cook: acto que entre los isleños del Pacífico es apreciado como el más fuerte vínculo de amistad. En ese momento apareció una procesión de sacerdotes —con un venerable personaje al frente— seguida de una larga comitiva de hombres que traían cerdos, plátanos, batatas, etc. Por las miradas y gestos de Kaireekeea, reconocí de inmediato al anciano jefe de los sacerdotes, de cuya liberalidad nos habíamos sustentado hasta el momento. Tenía un trozo de tela roja en las manos con la que cubrió los hombros del capitán Cook, regalándole luego un cochinillo según el ritual de rigor. A continuación se le hizo sitio cerca del rey, tras lo cual Kaireekeea y sus seguidores dieron inicio a sus ceremonias, uniéndoseles Kaoo y los caciques en las respuestas.

»Me sorprendió ver en la persona de este rey al mismo débil y demacrado anciano que vino a bordo del *Resolution* cuando estuvimos frente al flanco noreste de la Isla de Mowee; y enseguida descubrimos entre sus acompañantes a muchos de los que en aquella ocasión se quedaron con nosotros toda la noche. En ese grupo figuraban los dos hijos menores del rey, el mayor de los cuales tenía dieciséis años, y su sobrino, Maiha-Maiha, a quien al principio nos costó recordar: llevaba el cabello cubierto de polvo y de un engrudo pardo mugriento, que en modo alguno favorecían el rostro más salvaje que me haya sido dado contemplar.

»Una vez concluidas las formalidades del encuentro, el capitán Cook llevó a Terreoboo, y a cuantos caciques la pinaza pudo dar cabida, a bordo del *Resolution*. Fueron recibidos con todas las muestras de respeto que se les podían ofrecer; y el capitán Cook, en agradecimiento por el manto de plumas, ofreció al rey una camisa de hilo y le ciñó con su propio alfanje. El anciano Kaoo y casi media docena más de caciques viejos se quedaron en la orilla, estableciéndose en las viviendas de los sacerdotes. Durante todo este tiempo, no se vio una sola canoa en la bahía, y los nativos permanecieron en sus cabañas o se postraban en el suelo a nuestro paso. Antes de que el rey abandonara el *Resolution*, el capitán Cook obtuvo permiso para que los nativos vinieran al barco y comerciaran como de costumbre; pero las mujeres, por razones que no llegamos a entender, continuaban todavía bajo los efectos del tabú, a saber, se les prohibía moverse de casa o tener contacto con nosotros.

»Sin embargo, como podría haberse previsto, la reacción no se hizo esperar cuando los generosos regalos que los sacerdotes recolectaban para los dioses blancos empezaron a mermar los recursos de los isleños. Los robos se hicieron más frecuentes; el entierro de un marinero, aunque conducido a tierra por expreso deseo del rey, llevaba a meditar acerca de la inmortalidad de los seguidores de Orono, e incluso Tereeoboo y sus caciques «empezaron a mostrar gran curiosidad» por saber la fecha en que esos hambrientos dioses pensaban dejar la isla, y a las mujeres hawaianas.

«En los últimos días, Terreeoboo y sus caciques han mostrado gran curiosidad por la fecha de nuestra partida: esta circunstancia suscitó en mí un gran interés por saber qué opinión se había formado esta gente de nosotros y cuáles eran sus ideas respecto a las causas y objetivos de nuestro viaje. Puse especial cuidado en aclarar estos puntos, pero no pude enterarme de más sino que imaginaban que procedíamos de cierto país donde habían faltado provisiones, y que nuestra visita obedecía meramente al propósito de llenar el estómago. Evidentemente, el escuálido aspecto de algunos de los nuestros, el buen apetito con que nos sentábamos ante sus provisiones frescas, y nuestra ansiedad por adquirir y llevarnos todo cuanto podíamos, les condujo, cosa bastante lógica, a semejante conclusión. A todo ello cabe añadir una circunstancia que les llevaba muy de cabeza: que no tuviéramos mujeres con nosotros, además de nuestro tranquilo proceder y pacífica apariencia. Era bastante ridículo verles pasar la mano por los costados y dar palmaditas en la tripa de los marineros (que habían recuperado notablemente el brillo de la mirada durante esta breve permanencia en la isla), diciéndoles, en parte por señas, en parte con palabras, que era hora de que se fueran; que si volvían durante la próxima temporada de la «giaca», estarían en mejores condiciones de satisfacer sus necesidades. Llevábamos por entonces dieciséis días en la bahía, y si se repara en el enorme consumo que hicimos de cerdos y vegetales, no maravillará que desearan vernos tomar el portante. Es muy posible, sin embargo, que en ese momento las preguntas de Terreeoboo obedecieran exclusivamente a un deseo de hacer los preparativos necesarios para despedirnos con presentes a la altura del respeto y amabilidad con que nos había recibido. Pues al decirle que dejaríamos la isla de entonces en dos días, observamos que inmediatamente se hizo una especie de proclama por todos los pueblos, conminando a la gente a traer cerdos y vegetales para que el rey obsequiara al Orono a su partida.

◀ El 4 de febrero, cuando los carpinteros ponen fin a las reparaciones, los barcos se hacen a la mar, aunque no sin que el rey hiciera una petición formal a Cook para que dejara quedar al popular James King. Por desgracia, sin embargo, en la noche del 7 de febrero la expedición tropieza con una tempestad que abre el defectuoso palo trinquete del *Resolution*: el palo que con tantas dificultades habían reparado en el Canal Nootka. Aunque consciente de que había permanecido tanto tiempo allí que podía resultar molesto, Cook regresa a la Bahía de Karakakooa como único fondeadero seguro al alcance de la mano. Para sorpresa de los británicos, los hawaianos, hasta entonces tan amistosos, empiezan de inmediato a mostrarse hostiles, y una serie de infortunados incidentes conducen a Cook a una cadena de errores que provocan su muerte. En definitiva, parece que los nativos no tenían razón y que el robo de la escampavía no fue una provocación. Pero Cook, con su habitual costumbre de capturar rehenes, subestimó totalmente la lealtad de los hawaianos a su viejo rey Terreeoboo y su coraje al enfrentarse con la descarga de los mosquetes de los soldados. La cuestión de si el enfermo Clerke o el miedoso Williamson podían haber salvado a su comandante se considerará más adelante. Samwell y otros dejaron importantes relatos de este trágico suceso, pero el texto que sigue es el informe oficial presentado por King, quien, como es lógico, recoge el parecer del único oficial que estuvo realmente presente: el jefe de los soldados de marina, teniente Molesworth Phillips.

«Empleamos todo el día 11 y parte del 12 en desarmar el palo trinquete y despacharlo, con los carpinteros, a tierra. Además del daño que había sufrido la cabeza del palo, vimos que el pie estaba increíblemente podrido, presentando un gran agujero hacia la mitad con cabida para cuatro o cinco cocos. No obstante, no se creyó necesario acortarlo; y, por suerte, los troncos que se cortaron en Eimeo para cepos de ancla hicieron buen servicio para reemplazar las partes rajadas de las jimelgas. Como estas reparaciones iban a durar varios días, Bayly y yo llevamos los aparatos astronómicos a tierra e instalamos nuestras tiendas en el morai, llevando con nosotros una guardia de un cabo y seis soldados. Renovamos nuestra amistosa relación con los sacerdotes, quienes, para mayor seguridad de los trabajadores, y de sus herramientas, declararon tabú el lugar donde se hallaba el palo, clavando sus varas alrededor, como hicieron antes. Enviamos también a tierra a los constructores de velas para reparar los daños que se habían producido en su sección durante las últimas tempestades. Se alojaron en la casa adyacente al morai, que nos prestaron los sacerdotes. Tales fueron nuestros arreglos en tierra. Pasaré a relatar esos otros tratos con los nativos que condujeron, por etapas, al desastre final del 14.

»A nuestra llegada al fondeadero, nos sorprendió encontrar una acogida muy distinta de la que habíamos tenido la primera vez, sin gritos, sin bullicio, sin confusión; sólo una bahía solitaria con algunas canoas dispersas deslizándose cerca de la costa. El impulso de la curiosidad, que tan fuerte había sido la ocasión anterior, podía darse ahora por acabado; pero el acogedor tratamiento que invariablemente habíamos recibido, y las amistosas relaciones que existían a la partida, nos daban cierto motivo para esperar que, al regreso, se congregarían de nuevo a nuestro alrededor con gran alegría.

»Estábamos haciéndonos las más diversas conjeturas sobre la razón de este extraordinario plante, cuando nuestro nerviosismo se vio por fin aliviado con la vuelta del bote que se envió a tierra, trayéndonos la noticia de que Terreeoboo estaba ausente y había dejado la bahía bajo tabú. Aunque este informe nos pareció satisfactorio a muchos, otros eran de la opinión —o por qué no, acaso los acontecimientos ulteriores les inducían a imaginar— que había algo muy sospechoso en el comportamiento de los nativos, y que la prohibición de todo contacto con nosotros, pretextando la ausencia del rey, era sólo para darle tiempo a consultar con sus caciques sobre qué manera de tratarnos sería la más adecuada. Nunca pudimos averiguar si estas sospechas tenían fundamento o si el informe de los nativos era cierto. Pues aunque entrara dentro de lo posible que nuestro súbito retorno —para el que ellos no podían ver causa aparente, y cuya necesidad nos resultó después muy difícil de hacerles comprender— hubiera levantado cierta alarma; pese a ello, digo, la franca conducta de Terreeoboo — quien, a su supuesta llegada al día siguiente, vino a visitar de inmediato al capitán Cook— y la consiguiente vuelta de los nativos a sus anteriores contactos amistosos con nosotros, son pruebas de peso de que ni pensaban ni maliciaban cambiar de actitud.

»En favor de esta opinión puedo aportar el testimonio de otro incidente, precisamente de la misma índole, que nos sucedió durante la primera visita, el día antes de la llegada del rey. Un nativo había vendido un cerdo a bordo del *Resolution* —y cobrado el precio establecido— cuando Parea, pasando cerca, advirtió al individuo que no se desprendiera del animal si no era por un precio superior. Por ello fue duramente recriminado y expulsado, y poco después se declaró tabú toda la bahía; al principio no dudamos de que era consecuencia de la ofensa infringida al cacique. Ambos incidentes sirven para demostrar cuán difícil es sacar conclusiones del proceder de personas con cuyas costumbres, así como lenguaje, estamos tan poco familiarizados; al mismo tiempo, dan cierta idea de cómo son, de las dificultades —a primera vista, quizá no muy evidentes— con que tropiezan quienes, en todas sus transacciones con esos desconocidos, han de mantener el rumbo entre tanta incertidumbre, donde un error nimio puede acarrear las consecuencias más funestas. No obstante, por acertadas o erróneas que fueran nuestras conjeturas, todo siguió tranquilo hasta la tarde del día 13.

»Hacia el atardecer de ese día, el oficial al mando del grupo de aguada del *Discovery* vino a informarme de que varios caciques se habían reunido en el pozo próximo a la playa, echando a los nativos que había empleado para ayudar a los marineros a rodar los barriles. Me dijo también que su comportamiento le parecía muy sospechoso y que se proponían ocasionarle algún trastorno más. Así pues, a instancia suya envié un soldado con él, pero sólo le permití llevar sus armas de cinto. Poco después el oficial regresó y, al informarme de que los isleños se habían armado de piedras y empezaban a mostrarse muy levantiscos, fui personalmente al lugar, acompañado de un soldado con mosquete. Al vernos tiraron las piedras, y tras mi parlamento con los caciques, el tumulto despejó, autorizando a los que quisieron a ayudar en el llenado de los barriles. Habiendo dejado tranquilas las cosas aquí, fui a reunirme con el capitán Cook, a quien vi acercarse a tierra en la pinaza. Le conté lo que acababa de pasar y me ordenó que, si empezaban a arrojar piedras o a comportarse insolentemente, abriera fuego de bala sobre los ofensores. De conformidad con ello, di orden al cabo de cargar las piezas de los centinelas con bala en vez de hacerlo con perdigón menudo.

»Poco después de volver a las tiendas, nos sobresaltó el persistente fuego de mosquete procedente del *Discovery,* el cual, según observamos, apuntaba a una canoa que vimos bogar hacia la costa, a toda prisa, perseguida por uno de nuestros botes pequeños. Al instante pensamos que el fuego era consecuencia de algún robo, y el capitán Cook me ordenó que le siguiera con un soldado armado y que procurara prender a la gente según llegaba a la playa. Así pues, corrimos hacia el lugar donde supusimos que atracaría la canoa, pero era demasiado tarde; sus ocupantes la habían abandonado y pusieron pies en polvorosa hacia el interior antes de que llegáramos.

»Ignorábamos por entonces que los objetos habían sido devueltos; y como creíamos probable, por las circunstancias que al principio observamos, que fueran de importancia, no estábamos dispuestos a renunciar a nuestra esperanza de recuperarlos. A tal fin, tras preguntar a los nativos en qué dirección huyeron, nos lanzamos tras ellos hasta que se hizo casi oscuro; cuando, considerando que debíamos estar a unas tres millas de las tiendas y en la sospecha de que los nativos —que a menudo nos animaban a seguir— se estaban divirtiendo a nuestra costa dándonos información falsa, nos pareció inútil continuar la búsqueda por más tiempo y regresamos a la playa.

»Durante nuestra ausencia, se produjo un incidente del jaez más preocupante y desagradable. El oficial que iba al mando del bote pequeño y regresaba a bordo con los objetos recuperados, al ver que el capitán Cook y yo íbamos en seguimiento de los ofensores, se creyó en la obligación de retener la canoa, que había quedado tirada en la playa. Lamentablemente, esa canoa pertenecía a Parea, que, llegando en ese preciso momento procedente del *Discovery*, reclamó su propiedad con enérgicas afirmaciones de inocencia. El oficial se negó a dársela, y al intervenir la tripulación de la pinaza —que estaba esperando al capitán Cook— se entabló una pelea en la que Parea fue derribado por un violento golpe de remo en la cabeza. Los nativos, que se iban congregando en el lugar y que hasta el momento habían sido pacíficos espectadores, atacaron en el acto a nuestros hombres con tal lluvia de piedras que les obligaron a retirarse precipitadamente y a nadar hasta un peñasco situado a cierta distancia de la orilla. La pinaza fue saqueada por los isleños; y de no ser por la oportuna intervención de Parea, que por lo visto se había restablecido del golpe —olvidándolo en ese mismo instante—, pronto hubiera quedado hecha trizas. Una vez disuelto el gentío, hizo señas a nuestros hombres de que podían acercarse y tomar posesión de la embarcación, y que procuraría recobrar por todos los medios las cosas que habían sido sacadas de ella. A la partida, les siguió en su canoa —con el gorro de guardiamarina y algunas menudencias más del saqueo—; y, manifiestamente preocupado por lo sucedido, preguntó si Orono le mataría y si le permitiría volver a bordo al día siguiente. Al asegurarle que sería bien recibido, frotó su nariz (según su costumbre) con la de los oficiales en señal de amistad y se dirigió a la aldea de Kowrowa.

»Cuando el capitán Cook fue informado de lo sucedido, mostró un gran desasosiego, y según volvíamos a bordo comentó: «Me temo que estas gentes me van a obligar a tomar alguna medida violenta», añadiendo, «no vayan a imaginar que nos han tomado ventaja.» Sin embargo, como era demasiado tarde para tomar medidas ese mismo día, se contentó con dar orden de que todos los hombres y mujeres que había a bordo fueran sacados inmediatamente del barco. En cuanto la orden fue cumplida, volví a tierra; y como nuestra anterior confianza en los nativos andaba muy mermada por los acontecimientos del día, aposté doble guardia en el morai, con orden de despertarme si veían hombres escondiéndose en la playa. A eso de las once, cinco isleños fueron vistos arrastrándose al pie del morai; parecían acercarse con mucha precaución y, a lo último, al saberse descubiertos, desaparecieron. Hacia medianoche, uno de ellos trató de aproximarse al observatorio y el centinela abrió fuego sobre él; ante lo cual huyeron y pasamos el resto de la noche sin más perturbaciones. Al amanecer el día siguiente fui a bordo del *Resolution* a por el cronómetro, y, según iba, me llamaron del *Discovery* y me informaron de que la escampavía había sido robada por la noche de la boya donde estaba amarrada.

»Al llegar a bordo, me encontré con los soldados en armas y al capitán Cook cargando su escopeta de doble cañón; y mientras le relataba lo que nos ocurrió por la noche, me interrumpió con cierta impaciencia, poniéndome al corriente de la desaparición de la escampavía del *Discovery* y de los preparativos que estaba haciendo para recuperarla. En todas las islas de este océano, siempre que algo de importancia había desaparecido, su táctica habitual consistió en traer al rey o a alguno de los *erees* principales a bordo, y mantenerlos como rehenes hasta la recuperación. Y en esta ocasión pensaba seguir este método, que siempre se había visto coronado por el éxito; al mismo tiempo dio orden de detener a toda canoa que intentara abandonar la bahía, con intención de prenderlas y destruirlas si no podía recuperar la escampavía por medios pacíficos. Para ello se estacionaron los botes de ambos barcos —bien dotados y armados— a través de la bahía; y, antes de que yo dejara el barco, varios cañones habían abierto fuego sobre dos grandes canoas que trataron de escapar.

»Serían entre las siete y las ocho cuando abandonamos el barco juntos: el capitán Cook en la pinaza, con el Sr Phillips y nueve soldados y yo en el bote pequeño. Las últimas órdenes que recibí de él fueron que tranquilizara los ánimos de los nativos de nuestro flanco de la bahía, asegurándoles que no recibirían daño alguno; que mantuviera a mis hombres agrupados; y que estuviera alerta. Luego nos separamos: el capitán fue hacia Kowrowa, donde vivía el rey, y yo me dirigí a la playa. Lo primero que hice al llegar a tierra fue dar órdenes estrictas a los soldados de permanecer en la tienda, cargar las piezas con bala y no separarse de las armas. Después fui a dar una vuelta hasta las cabañas del anciano Kaoo y los sacerdotes, y les expliqué, todo lo bien que pude, el objeto de tan hostiles preparativos, que les habían alarmado extraordinariamente. Ya estaban enterados del robo de la escampavía, y les aseguré que si bien el capitán Cook estaba resuelto a recuperarla y castigar a los autores del hurto, ellos y la gente de la aldea de nuestro flanco no tenían que sentir el más mínimo temor a recibir daño alguno de nosotros. Pedí a los sacerdotes que explicaran esto a la gente y que les dijeran que no se inquietaran, que siguieran en paz y tranquilidad. Kaoo me preguntó, lleno de ansiedad, si Terreeoboo iba a ser lastimado. Yo le aseguré que no; y tanto él como sus hermanos quedaron muy contentos con esta promesa.

»El capitán Cook, entre tanto, habiendo llamado a la falúa —que se hallaba estacionada en la punta norte de la bahía—, llevóla consigo y se dirigió a Kowrowa, desembarcando con el teniente y nueve soldados. Acto seguido entró resueltamente en la aldea, donde le recibieron con las habituales muestras de respeto: la gente se postró ante él, trayendo las acostumbradas ofrendas de cochinillos. No viendo nada sospechoso en esta actitud, su siguiente paso fue pedir por Terreeoboo y los dos muchachos —sus hijos— que durante todo el tiempo habían sido huéspedes del *Resolution*. Al poco rato, los muchachos aparecieron con los nativos que salieron en su busca, y condujeron inmediatamente al capitán a la casa donde dormía el rey. El anciano acababa de despertarse, y tras una breve conversación sobre la desaparición de la escampavía —el capitán Cook tenía por seguro que el rey no estaba enterado del asunto—, le invitó a subir al bote y pasar el día a bordo del *Resolution*. A esta propuesta, el rey accedió de buena gana y enseguida se puso en pie para acompañarle.

»Todo marchaba a pedir de boca —los dos muchachos ya estaban en la pinaza y el resto del grupo se dirigía a la orilla del agua cuando una mujer de edad, llamada Kamee-Kabareea —la madre de los chicos y una de las esposas favoritas del rey—, vino tras él y, entre lágrimas y súplicas, le rogó que no fuera a bordo. Al mismo tiempo, dos caciques que venían con ella tiraron de él e, insistiendo en que no debía dar un paso más, le obligaron a sentarse. Los nativos, que se iban congregando junto a la playa en ingente multitud y que probablemente estaban alarmados por el fuego de los cañones y las muestras de hostilidad en la bahía, empezaron a apiñarse en torno al capitán y el rey. En estas circunstancias, el teniente, viendo a sus hombres apretujados por la multitud —y por tanto, imposibilitados de hacer uso de las armas si la ocasión lo exigía— propuso al capitán Cook formarlos a lo largo de las rocas, cerca del agua; el gentío les dejó pasar sin problemas y formaron una línea a unas treinta yardas del sitio donde el rey estaba sentado.

»Durante todo este tiempo, el anciano rey permaneció en el suelo con las más vivas señales de terror y abatimiento en el semblante; el capitán Cook, no queriendo renunciar al objetivo que le había traído a tierra, siguió instándole de la manera más apremiante a avanzar. Pero, por otro lado, siempre que el rey parecía inclinado a seguirle, los caciques —que permanecían en pie a su alrededor— se interponían; al principio con ruegos y súplicas, pero luego recurrieron a la fuerza y a la violencia, insistiendo en que no se moviera de donde estaba. Así pues, como la alarma se había generalizado demasiado y era inútil pensar en sacarle sin derramamiento de sangre, el capitán se dio finalmente por vencido, comentando a Phillips que sería imposible obligarle a ir a bordo sin riesgo de matar a gran número de personas.

»Aunque la empresa que llevó al capitán Cook a tierra había fracasado y fue abandonada, diríase que su persona no corrió el más mínimo peligro hasta que aconteció un incidente que dio un giro funesto al episodio. Los botes que estaban estacionados a través de la bahía, al disparar sobre algunas canoas que intentaron salvar el cerco, mataron a un cacique de los más importantes. La noticia de su muerte llegó a la aldea donde estaba el capitán justo cuando acababa de dejar al rey y se dirigía lentamente a la playa. La conmoción que produjo fue enorme; las mujeres y los niños fueron apartados de inmediato, y los hombres se pusieron las esteras de pelear y se armaron con lanzas y piedras. Uno de los nativos, provisto de una piedra y una larga escarpia de hierro (que llamaban *pahooa*), se acercó al capitán, blandiendo el arma a modo de desafío y amenazando con arrojar la piedra. El capitán le pidió que se detuviera, pero el individuo, porfiando en su insolencia, provocó finalmente que se abriera fuego con perdigón menudo. Como el tipo llevaba puesta la estera —que el perdigón no puede atravesar— esto sólo sirvió para irritarles y envalentonarles. Lanzaron piedras contra los soldados y uno de los erees intentó apuñalar a Phillips con su pahooa, pero falló y éste le propinó un golpe con la culata del mosquete. Por entonces, el capitán Cook hizo un segundo disparo, de bala, y mató a uno de los nativos más adelantados. La acometida general con piedras no se hizo esperar, respondida por una descarga de mosquetes por parte de los soldados y los hombres de los botes. Los isleños, en contra de lo que todo el mundo esperaba, aguantaron el fuego con firmeza; y antes de que los soldados tuvieran tiempo de recargar, se lanzaron sobre ellos en medio de espantosos gritos y alaridos. Lo que siguió fue una escena de horror y confusión sin límites.

»Cuatro soldados quedaron copados contra las rocas en la retirada y sucumbieron ante la furia del enemigo, otros tres quedaron gravemente heridos; y el teniente, que había recibido una puñalada en la espalda con una pahooa, teniendo por fortuna su arma cargada disparó sobre el individuo que le hirió, en el momento preciso en que iba a repetir el golpe. Nuestro infortunado comandante, la última vez que se le vio claramente, se encontraba al borde del agua, gritando a los botes que cesara el fuego, que se acercaran. Si es verdad —como creen algunos de los presentes— que los soldados y los hombres de los botes abrieron fuego sin haber dado él la orden, y que deseaba impedir un mayor derramamiento de sangre, bien pudiera ser que su humanidad, en esta ocasión, le resultara funesta. Pues es de notar que, mientras dio la cara a los nativos, nadie intentó hacerle daño, pero que al girarse para dar órdenes a los botes fue acuchillado por la espalda y cayó cara al agua. Al verle caer, los isleños profirieron un fuerte grito y su cuerpo fue inmediatamente arrastrado a la orilla y rodeado por el enemigo que, arrebatándose unos a otros el puñal, mostraban una salvaje avidez por participar en su destrucción.

»¡Así cayó nuestro grande y excelente comandante! Tras una vida de iniciativas tan eminentes y de tanto éxito, su muerte, por lo que a él se refiere, no puede ser considerada prematura, pues vivió hasta completar la gran obra para la que diríase que fue destinado; y más que impedir que adquiriera gloria, no le dejó disfrutarla. Cuán sinceramente fue sentida y lamentada su pérdida por quienes durante tanto tiempo encontraron amparo en su destreza y proceder, y consuelo para sus penas en su comprensión y humanidad, eso, digo, ni es necesario ni puedo describirlo; menos aún intentaré pintar el espanto que nos atravesó y el total abatimiento y desmayo que siguió a tan terrible e inesperada calamidad.

¶ Así murió James Cook, como Magallanes, cubriendo la retirada de sus hombres. Tenía entonces cincuenta años. Resulta patético pensar que, afe-

Muerte de Cook, febrero de 1779

Arpón de madera con lengüetas. Se dice que fue arrojado contra la embarcación de Cook cuando éste fue muerto, siendo llevado a Inglaterra por Thomas Bean, miembro de la tripulación del Discovery. *Islas Hawai. l. 261,5 cm. (el arpón entero).*

rrándose a una roca del litoral, levantó la cabeza y esperó la ayuda de sus inútiles botes. Bien mirado, quizá sus asesinos hawaianos no fueron realmente despiadados con un alma tan ubicua, para quien Inglaterra y el hospital de Greenwich habrían sido como una cárcel después de los ilimitados horizontes del Pacífico. No sirve de nada especular, pero la muerte de Cook puede haber influido en el curso de la historia. Que la corona pudo haberle concedido una baronía, es lo de menos; lo que importa es que podría haber ocupado el lugar de otro hombre grande y bueno, el capitán Arthur Phillip, en la fundación de la Australia británica en 1788. ¿Habría usado su enorme influencia para dirigir la primera flota desde Nueva Gales del Sur a su querido Canal de la Reina Carlota (o a la Bahía Oscura), en Nueva Zelanda, o habría abogado, como su subordinado Matra, por el asentamiento en el Pacífico Sur de republicanos americanos con sus esclavos negros?

¶ Aunque los isleños descartaron la divinidad de Cook, rindieron a su mutilado cuerpo los honores funerarios reservados a los más altos jefes. Sin embargo, como estos honores suponían el desmembramiento y reparto de los restos, el capitán Clerke, que asumió el mando, tuvo una tarea difícil a la hora de recuperar algunos de los tristes despojos para el cementerio oceánico, y no pudo abandonar la malhadada isla hasta el 8 de marzo. No obstante, honra a Clerke y a los británicos el que se hicieran cargo de que el desastre fue totalmente impremeditado; de ahí que no hubiera más desagravio que el necesario para cubrir la retirada, proveer de agua a los barcos y recuperar los trozos del cuerpo de Cook que no fueron quemados.

LA NOTICIA LLEGA A INGLATERRA

¶ Ya en noviembre de 1779, la prensa comenzó a expresar inquietud por el hecho de que Cook no hubiera dado señales de vida desde Cantón, donde, se suponía, pensaba invernar. En enero de 1780, la noticia cayó como un mazazo cuando la *London Gazette* anunció que el capitán Clerke había arribado al puerto de San Pedro y San Pablo, Kamtchatka, informando al Almirantazgo de la triste noticia de la muerte de Cook. Entre muchos elogios, la gaceta afirmaba que «Su Majestad, que siempre tuvo la más alta opinión del capitán Cook, vertió lágrimas cuando Lord Sandwich le informó de su muerte, e inmediatamente dispuso una pensión de 300 libras (en realidad fueron 200) para su viuda.» Además, como el Almirantazgo entregó a la Sra. Cook la mitad de los ingresos del «Diario del tercer viaje» y considerando el poder adquisitivo del dinero en aquel tiempo, ésta fue tratada con justicia. Entre los honores póstumos que recibiera, hay que señalar la decisión del rey de otorgar a su familia un escudo de armas (probablemente, el último concedido «por servicios prestados») y la acuñación por la Royal Society de una medalla de oro extraordinaria en homenaje a Cook y a sus muchos servicios a la ciencia: medalla que Banks envió a la Sra. Cook en 1784. Es interesante señalar que Cook preparó dos artículos para la Royal Society sobre las mareas del Pacífico, que ésta publicó en su revista.

◀ Lamentablemente, con la excepción de su viuda, ningún miembro de la familia de Cook sobrevivió mucho tiempo para disfrutar de los honores ganados por su célebre pariente, pues la trágica muerte de éste fue el inicio de una increíble sucesión de desastres familiares. De los seis hijos de Cook, la única hembra, Elizabeth, murió de pequeña durante el viaje del *Endeavour*; otros dos hijos fallecieron, también siendo niños, en 1768 y 1772. De los tres restantes, uno, Nathaniel, alcanzó la graduación de oficial en la armada, pero falleció a los dieciséis años en el *Thunderer*, que naufragó en un huracán frente a las costas de Jamaica, en 1780, poco antes de que su madre tuviera noticia de su viudez. Otro de los hijos, Hugh —nacido en 1776 y bautizado así por Sir Hugh Palliser— permaneció en casa con su madre, pero murió de escarlatina en 1793, a los dos meses de ingresar en el Christ's College, Cambridge. El único superviviente, James, el mayor, llegó a comandante de la armada, pero falleció a comienzos de 1794 por ahogamiento o agresión mientras iba en un bote, con tiempo tempestuoso, a incorporarse a su barco en Portsmouth. Esta serie de desgracias postraron y estuvieron a punto de matar a la infortunada Sra. Cook, pero se recobró y vivió con su primo, el almirante Isaac Smith, y no falleció hasta 1835, a la edad de 93 años.

◀ Con la pensión, los legados y los beneficios de las obras escritas de su marido, la Sra. Cook llevó una existencia medianamente holgada en una casa repleta de recuerdos de los viajes. Según Kitson, algunos fueron cedidos, a su muerte, al Museo Británico; pero otros, como el relato ológrafo de Cook del primer viaje, pasaron —de todas formas, sólo por un tiempo— a manos particulares, en tanto que toda la correspondencia personal entre Cook y su esposa desapareció, destruida posiblemente por la muy circunspecta Sra. Cook, por considerarla demasiado sagrada para los ojos del público.

◀ Kitson señala que Canon Bennett, quien conoció muy de cerca a la Sra. Cook, la describe como sigue:

«Una señora venerable, distinguida, el cabello blanco recogido según la moda antigua, siempre vestida de satén negro; el rostro ovalado, la nariz aguileña y una hermosa boca. Llevaba un anillo con cabello de su esposo y sentía el mayor de los respetos por su memoria, valorándolo todo según su concepto del honor y la moral. La mayor crítica que podía hacer era: 'El Sr. Cook' —para ella siempre fue Sr. Cook, no capitán— 'jamás lo habría hecho así'.

»Al igual que muchas vuidas de marinos, no podía dormir cuando arreciaba el viento, pensando en los hombres de la mar. Celebraba cuatro días anuales de encierro solemne, durante los cuales no salía ni de su habitación: eran sus días de dolor, los días en que perdió a su esposo y a sus tres hijos. Pasaba esos días en oración y meditación con la biblia de su esposo; y por deferencia a él, protegió a sus sobrinos y sobrinas —carnales y en segundo grado—, a quienes nunca conoció y éstos no padecieron necesidades.»

◀ King presentó un largo informe de las negociaciones que siguieron a la muerte de Cook: momento de considerable peligro para los británicos, pues la expedición parecía completamente desmoralizada sin su gran jefe, hecho que King admite abiertamente.

«Como ya se indicó, cuatro de los soldados que acompañaban al capitán Cook cayeron en el acto a manos de los isleños. Los demás, con Phillips —su teniente—, se arrojaron al agua y escaparon cubiertos por el fuego graneado de los botes. En estas circunstancias, el mencionado oficial dio un notable ejemplo de valor y aprecio por sus hombres. Pues apenas había alcanzado el bote, al ver que uno de sus soldados —que no era buen nadador— se debatía en el agua y se hallaba en peligro de ser cogido por el enemigo, saltó al agua en su ayuda, aun cuando él mismo estaba herido de gravedad; y tras recibir una pedrada en la cabeza que a punto estuvo de enviarle al fondo, cogió al hombre por el cabello y consiguió salvarle.

»Nuestros hombres continuaron disparando por un tiempo desde los botes (que, durante toda la acción, no estuvieron a más de veinte yardas de la playa) para dar a sus desgraciados compañeros oportunidad de escapar, si es que aún quedaba vivo alguno. Estos esfuerzos, secundados por unos cuantos cañonazos disparados al mismo tiempo desde el *Resolution*, forzaron por último la retirada de los nativos; lo que permitió que un bote pequeño, manejado por cinco de nuestros jóvenes guardiamarinas, se acercara a tierra, donde vieron los cuerpos sin vida caídos en el suelo; juzgando peligroso intentar recuperarlos con tan poca fuerza y la munición prácticamente agotada, regresaron a los barcos, dejándoles en manos de los isleños.

»En cuanto se asentó un poco la consternación general que la noticia del desastre provocó en ambas tripulaciones, su atención se centró en el destacamento del morai, donde estaban las velas y el palo con una guardia de sólo seis soldados. No puedo describir las emociones que sobresaltaron mi espíritu durante el tiempo que duraron esos acontecimientos en el otro flanco de la bahía. Hallándonos a una milla escasa de la aldea de Kowrowa, podíamos ver claramente el inmenso gentío congregado en el lugar donde el capitán Cook acababa de desembarcar. Oímos el fuego de los mosquetes y pudimos notar una gran actividad y agitación entre la multitud. Vimos después que los nativos huían, que los botes se alejaban de la playa y empezaban a ir y venir de un barco a otro en medio de un gran silencio. He de confesar que tuve un presentimiento. Cuando una vida tan querida y valiosa está de por medio, es imposible no alarmarse ante acontecimientos nuevos y amenazantes. Pero, fuera de esto, sabía que la larga e ininterrumpida sucesión de éxitos en el trato con los nativos de estos mares había dado al capitán una confianza tal, que siempre temí que pudiera descuidarse en algún desdichado momento; y justo entonces vi todos los peligros que esa confianza podía conjurar, sin que me sirviera de mucho consuelo pensar en la experiencia que la respaldaba.

»Mi primera preocupación al oír los disparos de mosquete fue asegurar a la gente —que empezaba a aglomerarse en torno al muro de nuestro campo sagrado y parecía no saber, como nosotros, qué justificación dar a lo que veían y oían— que no serían molestados en absoluto; y que, en todo caso, yo deseaba seguir siendo su amigo. Permanecimos en esta actitud hasta que los botes regresaron a bordo, cuando el capitán Clerke, viendo por el telescopio que estábamos rodeados de nativos y ante el temor de que fueran a atacarnos, ordenó disparar dos cañones del cuatro sobre ellos. Por fortuna, aunque bien dirigidos, no causaron daño alguno, y sin embargo dieron a los nativos una prueba convincente de su poder. Una de las balas partió por el medio un cocotero bajo el que estaba sentado un grupo de ellos, y la otra hizo añicos una roca que tenían inmediatamente detrás. Como poco antes les había dado toda clase de garantías sobre su seguridad, me sentí sumamente avergonzado ante semejante manifestación de hostilidad y, para evitar su repetición despaché de inmediato un bote para dar cuenta al capitán Clerke de que, al presente, mis relaciones con los nativos eran de lo más amistoso, y de que, si en el futuro se diera la circunstancia de tener que modificar mi actitud hacia ellos, izaría una bandera de proa en señal de que nos proporcionara toda la ayuda que pudiera.

»Impacientes aguardamos el regreso del bote; y al cabo de un cuarto de hora, en medio de la más angustiosa inquietud y suspense, nuestros temores se vieron definitivamente confirmados por la llegada de Bligh con órdenes de recoger las tiendas lo antes posible y enviar las velas —que estaban en reparación— a bordo. En ese preciso momento nuestro amigo Kaireekeea, habiendo recibido noticias de la muerte del capitán Cook por mediación de un nativo procedente del otro lado de la bahía, se acercó a mí para preguntarme si era verdad; en su semblante se reflejaban el dolor y el abatimiento más sinceros.

»Por entonces, nuestra situación era extremadamente crítica. No sólo nuestras vidas, el futuro de toda la expedición y el regreso de al menos uno de los barcos corrían el mismo peligro. Teníamos el palo del *Resolution* y la mayor parte de las velas en tierra bajo la protección de tan sólo seis soldados: su pérdida habría sido irreparable, y aunque los nativos aún no habían manifestado la más mínima intención de molestarnos, era imposible, sin embargo, prever los cambios que las nuevas del suceso de Kowrowa podrían desencadenar. Así pues, me pareció prudente no dejar traslucir lo que sabía de la muerte del capitán Cook y animar a Kaireekeea a no hacer caso del informe, para que el temor a nuestra venganza o el éxito de sus compatriotas no les llevara a aprovechar la oportunidad, que

La muerte del capitán Cook según un grabado de F. Bartolozzi y W. Byrne a partir del dibujo de John Weber, 1784.

en ese momento se les ofrecía, de asestarnos un segundo golpe. Al mismo tiempo, le aconsejé que reuniera al anciano Kaoo y al resto de los sacerdotes en una gran casa que quedaba cerca del morai; en parte por respeto a su seguridad, caso de que fuera necesario tomar medidas extremas, y en parte por tenerles cerca a fin y efecto de hacer uso de su autoridad ante el pueblo, si ello podía ser un instrumento para preservar la paz.

»Tras situar a los soldados en lo alto del morai —una posición sólida y favorable— y dejar el mando a Bligh, con instrucciones muy precisas de actuar sólo y exclusivamente a la defensiva, me dirigí a bordo del *Discovery* para plantearle al capitán Clerke la delicadísima situación de nuestros asuntos. En cuanto abandoné el lugar, los nativos empezaron a molestar a nuestros hombres con piedras; y cuando apenas había alcanzado el barco, oí disparos de los soldados. Regresé a toda prisa a tierra y vi que la situación se deterioraba por momentos: los nativos se estaban armando y se ponían las esteras, y el número de ellos aumentaba rápidamente. Además, pude darme cuenta de que nutridos grupos de personas avanzaban sobre nosotros a lo largo del acantilado que separa la aldea de Kakooa del flanco norte de la bahía, donde está situada la aldea de Kowrowa.

»Al principio nos atacaron con piedras, protegidos por los muros de los cercados, y al no hallar resistencia por nuestra parte, enseguida se crecieron. Algunos, más atrevidos, habiéndose arrastrado por la playa a cubierto de las rocas, aparecieron repentinamente al pie del morai con ánimo, a juzgar por las apariencias, de tomarlo al asalto por el lado próximo al mar, que era su único punto accesible; y no desalojaron hasta recibir un buen número de tiros y ver caer a uno de la partida.

»El valor de uno de estos asaltantes bien merece comentario aparte. Pues habiendo regresado para llevarse a un camarada en medio de nuestro fuego, recibió una herida que le hizo abandonar el cuerpo y retirarse; pero a los pocos minutos reapareció y, vuelto a ser herido, viose obligado por segunda vez a retirarse. En ese momento llegaba yo al morai y le vi volver a la carga por tercera vez, débil y ensangrentado; cuando me informaron de lo ocurrido, prohibí a los soldados disparar y se le permitió recoger a su amigo. Nada más cumplir su deseo, cayó a su vez y expiró.

»Por entonces llegaron fuertes refuerzos de los barcos y los nativos se retiraron detrás de los muros, lo que me dejó el camino expedito hasta nuestros amigables sacerdotes. Envié a uno de ellos para que intentara poner en razón a sus compatriotas y proponerles que, si desistían de arrojar piedras, daría orden a nuestros hombres de no disparar. Se acordó una tregua y pudimos echar el palo al agua y cargar las velas y los aparatos astronómicos sin ser molestados. Así que abandonamos el morai, lo ocuparon y varios nos arrojaron piedras, pero sin causarnos daño.

»Eran las once y media cuando llegué a bordo del *Discovery*, y no vi que se hubiera adoptado un plan decisivo sobre nuestra actuación futura. La devolución del bote y la recuperación del cuerpo del capitán Cook eran objetivos en los que todos estábamos de acuerdo en porfiar; y era mi opinión que se deberían de tomar medidas enérgicas en el caso de que la petición no fuera satisfecha al momento.

»En favor de medidas más conciliatorias se argüía —y era justo— que el daño ya estaba hecho y era irreparable, que los nativos tenían todo el derecho a nuestro respeto y consideración habida cuenta su anterior amabilidad y amistad, y, sobre todo, que el último y triste incidente no parecía el resultado de una acción premeditada. Por parte de Terreeoboo, su ignorancia del robo, su buena disposición a acompañar al capitán Cook a bordo y el haber enviado a sus dos hijos al bote, le exoneraban de toda sospecha. La conducta de su mujer y los erees se podría justificar fácilmente por la aprensión suscitada por la fuerza armada con que el capitán Cook se presentó en tierra y los preparativos hostiles en la bahía; hechos tan alejados de los términos de amistad y confianza en que ambos grupos habían vivido hasta el presente, que el armamiento de los nativos obedecía, a todas luces, al propósito de hacer frente al intento —razones tenían para imaginar que se haría— de llevarse al rey por la fuerza: era de esperar, naturalmente, que el pueblo sintiera afecto y adhesión por sus jefes.

»A estos argumentos humanitarios se añadieron otros de llamada a la prudencia; que estábamos faltos de agua y otros refrescos, que el palo trinquete demandaría seis a ocho días más de trabajo antes de poder plantarlo, que la primavera avanzaba rápidamente y que la pronta puesta en marcha de nuestra próxima expedición boreal debía ser el objetivo prioritario; por consiguiente, enzarzarnos en un enfrentamiento vengativo con los isleños podría no sólo granjearnos la acusación de crueldad, sino también dar pie a una inevitable demora en el equipamiento de los barcos. En este último punto, el capitán Clerke convino...

»Para llevar a término este plan, se decidió que yo me dirigiera a tierra con los botes de ambos barcos —bien dotados y armados—, con la intención de parlamentar y, de ser posible, conseguir una conferencia con los caciques.»

◀ Con gran dificultad y riesgo logró el capitán King sacarles la promesa a los hawaianos de que devolverían los cuerpos de los muertos, pero el acuerdo no fue cumplido.

«La ruptura del compromiso de reintegrar los cuerpos de los muertos y la actitud belicosa que por entonces mantenían, desataron nuevas discusiones entre nosotros acerca de las siguientes medidas a adoptar. Se decidió por último que nada debería interferir con la reparación del palo y los preparativos de la partida, pero que, a pesar de todo, teníamos que continuar las negociaciones para la recuperación de los cadáveres.

»Dedicamos buena parte del día a colocar el palo trinquete en una posición adecuada sobre la cubierta para que los carpinteros pudieran trabajar en él, y a efectuar los cambios necesarios en los nombramientos de oficiales. Habiendo recaído el mando de la expedición en el capitán Clerke, se trasladó a bordo del *Resolution*, nombrando al teniente de navío Gore capitán del *Discovery*, y ascendiendo a Harvey —guardiamarina— al tenientazgo vacante. Los nativos no nos interrumpieron en todo el día; y, por la noche, se amarró de nuevo la falúa a la cadena de avante y se estacionaron botes de vigilancia en torno a los barcos igual que antes.

»Hacia las ocho, cuando ya reinaba profunda oscuridad, oyóse una canoa remar hacia el barco; así que la vieron, los dos centinelas de cubierta abrieron fuego sobre ella. La ocupaban dos personas, e inmediatamente gritaron «Tinnee» (que era como pronunciaban mi nombre), afirmando que eran amigos y que traían algo para mí que perteneció al capitán Cook. Cuando subieron a bordo, se arrojaron a nuestros pies: parecían extraordinariamente asustados. Por suerte, ninguno de los dos estaba herido, a pesar de que las balas habían atravesado la canoa. Uno de ellos era el individuo a quien antes me referí como el hombre tabú, que acompañó continuamente al capitán Cook con ocasión de la ceremonia ya descrita, y que, si bien era un personaje de posición en la isla, ello apenas suponía obstáculo para que realizara las tareas más bajas de un criado doméstico. Tras lamentar con abundantes lágrimas la pérdida de Orono, nos dijo que traía parte de su cuerpo, mostrándonos un pequeño fardo envuelto en tela que llevaba bajo el brazo; imposible describir el espanto que nos sobrevino al encontrar dentro un trozo de carne humana de unas nueve o diez libras de peso. Nos explicó que eso era todo lo que quedaba del cuerpo; que el resto fue cortado a trozos y quemado, pero que la cabeza y los huesos —salvo los del tronco— estaban en poder de Terreeoboo y los demás erees; que lo que veíamos era la parte asignada a Kaoo, el jefe de los sacerdotes, para que lo empleara en alguna ceremonia religiosa; y que nos lo enviaba como prueba de su inocencia y adhesión a nosotros.

»Esto nos brindó la oportunidad de averiguar si eran caníbales, cosa que no descartábamos. Primero intentamos sonsacarles por medio de preguntas indirectas cómo se habían deshecho del resto de los cuerpos, manteniéndose firmes en la historia de que, una vez cortada la carne, la quemaban toda; al final les planteamos abiertamente la cuestión de si se habían comido alguno: al instante mostraron tanto horror ante la idea como habría hecho cualquier europeo, e inquirieron, naturalmente, si ello era costumbre entre nosotros. Luego nos preguntaron con gran seriedad y manifiesta aprensión que cuándo volvería Orono y qué les haría a su regreso. La misma pregunta nos la hicieron luego otros muchos: esta idea concuerda con el tono general de su actitud hacia él, lo que patentiza que le tenían por un ser de naturaleza superior.»

¶ Como los nativos dificultaban el aprovisionamiento de agua para los barcos, que era esencial, los británicos tomaron represalias de una severidad comprensible, destruyendo involuntariamente varias viviendas de sus buenos amigos los sacerdotes.

«En una situación tan expuesta, nuestros hombres andaban tan ocupados cuidando de su propia seguridad que emplearon toda la mañana para llenar un solo barril de agua. Así pues, como era imposible realizar este servicio mientras no se obligara a retroceder a los agresores, se ordenó al *Discovery* desalojarles con sus cañones; con lo que, tras varias descargas, los hombres desembarcaron sin molestias. No obstante, los nativos no tardaron en reaparecer con su habitual sistema de ataque, y fue absolutamente necesario incendiar varias casas dispersas, próximas al pozo, tras las cuales se parapetaban. Al ejecutar estas órdenes, siento tener que añadir que nuestros hombres se entregaron a actos de destrucción y crueldad innecesarios; explicables, hasta cierto punto, por el resentimiento ante los reiterados ultrajes y el despectivo proceder de los isleños, y por el lógico deseo de vengar la pérdida de su comandante. Pero, al mismo tiempo, su comportamiento sirvió para convencerme de que se ha de ir con mucho cuidado al confiar en tales ocasiones, siquiera sea sólo un momento, el uso discrecional de armas a marineros ordinarios o soldados. El rigor de la disciplina y el hábito de la obediencia mediante los que se encauza su fuerza hacia objetivos adecuados, les lleva a pensar, cómo no, que cuando ellos tienen el poder también tienen derecho a imponerlo. Siendo la desobediencia propiamente dicha casi el único delito por el que están acostumbrados a recibir castigo, aprenden a considerarla como criterio exclusivo para discernir el bien del mal; y de ahí que sean capaces de concluir que si les es dado hacer algo impunemente, ese algo es justo y honroso. De modo que los sentimientos de humanidad —inseparables de todos nosotros— y esa generosidad hacia el enemigo que no opone resistencia —que en otros tiempos fue señal distintiva de los hombres valientes— se han convertido en sólo débiles limitaciones al ejercicio de la violencia cuando se oponen a su espontáneo deseo de manifestar su propia independencia y poder.

»Ya he comentado que las órdenes eran de quemar sólo unas cuantas cabañas dispersas que proporcionaban amparo a los nativos. Por tanto, nos quedamos muy sorprendidos al ver toda la aldea en llamas; y antes de que pudiera llegar a tierra el bote que se envió para detener el avance de esta locura, las casas de nuestros viejos y leales amigos, los sacerdotes, eran pasto del fuego. No puedo sino lamentar la enfermedad que me retuvo a bordo ese día. Los sacerdotes habían estado siempre bajo mi protección; y, lamentablemente, los oficiales que se hallaban entonces de servicio, por haber estado en contadas ocasiones en el morai, no estaban muy al tanto de las características del lugar. De haber estado yo presente, acaso hubiera podido salvar su pequeña comunidad de la destrucción.»

◀ El enérgico desagravio de los británicos tuvo como efecto inmediato que, dos días después, les restituyeran otras partes del cuerpo de Cook.

«Los nativos, convencidos finalmente de que no era la falta de recursos para castigarles la razón de que hasta ahora les toleráramos sus provocaciones, desistieron de seguir molestándonos; y, al atardecer, un cacique llamado Eappo —que rara vez nos visitó, pero sabíamos que era hombre de la máxima influencia— vino con presentes de Terreeoboo a pedir la paz. Los presentes fueron aceptados y a él se le despidió con la misma respuesta que se dio anteriormente, a saber, que mientras no se restituyeran los restos del capitán Cook no habría paz posible. Nos enteramos por su persona que la carne de los cuerpos de nuestros hombres, junto con los huesos del tronco, habían sido quemados; que los huesos de los miembros de los soldados habían sido repartidos entre los caciques inferiores; y que los del capitán Cook se apararon de la siguiente manera: la cabeza para el cacique supremo, llamado Kahoo-opeon; el cabello para Maiha-maiha; y los brazos y las piernas para Terreeoboo. Una vez oscurecido, se acercaron muchos nativos con tubérculos y otros vegetales, y también recibimos dos grandes presentes de los mismos artículos de parte de Kaireekeea.

»El día 19 se fue prácticamente en llevar y traer mensajes entre el capitán Clerke y Terreeoboo. Se hizo presión sobre Eappo para que se ofreciera a permanecer a bordo como rehén mientras uno de nuestros oficiales iba a tierra. Sin embargo, no se creyó oportuno insistir en ello, y nos dejó con la promesa de traernos los huesos al día siguiente. En la playa, los aguadores no encontraron la más mínima oposición por parte de los nativos, quienes, a pesar de nuestro cauteloso comportamiento, anduvieron entre nosotros sin muestras aparentes de desconfianza o recelo.

»A primera hora de la mañana del 20, tuvimos la satisfacción de poder plantar el palo trinquete. Fue una operación acompañada de grandes dificultades y cierto peligro: teníamos los cabos tan podridos que el aparejo se vino abajo en varias ocasiones.

»Entre las diez y las once vimos un gran número de personas descendiendo de la montaña que domina la playa, en una especie de procesión; todos los hombres llevaban una o dos cañas de azúcar a la espalda, y «giaca», «taro» y plátanos en la mano. Iban precedidos de dos tambores, que, al llegar al borde del agua, se sentaron en una bandera blanca y comenzaron a tocar. Mientras, los que les seguían se adelantaban uno a uno y, una vez depositados los presentes, se retiraban en el mismo orden. Poco después apareció Eappo —con su largo manto de plumas— llevando en las manos algo con gran solemnidad; y, subiéndose a un peñasco, hizo señas para que se le enviara un bote.

»El capitán Clerke, suponiendo que traía los huesos del capitán Cook —lo que así fue— se dirigió personalmente en la pinaza a recogerlos, ordenándome que le acompañara en la escampavía. Cuando alcanzamos la playa, Eappo subió a la pinaza y entregó al capitán los huesos envueltos en gran cantidad de tela fina y nueva, y cubiertos con un manto moteado de plumas blancas y negras. Después nos acompañó al *Resolution*, pero no hubo forma de persuadirle de que subiera a bordo, prefiriendo, quizá por un sentido de la decencia, no estar presente en el momento de abrir el bulto. En él hallamos las dos manos del capitán Cook completas —harto reconocibles por la extraordinaria herida que en una de ellas se abría entre el pulgar y el índice, todo a lo largo del metacarpo—; el cráneo, desprovisto de cuero cabelludo y sin los huesos que forman el rostro; el cuero cabelludo, con el cabello cortado y las orejas adheridas a él; los huesos de ambos brazos, con la piel del antebrazo colgando; los huesos del muslo y la pierna juntos, pero sin el pie. Los ligamentos de las articulaciones estaban enteros y el conjunto presentaba señales obvias de haber pasado por el fuego. Sólo había carne en las manos, presentaban cortaduras en varios sitios, llenas de sal, al parecer con la intención de conservarlas. El cuero cabelludo tenía un corte en la parte de atrás, pero el cráneo estaba libre de fracturas. Sobre la mandíbula inferior y los pies, que faltaban, Eappo nos contó que habían sido cogidos por diversos caciques y que Terreeoboo estaba usando todos los medios para recuperarlos.

»A la mañana siguiente, Eappo y el hijo del rey subieron a bordo y trajeron consigo los restantes huesos del capitán Cook, los cañones de su escopeta, sus zapatos y otras fruslerías de su pertenencia. Eapoo hizo grandes esfuerzos para convencernos de que Terreoboo, Maiha-maiha y él mismo estaban muy deseosos de paz; de que nos habían dado la prueba más convincente que tenían a su alcance; y que se habían visto impedidos de dárnosla antes por culpa de otros caciques, muchos de los cuales aún eran nuestros enemigos. Lamentaba, con profundo sentimiento, la desaparción de seis caciques que nosotros habíamos matado; algunos de ellos, señaló, figuraban entre sus mejores amigos. La escampavía, según nos contó, había sido robada por la gente de Parea, muy posiblemente como venganza por el golpe que recibiera, y fue hecha pedazos al día siguiente. Las armas de los soldados —que también reclamamos— nos aseguró que se las había llevado el pueblo llano y eran irrecuperables; sólo se habían conservado los huesos del jefe, pues pertenecían a Terreoboo y los erees.

»No restaba sino realizar los últimos oficios por nuestro grande e infortunado comandante. A Eappo se le despidió con orden de declarar tabú toda la bahía; y por la tarde, tras colocar los huesos en un ataúd y leer el servicio ante ellos, fueron entregados a las aguas con los honores militares de rigor. ¿Cuáles fueron nuestros sentimientos en ese momento? Que el mundo los imagine; quienes estuvieron presentes saben que no está en mi mano expresarlos.»

◀ Una vez entregados los fragmentos del cuerpo de Cook al fondo del mar, Clerke no tenía nada más que hacer en las Islas Hawai, de modo que zarpa el 22 de febrero de 1779 para continuar la obra de su jefe en el Ártico. No obstante, antes de abandonarlas definitivamente, la expedición tropieza con un serio problema en otra de las islas del archipiélago, Atooi, donde se desembarcó para conseguir agua; el problema se debió en parte a la ausencia de los caciques locales, y en parte a las riñas de los nativos por la propiedad de las cabras dejadas por el capitán Cook el año anterior. El tacto y el buen criterio de King evitaron una segunda matanza de blancos, si bien uno de los hawaianos fue gravemente herido por un tiro de mosquete.

◀ Los barcos llegan a Kamtchatka el 23 de abril, donde, con ciertas dificultades, los rusos les suministran provisiones. Los británicos, a su vez, aportan un «sorprendente cambio» en el estado de salud de los soldados y habitantes del lugar, que padecían un ataque de escorbuto. Desde junio hasta agosto, Clerke, que se iba muriendo de tuberculosis, con los barcos y demás pertrechos peligrosamente podridos, atraviesa el Estrecho de Bering e intenta de nuevo, sin éxito, encontrar pasos que bordeen América o Asia hacia el este o el oeste respectivamente. Aunque no logra alcanzar, por cinco leguas, la latitud de Cook (70° 33' N), sus heroicos esfuerzos merecen un recuerdo. King escribe:

«En la mañana del 23, el mar abierto en el que seguíamos dando vueltas no tenía más de milla y media, y por momentos se achicaba. Al final, tras intentarlo todo para atravesar el hielo suelto, nos vimos en la necesidad de forzar un paso hacia el sur, cosa que conseguimos a las siete y media, no sin someter los barcos a gravísimas colisiones. El *Discovery* tuvo menos suerte, pues a las once, cuando estaban a punto de atravesarlo, quedó tan enredado entre varios bloques grandes que vio su marcha detenida; al abatir a sotavento, fue a dar con el costado de proel contra una importante masa de hielo, y el choque, por efecto del oleaje —en ese instante tenían mar abierto a barlovento—, fue brutal. A lo último, fuera por ruptura, fuera porque se movió, la masa les dejó en libertad de hacer otro intento de escapada; pero, por desgracia, antes de que el barco tomara salida suficiente para recuperar el mando, cargó nuevamente a sotavento sobre otro bloque. Como el oleaje hacía peligroso el barloventear y no se veía posibilidad alguna de zafada, se metieron en una pequeña abertura y se aseguraron con bicheros de hielo.

»En situación tan peligrosa les vimos a mediodía, a unas tres millas de nosotros, demorando al NO, con viento duro del SE que empujaba más hielo hacia el NO, acrecentando la masa que se interponía entre ellos y nosotros. Nuestra latitud estimada era 69° 8', la longitud 187° y la profundidad del agua, veintiocho brazas. Para colmo de los tristes presentimientos que empezaban a dominarnos, a las cuatro y media el tiempo se puso brumoso y perdimos de vista al *Discovery*; pero, al objeto de estar en condiciones a proporcionarle toda la ayuda a nuestro alcance, permanecimos cerca del borde del hielo. A las seis, el viento roló al norte, dándonos cierta esperanza de que el hielo fuera arrastrado y quedara el barco libre; y en ese caso, como era una incógnita en qué estado saldría, fuimos disparando un cañón cada media hora para evitar una separación. Nuestra inquietud por su seguridad no cesó hasta las nueve, cuando oímos sus cañonazos en respuesta a los nuestros; y poco después, hablando a la voz con él, nos informaron de que, con el cambio de viento, el hielo empezó a abrirse y que, dándose a toda vela, forzaron el paso a su través. Nos enteramos además de que, mientras estuvieron cercados, comprobaron que el barco derivaba con la masa de hielo hacia el noreste a la velocidad de media milla por hora. Nuestro desconsuelo subió de grado al descubrir que el *Discovery* había rozado buena parte del forro de las amuras —quedando muy inestanco— con los golpes que recibiera al cargar sobre el borde del hielo.»

¶ En tales circunstancias, Clerke tomó la única decisión posible: regresar a Inglaterra.

«Luego, viendo todo ulterior avance hacia el norte, así como toda aproximación a cualquier continente, obstaculizado por un mar cegado por el hielo, consideramos que era perjudicial para el servicio —al poner en peligro la seguridad de los barcos— a la par que infructuoso —cara al objetivo del viaje— hacer nuevos intentos de hallar un paso. Esto, unido al memorial del capitán Gore, decidió al capitán Clerke a no perder más tiempo en lo que para él era un objetivo inalcanzable, y poner rumbo a la Bahía de Awatska para reparar nuestras averías allí; y, antes de que se presentara el invierno haciendo impracticable todo movimiento, explorar la costa de Japón.

»No voy a disimular la alegría que iluminó el semblante de todos cuando se dieron a conocer las decisiones del capitán Clerke. Estábamos completamente hartos de una navegación repleta de peligros, una navegación en la que la mayor de las perseverancias no había sido correspondida ni con las más insignificante probabilidad de éxito. Es así que, tras una ausencia de tres años, volvíamos la cara a casa con un deleite y una satisfacción tan a las claras acariciados y, quizá, tan plenamente disfrutados como si hubiéramos estado ya a la vista del confín de la Tierra; y eso que todavía nos quedaba un tedioso viaje por delante, una inmensa distancia por recorrer.»

◖ A primeros de agosto era evidente que Clerke estaba a punto de morir y, como no se podía hacer nada más en el Ártico durante esa estación, el comandante dio la vuelta hacia el sur para morir de tisis a la temprana edad de treinta y ocho años, en un 22 de agosto, cuando los barcos tenían a la vista S. Pedro y S. Pablo. Gore asume el mando y entierra al más fiel de los tenientes de Cook bajo un árbol en o cerca de una iglesia. Los oficiales deciden entonces volver a Inglaterra por Macao y acercarse a Cantón, donde los marineros venden a los chinos, por más de 2000 libras, las pieles que habían reunido en el Pacífico Norte. Enterado de que, no obstante la guerra, Francia y Estados Unidos han garantizado el libre tránsito a los barcos del célebre Cook, Gore regresa por el Cabo de Buena Esperanza, sin escolta, y llega a Nore tras una ausencia de cuatro años, dos meses y veintidós días.

◖ King concluye muy acertadamente su diario con otro entusiasta tributo al éxito de Cook en el empleo de antiescorbúticos. El *Resolution* había perdido sólo cinco hombres por enfermedad, tres de ellos ya en precario estado de salud cuando dejaron Inglaterra. El *Discovery* no perdió ninguno. Además, Cook había formado una magnífica escuela de oficiales. A pesar de las nieblas y accidentes, el *Resolution* y el *Discovery* sólo se separaron en dos ocasiones.

RESULTADOS DE LA TERCERA EXPEDICIÓN

◖ Cook y Clerke confirman durante el tercer viaje la inexistencia de un paso septentrional para barcos a vela desde el Pacífico Norte al Atlántico, sea por el este, sea por el oeste. Cook, sin embargo, obtiene resultados muy positivos al demostrar que Bering había informado y situado con precisión el estrecho que lleva su nombre y otros descubrimientos; al reconocer largos tramos de las costa ártica y noroccidental de América del Norte (donde sus hombre obtuvieron valiosas pieles) y al descubrir las islas Hawai (Sandwich). Aunque se equivocó al considerar estas islas como su descubrimiento más importante, con el tiempo resultaron de una importancia económica considerable y de un inmenso valor estratégico. En los años siguientes, el archipiélago corrió grave peligro de pasar a manos de Rusia, y fue de capital importancia para el mundo occidental que el descubrimiento de las islas y los primeros contactos fueran obra de británicos y norteamericanos.

◖ Aunque el regreso de la expedición despertó gran interés, en cierta medida se vio ensombrecido por la guerra y el fallecimiento de su célebre comandante. Además, por una serie de razones se retrasó considerablemente la publicación de los resultados del viaje. A pesar de que por orden de Gore se recogieron cerca de Macao los diarios personales de los miembros de la expedición, aparecieron algunos relatos extraoficiales; pero los diarios de Cook y King no se publicaron hasta 1784.

◖ Uno de los resultados más sobresalientes del viaje fue que, una vez más, los antiescorbúticos —aplicáralos Cook, su segundo comandante o sus sucesores— fueron un tratamiento eficaz para la enfermedades del mar. No obstante, el viaje de cuatro años por climas árticos y tropicales, amenazados por frecuentes desembarcos entre pueblos primitivos, hizo estrago entre los oficiales que estuvieron al mando. Cook murió asesinado; Clerke y el oficial médico Anderson murieron de tuberculosis durante el viaje; Gore aprenas llegó a vivir lo suficiente para regresar con los barcos a Inglaterra; y el competente King, que concluyó el diario de Cook, fallecía en 1784, en gran parte a consecuencia de las penalidades sufridas.

◖ De los que sobrevivieron, Burney alcanzó distinción y Bligh, notoriedad. El más famoso de todos, Vancouver, continuó la obra de Cook, cartografiando la costa noroccidental de Norteamérica. De nuevo se ha de subrayar que, en opinión de algunos expertos, la hidrografía de Cook fue una de sus mayores aportaciones a la ciencia por la ayuda que prestó a los marinos.

◖ Fue en la costa noroeste de Norteamérica donde el tercer viaje impulsó la exploración y el comercio. Aunque MacKenzie demostró que Peter Pont, de la Compañía de la Bahía Hudson, estaba en un error al creer que el MacKenzie desembocaba en el Pacífico, en la Ensenada de Cook, la publicación de las exploraciones de éste en las costas del Pacífico y el Ártico fomentó el descubrimiento de Norteamérica, mientras que la lucrativa venta de pieles a la que se dedicaron los miembros de la expedición estimulaba la peletería, merced a la cual, británicos, norteamericanos y rusos desvelaron buena parte del Pacífico Norte y del Ártico. Incluso a los españoles se les despertó el interés por continuar sus exploraciones hacia el norte; y, en 1802, el explorador Martín Fernández de Navarrete reconocía que la existencia de un paso septentrional —supuestamente descubierto en 1592 por un «embustero sin tasa» llamado Juan da Fuca— era un mito, como todas las demás historias sobre un paso navegable.

Calabaza de las islas Hawai.

Capítulo XX
EL HOMBRE Y SUS HAZAÑAS

«*Cook figura éternellement à la tête des navigateurs de tous les siècles et de toutes les nations.*»
DURMONT D'URVILLE, 1836

LOS DIARIOS HAN DEMOSTRADO QUE COOK, CON SU PASIÓN por la exactitud más absoluta, tendía a exagerar los resultados negativos de sus exploraciones y a subvalorar el lado positivo de las mismas. Así pues, diríase que el propio Cook ha sido en parte responsable de que algunos de sus biógrafos hayan sobrevalorado sus fracasos a la hora de descubrir continentes y pasos inexistentes, en detrimento de algunas de sus hazañas más positivas. En el lado positivo de sus destacadas aportaciones al saber geográfico figuran la terminación del mapa del Pacífico con el descubrimiento de la larga costa oriental de Australia, la delineación de Nueva Zelanda, el reconocimiento de extensos tramos de la costa norteamericana, el descubrimiento de islas absolutamente desconocidas, y el redescubrimiento —y correcta localización— de otros archipiélagos.

 Cook fue el navegante que descubrió virtualmente, que acaso llegó a ver, y que desde luego señaló unos límites aproximados para el continente de la Antártida, en tanto que en el Ártico confirma el descubrimiento de Behring del estrecho que lleva su nombre y la, por entonces, imposibilidad de abrir rutas comerciales desde ese estrecho hasta el Atlántico, ya fuera al este o al oeste. Ningún navegante anterior había realizado viajes de tal magnitud; nadie había permanecido en el mar durante períodos tan prolongados, ni vuelto con información tan precisa sobre semejante extensión del planeta. Aunque las repercusiones prácticas de la obra de Cook fueron menores que las que siguieron al descubrimiento de América por

Escudo de armas otorgado a la familia de Cook.

Cristobal Colón o a la apertura de la ruta marítima alrededor de África, tuvo consecuencias de enorme trascendencia. Los descubrimientos de Cook fueron responsables de la ocupación anglosajona de Australia y Nueva Zelanda, así como de la adquisición de islas que más adelante, como las Hawai, cobraron gran importancia estratégica y comercial. El tercer viaje promovió un rápido progreso de la exploración, el comercio de pieles y la ocupación de la costa pacífica de Norteamérica.

◁ Aparte de sus contribuciones a la ciencia de la geografía, Cook tuvo regalos para la medicina, la náutica y la cartografía, tan patentes en sus diarios que no es necesario hacer hincapié en ellos. Evidentemente, el autor de tales hazañas tiene que haber sido un hombre con un carácter y un talento fuera de serie.

◁ En este dominio, el biógrafo tropieza con el inevitable problema del huevo y la gallina. ¿Fueron las circunstancias las que hicieron al hombre o fue el hombre quien moldeó la circunstancia con sus esfuerzos? La respuesta es casi siempre un compromiso entre ambas alternativas, y esto es especialmente cierto en el caso de Cook, pues fue hijo de una revolución científica, todo y que en el terreno de la exploración oceánica él mismo fue padre del progreso más revolucionario. En realidad, Cook detenta en su campo una eminencia análoga a la conseguida por Newton y Darwin en otras ramas de la ciencia, y su existencia se desarrolló entre la de aquéllos, pues Newton murió en 1727 y Darwin nacía en 1809. Cook «llegó» en un momento en que el gobierno británico estaba oficialmente interesado por la exploración marítima y podía proporcionar —y lo hizo— el personal oportuno y los barcos adecuados, cuyo diseño y pertrechos incluían los aparatos de navegación a vela, gobierno, etc. que tanto contribuyeron a la conquista europea del Pacífico. Además, la Royal Society, fundada en 1660, había adquirido prestigio y fuerza suficientes para solicitar datos y observaciones de ultramar y proveer importantes instrumentos científicos. En el ámbito de la medicina y la astronomía, Lind, Pelham y otros prepararon el camino para la victoria de Cook sobre las enfermedades del mar, mientras que el astrónomo Masklyn y el relojero Harrison inventaban dos métodos que Cook demostró podían resolver, incluso en el mar, el viejo problema del cálculo exacto de la longitud. No obstante, el mérito de Cook no se resiente más con estas ventajas que la grandeza de Darwin con las pruebas de sus predecesores, sobre las que pudo erigir con tanta brillantez su teoría de la evolución. Durante generaciones, el hombre había sabido que Australia debía de tener una costa oriental, como conocía, tiempo ha, la existencia de ciertos antiescorbúticos. Pero ahora, al cabo del tiempo, el saber acumulado en varios campos pasaba a un hombre de tal talento y firmeza que pudo elevarse desde los más humildes comienzos hasta convertirse en uno de los más grandes exploradores y científicos del mar, cuyos descubrimientos se sitúan en primera línea por sus fructíferos resultados.

◁ Dos de los oficiales de Cook dejaron valiosas apreciaciones de su carácter; una tercera, de considerable interés, fue remitida al *Morning Chronicle* por la época del anuncio de su muerte, por un amigo que firmaba con el pseudónimo de «Columbus», que, para Kitson, por una o dos expresiones, se trata posiblemente de Joseph Banks. King escribe que Cook: «parece haber sido dotado en grado sumo y muy particularmente para este género de empresas (exploración). Los primeros pasos de su vida, la trayectoria de sus servicios y la aplicación constante de su talento, todo ello contribuyó a prepararle en ese sentido y a darle un conocimiento profesional que a muy pocos les cae en suerte. Su constitución física era fuerte, acostumbrada al trabajo, capaz de sobrellevar las más arduas penalidades. Su estómago aguantaba sin dificultad los alimentos más ordinarios y desagradables. Realmente, en él la templanza apenas era una virtud; tal era la indiferencia con que se sometía a todo tipo de privación. Las cualidades de su voluntad eran de la misma índole enérgica y firme que su cuerpo. Su inteligencia era viva y perspicaz; su criterio, en lo que se refiere al servicio que le fue encomendado, rápido y seguro. Sus proyectos, audaces y valientes; y tanto en la concepción como en el modo de llevarlos a la práctica mostraba signos claros de genialidad. Su continente era frío y decidido, con una admirable presencia de ánimo en los momentos de peligro. Sus modales, francos y sin afectación. Su temperamento podía haber sido justamente tachado, quizá, de impaciente y apasionado, si a ello no se hubiera sumado una disposición de lo más benévolo y humanitario.

»Tales fueron los rasgos del carácter del capitán Cook, pero la característica más significativa fue su incansable perseverancia en la consecución de su objetivo; perseverancia no sólo superior al peso de los peligros y a la presión de las dificultades, sino exenta incluso de la necesidad de descanso. Durante los largos y tediosos viajes que acometió, su actividad y entusiasmo nunca se enfriaron lo más mínimo. Ninguna tentación secundaria le detuvo jamás un solo instante; los ratos de diversión y recreo que a veces inevitablemente se presentaban —buscados con un anhelo que únicamente quienes han vivido las fatigas del servicio sabrán excusar—, eran algo que toleraba no sin cierta impaciencia, siempre que no se pudiera emplear en nuevos preparativos para una más eficaz prosecución de sus proyectos ... Con respecto a su talento profesional, dejaré que lo juzguen quienes están más familiarizados con la naturaleza de las misiones que se le encomendaron. Reconocerán sin dificultad que para dirigir tres expediciones de tanto peligro y complejidad, de duración tan inusual y en tal diversidad de ambientes, se requiere no sólo un conocimiento exhaustivo y adecuado del oficio, sino también un genio vigoroso e integrador, rico en recursos y hábil por igual en la aplicación de todo lo que las obligaciones primarias y secundarias del servicio exijan.»

◀ La apreciación que King hace del carácter de Cook ha de ser leída juntamente con la opinión de Samwell, ayudante médico del *Resolution* hasta la muerte de Anderson, cuando fue ascendido a oficial médico del *Discovery*. Samwell escribió acerca de Cook: «La naturaleza le dotó de una inteligencia vigorosa y profunda, que cultivó en sus años de madurez con atención y diligencia. Sus conocimientos generales eran amplios y variados; en lo tocante a su profesión, no tenía igual. Con un juicio claro, un sólido sentido de lo varonil y el más decidido tesón; con un genio especialmente templado para la aventura, acosaba a su objetivo con inamovible perseverancia: vigilante y activo en grado sumo; frío e intrépido ante el peligro; paciente y firme frente a las dificultades y apuros; fértil en recursos; magnífico y original en todos sus proyectos, y enérgico y resuelto al llevarlos a la práctica. Estas cualidades le convirtieron en el alma de la expedición; siempre fue único, sin par; todas las miradas estaban pendientes de él: fue nuestra estrella guía, que al ponerse nos dejó sumidos en la oscuridad y la desesperanza. Su constitución era fuerte, su modo de vida, templado: no consigo imaginar por qué el capitán King considera que la templanza en él no era una virtud tan excelsa como en cualquier otro hombre. No rehusaba la buena vida; siempre tenía una buena mesa, si bien podía aceptar el reverso sin rechistar. Era un hombre modesto, bastante tímido, de conversación animada y agradable, sensible e inteligente. Tenía un temperamento un tanto impaciente, pero de un natural muy simpático, benévolo y humanitario. Pasaba de los seis pies de altura, y, aunque hombre de buen ver, era sencillo en el trato y en su aspecto. Tenía la cabeza pequeña; el cabello, castaño oscuro, recogido por detrás. Su rostro era muy expresivo; la nariz, muy bien perfilada; los ojos —pequeños, de un tono pardo— eran vivos y penetrantes; las cejas, prominentes, conferían al conjunto un aire de austeridad. Era querido por sus hombres, que le veían como un padre y obedecían sus órdenes con la mayor prontitud. La confianza que depositamos en él era inagotable; nuestra admiración por su talento no tenía límite; nuestro aprecio por sus excelentes cualidades, afectuoso y sincero.

»Al explorar países desconocidos, los peligros que afrontó fueron diversos y fuera de lo común. En tales circunstancias, siempre hizo gala de una gran presencia de ánimo y una inquebrantable constancia para lograr su propósito. Su contribución a nuestro conocimiento del globo ha sido inmensa, eso sin contar los avances en el arte de la navegación y el enriquecimiento de la ciencia de la filosofía natural. Se distinguió sobremanera por la actividad de su inteligencia; fue eso lo que le permitió prestar una incansable atención a todos y cada uno de los objetivos de la misión. La estricta economía observada en el abasto de los barcos y la constante dedicación al mantenimiento de la salud de sus hombres fueron las causas que le facultaron para llevar adelante exploraciones en remotas regiones del globo por un período de tiempo tal que anteriores navegantes habrían juzgado impracticable. El método que descubrió para conservar la salud de los marineros durante viajes largos, transmitirá su nombre a la posteridad como amigo y benefactor de la humanidad; el éxito que le acompañó fue para este hombre, en verdad grande, más motivo de satisfacción que la eminente fama de sus descubrimientos.»

◀ El homenaje prestado por «Columbus», o Joseph Banks, a Cook reza como sigue: «No quiero que se olvide que, junto al mérito de haberse situado por una serie de servicios públicos en una posición muy por encima de sus expectativas más optimistas, su genio se hizo sentir y le capacitó para emerger de la oscuridad, dando pruebas de la más brillante capacidad en toda cualidad de que un descubridor de tierras desconocidas hubiera menester.

Apoteosis del capitán Cook, por Philippe de Loutherbourg, 1794. ▷

The APOTHEOSIS of CAPTAIN COOK.
From a Design of P.J. De Loutherbourg, R.A. The View of KARAKAKOOA BAY
Is from a Drawing by John Webber, R.A. the last he made in the Collection of Mr. G. Baker

»Acostumbrado por su anterior formación a navegar siempre cerca de la costa y, por la práctica frecuente, profundamente versado en todas las maniobras necesarias para salvaguardar los barcos de los peligros a que la vecindad de tierra los expone, jamás temió aproximarse a una costa desconocida; perseveraría durante semanas y meses en navegar entre bajíos y arenas cuyo solo aspecto habría sido, para muchos marinos, motivo suficiente de abandono: es un hecho que se puede verificar incontestablemente, comparando los relatos de sus viajes con los de otros navegantes más antiguos. Confiaba las más de las veces en el escandallo, pero en ocasiones enviaba botes a sondear delante del barco.

»Su paternal valentía fue inquebrantable. Su paciencia y constancia no conocían el agotamiento. Sus conocimientos del arte de la hidrografía práctica no tenían que envidiar a los de nadie. En matemáticas y astronomía, en lo que esas ciencias tienen de necesario para el marino, su competencia era total. El gran interés por la limpieza de sus hombres y otras minuciosidades de la disciplina fueron la causa principal de la extraordinaria salud que siempre disfrutaron las tripulaciones de sus barcos.

»La humanidad con que trató a los nativos de todos los sitios donde tuvo ocasión de hacer escala, le llevó sano y salvo a través de una serie de naciones entre las que había muchas tribus belicosas y salvajes. Su preocupación por la seguridad de los que estaban a sus órdenes y la firme decisión de que nadie corriera más peligro que él dieron lugar a que, como norma, nunca dejara a ningún hombre en tierra, en un país desconocido, no estando él y en tanto no se llegara a un buen entendimiento con los nativos; pero, ¡ay!, la pérdida de su vida se debe muy probablemente a esa humanitaria y loable actitud, pues parece haber rendido un sacrificio al hecho de haberse adelantado para intentar poner remedio a las ofensas que sus acompañantes habían recibido de los indios, al hecho de haber confiado demasiado en la generosidad que las gentes no civilizadas manifiestan a quienes les tratan como semejantes, y que tan a menudo había vivido.

»Su celo y aplicación fueron más que ejemplares; sólo así, en medio de sus diversas ocupaciones, llegó a suplir la falta de educación al punto de ser capaz de escribir, a la vuelta del segundo viaje, un libro cuyo estilo fue aprobado —yo diría casi admirado— por el público.

»Su sentido de la economía se salía de lo común y le llevó a ocuparse personalmente, con la solicitud más estricta, de los gastos de almacén; era eso lo que le permitía hacer durar los materiales en los largos viajes que realizaba sin posibilidad alguna de abastecimiento. Su manera de vivir atendía no a su propia comodidad, sino a lo que consideraba más beneficioso para la gente a sus órdenes; pues siempre comió en su mesa los alimentos usuales entre los habitantes del país donde se hallaba —salvo cuando estuvo entre los caníbales de Nueva Zelanda— y logró que la mayor parte de la tripulación siguiera su ejemplo, alargando de este modo las provisiones europeas, que sólo podían durar algún tiempo.

»En resumen, si ser una personalidad de mucho talento y categoría en la línea que se había trazado, y a cuya cima ascendió por méritos propios exclusivamente, le da derecho al reconocimiento de la humanidad en general, también merece una lágrima su imprevisto destino, cuando estaba a punto de regresar a su país de origen para disfrutar del aplauso que le habrían tributado todos los hombres de ciencia, y del bienestar que le aguardaba en la vida doméstica y en el honorable retiro por el resto de sus días.»

¶ Esta carta parece salida de la pluma de alguien que conocía muy bien a Cook, que le admiraba mucho y que, con toda probabilidad, navegó con él. Es un documento muy inteligente y revelador.

¶ Entre las más actuales y, en algunos casos, sorprendentes apreciaciones del Dr Beaglehole y otros, citaremos el encantador y penetrante tributo rendido a Cook por el difunto profesor G. Arnold Wood, cuyo *Discovery of Australia* figura en primera línea de la bibliografía australasiática.

«La sensación de la grandeza de Cook se acrecienta en la mente del investigador. Existe algo así como un silencio, una cierta reticencia en su vida, en su conversación, en sus escritos. Fue, según nos han contado, un gran conversador, y sin embargo no ha sobrevivido ninguna de sus charlas. Escribió relatos de sus propios viajes en un inglés admirable, pero su intención fue aprehender la historia externa, y, según vamos leyendo, reparamos más en la historia que en el hombre. En ningún momento se distingue Cook como héroe manifiesto. En cierta forma, su carácter recuerda al de su gran contemporáneo, George Washington, el que ganó una guerra sin vencer en ninguna batalla. Su gloria se hace evidente cuando pensamos no en un instante sino en su vida toda. El heroísmo estaba tan trabado en la textura de su carácter que narra una historia heroica de tal forma que parece cosa de andar por casa. Pensamos que el relato carece de interés, cuando la verdad es que carece de egotismo. Cook resuelve el misterio del Pacífico, y nos cuenta que ha cumplido con su deber y que ha hecho «un viaje completo». Hemos de descubrir por nosotros mismos que nadie más que Cook podía cumplir con ese deber, completar ese viaje; que la razón de la victoria fue la grandeza de su talento, de su voluntad, de su espíritu.

»Cook poseía una maravillosa combinación de cualidades. Su físico era espléndido; podía hacer cualquier cosa, resistir no importa qué, comer de todo y digerir casi todo; sólo una vez estuvo gravemente enfermo, y en esa ocasión sanó comiéndose el perro del barco en forma de sopa. Tenía un temperamento absolutamente científico, entusiasta —aunque a él le hubiera repugnado la palabra— y escéptico por un igual; ávido de conocer, y de conocer sólo la verdad. Demostró una perspicacia extraordinaria al hacer deducciones, al ponderar un argumento. Su ojo para los problemas científicos era tan agudo como el del investigador profesional. Se fijó, por ejemplo, en el curioso problema de la relación existente entre los pueblos de Nueva Holanda y Nueva Guinea; se ocupó, un siglo antes que Darwin, del probable origen y crecimiento de las islas de coral.

»Y se dedicó con la misma energía a la solución de problemas prácticos. En la historia de la navegación, él es el gran organizador de victorias. El suyo fue el programa de fondo. Primero estudió detenidamente todos los problemas referentes a los detalles esenciales: la elección de los barcos, los instrumentos de navegación, los métodos de cartografía costera y, por

Placa de Flaxman para Wedgwood, 1784.

encima de todo, los medios para conservar la salud. Y cuando tuvo las cosas resueltas, se puso a hacerlas. No sólo las hizo él mismo, persuadió a otros de que las hicieran. Era hijo de escocés y, por tanto, filósofo. Sus informales estudios de psicología son interesantísimos: la psicología de los robos en las acogedoras islas de los Mares del Sur, o de los borrachos, blasfemos, valientes y leales marineros ingleses, son buenos ejemplos. Les comprendía y sabía cómo inducirles a hacer todo lo que les exigía o, como mínimo, tanto como cabía esperar que hicieran; pues creía, lo mismo que Burke, que una buena parte del sentido común radica en saber cuánta corrupción de la naturaleza humana es sensato tolerar.

»Y en el centro de todo estaba su carácter. Los que navegaron con él aseguraban que su modo de ser era muy apasionado. Hay hechos que ilustran esta opinión, y en su último viaje cometió actos que es preferible olvidar. Pero el espectador que presencia tales acciones queda asombrado;

y ello es así, porque contrastan inexplicablemente con su habitual proceder. Por lo general, controla sus pasiones con tan manifiesta facilidad que dan ganas de desear que hubiera sido un poco menos virtuoso. Los marineros ingleses de aquellos tiempos eran célebres por lo que Forster —uno de los científicos del *Resolution*— llamaba terrible "energía de su lenguaje". Sin embargo, no recuerdo que Cook usara jamás una frase fuera de tono. Y eso que ocasiones, las tuvo. Por ejemplo, ¿qué dice cuándo descubre que los isleños le han robado las medios en sus mismas narices, mientras estaba bien despierto? Al hombre de carne y hueso le gustaría saberlo, pero se levanta el silencio. Buscamos impacientes en su virtuosa vida algún pequeño vicio reparador. "En él, la templanza", escribe el capitán King, que navegó con él en el último viaje, "apenas era una virtud; tal era la indiferencia con que se sometía a todo tipo de privación". El médico, Samwell, discrepa de esta opinión. Cook, nos cuenta, "no rehusaba la buena vida; siempre tenía una buena mesa, si bien podía aceptar el reverso sin rechistar": declaración que pone su virtud a una altura superior a la que le atribuye King. Su "austeridad" se debía, no a la falta de sentido del placer, sino a la perfección de su autocontrol moral.

»Cook, en palabras de Cromwell, era un hombre de espíritu, y su espíritu fue el de un caballero. En sus relaciones con personajes de alcurnia y fortuna, siempre fue cortés, digno, no reclamando nunca la igualdad, sino asumiéndola. Era su igual y más que su igual, no porque fuera un gran navegante británico, sino porque era un caballero británico. Y fue hijo de campesinos, autodidacta y hombre que se ha hecho a sí mismo y su paga cuando bautizó Puerto Jackson era de cinco chelines por día. Del mismo modo que un niño no puede ser muy escrupuloso al elegir abuelo, un país tampoco puede serlo al escoger a su descubridor; y uno con los ideales de Nueva Gales del Sur no podría haber hecho elección más afortunada.»

◄ Otros destacados historiadores han sumado también sus alabanzas. El Dr Beaglehole decía que el mapa del Pacífico es «suficiente panegírico de Cook». Christopher Lloyd escribió que el carácter de Cook fue la síntesis de los nombres de sus barcos: resuelto (*Resolution*) y esforzado (*Endeavour*), aventurero (*Adventure*) y descubridor (*Discovery*). Acaso Cook hubiera apreciado más las palabras de consuelo escritas por su viejo amigo Joseph Banks a su viuda: «Su nombre pervivirá siempre en la memoria de un pueblo agradecido por los servicios que sus esfuerzos han proporcionado a la humanidad en general.»

◄ Por pocos que sean los monumentos, por pequeña que sea la gratitud del público de hoy, queda en pie el hecho de que todo a lo largo y ancho de la inmensa vastedad de la cuenca pacífica, millones de personas de habla inglesa pueden agradecer la fundación de sus hogares, de su prosperidad, a los descubrimientos de James Cook.